U0518849

著作权理论与实务文丛

影视作品

著作权的法律保护

徐康平 熊 英·等著

知识产权出版社

全国百佳图书出版单位
——北京——

图书在版编目（CIP）数据

影视作品著作权的法律保护 / 徐康平等著 . ── 北京：知识产权出版社，2022.7

ISBN 978-7-5130-8132-0

Ⅰ.①影… Ⅱ.①徐… Ⅲ.①影视艺术—著作权—法律保护—研究—中国

Ⅳ.① D923.414

中国版本图书馆 CIP 数据核字（2022）第 064724 号

内容提要

本书围绕影视作品，以《中华人民共和国著作权法》等相关法律和司法解释为依据，从理论和实务上较为全面地分析了与影视作品相关的著作权法律问题，并选择相应的司法案例进一步对相关疑难或争议问题进行研究。全书体系完整，逻辑严密，充分吸收了与影视作品著作权相关的最新研究成果、前沿理论、司法解释和案例，兼具知识性、理论性和实践性。

本书适合对影视作品著作权相关法律问题感兴趣的理论和实务界人士阅读，亦可作为广大社会读者学习、了解与影视作品著作权相关的法律问题的参考书。

责任编辑：龚　卫		责任印制：孙婷婷	
执行编辑：吴　烁		封面设计：乾达文化	

影视作品著作权的法律保护

YINGSHI ZUOPIN ZHUZUOQUAN DE FALÜ BAOHU

徐康平　熊　英　等著

出版发行：**知识产权出版社** 有限责任公司		网　　址：http://www.ipph.cn	
电　　话：010-82004826		http://www.laichushu.com	
社　　址：北京市海淀区气象路50号院		邮　　编：100081	
责编电话：010-82000860转8768		责编邮箱：laichushu@cnipr.com	
发行电话：010-82000860转8101		发行传真：010-82000893	
印　　刷：北京中献拓方科技发展有限公司		经　　销：新华书店、各大网上书店及相关专业书店	
开　　本：787mm×1092mm　1/16		印　　张：25.75	
版　　次：2022年7月第1版		印　　次：2022年7月第1次印刷	
字　　数：450千字		定　　价：128.00元	

ISBN 978-7-5130-8132-0

撰写人

(按姓氏笔画排列)

王桂菊　包明雅　杜灵燕　杨程屹　张　莉

金子煦　赵　帅　信小静　施　璟　徐康平

琚海波　彭插三　温慧卿　熊　英　薛　端

前　言

随着我国改革开放和市场经济的发展，我国的文化艺术市场日益繁荣，包括影视作品在内的文学艺术作品大量涌现。这些影视作品一方面丰富了我国的文化艺术市场和人们的精神生活；另一方面由于影视作品的创作、权利归属、作品的使用和发行等问题引发的影视作品著作权纠纷也日益增多，使得影视作品的著作权法律保护在实践中面临很多新的问题需要解决。面对我国影视业的快速发展和影视作品创作及使用过程中的诸多著作权法律问题，为了更好地繁荣我国的影视业，使其能够健康发展；为了保护影视作品的投资人和著作权人的合法权利；同时也为了避免和减少影视作品在创作和使用过程中的不必要纠纷，我们对影视作品著作权所涉及的基本法律问题进行了梳理、分析和研究，并在此基础上撰写了此书。

本书写作的初衷和目的，是为广大影视作品的编创人员、制片人及相关的权利人，在学习和了解有关影视作品著作权的法律问题时有所参考，使之在进行影视作品的创作、投资等活动时，能对我国著作权法及相关配套的法律法规、司法解释和司法判例等涉及影视作品著作权法律保护的内容有准确的了解和把握，力求做到对相关问题预知、预防，防患于未然；减少影视作品创作和使用过程中产生的不必要的纠纷；最终能更好地维护影视作品著作权人及相关权利人的合法权益，进而促进我国文化艺术市场和影视业的繁荣及发展。

本书共有十五章，较为系统地就影视作品著作权的法律问题进行了论述和研究。本书根据《中华人民共和国著作权法》及相关的法律法规、司法解释和人民法院的相关司法审判案例，吸收了国内外学者的研究成果，对我国影视作品涉及的诸多著作权问题进行了深入的理论分析和探讨。本书的写作在体例上采用理论研究与案例分析相结合的形式，力求使读者对影视作品涉及的著作权问题，既能从理论上有所了解，又能从实例中获取经验，具有较强的理论性和实务性。

由于影视作品著作权法律制度的理论和内容涉及的领域相当广泛，本书在撰写时正值《中华人民共和国著作权法》的第三次修正，加之作者能力和水平有限，疏漏和错误在所难免，恳请广大读者批评指正。

作者

2022 年 6 月

目 录

第一章 影视作品概述

第一节　影视作品的含义和特点

一、影视作品的含义

何为影视作品？有人认为它是一种综合性的艺术作品形式，由摄影艺术与声音艺术相结合，并同时融合了视觉与听觉艺术的综合艺术形式；也有人认为影视作品是指影视艺术生产的成果及产品，它是创作者运用一定的物质媒介和影视艺术语言，通过艺术构思与艺术创作而创造出来的审美对象；❶还有一部分人认为影视作品是一种通过摄影机拍摄画面后记录在胶片上，通过播放器放映出来的一种已完成艺术作品的统称。❷

从《中华人民共和国著作权法》（以下简称《著作权法》）规定来看，1990年制定的《著作权法》第3条将"电影、电视、录像作品"规定为一类作品，之后根据1990年《著作权法》，1991年《著作权法实施条例》第4条第（九）项将"电影、电视、录像作品"解释为"指摄制在一定物质上，由一系列有伴音或者无伴音的画面组成，并且借助适当装置放映、播放的作品"。2001年《著作权法》第一次修正，在作品的类型中删除了"电视、录像作品"的概念，将与影视作品有关的作品

---

❶ 彭菊华：《影视作品评析教程》，中国传媒大学出版社，2011，第11页。
❷ 欧纳斯特·格林伦：《论电影艺术》，中国电影出版社，1979，第3页。

形式，统一规定为"电影作品和以类似摄制电影的方法创作的作品"。根据 2001 年《著作权法》，2002 年《著作权法实施条例》第 4 条第（十一）项规定"电影作品和以类似摄制电影的方法创作的作品，是指摄制在一定介质上，由一系列有伴音或者无伴音的画面组成，并且借助适当装置放映或者以其他方式传播的作品"。

2010 年《著作权法》进行第二次修正，在第 3 条第（六）项规定的作品类型中保留了原规定，即"电影作品和以类似摄制电影的方法创作的作品"。2013 年《著作权法实施条例》第 4 条第（十一）项关于影视作品的解释也没有变化，保留了原有规定。

2020 年《著作权法》第 3 条将原规定的"电影作品和以类似摄制电影的方法创作的作品"类型修改为"视听作品"，而根据 2020 年《著作权法》第 17 条的规定，由此使原来的"电影、电视剧"等影视作品成为视听作品中的一类作品。虽然现行著作权法作了以上重大修改，但电影、电视剧等影视作品作为视听作品中的主要作品类型，仍然是著作权法保护的对象。尽管著作权法没有明确规定什么是影视作品，但理论上一般认为"电影、电视剧"就是影视作品，而且也符合《著作权法实施条例》规定的影视作品含义。

从国外立法规定来看，电影作品在影视作品中占据很大的比重，而且电影作品出现的时间最早，之后才有了电视剧作品、网络电影等新的影视作品形式。因此从历史发展的渊源来看，影视作品是电影作品发展而来的一个概念。为了更好地理解影视作品的含义，我们可以参考各国对电影作品的定义。例如，1976 年的《美国著作权法》第 101 条给电影所下的定义是："电影是指包含一系列有关联的图像，在连续放映时——如伴有声音，连同声音同时放映，给人以活动的印象的音像制品。"而在同一条款中将视听作品定义为："包含一系列的影像或影像连同声音的作品，摄制该等影像的意义就在于利用放映机、幻灯机或电子设备使其显现，至于著作所附着之媒体为何，如胶片或磁带，并无影响。"❶ 而现行的《日本著作权法》并未直接对电影作出定义，而是在该法第 2 条第 3 项规定："本法所称电影作品，包括以能产生类似电影效果的视觉或听觉效果的表达，且须固定于某种有形物上的作品。"1886 年 9 月 9 日签订的《保护文学和艺术作品伯尔尼公约》（以下简称《伯尔尼公约》）中没有很明确地给出电影作品的含义，而是提出了影视作品的包含范围，该公约指

---

❶ 曲三强：《论影视作品的著作权》，《中外法学》2006 年第 2 期，第 186 页。

出："影视作品即为电影作品或以与电影摄影术类似的方法创作的作品。"

纵观以上不同观点和国内外的相关立法及国际公约，本书认为著作权法意义上的影视作品主要是指电影和电视剧等视听作品。构成影视作品至少应当满足以下四个条件：第一，影视作品的内容是一系列影像或影像连同声音的组合体；第二，影视作品需要凭借技术设备加以摄制和显现，而且所显现的是活动影像；❶第三，影视作品的影像或声音须附着于有形的媒介物之上；第四，影视作品应当具有作品的属性，即具有独创性。❷

总体来说，影视作品是现代科技发展的产物，它随着科技的进步而不断发展。❸当然，影视作品的一些内在的艺术美学有其固定性和凝聚性，是科技所无法改变的，这也是影视作品得以快速发展和传播的根本所在。❹

二、影视作品在文学艺术上的特点

影视作品属于著作权法规定的一类作品，作为一类特殊的文学艺术作品，其自身具有文学艺术的多样性和丰富性，表现出以下特点。

（一）影视作品的视听性

影视作品主要分为电影作品和电视作品两类，单从这两个作品类型来看，不可回避的是它的呈现方式和内容选择。从呈现方式上来说，影视作品区别于其他作品形式的主要特征为影视作品具有视听性的特点，它借助声音、图像来共同展现影视艺术；从内容选择上来说，影视作品高度的文学性和人文性成就了其百年来的快速发展和长久不衰。❺ 所谓影视作品的视听性，是指影视作品主要是依靠特有的镜像捕捉与叙事，并结合人物语言、音乐和音响营造出一个既真且幻的视听空间，在视觉和听觉的双重作用下，给观众以感官上的冲击。❻它具体又包括影视作品的影像本性和声音艺术。

---

❶ 丁建平：《影视发展的局限性》，《美术大观》2006 年第 5 期，第 18 页。
❷ 王美森：《影视审美技术分析》，《电视研究》2013 年第 6 期，第 9 页。
❸ 陈晶云：《论马克思主义理论下的文学分析》，《美术大观》2013 年第 5 期，第 11 页。
❹ 李政：《论影视艺术》，《影视周刊》2009 年第 3 期，第 14 页。
❺ 马赛尔·马尔丹：《电影语言》，中国电影出版社，1980，第 20 页。
❻ 欧纳斯特·格林伦：《论电影艺术》，中国电影出版社，1979，第 54 页。

1. 影视作品的视听再现性

首先，影视作品是一种影像再现的视觉文化。影视作品的出现能使在不同时间、不同地域发生过的事情、出现的影像和各种生命体活动以几近永久性的方式保存下来，随时呈献给观众。这也是影视作品能够迅速在全世界传播和发展的主要因素。从内涵上来说，影视作品通过特有的再现方式将一些真、善、美的东西呈现给观众，从而使我们足不出户即可享受到通过别的手段无法享受的事物。所以影视文化从本源上来说，是一种影像再现的视觉文化。实际上，影视的影像本性不仅是再现原物的照相性，它还具有视觉的流动性。❶

其次，影视作品还是声音艺术。声音进入电影，给影视作品带来的变化是革命性的。虽然无声的影视作品能够给观众呈现足够多的东西，但是有声的影视作品才能展现更加丰富的艺术内涵和文学素养，也才能够表达更加深刻、细腻的故事情节和人物性格。声音的加入，使电影作品从一种纯视觉的传播媒介发展成为一种视听媒介，从而使电影作品产生了质的飞跃。另外，声音对影视艺术创作也具有非常重要的作用，如声音可以增强影视时空的真实感。声画结合还可以使影视作品产生象征、比喻、讽刺、对比等艺术效果，它丰富了影视艺术的表现力和渲染度。❷ 特别是大多数展现日常生活的电视节目，其表现的真实性更加强烈。毫无疑问，随着影视科技的不断发展，今后的影视作品会给我们呈现出更多创新型的东西，但是作为影视作品的必要元素——声音，是其他任何科技创新都无法替代的。

2. 影视作品的视听奇观性

影视作品不仅通过视听手段再现生活，还可以创造神奇的奇观世界。这些都是现实社会中大多数时间内大多数人无法想象的事情。❸ 比如早期的电影拍摄出各种豪华盛大的场面，如公主的婚礼、帝王居室的奢华场景等，都超出了平民的日常生活和已知范畴。❹ 影视作品制作者将这些场景搬上银幕或荧屏，给大多数人带来了刺激、新奇的观影体验。它用最直观的方式拉近了我们和其他世界的距离，也在最短时间内、用最有效的手段开阔了我们的视野。随着影视作品特效技术的发展，影视作品给观众呈现出更为震撼性的炸弹爆炸、宇宙星空、幽灵怪兽和魔法世界等，

❶ 吴小莉:《声音的艺术》,《当代影视鉴赏》2003 年第 8 期, 第 3 页。
❷ 杨新敏:《电视剧叙事研究》, 文化艺术出版社, 2003, 第 8 页。
❸ 陈凯:《中国文艺与影视作品的关系》,《喜剧艺术》2001 年第 4 期, 第 21 页。
❹ 彭菊华:《影视作品评析教程》, 中国传媒大学出版社, 2011, 第 34 页。

也试图把观众从一个现实的世界带到一个"充满各种可能性的世界"中去，即"奇观"世界。❶这些镜像不但给了影视作品的创作者以无限的想象力，还充分调动和满足了观众的好奇心和想象力。当然，弗洛伊德的潜意识理论也给电影的奇观化作了理论上的铺垫和阐释，那就是无论影视作品的制作者和广大观众，都希望在影视作品里找到在现实生活中无法真实存在的"幻想"，从奇观的展示中获得了本能欲望的变相满足。

以电影作品为例，从相对较早的电影《龙卷风》《泰坦尼克号》，到后来的科幻电影《阿凡达》《星球大战》等，都是通过影视特效创造出的一个又一个壮观惊人的奇观场面，在带给观众以视觉冲击的同时，也满足了观众的各种想象欲望。❷

（二）影视作品的文学性

文学属于语言艺术，而影视艺术则是现代科技与各种艺术形式结合的产物，影视艺术具有声画兼备、时空复合的特点，双方起源和基础的不同也决定了两者从根本上不可能被对方完全取代。❸纵观影视艺术的发展历史，也说明了影视作品不是文学作品的附庸，文学作品也不是影视作品的奴隶。两者各自独立，又相辅相成，是互相促进的关系。

大多数艺术形式都离不开文学的铺垫，影视作品也不例外。影视作品的文学性主要体现在它对文学思维的借鉴和运用。文学是影视艺术作品的重要内容源泉。很多优秀的影视作品都是从文学著作中找到灵感，有的甚至是直接根据文学作品进行改编的。影视作品的剧本创作也绕不开文学这个话题。影视作品有了文学艺术的铺垫，才更加具有内涵，主旨才更能够得以升华。具体来说，文学艺术和影视作品的关系体现在以下两个方面。

1. 文学艺术作品是影视作品的基础

一方面，文学的繁荣为影视的发展提供了宝贵的资源。文学是一种极其古老的艺术形式，经过几千年的发展，熏陶了无数人。在没有影视作品之前，文学对于满足人的精神生活方面发挥出了巨大作用。因此，无论是谁，在进行影视作品创作和

---

❶ 乔治·萨杜尔：《世界电影史》，中国电影出版社，1995，第557页。
❷ 李珍：《当代影视赏析》，《艺术周刊》2015年第13期，第12页。
❸ 黄明智：《浅析影视艺术特点及其教育价值》，《河南教育学院学报》2012年第2期，第4页。

拍摄的过程中，都无法避免地要借鉴文学的创作手法和表达方法。❶

作为电影、电视剧这两种重要的影视艺术形式，文学性也起着基础性的作用，并深刻地影响电影和电视艺术的发展进程。美国著名影视剧作家菲尔德曾说过："一个电影导演如果没有一部伟大的影视剧本，他不可能拍出一部伟大的影片。"❷这也在侧面说明了文学对影视作品创作的基础性作用。以影视艺术作品中的电影作品为例，它就是通过对文学中的叙事方式和故事情节进行借鉴。❸解说词、字幕、对白、旁白等，都属于影视作品中的文学元素，如果一个编剧的文学功底不强，写不出符合文学性的影视剧本，那么这个剧本所展现出来的内涵应该也是肤浅的。这种影视作品即便在形式上属于影视作品，在内容上也不属于一个合格的，或者说是优秀的影视作品。另外，文学的创作方法、风格样式和艺术观念同样对电视艺术创造起到了深远的影响。

由于文学的发展历史很长，所以文学作品在内容、艺术品位、形象塑造、叙事手法及审美等多方面，已经探索出了一条比较完善的途径。所以，影视作品从出现到现在才能够从文学艺术作品中不断地学习借鉴，取其精华，从而逐渐形成影视作品独特的风格。文学和影视作品还有一个最重要的共同点，那就是文学作品注重思想层面和美学层面给人以双重生活写照，给人以真善美的启示，影视作品的作用也同样如此。另外，由于影视作品画面表现和场景表达手法的相对局限性，它无法像文学作品一样，通过丰富的文学语言来"任性"地表达情感和作品主体思想❹，所以文学语言的加入，恰恰纠正了影视作品单纯地追求画面、声效感觉的刺激误区。文学作品凭借其本身具有的人文底蕴，可以使影视艺术作品的思想深度与文化品位得以进一步提升，所以我们看到，很多以文学作品改编或者以文学作品为基础的影视作品搬上银幕之后更容易取得巨大的成功。所以我们说文学艺术是影视艺术作品的基础，只有文学艺术的加入和提升，才能让影视艺术真正展现其内在价值。❺

另一方面，文学叙事是影视叙事的源泉。从电影的发展历程和拍摄风格来看，可以说电影的叙事风格和叙事技巧最早是从文学那里学来的。❻影视艺术的发展史，

---

❶ 刘宏球：《影视艺术概论》，上海文艺出版社，2001，第17页。
❷ 巴拉兹：《电影美学》（第二版），何力译，中国电影出版社，1989，第136页。
❸ 胡力：《电影表达的艺术》，《影视艺术》2003年第22期，第19页。
❹ 刘文飞：《文学改编影视艺术的综合表现力》，《电影文学》2007年第6期，第13页。
❺ 党剑锋：《当代科技与影视艺术》，中国文艺联合出版社，2013，第49页。
❻ 蒋齐：《论电影的发展史》，《十月文艺》2001年第10期，第15页。

就是一部学习、借鉴文学的发展史。在影视作品中的剧情片里就可以很明显地体会到文学式叙事方式的重要性。可以说，文学式叙事方式在影视作品中开始的时间就是剧情片历史的开始时间。❶ 没有其他花哨的叙事风格，但是却能给观众以平稳、顺畅的观影感受。

2. 影视创作手法使文学作品立体化

总体上讲，文学艺术作品是平面的，只有单一型的呈现方式。而影视作品却不同，影视作品有镜头、画面、声音、蒙太奇等不同的表现元素，因此影视作品是立体的，这也是观众被影视作品吸引的主要原因。影视作品从叙事结构、声效的衬托、长中短镜头的运用、色调的改变、场景的布置、演员形体语言的设计等方面，都会给观众以视觉和听觉上的巨大刺激。❷ 通过影视作品创作手法，使原本平面且单一的文学艺术呈现形式，也能够在观众的脑海里逐渐立体化，并结合其他影视表现元素，给人以更真实的文学熏陶和情感感化。

（三）影视作品的人文性

人文性是指影视作品在内容上所体现出来的人文精神，它包括了民主精神、法治精神、人道主义精神、创新精神、批判精神及民本意识和独立意识等人类崇尚真善美的精神意识。但是在市场经济体制下的影视产业，因受其影响大都以经济效益和技术效率为参考标准。影视作品中多了炫酷和令人感到梦幻般的科技画面，但在实质上很多影视作品却弱化了应有的人文价值。在现阶段，很多人都忘记了影视作品的人文性，甚至不了解人文性对影视作品的重要意义。❸ 影视作品的人文性最主要的是通过其人本思想和批判精神体现。

1. 影视作品的人本思想

在我国，人本思想的提出可以上溯到孔孟时代，"仁者爱人，民为贵，君为轻，社稷次之"在很早的时候就成为中国传统思想文化的精华，这一点在西方思想史上也不例外。在西方国家，早在文艺复兴时期的启蒙思想运动，就已把人本思想提升到了一定的高度，这都说明了人本思想是社会文明程度的重要标志，如今人本思想在我国也已成为社会的一种主流的价值取向。在我国历史上，"人"和"民"有时通

---

❶ 韩磊：《文学与影视的区别与相通》，《人民文艺》2011 年第 10 期，第 22 页。
❷ 陈树平：《在镜头中体悟电影艺术》，《电影赏析》2001 年第 6 期，第 26 页。
❸ 蒋飞：《论影视作品的人文性》，《人民艺术》2004 年第 2 期，第 8 页。

用，人本即民本。但在当代，作为一种哲学价值观，人本和民本又有所不同。人是相对于物和神灵而言的，人本是讲人与物、人与神的关系，而民本则是讲人与人的关系。很多影视作品都给观众传递一种人性的光芒或人性的丑陋，但大多数情况下两者是交织在一起的，在摩擦中产生激烈的碰撞。这些人性的凸显大多是通过人物的情感和命运的细腻来表现，有的作品重点表达对人物人生的坎坷经历或悲剧的深深同情，这就是我们所说的人本思想。❶

首先，在影视作品中，人本思想体现在影视人深切的同情心和责任感上，他们关注民生疾苦，反映百姓呼声。❷这在电视作品中体现得更加明显。作为纪录片或者纪实片的电视艺术作品类型，在这方面体现得更加集中，如导演会在此类影视作品中反映山区的贫困问题、住房问题、生计问题、入学问题等民生事件。

其次，人本思想体现在对普通人人性光辉的捕捉和展现，在电影、电视屏幕上展现平凡中的伟大、对见义勇为的赞美和平凡人不平凡的人生，如国内比较知名的影视作品《焦裕禄》《红旗渠》《雷锋》等。这类作品通过普通人的生活，向我们展现人性的伟大，这些就能够很好地说明影视作品传递正能量、体现人文关怀的责任。当然，随着现代影视作品类型的日益丰富，我们也看到少数影视作品在最后的情节设计上把它颠倒了过来，黑恶势力取得了胜利，或者说真善美的事物没有得到应有的认可。❸对于这类影片，一方面它不是一个主流的价值导向；另一方面，每一名观众在观看影片时，心中都有一杆秤，不但可以感觉到真善美的存在，还能通过观影的过程潜移默化地学习到价值评判的标准，用这个标准来衡量自己生活中的人和事，达到屏蔽假恶丑的目的。

2. 影视作品的批判精神

影视艺术中的人文精神既指作品中对真善美的追求，也包括对假恶丑的批判。因为对假恶丑的批判就是对真善美的追求和弘扬。❹影视作品对社会不良现象及人性之恶进行批判，有利于人们认清现实，认识到人类社会不和谐乃至丑陋的一面。生活是艺术的源泉，生活中的真善美、假恶丑都会在影视作品中得以体现。如电影《勇敢的心》《英雄连》等就体现了在战争这一特殊环境下所彰显出的人性之美，也

❶ 李志：《论艺术的人民属性》，《现代传播》1995 年第 4 期，第 13 页。
❷ 陈志东：《电视艺术表现形式探究》，《当代影视》2006 年第 24 期，第 6 页。
❸ 李君：《红旗渠精神在当代的启示》，《华东师范大学学报》2009 年第 5 期，第 16 页。
❹ 彭菊华：《影视作品评析教程》，中国传媒大学出版社，2011，第 20 页。

体现了战争对人类思维和情感的无情摧残，批判了战争的罪恶性和破坏性。❶ 我国央视黄金档节目《新闻调查》和《焦点访谈》也是在对丑陋的人性做强有力的批判。这些节目对黑心食品作坊、非法排污企业、黑砖窑的披露等，在给予观众内心震撼的同时，也向社会宣告了他们的"罪行"，在恶人得到应有惩罚的同时，人性的光辉也在批判中再次彰显。❷

影视作品在传统上大多都遵循批判现实主义的原则，这一原则从影视作品出现一直沿袭至今。然而，随着影视作品的不断发展，影视作品的类型也越来越多，越来越丰富。受大众文化的冲击，现阶段的影视作品越来越向生活化的角度倾斜。很多影视作品缺乏深刻的主题，我们看到有的都市轻喜剧和室内搞笑剧，搞笑的成分越来越多，有内涵的作品越来越少。为了一味地迎合观众的某方面乐趣，一些低俗、无内涵的作品渐渐地充斥了起来。它们谈不上对社会的观照和审视，谈不上对生活本质的揭示，谈不上对人生真谛的启示。❸ 这些作品可以说完全脱离了批判主义这个主题。离开了批判性，就相当于离开了影视作品应有的灵魂。❹ 如果说影视作品中体现的人文精神是从正面调整价值的选择，那么批判精神就是从反面对社会价值背离现象的披露和无情鞭笞。前者是对社会价值和真善美的培养，后者是对不符合社会公共价值及其评价标准的批判。影视价值的探索反映了社会环境变化中影视作品自觉的调整，同时也体现了影视传播作为社会监控功能的应用，相信在今后影视作品发展过程中，影视的价值能够回归到批判精神中来，用影视作品来感染人、引导人。

总之，面对某些影视作品中人文精神的缺失，促使我们不得不重新认识并深入挖掘影视作品中人文精神的价值。作品有形，文化无形，人本思想和批判精神是我们必须坚守的原则和底线。这一精神是左右影视艺术兴衰存废的无形之手，所以说影视艺术的人文精神不仅在于影视艺术自身的文化底气，更在于它赖以生存的文化土壤、文化空间和文化传统。影视的产业化和最大利益化原则不能为影视的发展带来人文精神的升华，反而会给影视作品的观众带来审美疲劳。影视人文精神的坚守需要影视制作者和观众的共同关怀和努力，也只有这样，才会有更多的影视作品给

---

❶ 王刚：《军事题材电影在当代的发展和繁荣》，《军事瞭望》2016 年第 1 期，第 19 页。
❷ 徐东：《精神思维在艺术创作中的作用》，《黄河之声》2015 年第 8 期，第 7 页。
❸ 刘涛：《当下中国影视价值选择的传播学分析》，《黑河学刊》2010 年第 11 期，第 47 页。
❹ 程思虎：《用批判的精神分析影视发展历程》，《艺术与设计（理论）》2007 年第 10 期，第 11 页。

我们呈现出愈加丰富多彩的人文世界。❶

三、影视作品在著作权法上的特点

（一）著作权法上作品的特点

什么是作品，在《伯尔尼公约》第 2 条第 1 款规定"文学和艺术作品"包括文学、科学和艺术领域内的一切作品，不论其表现形式或方式如何。1970 年颁布的《日本著作权法》则将作品定义为："作品是指用创造方法表现思想或者感情的属于文艺、学术、美术或者音乐范畴的东西。"1985 年修订的《德国著作权法》第 2 条第 2 款规定："作品是指个人的智力创作成果。"❷

我国 2010 年《著作权法》第 3 条第 1 款规定："本法所称的作品，包括以下列形式创作的文学、艺术和自然科学、社会科学、工程技术等作品：……" 2013 年 1 月 30 日我国修订的《著作权法实施条例》第 2 条将作品定义为："著作权法所称作品，是指文学、艺术、科学领域内具有独创性并能以某种有形形式复制的智力成果。" 2020 年《著作权法》第 3 条第 1 款规定："本法所称的作品，是指文学、艺术和科学领域内具有独创性并能以一定形式表现的智力成果。"参考上述公约和相关立法，一般认为著作权法上的作品主要有以下特征。

1. 作品是思想观念的表述形式

作品必须有一定的表现形式，如作者以文字、线条、色彩等形式将其无形的思想表达出来，使他人通过感官能感觉其作品的存在。如无一定的表现形式，思想仅存在于脑海中，他人无法感知，则不能称之作品。著作权法的一个基本原则是只保护对于思想观念的表达，而不保护思想观念本身。简言之，著作权保护表达，不保护思想。

2. 作品应属于文学、艺术和科学范畴

有学者认为，著作权法保护的对象限于文学、艺术、社会科学、自然科学和工程技术范围内的智力成果❸，但并不是所有的智力成果均可以成为著作权法保护的权利对象。根据我国 2020 年《著作权法》第 3 条的规定，著作权法保护的对象仅限

---

❶ 呼延顺：《在短镜头中聚焦经典》，《西部广播电视》2017 年第 3 期，第 9 页。

❷ M. 雷炳德：《著作权法》，张恩民译，法律出版社，2005，第 112 页。

❸ 陈震：《创作家的精神世界》，《江西学报》2006 年第 5 期，第 26 页。

于以一定形式创作的，属于文学、艺术和科学领域范围内的作品。由此可见，属于工业、农业、商业或者产业技术领域的其他智力创作成果不属于作品，不属于著作权法保护的对象。

3. 作品应具有独创性

作品的独创性是指作者在创作作品的过程中投入了某种智力性的劳动，创作出来的作品具有最低限度的创造性。这就意味着，作品是由作者独立创作的，而非抄袭；作品体现了作者的精神劳动和智力判断，而非简单的摹写或材料的汇编。独创性是作品获得著作权保护的必要条件，只有具有独创性的作品才能获得著作权法的保护。[1]

4. 作品应能以一定形式表现

作品必须以一定客观形式表现出来，为他人所感知，进而以某种有形形式加以复制和利用。如果只是作者的思想而没有一定的表现形式，人们非但视而不见、触而不觉，也就无须给以著作权保护。著作权只保护作者思想的表达形式，而不保护思想本身。[2]

（二）著作权法上影视作品的特点

影视作品属于视听作品中的一类作品，作为著作权法保护对象的表现形式之一，无疑应具有著作权法上作品所应具备的条件或特征，但从影视作品的摄制创作过程与其他类型作品的创作比较来看，影视作品还具有以下特殊性。

1. 影视作品是特殊的演绎作品

现实中，影视作品的创作往往是在已有剧本的基础上完成的，因此大多数的影视作品属于演绎作品。在19世纪中期以前，作者的著作权控制主要限于对作品的大量复制。但自19世纪中后期以来，英美国家的立法机构逐渐赋予了作者控制其作品被他人再创作的权利，直至后来系统地限制了他人创作演绎作品的自由。[3] 演绎权是著作权人对其作品演绎行为享有的专有权。在我国，演绎权是一个学理上的概念，现行立法中并没有规定演绎权，而学理上的演绎权又分为改编权、翻译权、摄制权及汇编权等。演绎权的主体为原作品的著作权人，其有权禁止他人未经许可对其作品进行演绎；与此相对应，演绎权的客体是原作品。演绎权作为一项重要的

---

[1] 李明德、许超：《著作权法》，法律出版社，2003，第31页。

[2] 曲三强：《知识产权法原理》，中国检察出版社，2004，第90页。

[3] 冯晓青：《演绎权之沿革及其理论思考》，《山西师大学报（社会科学版）》2007年第3期，第7页。

著作财产权，一是赋予了权利人自己进行演绎的权利；二是赋予了权利人禁止他人未经许可演绎作品的权利。

现实生活中，将文学、戏剧等作品改编成影视剧本进而制作成电影、电视剧的情况非常多见，这些从其他作品改编而来的影视作品实际上就是演绎作品。❶ 从我国 2010 年《著作权法》中的有关规定可以看出，其并没有将演绎作品中典型的"双重版权"原则适用于影视作品❷，而是规定了影视作品整体的著作权属于制片者，编剧、导演、摄影等作者仅享有署名权与报酬权，并不享有影视作品的著作权，但可以对其中能单独使用的作品享有单独的著作权。2020 年《著作权法》也没有明确规定将"双重许可原则"适用于对影视作品使用的限制。目前，多数国家的著作权立法都规定，对于在启动影视作品创作过程之前已经存在的小说、戏剧等作品（原作品）的著作权人而言，一旦许可制片者将其作品拍摄影视作品，就不能再阻止制片者对影视作品的正常使用。❸ 换言之，影视作品属于特殊的演绎作品，"双重版权、双重许可"规则的适用应有所限制。他人对影视作品在多数情形下的使用，只需要经过制片者许可，而无须再经过原作著作权人的许可。❹

2. 影视作品是特殊的合作作品

所谓"合作作品"，是指合作作者的创造性劳动不可分地体现在一个最终成果中的那些作品。我国 2020 年《著作权法》第 14 条第 1 款规定，两人以上合作创作的作品，著作权由合作作者共同享有，没有参加创作的人，不能成为合作作者。2013 年《著作权法实施条例》第 9 条规定，合作作品不可以分割使用的，其著作权由各合作作者共同享有。在多数国家的著作权法中，都明文规定只有各个作者的创作成果在一部作品中无法分割，该作品才能称为"合作作品"。例如，电影作品中的音乐、对白、布景、导演（仅就导演的分镜头剧本而言）的创作成果本来是可分的，但如果某个国家立法把电影演员也视为电影作品的作者，则演员在这部影视作品的表演创作成果就很难从该影视作品中分割出来。从影视作品的前期创作、投资到影视作品创作完成，再到影视作品的最终发行、放映这一过程中，往往需要许多人共同参与其中，一部影视作品的完成，离不开编剧、导演、摄制者、词曲作者、

❶ 蒋鸿飞：《论著作权的改编规则》，《长江文艺》2011 年第 11 期，第 13 页。
❷ 王思东：《论影视作品版权的归属》，《云南艺术》2001 年第 5 期，第 9 页。
❸ 李琪：《论影视作品的三个属性》，《文艺风向》2008 年第 6 期，第 17 页。
❹ M. 雷炳德：《著作权法》，张恩民译，法律出版社，2004，第 121 页。

演员、灯光美术师、剪辑师等的共同参与，因此从这个意义上讲，影视作品也是一种合作作品。如果按照著作权法上的合作作品著作权归属和行使规则，影视作品的著作权应由对影视作品的创作付出了独创性劳动的全体合作作者共同享有。

但是，影视作品并不是一般的合作作品，而是一种特殊的合作作品。如果将影视作品视为一般的合作作品，意味着对影视作品的使用需要经过全体合作作者的共同许可，而这也势必会带来影视作品在传播和使用方面的诸多问题和障碍。因此，尽管影视作品从其创作过程来看，符合合作作品的特征，但现今大部分国家的立法还是将影视作品作为一种特殊的合作作品来看待，即体现在影视作品著作权的归属上，突破了一般合作作品著作权的归属限制，将影视作品的著作权归属于制片者。

第二节　影视作品的构成要素

我国 2020 年《著作权法》第 3 条明确列举了八类不同创作表达形式的作品，将原规定的"影视作品"修改为"视听作品"，扩大了该类作品的范围，使影视作品成为视听作品中的一类作品形式。影视作品作为一种典型的视听作品，其表达形式具有特殊性，是一种视与听的结合，影视作品的主要构成要素不同于其他创作表达形式的作品，主要体现在以下几个方面。

一、影视作品中的画面

影视画面，广义上是指所有通过光学成像或电子成像的影像画面，包括日常接触的电影、电视类节目，计算机视频，网络视频等；狭义上的影视画面是指电影、电视中的一组镜头或者一段视频、一个镜头，甚至一帧画面。[1] 根据我国《著作权法实施条例》第 4 条的规定，电影作品和以类似摄制电影的方法创作的作品，是指摄制在一定介质上，由一系列有伴音或者无伴音的画面组成。可见，影视作品的构成要素主要是"画面"。

---

[1] 吴思齐：《影视画面的社会学特征分析》，《影视评论》2011 年第 3 期，第 6 页。

早期的电影是无声的，其内容完全由画面来体现，因此当时画面就是电影的最重要元素。❶ 画面作为电影和电视的本体语言，也是构成电影、电视作品的最小构成单位。画面是映现于银幕和荧屏上的活动影像，它是对被摄事物的客观反映，作者可以通过画面来拉近观众与导演之间的距离，也可以通过构图、光线、色彩等画面手段来表现出导演自己的主观态度和审美理念。❷

影视作品中一幅幅画面构成了无声的画面语言，但这和我们理解的语言不同，画面语言是影视作品和观众的一种交流方式。画面的色彩、实物构图的把握和色调都是导演同观众交流的手段。

（一）影视作品画面的景别划分

所谓景别是指摄像机同被摄对象之间距离的远近而造成画面形象上的大小。影视制作者利用复杂多变的场面调度和镜头调度，交替地使用各种不同的景别，是为了使人物关系的处理更具有表现力，以此来增强影片画面的艺术感染力。❸ 划分景别就是根据画面所表现的内容、目的和不同需要来确定画面的取舍与范围。影视画面按照景别来划分，大致可以分为以下五种类型。

1. 影视作品中的远景画面

远景画面的主要作用是延伸画面的主要层次，增加作品的意境。❹ 远景画面能使人享受到更为广阔的视野，常用来展示事件发生的时间、环境、规模和氛围。奥斯卡获奖影片《荒野猎人》中，就运用了大量的远景画面，在给人美感的同时，也烘托了影片氛围。一般远景画面是在展示大氛围或大场景，如远景画面可表现开阔的自然风景、战争场面、人物场景等大场景，其重在渲染不同的气氛、抒发不同的情感。

远景除了表现规模、气氛、气势之外，还可以表现一定的意境，激发人们的想象力和感染力。一般来说，远景画面包容的景物较多，时间也较长。但由于电视画面较小，因此有人主张不用或少用远景画面。其实，远景画面需要大画幅来体现内容和意境，其中意境还是最重要的。影视作品的观众往往也是靠剧情和远近场景的

❶ 列夫托尼克：《画面美学》，胡卫东译，中国翻译出版社，1996，第 45 页。
❷ 吴泳诚：《影视画面经营的原则和要点》，《南方电视学刊》2013 年第 4 期，第 15 页。
❸ 曲忠梅：《影视画面探究》，中国新闻出版社，2004，第 142-143 页。
❹ 罗建光：《提高构图质量的影视画面特性探析》，《电影评介》2012 年第 18 期，第 22 页。

切换，来体会影视作品风格的变化。

2. 影视作品中的全景画面

全景用来表现场景的全貌或人物的全身动作，在电视剧中用于表现人物之间、人与环境之间的关系。全景画面，主要表现人物全身，活动范围较大，体型、衣着打扮、身份交代得比较清楚，环境、道具看得明白，通常在拍内景时，作为摄像的总角度的景别。在电视剧、电视专题、电视新闻中全景镜头不可缺少，大多数节目的开端、结尾部分都用全景或远景。远景、全景又称"交代镜头"。❶

3. 影视作品中的中景画面

摄取人物膝盖以上部分的电影画面称为中景画面，其视距比近景稍远，能为演员提供较大的活动空间，不仅能使观众看清人物表情，而且有利于显示人物的形体动作。由于中景画面的取景范围较宽，可以在同一画面中拍摄几个人物及其活动，因此有利于交代人与人之间的关系。中景在影片中占较大比例，大部分用于需识别背景或交代出动作路线的场合。中景的运用，不但可以加深画面的纵深感，表现出一定的环境、气氛，而且通过镜头的组接，还能把某一冲突的经过叙述得有条不紊，因此常用以叙述剧情。中景和全景相比，包容景物的范围有所缩小，环境处于次要地位，它重点在于表现人物的上身动作。中景画面为叙事性的景别，因此中景在影视作品中占的比重较大。处理中景画面时要注意避免直线条式的死板构图、拍摄角度、演员调度等。❷

4. 影视作品中的近景画面

拍到人物胸部以上部位或者拍摄物体的局部叫作近景画面。近景的屏幕形象是近距离观察人物的体现，所以近景能清楚地看清人物的细微动作，也是人物之间进行感情交流的主要景别类型。近景注重表现人物的面部表情，传达人物的内心世界❸，是刻画人物性格最有力的景别类型。电视节目中节目主持人与观众进行情绪交流也多用近景。这种景别类型多应用在电视艺术作品中，是因为电视屏幕小的特点，因此有人说电视是近景和特写的艺术。❹近景产生的接近感，往往能给观众以较深刻的印象。

---

❶《电视摄影学简明讲义》，豆丁网：https://www.docin.com。
❷ 李显杰：《电影叙事学：理论与实例》，中国电影出版社，2000，第114页。
❸ 张寅德：《叙述型研究》，中国社会科学出版社，1989，第39页。
❹ 罗建光：《提高构图质量的影视画面特性探析》，《电影评介》2012年第18期，第22页。

由于近景人物面部看得都十分清楚，人物面部缺陷在近景中得到突出表现，在造型上要求细致，所以无论是化妆、服装还是道具，都要表现得十分逼真和生活化，不能让观众看出破绽。

在近景中，环境退于次要地位，画面构图也应当尽量简练，避免杂乱的背景夺视线，因此拍摄时会常用长焦镜头进行拍摄，然后利用景深小的特点虚化背景。人物近景画面用人物局部背影或道具做前景可增加画面的深度、层次和线条结构。近景人物一般只有一人做画面主体，其他人物往往作为陪体或前景处理。"结婚照"式的双主体画面，在电视剧、电影中是很少见的。❶

5. 影视作品中的特写画面

画面的下边框在成人肩部以上的头像，或摄制被摄对象的局部称为特写画面或特写镜头。特写镜头被摄对象充满画面，比近景更加接近观众。背景处于更加次要的地位，甚至可以消失。特写镜头能细微地表现人物面部表情❷，它具有生活中不常见的特殊的视觉感受，主要用来描绘人物的内心活动。演员通过面部把内心活动传递给观众，特写镜头无论是人物或其他对象均能给观众以强烈的印象。在故事片、电视剧中，道具的特写往往蕴含着重要的戏剧因素。在一个蒙太奇段落和句子中，有强调加重的含义，比如拍摄老师讲课的中景，讲桌上的一杯水，如果拍个特写，就意味着可能不是普通的水。正因为特写镜头具有强烈的视觉感受，所以不能滥用，要用得恰到好处，用得精，才能起到画龙点睛的效果。❸

（二）影视作品画面的审美

影视艺术属于造型艺术形式，影视画面虽然与绘画门类的艺术形式有许多相同之处，但永恒的运动性使它与绘画艺术又有着本质的区别。从时空的角度来看，绘画和雕塑偏重空间思维，是静态的艺术形式，或者是瞬间动态造型的凝固。这种缺少时间长度的构图，不能改变画面的空间关系，它只能在人们的想象中得以延伸。❹

而影视艺术则不同，它是时间和空间的结合体，我们在欣赏影视作品的过程中

---

❶《摄像艺术》，豆丁网：https://www.docin.com。
❷ 王福军：《镜头下的影视形态》，《艺术博览》2001年第14期，第14页。
❸《电视摄影学简明讲义》，豆丁网：https://www.docin.com。
❹ 邹子尧：《影视画面的架构分析》，《文艺创作分析》2009年第12期，第21页。

能够清楚地感受到时间的流动和空间的转换。人物和剧情会随着画面的改变而不断向前发展，这一切都处于运动中。你可以把它理解为影视科技使然，然而这就是影视作品画面的审美特征，它把画面变成了永恒的运动形式。永恒的运动也是影视艺术区别于其他造型艺术的最为本质的特点。因此，影视艺术创造美的过程就是选择富有个性特征的动作行为而构成一系列运动着的画面来实现的。❶ 运动的特点不仅形成了影视艺术流动的时空元素，也构成了对影视作品审美的标准。

二、影视作品中的声音

早期的电影是无声片，但后来随着电影技术的发展，出现了有声电影。1927年，美国华纳兄弟公司制作了第一部有声电影《爵士歌王》，开创了有声电影的先河。电视比电影发展得晚，所以电视从开播之日起即为有声的。可以这样说，是声音成就了影视艺术，让影视艺术拥有了一个新的表现元素，并可以给观众呈现出不一样的体验。❷

影视作品中的声音是现代电影电视表现手段的一个重要组成部分，它与影视作品中的视觉画面共同构成银幕空间，展开叙事并完成影视作品中艺术形象的塑造。如今电影电视中的声音已经有着和影视画面同等重要的地位。影视作品中的声音主要分为语言、音乐和音响三种类型。

1. 影视作品中的语言

影视作品中的语言特指人类的语言，也称"言语语言"。语言在影视作品中会占据绝对性的主导地位，是信息的主要传递者。影视作品具有文艺性的原因也主要是因为影视作品的语言。语言可以在影视作品中占很大比重，如1957年美国的著名电影《十二怒汉》，就把语言的艺术发展到了极致。这部影片是讲述一个在贫民窟中长大的孩子被指控谋杀生父，案件的旁观者和杀人凶器均证明了这个孩子就是杀人凶手，而担任该案件的十二名陪审员成员要在案件结案前在陪审员休息室里讨论这个案件，决定这个孩子是否有罪的故事。❸ 这部电影的其他画面和音乐、音响很少，主要是通过主人公的语言交流来推动剧情的发展。当然，这只是一个例子，

---

❶ 陈明选：《论影视画面的审美特征》，《江南大学学报（人文社会科学版）》2005年第8期，第30页。
❷ 杨大春：《解构的踪迹：法国后结构主义概论》，《教学与研究》2003年第6期，第13页。
❸ 皮埃尔·贝托米厄：《电影音乐赏析》，杨围春、马琳译，北京文化艺术出版社，2005，第162页。

现实生活中还有很多影视作品都体现了语言艺术的重要性。

影视作品中的语言可分为对白、独白和旁白读。❶影视作品中人物之间的对话，称为"对白"。它是人声语言的最主要表现形式。我们也主要是通过人物对白来了解人物性格及人物情绪波动。好的演员可以通过对白来引导剧情发展，传递内心思想状态。❷所谓"独白"，是指人物独自表述倾吐自己内心活动的人声语言，也就是人物在屏幕画面中对内心活动的自我表述形态。独白有两种方式：一种是以自我为交流对象的独白，即通常所说的"自言自语"；另一种是有其他交流对象的大段述说。独白是人物内心情感处于复杂矛盾冲突下的产物。❸再有就是旁白，这是一种画外传声的语言形态。旁白有的是以第一人称的方式自述，有的则是以第三人称的方式叙述。旁白的作用主要有两种，第一种是向观众说明主人公的心理状态和内心感受；第二种是介绍剧情发展。

2. 影视作品中的音乐

电影是影视作品最早的一种表现形式。在电影发展初期，囿于当时的技术条件，电影在播放胶片的过程中经常会出现杂音或者噪声。电影音乐这种音乐形式，最初就是这样被搬到银幕上，即它是为了掩盖电影在播放过程中可能出现的杂音或噪声，以便观众有一个更好的观影体验。另外，为了能够在换片的过程中让观众不至于无事可做，电影音乐作品也是一个主要的填充工具。❹影视作品中的音乐作为一种独特的艺术表现形式，随着技术条件的发展非但没有消失，反而是以其独特的魅力和感染力受到了影视作品制作者和观众的一致好评，现在已经成为影视作品中不可或缺的艺术元素。

音乐既能够为影视作品增添色彩，对影视作品本身产生积极的影响，还能够为音乐本身开辟新天地，从而达到双赢的效果。❺很多音乐作品都是因为被影视作品灵活、恰当地运用而广为流传。影视作品中的音乐分为两种：一种是影视作品里的音乐；另一种是在后期制作过程中导演另行加入的音乐作品。音乐对影视作品可以起到突出电影的主题、推动故事情节的发展、烘托场景氛围和塑造人物内心世界的作用。

❶ 左晓莹：《影视语言的层级化特性分析》，《语文知识》2011 年第 4 期，第 23 页。
❷ 王霞：《影视语言的偏离与融合——谈影视对白中的反域化现象》，《电影文学》2008 年第 9 期，第 25 页。
❸ 陈斌、程晋：《现代传播与影视音乐》，浙江大学出版社，2004，第 135 页。
❹ 高如：《谈影视音乐的描绘功能》，《辽宁师范大学学报社会科学版》2010 年第 11 期，第 9 页。
❺ 韦民：《浅谈影视音乐的价值和魅力》，《美与时代（下半月）》2008 年第 12 期，第 6 页。

3. 影视作品中的音响

在艺术领域，"音响"的定义通常有广义与狭义之分。从广义上讲，音响泛指声音，包括我们能够感知的一些声音，它是物质运动的形式之一，属于哲学研究的范畴。❶我们现在说的影视作品中的音响，是指狭义的音响，即在影视作品中除了语言、音乐以外的其他各种声音。相比较画面和镜头来讲，音响的约束较少，空间更大，更能够表现出大范围的意境和抒发更深层次的情感。❷例如，观众在影视作品中经常看到的鞭炮声、雷雨声、飞机的轰鸣声等。概括来讲，影视作品中的音响可以起到加强影视画面的真实感、烘托环境气氛、增强影视画面的动态效果等作用。

三、影视作品中的蒙太奇

（一）蒙太奇的含义及发展历程

"蒙太奇"（法文"montage"）也是影视作品的构成要件之一。"蒙太奇"一词最早源于法文，原意是指装配构成的意思，属于建筑学用语；借用到影视作品中作为电影用语，有剪辑和组合的意思，它是电影导演的重要表现方法之一，为表现影片的主题思想，把许多镜头组织起来，使其构成一部前后连贯、首尾完整的电影片❸，即将一部影片的各种镜头在某种顺序和延续时间的条件中组织起来。发展到现代，蒙太奇已经成为影视作品的基本结构和叙事方式，其中镜头和镜头之间、段落与段落之间，甚至画面与声音之间也能够成为蒙太奇的适用范围。

在世界电影史上，美国人格里菲斯导演是被公认使用蒙太奇手法最早的电影人。在他的电影《一个国家的诞生》和《党同伐异》中，正式规范和创立了该种表现手法。但是真正全面地论述蒙太奇的美学价值和美学规律的则是"苏联学派"的导演们，他们提出了以节奏和象征为核心的电影辩证法和组合理论，其中又以爱森斯坦、库里肖夫、普多夫金等为典型代表。蒙太奇在电影艺术中的运用十分广泛，经过一百多年的发展，其功能越来越丰富。

---

❶ 胡志飞：《声音的律动》，《文学与艺术》2014年第12期，第11页。
❷ 王钰：《论时间和空间在艺术创作中的重要性》，《当代生活》2001年第3期，第14页。
❸ 中国社会科学院语言研究所词典编辑室编《现代汉语词典》（第五版），商务印书馆，2005，第935页。

（二）蒙太奇的主要类型

按照中国电影出版社出版的《电影艺术词典》一书中对于蒙太奇的分类，影视作品中蒙太奇手法的运用主要分为三类：叙事蒙太奇、表现蒙太奇和理性蒙太奇。

1. 影视作品中的叙事蒙太奇

叙事蒙太奇是影视作品中最常用的一种蒙太奇手法，也是一种叙事方法。❶它以交代情节、展示事件为主旨和主要目的，按照情节发展的时间流程、因果关系来分切组合镜头、场面和段落，从而引导观众理解剧情。这种类型的蒙太奇是由许多不同的画面、镜头、场面和声音组合而成，它主要是为了形成一个完整的时空或者组合成一个完整的情节。❷这种蒙太奇组接脉络清楚，逻辑连贯，明白易懂。它又可以细化分为呼应蒙太奇、重复蒙太奇、交叉蒙太奇和过渡蒙太奇等类型。

2. 影视作品中的表现蒙太奇

表现蒙太奇也叫"对列蒙太奇"，它与情节无关，不是为了叙事，而是为了某种艺术的需要。❸它是通过连接空间和时间来组合成完整的情节，从而达到表达主人公情感、创造人物情绪的作用。表现蒙太奇不以时间为序，而是以不同的镜头进行情节暗示，表现一个原来没有的新含义。

3. 影视作品中的理性蒙太奇

最早提出理性蒙太奇概念的是苏联的著名导演谢尔盖·爱森斯坦。他认为剪辑是有机和辩证的。剪辑应该在一个镜头达到"爆裂"点时才进行，一组镜头中的每一个镜头应当是不完全的，只应起部分作用而不是全部作用，镜头之间的碰撞和冲突又会产生全新的思想。理性蒙太奇就是指在电影中通过镜头与镜头之间的并列组接，使观众将一定的视觉形象变成一种理性的认识。两个镜头的冲突会产生全新的思想。电影蒙太奇手法的产生和发展离不开爱森斯坦、普多夫金、巴拉兹、让·米特里等人的努力。理性蒙太奇主要分为杂耍蒙太奇、反射蒙太奇和思想蒙太奇三种。运用这种蒙太奇手法的典型电影作品是《战舰波将金号》和《普通法西斯》。

---

❶ 晁阳、杨光：《影视作品中的蒙太奇》，《影视技术》2000年第7期，第23页。
❷ 曲云：《蒙太奇与现代电影》，《西安艺术学报》2010年第15期，第15页。
❸ 邹定武、刘成杰：《影视蒙太奇的分类及其功用》，《西南师范大学学报（哲学社会科学版）》1992年第3期，第35页。

（三）蒙太奇在影视作品中的主要作用

蒙太奇在影视作品制作中的作用主要体现在时空上的自由性。具体来说，通过蒙太奇手段，电影的叙述在时间空间上的运用可以获得极大的自由。一个蒙太奇手法的运用，就可以让剧情或者人物在空间上从北京跳到东京，或者在时间上跨越上千年。而且，通过两个不同空间运动的并列与交叉，可以营造紧张的悬念，或者表现分处两地的人物之间的关系，如母子的两地相思。另外，不同时间的蒙太奇可以反复地描绘人物过去的心理经历与当前的内心活动。这种时空转换的自由使电影在很大程度上取得了像小说家一样表现出来的自由度。❶ 蒙太奇的运用，也使影视作品艺术家可以大大压缩或者扩延生活中实际的时间，造成所谓"电影的时间"❷，而不给人以违背生活中实际时间的感觉。

蒙太奇一般包括画面剪辑和画面合成两方面。画面剪辑是由许多画面或图样并列或叠化而成的一个统一图画作品；画面合成是指制作这种组合方式的艺术或者过程。电影将一系列在不同地点、距离、角度，以不同方法拍摄的镜头排列组合起来，叙述情节，刻画人物。❸

第三节　影视作品的类型

根据我国著作权法的相关规定，并结合互联网科技的发展，视听作品中的影视作品主要有以下表现形式，即电影作品、电视剧作品和网络电影作品等。

---

❶ 吉祥：《蒙太奇在影视作品中的重要作用》，《无线互联科技》2011 年第 3 期，第 5 页。
❷ 尚雅莉：《电影蒙太奇功能探究》，《电影文学》2010 年第 9 期，第 12 页。
❸ 龚帅：《浅析电影与艺术思想的融合——由"飞扬小红裙"所想、所悟》，《美与时代（下）》2011 年第 7 期，第 25 页。

一、电影作品

（一）电影作品的含义

电影，是由活动照相术和幻灯放映术相结合而发展起来的一种连续的视频画面，是一种视觉和听觉完美结合的现代艺术形式，也是一门可以容纳悲喜剧与文学戏剧、摄影、绘画、雕塑、舞蹈、音乐等多种艺术形式的现代科技与艺术的综合体。❶

《著作权法实施条例》第4条规定："电影作品和以类似摄制电影的方法创作的作品，是指摄制在一定介质上，由一系列有伴音或者无伴音的画面组成，并且借助适当装置放映，或者以其他方式传播的作品。"

此后，《中华人民共和国电影产业促进法》（以下简称《电影产业促进法》）第2条第2款专门规定了电影的含义，即"本法所称电影，是指运用视听技术和艺术手段摄制、以胶片或者数字载体记录、由表达一定内容的有声或者无声的连续画面组成、符合国家规定的技术标准、用于电影院等固定放映场所或者流动放映设备公开放映的作品"。

（二）电影作品的特点

电影是通过展现在银幕上的视听形象给观众以身心上的愉悦，在其发展过程中虽然受到其他艺术形式的影响，但其还是从整合、吸收的角度来对其他的艺术形式不断地进行借鉴。电影艺术除了具有影视作品视听性、文学性、人文性三种共通的特点之外，得益于它表达媒介的特殊性和极强的融合能力，让这一种在银幕上进行展示的影视艺术类型有了自身的一些特点，具体来说电影作品有以下几方面的特点。

1.视听的造型性

电影是视听艺术。电影所运用的一切手段，如摄影、灯光、道具、服装、声音等，都是为了加强视听效果，电影就是要在一定画面的有限空间内，通过直观而生动的视觉形象和声音形象来塑造人物、叙述事件、抒发情感和表达主题。❷因此可

---

❶ 刘东严：《论影视作品的创作手段》，华东师范大学，硕士研究生论文。
❷ 彭菊华：《影视作品评析教程》，中国传媒大学出版社，2011，第7页。

以说电影艺术最根本的审美特征就是它的视听造型性。在电影艺术中，镜头运动、光线、色彩和画面构图等，共同组成了画面造型。而人的声音、音响和音乐则共同组成了声音造型，它与画面造型相得益彰，大大增强了电影的艺术感染力。

2. 时空的自由性

电影作品在某方面来说就是时空的艺术，要想在很短的时间内表达故事、人物情感、人生轮回等，都需要时空的不断切换，把最能表达剧情的时空部分有秩序地组合起来，形成直观、逼真和多方位的时空关系。在影视作品中，为了剧情发展的需要，时间和空间都需要随时变换。在时间上，可以从幼年直接到老年，可以从恋人直接到一对老夫妻，也可以将时间静止，享受那时间停滞的奇妙感觉；[1] 在空间上，可以从高山直接穿越到海洋，可以从美丽的村庄直接过渡到繁华的大都市。可以说，时空的自由运用成就了电影神奇而美妙的艺术表现方式。

3. 艺术的综合性

电影作品是一门综合艺术，主要体现在两个方面：一方面，它是现代科学技术与艺术的融合；另一方面，它综合了文学、戏剧、绘画、音乐、舞蹈等多种艺术表现形式。

首先，电影作品是科技与艺术的综合体。如果没有现代工业提供的光、电、声、化等方面的条件，没有摄像机、感光胶片、光学镜头和放映机等设备，电影根本就不会问世。从电影的技术基础上来看，它也是综合了光学、声学、化学、物理、生物学等各方面的研究成果，而且影视的基本构成元素——画面与声音，也是科学技术发展的产物。画面由黑白到彩色再到立体画面；声音由无声到有声再到立体音响，所有的这些变化都是以科技的发展为前提的。另外，一些摄影技术、配音方式和武打、科幻等手段的应用都是随着科技的发展而不断进步。

其次，电影作品的综合性更体现在它吸收其他艺术形式的优点，不断地丰富和完善自己的表现手法。电影借鉴戏剧艺术在编剧、导演、表演方面的艺术经验，又从绘画、雕塑等艺术形式中吸取造型艺术的特点；从音乐中吸收同电影作品适合的音乐作品和音乐形式来表达人物的内心情感、场面的渲染和剧情发展的无声链接。总之，艺术的综合性使电影成为一门集体创作的艺术，将编、导、美、录、服、化、音等部门统筹结合，形成完善的综合艺术表现形式。

---

[1] 陈炳国：《影视作品画面是时空分析》，《解放军艺术学院学报》2004年第6期，第24页。

4.画面的运动性

画面的运动性是指电影作品的画面为活动影像。电影本身就是活动照相术出现之后的产物，如果画面静止不动，按照幻灯片的形式较慢速度地放映，我们也可能无法将其称为电影。电影就是通过运动着的画面来表现人物和事物的发展状态，当人们在欣赏电影作品时，就能深切地体会到场景、人物和事件的不停转换，电影中的一切都处在运动之中。电影的运动性主要是通过被拍摄对象的运动、镜头的运动和拍摄对象与镜头的复合运动来实现的。

5.作品的复制和传播性

这是电影作品的一个典型特征，其他的艺术形式（如绘画艺术）虽然也可以进行复制传播，但是经过复制的绘画艺术在艺术表现力上将大打折扣，无法达到原画所带给我们的艺术观感和表现能力。但电影作品不同，电影是通过现代摄影技术摄制而成，在完成后期的剪辑后，便可以通过现代科技进行无限复制，复制的目的是放映和传播，而且复制后的影像资料同原版并无差别，在观感和艺术表现力上也完全相同，这也是电影作品得以迅速推广和传播的重要因素。

（三）电影作品的分类

电影作品按照表现手段和表现内容的不同分为故事片、科教片、纪录片和美术片四大类。❶电影作品表现形式的类别是电影最基本的影像形态，也就是说故事片、科教片、纪录片和美术片这四大类是就电影作为艺术的本体特性而言的，它们只是影像叙事的方法和属性的不同，由此形成电影作品的基本类型区分。

1.故事片

电影故事片是指运用影像和声音为手段进行叙事的电影作品，是电影作品的主要表现形式，其主题种类多种多样。凡是由演员扮演角色，具有一定情节，表达一定主题思想的影片都可以成为故事片。故事片又可以根据题材内容归类，分为历史片、体育片、灾难片、传记片等；根据表现形式归类，分为音乐片、舞剧片、歌舞片等；根据观众对象归类，分为儿童片、成人片、色情片等；根据市场商业需求，分为西部片、功夫片、公路片等。❷

---

❶ 陈政：《论电影艺术的分类》，《名作欣赏》2004 年第 8 期，第 8 页。
❷ 蓝凡：《电影类型新论》，《艺术百家》2012 年第 6 期（总第 129 期），第 138 页。

2. 科教片

电影科教片是指利用各种电影特技来讲解科学常识的影片。电影科教片也称为"科学教育片"，它是传输科学文化知识、推广先进技术经验、传授工艺方法，为广大群众的社会生活、工作学习等服务的电影类别❶，如 1982 年上海科教电影制片厂摄制的《冠心病》、1985 年北京科学教育电影制片厂摄制的《哈雷彗星》等科教片。科教片具体还可以细分为科学普及片、科研片、教学片、社会科学片等。

3. 纪录片

电影纪录片是指以真实生活为创作素材，以真人真事为表现对象，并对其进行艺术加工和展现的影片类型。纪录片的特点是它以展现真实为本质，并用真实来科普教育或者引发观者的思考❷，如1895年法国路易·卢米埃尔拍摄的《工厂的大门》《火车进站》，由中国人拍摄的第一部电影纪录片是1905年拍摄的《定军山》❸，以及为纪念中国电影一百周年诞辰，由中央新闻纪录电影制片厂和南京电影制片厂联合出品大型文献纪录电影《百年光影》等，都属于纪录片的性质。

4. 美术片

电影美术片是一种特殊表现形式的电影。美术片在世界上统称为"animation"，是动画片、木偶片、剪纸片的总称。美术片不是由演员进行扮演，而主要是通过相关专业人员绘画或设计的其他造型艺术形象，再由人工配音来表现美术片作者的创作意图所完成的电影作品。显然，美术片也是一门综合艺术。美术片电影有短片、长片或系列片多种，题材和形式广泛，在世界影坛上占有重要地位。

二、电视剧作品

（一）电视剧作品的含义

电视剧作品，又称"电视作品"，英文表述为"television works"，是指专门通过电视（电视机）这一媒介进行播放的影视作品。作为影视作品的电视剧作品兼容了电影、戏剧、文学、音乐、舞蹈、绘画、造型等诸多现代艺术的元素，融合舞台艺术和电影艺术的表现方法而形成的一种艺术作品形式。

❶ 陈晓婷：《浅谈科教片中 FLASH 的运用》，《科学大众（科学教育）》，2012 年第 7 期，第 20 页。
❷ 王祖正：《中国纪录片发展流派分析》，《东方艺术》2012 年第 3 期，第 19 页。
❸ 方方：《中国纪录片发展史》，中国戏剧出版社，2003，第 7 页。

国际无线电咨询委员会曾作过如下定义："电视是电信的一种，用于传送代表景物的信号，在收到信号之际将它储存后，使景物的画面重显。"因此电视不同于电视剧作品，电视仅是一种传播媒介，通过电视这一媒介可传递各种资讯，也传播着电视剧作品。

电视剧作品是迄今为止最年轻的艺术形式之一。1936年英国广播公司在伦敦正式播放电视节目，标志着电视的诞生。电视剧是电视艺术的最主要类型。电视和电视作品虽然只有80多年的历史，但是已经发展成为当今最重要、传播范围最广的大众传播媒介和艺术形式。电视作品是电视这一媒介传播并与传播对象混合为一体的艺术形态，主要指以电视为载体，利用电视手段塑造审美对象的艺术形态，它仍然以审美娱乐和情感表现为目的，致力于给人以审美上的愉悦和情感上的满足。❶

（二）电视剧作品的特点

从审美特征上来看，电影作品和电视剧作品有很多相似之处。例如，它们都是综合性的艺术形式，也都是现代科学技术的产物，都采用了画面、声音、镜头和蒙太奇的表达手法，但与电影作品相比，电视剧作品也有其自身的特点。

1. 从制作技术原理来看

从制作技术原理来看，电影作品和电视剧作品两者都需要现代科学技术的支撑，如最为基础的是光电技术和摄影技术。电影作品具有更强的技术性，它是通过感光作用，以感光胶片作为记录介质，放映的过程就是使感光图像再现的过程。❷当然，现在的电影已经逐渐脱离了感光胶片这一记录媒介，而是使用了更为先进的数码技术，这样的电影作品更容易储存和传播。电视剧作品是通过光电转换，依靠电子技术形成母版，然后通过发射传播，再经过电视机接收信号形成图像。从这一点上可以看出，电视剧作品所依托的技术手段是以电影作品所依托的技术手段为前提的。

2. 从制作工艺过程来看

从制作工艺过程来看，电影的画面必须要等胶片在制片单位洗印之后才能看到拍摄效果，所以一般电影拍摄，一个镜头要重复一两次以备用，而且胶片使感光材

---

❶ 左志华：《电视艺术的社会贡献》，《东南传播》2015年第4期，第16页。
❷ 程金生：《论电影与电视的差异性》，《当代艺术》2016年第3期，第14页。

料不能重复使用，因此电影作品的制作成本比较高。鉴于这种高成本，电视作品的制作工艺过程则发展成为全程依靠电子技术的性能，拍摄时可以通过监视器当场看到拍摄效果，如果对拍摄效果不满意或出现纰漏，可以当即重新拍摄，降低制作成本。❶ 因此，在现今电影的制作过程中，电影人也逐渐采用了电视剧作品的这种电子技术制作过程。

3. 从表现形式来看

从表现形式来看，电影作品主要是以银幕为其展现方式，运用蒙太奇等方式拍摄连续性的画面，以达到时空的不断转换，以此来满足剧情的需要。电视剧作品在一定程度上也继承了电影作品艺术的这些展现形式，电视剧作品在画面制作和蒙太奇手法的运用方面也成功延续了电影作品的这些制作技巧。

三、网络电影

（一）网络电影的含义

网络电影也是我国《著作权法》规定的视听作品中一类特殊的影视作品。网络电影是伴随着网络技术的发展和普及而兴起的，尽管目前对网络电影还没有一个较为准确的定义，但网络电影已日益受到人们的关注。❷ 网络电影作为一种新兴的影视作品，与传统的电影作品和电视剧作品形式有着明显的区别。传统的电影作品是通过胶片或者数字电子为载体，然后再以固定或者非固定的实物放映设备进行播放传播的作品；而电视剧作品则是通过卫星信号传输的方式，再将收到的信号存储后重现成图像景物，并通过电视机设备播放的作品。但是，网络电影是专为在互联网上传播而制作的电影作品。

具体而言，网络电影是专门针对网络传播制作并且通过网络进行传播的电影艺术，是传播媒介变化对电影产生影响的产物。网络电影具有典型的网络传播特征，形式多种多样，有微电影、系列电影、摄像头电影、静电影等形式。❸ 但网络电影不是传统电影的网络化，网络电影是以网络为最主要发行和播放渠道，以数字文件形式存在的，有一定故事情节，具备草根性、游戏性、整合性等特征，供网络用户

---

❶ 李晓茹、韩丽远：《浅析电影艺术和电视艺术的关系》，《传播与版权》2014 年第 1 期，第 15 页。
❷ 王仕勇：《网络电影概念与特征探析》，《当代传播》2009 年第 7 期，第 15 页。
❸ 杨晓茹：《网络电影艺术特征研究》，《电影评介》2015 年第 4 期，第 30 页。

观赏和参与的一种新型电影艺术样式。❶总之，现在的网络影视作品已经不再局限于传统摄制手段产生，而是直接通过数字化技术制作，比如动漫影视作品《千与千寻》、3D影视作品《冰雪奇缘》等都是数字化技术制作的网络影视作品。

(二) 网络电影的特点

1. 制作成本低、周期短

网络电影最突出的优点是制作成本相对低廉、制作周期较短，使用数字设备拍摄及完成拷贝，省去了传统电影制作中高昂的胶片成本和洗印费用，大大提高了对制作成本的回收效率。❷例如，全球首部专为网络制作的32分钟电影《量子计划》，仅在首映网站上传了一个小时后，就收回了相应的影片投资成本。当然，这种付费点播的模式也是网络电影得以生存和发展的重要方式，相比在传统影院观看电影的高昂费用，观看网络电影在费用方面也有着一定的优势。

2. 制作目的贴近现实生活

网络电影在制作内容上倾向于贴近生活现实，拍摄的目的性较强。囿于制作成本的限制，网络电影往往无法通过高昂投资来拍摄类似科幻、战争等题材的电影，因此现实主义题材、市井生活题材、小人物题材和批判主体题材自然而然地成为网络电影的主要拍摄范围，由于在现代电影市场上上述类型的商业片不多，网络电影的出现也恰好填补了传统电影中"青春片"类型的空白。例如，2010年年底火爆网络的"11度青春系列电影"《老男孩》：讲述两个步入中年的普通男人追忆逝去的青春并追寻理想最终回归生活的励志故事，获得了广大网民的情感共鸣，引发了网民关于"青春如同奔流的江河"的普遍热议。❸

3. 互动性较强

借助互联网传播平台，有些网络电影在制作、宣传和播放各个环节都能很好地提升与网民间的互动，有时网民甚至还可以兼任网络电影的多重身份，如同时兼任网络电影的创作者和观众，或者同时兼任网络电影的创作者、观众和放映员多重身份。例如，国内第一部互动式网络电影《天使的翅膀》，在拍摄制作中就采用了网络实时互动的方式，吸引网民同期参与影片情节和风格的创作中，大大超越了传统

❶ 王仕勇：《网络电影概念与特征探析》，《新媒体》2009年第4期，第88页。
❷ 陈默：《当代中国青年电影发展初探》，《当代电影》2006年第3期，第26页。
❸ 黄艳：《从"分流"到"合流"：网络电影发展综述》，《大舞台》2011年第9期，第20页。

电影在传播过程中与观众之间的简单互动。❶

4. 欣赏方式自由

传统的欣赏电影方式是先买电影票再到电影院观看电影。电视产生后,形成了对传统电影欣赏方式的第一次冲击,其结果是对"付费体制"和"空间控制"的挣脱。随后的录像带、电子便携设备等的出现,形成了对电影行业的第二次冲击,其结果则是对"时间操控"的挣脱。网络电影的出现,意味着对传统电影体制的第三次冲击,其结果是对"时空限制"的双重挣脱。❷尤其是随着网络终端的便携化和小型化,如手机移动终端的出现,网络电影可以随时随地被点播、下载和观赏,这同时也是电影从一个群体欣赏到个体欣赏的演变过程。在电影院中观看电影是一种群体欣赏,而通过网络终端下载和观赏电影则属于个体欣赏,可见网络电影正在影响和改变着传统电影的欣赏模式,这也是网络电影得以迅速发展的一个重要原因。

第四节 典型案例分析

一、马某与四川广播电视台著作权权属、侵权纠纷案 ❸

(一)案件基本情况

原告马某诉称:2006年6月上旬,被告四川广播电视台准备在成都市锦江区三圣乡幸福梅林开展电视剧《幸福的耙耳朵》的拍摄工作,计划在国庆节期间的《麻辣烫》栏目中播出该20集的方言短剧。《幸福的耙耳朵》第一季于2006年国庆节开播。

2007年3月15日,原告就《幸福的耙耳朵》第一季的电视剧本向四川省版权局申请著作权登记。2007年4月16日,四川省版权局向原告颁发著作权登记证书,证书上记载的作品完成时间为2006年8月。2010年1月25日,原告的代理人通过特快专递的方式向被告寄送了律师函。

---

❶ 黄艳:《从"分流"到"合流":网络电影发展综述》,《大舞台》2011年第9期,第20页。
❷ 贾佳:《当代影视发展现状分析》,《中国电影》2005年第15期,第17页。
❸ 四川省高级人民法院(2013)川民终字第658号民事判决书。

2012 年原告以被告侵犯其著作权为由诉诸法院，认为原告为上述方言短剧第一季的唯一原创著作权人，被告未经其许可使用了该作品拍摄续集并播放，其中新增人物歪曲了原作品的主题和价值取向，侵害了原告的发表权、署名权、修改权、保护作品完整权、改编权、摄制权、获得报酬权、续写权、名誉权等合法权益，诉请法院判令：（1）被告立即停止播放，不得在电视节目中使用涉案作品中的人物形象和故事背景幸福村；（2）被告赔偿原告损失 162.5 万元等。

被告四川广播电视台（以下简称"四川台"）辩称，上述方言短剧第一季是由被告整体构思、策划、创作、筹备、出资完成的，因此被告是涉案方言短剧的整体著作权人，原告只是参与了其中部分剧集的创作，并非为其独立完成。续集为被告独立创作完成的剧本并进行拍摄，新增人物也未对原作品进行歪曲，并没有侵犯原告所主张的上述权利。

（二）法院审理结果

四川省成都市中级人民法院一审经审理查明：《幸福的耙耳朵》第一季共 20 集，每一集为一个独立的故事。根据片头的记载，原告单独担任编剧的有 5 集。剩下的剧集由谭某、周某等被告指派的工作人员单独或与原告共同担任编剧。其中，原告没有担任编剧的有 6 集。原告因《幸福的耙耳朵》第一季的编剧工作获得了被告支付的酬劳。

涉案的《幸福的耙耳朵》第一季以后的故事由被告独立拍摄完成，原告没有参与剧本的创作。续集虽然沿用了第一季中有关人物性格、形象及关系等基本方面的设定，但在情节安排、细节处理及语言设计等方面均与后者有所区别。续集内容中新增加了钢豌豆（女）和铁公鸡、朴尔白（女）和田莱农两对夫妇等人物，其增加的人物情节中，钢豌豆练过武术，比较强势，喜欢用武力解决问题，在家庭生活中处于主导地位；朴尔白聪慧，对父母孝顺，家庭事务更多以协商方式处理，因此夫妻关系和睦。

一审法院经审理后认为：根据 2010 年《著作权法》第 11 条第 4 款的规定，如无相反证明，在作品上署名的公民、法人或者其他组织为作者。根据证人证言及电视剧片头的署名情况，《幸福的耙耳朵》第一季的编剧由原告马某及四川台指派的几名工作人员共同担任。该事实结合经济频道为拍摄《幸福的耙耳朵》联系外景场地、申请制作经费、向马某支付编剧酬劳的客观情况，可以看出第一季的剧本是马某在接受四川台的委托、其他创作人员在履行经济频道工作任务的情况下共同创作完成的，因此马某与其他创作人员均为涉案作品的作者。

虽然著作权登记证书上记载的作品完成时间为 2006 年 8 月，但马某申请作品登记的时间为 2007 年 3 月 15 日，晚于《幸福的耙耳朵》第一季开播的时间，即 2006 年国庆节期间，在缺乏相关佐证且著作权登记证书仅是证明作品权属的初步证据的情况下，对该证据的证明力不予采信。至于新闻媒体的有关报道，因从性质上讲系传来证据，且其上也无关于马某为唯一编剧的记载，不予采信。综上，对马某提出的涉案作品由其独立创作完成的主张不予支持。

同时，《幸福的耙耳朵》第一季以后的续集均系四川台独立拍摄完成，马某并未参与剧本的创作。从已有证据来看，续集与第一季在主要人物的性格、形象及关系上保持一致，但前者只是沿用了后者的基本设定，在情节安排、细节处理及语言设计等方面均与后者有所区别，呈现出了具有独创性的表达方式，构成新的作品，后者不构成对前者的抄袭或复制。

从另一个角度讲，《幸福的耙耳朵》第一季的剧本是马某在接受四川台的委托，其他创作人员在履行经济频道工作任务的情况下共同创作完成的作品，其具有委托作品与职务作品的双重属性。四川台作为马某的委托方及其他创作人员的工作单位，有权对《幸福的耙耳朵》第一季的剧本加以使用。因此，四川台出于拍摄电视剧的目的，以第一季剧本的基本设定为基础创作续集，不会侵害马某的合法权益，据此拍摄成电视剧并加以播放的行为不构成对涉案作品著作权的侵害。

据此，一审法院根据案件事实和相关法律规定，作出判决：驳回原告马某的诉讼请求。原告不服一审判决向四川省高级人民法院提起上诉。

马某的上诉理由主要为：一审判决认定涉案作品为马某和四川台工作人员共同创作、共享担任编剧是错误的认定。马某是《幸福的耙耳朵》剧本第一季 20 集的唯一原创著作权人，将自己原创的该涉案作品交给四川台拍成影视作品，不是四川台委托马某撰写剧本；一审判决认定第一季以后，马某没有参与创作是错误的认定；四川台的行为侵害了马某的发表权、署名权、修改权、保护作品完整权、改编权、摄制权、获得报酬权、续写权、名誉权，应承担相应的法律责任。请求二审法院：（1）撤销一审判决；（2）支持马某的一审诉讼请求；（3）判令四川台承担本案一审、二审诉讼费等费用。

四川台的主要答辩理由为：《幸福的耙耳朵》第一季（20 集）是马某与四川台

工作人员共同创作，马某清楚知道第一季（20集）播出时写明的编剧情况；马某在庭审期间未提交第二季（30集）的剧本。第一季以后，马某没有参与创作；四川台在整体策划创作的作品上继续创作并无不当，未侵害马某的权益。

四川省高级人民法院二审经审理后认为，马某的上诉请求及理由均不成立，原审判决认定事实清楚，审理程序合法，遂依照法律的规定作出判决：驳回上诉，维持原判。

（三）对案件的法律分析

1.受委托创作的作品著作权的归属

在现实生活中，一般情况下，作品的实际创作者即为著作权人，往往没有争议。但委托作品是一种例外情形，委托人与受托人双方在作品创作之前（也可以在创作过程中）通过合同约定的方式确立双方权利义务关系，即在委托人支付一定的对价后，受托人承诺在作品创作完成后以出让著作权的方式响应对方"报价"，在这种情况下，实质为作品的创作者让渡了自己的著作权。因此，关于委托作品一般具有如下特点：一是受托人按照委托人的意见或要求，通过自己的智力和能力将作品独立创作出来；二是委托作品依据委托合同法律关系，委托人对外承担法律责任，同时若受托人非法使用他人作品创作委托作品，导致委托作品构成侵权的，那么受托人作为直接的侵权人需承担责任，委托人则需对外承担法律责任；三是一般委托作品是有偿的，委托人按约支付受托人创作报酬；四是委托作品著作权的归属有约定的从约定，无约定则著作权依旧属于受托人。

2010年《著作权法》从保护创作者权利的角度出发，对委托作品的著作权归属进行了明确的规定，如第11条第4款规定："如无相反证明，在作品上署名的公民、法人或者其他组织为作者。"第17条规定："受委托创作的作品，著作权的归属由委托人和受托人通过合同约定。合同未作明确约定或者没有订立合同的，著作权属于受托人。"（现为2020年《著作权法》中的第12条和第19条）。依据以上规定，委托作品的著作权归属问题，一般分为两种情况：有约定和无约定。

首先，受托人和委托人可以自行约定著作权的归属，一方面是尊重作者的个人意愿，另一方面也是为了方便委托人有效地使用作品。因为基于作品本身需要传播的属性，让有能力、有意愿的人更好地将作品予以推广，本人也符合作品的本质属性。但是，双方当事人可以自由约定其归属仅限于作品的著作财产权，而不包括著作人身权。著作人身权只能属于受托人。其次，在当事人没有特别约定的情况下，法律规定著作权仍属于受托人。这是因为受托人接受委托创作完成作品，是委托作品的作者。基于保护作者、鼓励创作的目的，在无约定的情况下，著作权应当自然而然地被赋予受托人。当然，受托人在享有著作权的同时也受到如下的限制：一是受托人应当按照约定将委托作品提供给委托人使用，委托人有权在约定的范围内使用；如果没有约定使用范围，委托人可以在委托创作的特定目的范围内免费使用。二是受托人行使著作权应当遵循诚实信用原则，不得妨碍委托人的正当使用。

具体到本案中，根据证人证言及电视剧片头的署名情况，《幸福的耙耳朵》第一季的编剧由马某及四川台指派的几名工作人员共同担任属于没有争议的事实。该事实结合经济频道为拍摄《幸福的耙耳朵》联系外景场地、申请制作经费、向马某支付编剧酬劳的客观情况，也可以看出第一季的剧本是马某在接受四川台的委托和电视台其他创作人员在履行经济频道工作任务的情况下共同创作完成的，属于比较典型的委托作品，因四川台与马某及其他创作人员并未对《幸福的耙耳朵》第一季著作权的归属进行约定，因此马某与其他创作人员均为涉案作品的作者。

而在诉讼中，马某通过相关的新闻报道来予以佐证其为涉案作品的独立创作者，但因新闻报道本身只是对其报道事实的一种陈述，并非著作权的法定认定机构，故仅凭该证据无法进行著作权归属的独立认定。

2. 影视续集作品是否构成对原著著作权的侵权

所谓续集作品，是对现有作品在时间上或者空间上进行延伸和拓展，拓展者借用现有作品的主要角色、典型艺术形象、线索等进行延伸和拓展而成的作品。

一般来说，影视续集作品会以原作品的基本设定为基础，对原作品从时间、空间的角度进行延伸和发展。影视续集作品与原作品虽然构成一脉相承的关系，但本质上续集作品已经具备了相当独创性，属于新的作品。然而同时不可否认的是，续集作品必然是依附于原作品而产生的，与原作品存在天然的千丝万缕的联系，在续集的创作过程中不可避免地会使用到原作品独创性的一些元素。虽然续集作品通过重新编剧、制作可以具备相当高的独创性，可以构成新的作品，然而对于续集作品而言，由于其先天的"依附性"，在续集作品与原作品的权利人并不一致的情况下，续集作品依然存在对于原作品权利人的侵权风险。在原作品与续集作品的权利人不同的情况下，续集作品使用原作品的独创元素的过程中会存在一个"度"的把握，超过这个"度"就有可能侵害了原作品权利人的合法权益。

此外，在原作品与续集作品权利人不同的情况下，即使续集作品的人物、情节等元素都与原作品存在巨大差异，也很有可能会构成对原作品权利人合法权益的侵害，因此续集作品在创作之前应得到原作品创作者的同意。例如，在武汉华旗公司诉北京光线传媒公司等不正当竞争一案中[1]，电影《人在囧途》制片方武汉华旗公司认为，《泰囧》在推广过程中"故意进行引人误解的虚假宣传，暗示、明示两部片子是有关系的""直接、大量地擅自使用《人在囧途》特有的名称"，因此认定《泰囧》对其构成侵权。最终北京市高级人民法院判决《泰囧》制片方光线传媒等公司构成不正当竞争，赔偿武汉华旗公司 500 万元。

当然，上述风险也并非就宣判了续集作品天生为法律所不容。相反，续集作品并非是对原作品的改编或演绎，而是全新的作品，在创作过程中依然凝聚了作者的大量心血和付出。因而，在保护原作品权利人相关权益的情况下，法律亦给予了续集作品一定的发展空间，特别是在编剧、导演、主演等都是"原班人马"的情况下，只要是对原作品内容合理、正当的引用，只要对续集作品的宣传控制在合理、真实的范围之内，不攀附原作品的知名度，就不造成读者或观众对两者的混淆和误认，就应当予以支持和肯定。

本案中，《幸福的耙耳朵》第一季的剧本是马某与四川台其他创作人员共同创作完成的作品。四川台作为享有著作财产权的主体，有权以第一季剧本的设定为基础创作续集，其拍摄成电视剧并加以播放的行为，当然不构成对涉案作品著作权的侵害。从已有证据来看，续集只是沿用了第一季的基本设定，在情节安排、细节处理以及语言设计等多方面均与第一季有所区别，呈现出了具有独创性的表达方式，构成新的作品。据此，法院认为四川台创作续集的行为并未侵害马某的著作发表权、署名权、修改权、保护作品完整权、改编权、摄制权、获得报酬权、续写权、名誉权。

[1] 北京市高级人民法院（2013）高民初字第 1236 号民事判决。

二、杭州大头儿子文化发展有限公司与央视动画有限公司侵害著作权纠纷案 ❶

（一）案件基本情况

原告杭州大头儿子文化发展有限公司诉称：（1）"大头儿子"美术作品的原著作权人是刘某某，原告经合同转让继受成为该美术作品的著作权人。20 世纪 90 年代，刘某某受上海科学教育电影制片厂（以下简称"上海科影厂"）导演崔某委托，为上海科影厂（后并入上海东方电视台）与中央电视台（以下简称"央视"）合作制作的动画片《大头儿子和小头爸爸》（1995 版，以下简称"95 版动画片"）创作了"大头儿子""小头爸爸""围裙妈妈"三个人物形象，上海东方电视台和央视在该人物形象的基础上制作完成了 95 版动画片，并在动画片中明确标注"人物设计：刘某某"。在 95 版动画片摄制之前，上海科影厂及央视均未与刘某某签订过任何书面合同，也未支付任何费用，事后也未签订补充协议来约定该三个人物形象著作权的归属。因此，依据《著作权法》关于委托作品的权利归属，95 版动画片中的"大头儿子""小头爸爸""围裙妈妈"三个人物形象的著作权依法应当归作者刘某某所有。2012 年 12 月 14 日，刘某某与洪某签订《著作权转让合同》，将该三个人物形象除人身权以外的著作权全部转让给洪某所有。后洪某又与原告签订《著作权转让合同》，将其拥有的上述三人物形象的著作权全部转让给原告，故原告拥有"大头儿子"美术作品的著作权。（2）被告央视动画公司在未经著作权人许可且未支付报酬的情况下，利用"大头儿子"美术作品形象改编为新人物形象，并对改编后的新人物形象进行展览、宣传，制作成动画片，并发行、复制、销售、播放、网络传输该动画片，侵犯了原告的著作权，并给原告造成了经济损失。

原告据此诉至法院，请求判令：（1）被告立即停止侵权，包括停止《新大头儿子和小头爸爸》动画片的复制、销售、出租、播放、网络传输等行为，不再进行展览、宣传、贩卖、许可根据"大头儿子"美术作品改编后的形象及其衍生的周边产品；（2）被告赔偿原告经济损失人民币 50 万元；（3）被告赔偿原告为制止侵权所支付的调查取证费 3520 元、律师费 20 000 元，合计人民币 23 520 元；（4）被告在央

---

❶ 浙江省杭州市中级人民法院（2015）浙杭知终字第 358 号民事判决书。

视网（www.cctv.com）和《中国电视报》上连续 15 天刊登致歉声明，以向原告赔礼道歉、消除影响；（5）被告承担本案的诉讼费用。

被告央视动画有限公司答辩称：原告不享有涉案美术作品的著作权，其诉讼请求应予驳回。涉案美术作品是动画片三个主要人物造型，由刘某某与中央电视台共同创作，属于合作作品，刘某某不是权利人，无权与洪某签署著作权转让合同。首先，为了制作 95 版动画片，1994 年年底崔某到刘某某家中，在听取崔某的介绍后，刘某某当场勾画了三幅创意概念图，根据双方口头协议，该作品著作权归中央电视台所有。况且，刘某某创作的只是创意概念图，概念图需进行后续加工才能作为动画形象使用，刘某某并没有参与后续工作，后续工作由中央电视台创作团队加工完成，因此涉案美术作品是集体劳动成果，属于合作作品。在 95 版动画片片尾将人物设计标注为刘某某是出于字幕长度的考虑及对刘某某的尊重，刘某某并不享有涉案美术作品的著作权。其次，被告经中央电视台授权在对原人物形象进行改编后创作了 2013 版新美术作品，现已完成 230 集新动画片及品牌动画电影的制作，为此中央电视台已投入上亿元巨资。新版动画片取得重大反响，多次获得重要奖项和荣誉，如果涉案作品的著作权归属为个人，将会导致上述改编作品构成侵权，从而造成重大国有资产损失。最后，原告恶意窃取他人著作权。原告为 2013 年 6 月新成立的公司，从未对涉案美术作品进行过创作，只是在知道中央电视台与刘某某未签订过涉案美术作品的协议后诱导刘某某签订了著作权转让合同，并伪造合同倒签日期，其主观恶意明显。综上，原告的主张缺乏事实和法律依据，请求驳回其全部诉讼请求。

（二）法院审理结果

浙江省杭州市滨江区人民法院经审理后查明：1994 年，95 版动画片导演崔某、制片人汤某、上海科影厂副厂长席某某三人到刘某某家中，委托其为即将拍摄的 95 版动画片创作人物形象，刘某某当场用铅笔勾画了"大头儿子""小头爸爸""围裙妈妈"三个人物形象正面图，并将底稿交给了崔某。当时，双方并未就该作品的著作权归属签署任何书面协议。崔某将底稿带回后，95 版动画片美术创作团队在刘某创作的人物概念设计图基础上，进行了进一步的设计和再创作，最终制成了符合动画片标准造型的三个主要人物形象，即"大头儿子""小头爸爸""围裙妈妈"的标准设计图及之后的转面图、比例图等。刘某某未再参与之后的创作。

95 动画片由中央电视台和东方电视台联合摄制，于 1995 年播出，在其片尾播放的演职人员列表中载明："人物设计：刘某某"。

2012 年，刘某某经崔某认识了洪某，得知洪某将"大头儿子""小头爸爸""围裙妈妈"三个人物形象注册了商标，并想利用这三个人物形象拍摄动画片。2012 年 12 月 14 日，刘某某与洪某签订了《著作权（角色商品化权）转让合同》，约定刘某某将自己创作的"大头儿子""小头爸爸""围裙妈妈"三件作品的所有著作权权利转让给洪某，转让金额人民币 3 万元。

2013 年 1 月 23 日，洪某向浙江省版权局申请作品登记，该证书载明作品名称：大头儿子；作品类型：美术作品；作者：刘某某；著作权人洪某。2014 年 3 月 10 日，洪某与原告签订著作权转让合同，将"大头儿子""小头爸爸""围裙妈妈"三幅美术作品的著作权全部转让给原告。

2013 年 1 月 4 日，刘某某（乙方）与被告（甲方）签订《大头儿子和小头爸爸》美术造型委托制作协议，该协议约定：乙方为甲方制作的动画片《大头儿子和小头爸爸》创作"大头儿子""小头爸爸""围裙妈妈"三个人物形象，委托费用为 1 万元。协议签订后，刘某某并没有向被告交付作品。其间，刘某某两次退回被告支付的 1 万元委托费用，并向被告发出终止合同通知书。

2013 年 8 月 8 日，刘某某（乙方）与被告（甲方）签订《大头儿子和小头爸爸》美术造型委托制作协议补充协议。协议载明，20 世纪 90 年代中期，甲方通过崔某邀请乙方参与 95 版动画片其中主要人物造型的创作；甲方以委托创作的方式有偿取得了"大头儿子""小头爸爸""围裙妈妈"三个人物造型除署名权以外的全部著作权，并据此制作了 156 集的 95 版动画片；乙方收取了相关的委托创作费用，不再享有《大头儿子和小头爸爸》动画片中相关造型的其他任何权利；甲乙双方于 2013 年 1 月 4 日签署的《大头儿子和小头爸爸》美术造型委托制作协议合法有效，双方应继续履行各自未尽合同义务。

2013 年 8 月 29 日，刘某某在杨某某事先打印好的一份《说明》上签字，该《说明》载明：95 版动画片中的"大头儿子""小头爸爸""围裙妈妈"三个人物造型是刘某某接受央视的委托而创作，根据当时约定，刘某某只享有三个人物形象的署名权，作品的著作权及其他知识产权均归央视所有；刘某某之所以和洪某签署《著作权转让协议》，是因为其看见洪某有"大头儿子""小头爸爸""围裙妈妈"三个人物形象的商标注册证，误以为这几个造型的权利都已经被洪某拿到，实际上该份转让合同的签订时间晚于其与被告签署的《大头儿子和小头爸爸》美术造型委托制作协议，其在被误导情况下与洪某签订转让合同转让三个造型著作权的行为无效。

2015年1月，中央电视台出具授权确认书，确认其将拥有的95版动画片的全部著作权及动画片中包括但不限于文学剧本、造型设计、美术设计等作品除署名权之外的全部著作权专属授权被告使用，授权内容自2007年起生效。

2014年8月28日，根据原告的申请，北京市国信公证处指派公证人员于当日随同原告的委托代理人一同来到中国木偶剧院，对中国木偶剧院外墙海报、宣传页中标有"央视动画授权9月6日中国木偶剧院独家演出大型卡通舞台剧《新大头儿子和小头爸爸》"的宣传页进行了公证。

一审法院经过审理后认为：（1）涉案作品并不构成合作作品，被告辩称涉案作品为合作作品的主张不能成立，刘某某作为受托人对其所创作的三幅美术作品享有完整的著作权。（2）在刘某某与洪某签署转让合同、洪某已经取得涉案美术作品著作权的情况下，刘某某再次将作品著作权转让给他人本已无权利基础，同时结合刘某某的真实意思，可以认定，被告不能依据其与刘某某签订的《大头儿子和小头爸爸》美术造型委托制作协议、补充协议及《说明》中关于涉案美术作品著作权归属的条款内容而取得该美术作品的著作权。（3）根据涉案作品创作人及参与人的证言，可以明确，95版动画片中三个人物形象包含了刘某某原作品的独创性表达元素，在整体人物造型、基本形态构成实质性相似，但央视95版动画片美术创作团队根据动画片艺术表现的需要，在原初稿基础上进行了艺术加工，增添了新的艺术创作成分，系由原作品派生而成，故构成对原作品的演绎作品。由于该演绎作品是由中央电视台支持，代表中央电视台意志创作，并最终由中央电视台承担责任的作品，故中央电视台应视为该演绎作品的作者，对该演绎作品享有著作权。（4）被告在被控侵权作品中使用的是中央电视台享有著作权的演绎作品，根据《著作权法》的规定，其在行使演绎作品著作权时不得侵害原作品的著作权。具体而言，演绎作品应当标明从何作品演绎而来，标明原作者名称，不得侵害原作者的其他人身权；在行使财产权时，需要取得原作品著作权人的许可。被告未经原告许可，在2013版《新大头儿子和小头爸爸》动画片及相关的展览、宣传中以改编的方式使用原告作品并据此获利的行为，侵犯了原告的著作权，应承担相应的侵权责任。（5）在依法确定权利归属、保护范围和侵权责任承担时，还应当注重合理平衡界定原作者、后续作者及社会公众的利益，这样才有利于文艺创作的发展和繁荣。中央电视台及之后的被告通过对刘某某原作品的创造性劳动，制作了两部具有很高知名度和社会影响力的动画片，获得了社会公众的广泛认知，取得了较好的社会效果。如果判决被告停止播放《新大头儿子和小头爸爸》动画片，将会使一部优秀的作品成为历史，造成社会资源的巨大浪费，有违公平原则。

一审法院经过审理后，依照《著作权法》和《最高人民法院关于审理著作权民事纠纷案件适用法律若干问题的解释》《最高人民法院关于民事诉讼证据的若干规定》相关规定，判决如下：（1）被告赔偿原告经济损失人民币 400 000 元；（2）被告赔偿原告为维权所支出的合理费用人民币 22 040 元；（3）驳回原告的其他诉讼请求。

一审判决后，原被告不服一审判决，均提出上诉。浙江省杭州市中级人民法院经二审审理后认为：原审判决认定事实清楚，适用法律正确，实体处理得当，原被告的上诉主张均不成立。遂依据法律规定，驳回上诉，维持一审判决。

（三）对案件的法律分析

1. 涉案美术作品属于委托作品、还是合作作品、抑或是刘某某的个人作品

所谓合作作品是指两个或者两个以上的作者共同创作的作品。根据 2010 年《著作权法》第 13 条和 2020 年《著作权法》第 14 条的规定，合作作品不仅要有共同创作的合意，还需具有共同创作的行为。实践中，委托作品与合作作品容易产生混淆，二者的主要区别在于：合作作品的作者主观上具有与他人共同创作作品的意愿，而在委托作品的创作过程中，不存在委托人与受托人共同创作的这一主观意愿。所谓委托作品是指委托人向作者支付约定的创作报酬，由作者按照他人意志和具体要求而创作特定作品。❶ 根据 2010 年《著作权法》第 17 条和 2020 年《著作权法》第 19 条规定的规定，委托作品作为作品的一种，具有其自身的特殊性：首先，委托作品是根据委托人委托而进行创作的作品，不是基于作者的自发创作而形成的作品；其次，委托作品的智力投入者虽为受托人，但受托人需要站在委托人的角度进行创作，作品需要体现委托人的意志和要求；最后，委托作品的著作权归属由双方通过合同约定，合同未作明确约定的，著作权归属于受托人。

本案中，根据原被告各方所提供的相关证据可以确认，刘某某当时是独立完成创作，其与中央电视台并无合作创作的约定，故涉案作品并不构成合作作品。1994年刘某某受导演崔某委托后，独立创作完成了"大头儿子""小头爸爸""围裙妈

---

❶ 吴汉东主编《知识产权法》（第三版），法律出版社，2009，第 64 页。

妈"三幅美术作品,并通过绘画以线条、造型的方式勾勒了具有个性化特征的人物形象,体现了刘某某自身对人物画面设计的选择和判断,属于其独立完成的智力创造成果。无论是崔某某作为动画片导演,还是郑某某作为原小说的作者,均未对人物的平面造型进行过具体的描述、指导和参与,故本案中涉案美术作品是刘某某的个人作品,刘某某对其所创作的涉案三幅美术作品享有完整的著作权。

因此,在本案中被告主张涉案三幅美术作品是委托作品,没有事实依据,不成立,而原告通过与洪某签订的《著作权转让合同》,受让取得了洪某依约从刘某某处获得的三幅美术作品著作权,而成为著作权人,有事实和法律依据。

2.司法实践中用提高赔偿数额方式代替停止侵权行为是否合理

实践中,影视作品权利人诉至法院要求侵权行为人承担停止侵害责任时,法院大多是倾向于保护著作权人的合法权益,支持权利人的诉求。如果法院依法认定侵权人的行为构成侵权,法院则会依法作出要求侵权人立即停止侵权的判决。但如果对侵权纠纷的处理可能涉及社会公共利益时,法院将会考虑社会公共利益,并通过适当提高赔偿数额以代替停止侵权的责任。

本案中,由于被告央视动画公司实施的侵权行为包括:使用改编后的新人物形象拍摄 2013 版动画片并在 CCTV 等媒体上播放,将 2013 版动画片的人物形象进行宣传、展览等,均具有公共文化的属性,而著作权法的立法宗旨在于鼓励作品的创作和传播,使作品能够尽可能地被公之于众和得以利用,不停止上述涉案作品的传播符合著作权法的立法宗旨和公共利益的原则。

但是,人民法院在审理类似案件时,必须以事实为根据,以法律为准绳,应最大限度的尊重当事人的诉讼请求。正如有学者提到的:"知识产权保护的是私权,在私权救济能够覆盖的范围内,公权力应该保持谦抑。"❶影视作品权利人提出停止侵权的诉讼请求,法院应结合案情审查后,如果权利人停止侵权的诉求行使确实会对公共利益造成损害时,法院则应当尊重当事人的诉求,同时向权利人释明相关风险,并征询权利人是否愿意变更诉讼请求。如果影视作品权利人坚持不变更诉求,只要求侵权行为人停止侵权,就可能会产生社会公共利益与权利人的个人权利之间的冲突,在这种情况下是否应当允许牺牲权利人的利益?在日本,有一种容忍限度理论:"如果判决停止侵权可能会造成公共利益的严重损害,应考虑权利人在损害的

---

❶ 商建刚:《"微信商标案"法院判决适用规定引热议》,《上海法治声音》2015 年 4 月 16 日。

一定范围内只享有请求赔偿的权利，而只有损害超过了权利人一定的容忍限度才具有请求停止侵权的权利。"[1] 此外，如果"权利人长期放任侵权、怠于维权，在其请求停止侵害时，倘若责令停止有关行为会在当事人之间造成较大的利益不平衡，可以审慎地考虑不再责令停止行为，但不影响依法给予合理的赔偿"[2]。

就本案而言，一审法院在综合考虑当时的创作背景、本案实际情况、平衡原作者、后续作品及社会公众的利益以及公平原则的基础上，判令被告不停止侵权，但以提高赔偿额的方式作为责任替代方式并无不妥，既符合本案客观实际，也在其合理的裁量范围之内。二审法院判决也给出了合理恰当的解释：《新大头儿子和小头爸爸》获得广泛的认知度、取得良好的社会效果，如判决停止侵权，会造成社会资源的巨大浪费。不仅如此，也可能动摇该动画片在受众群体心中的人物形象，使原创作品失去价值。

总而言之，在类似的著作权侵权案件中，通过转化侵权人的责任，适当提高赔偿额度，以维持现状，既维护了著作权人的合法权益，也加大了侵权人的侵权成本，同时也不会增加社会成本和负担，有利于平衡著作权人和社会公共之间的利益关系，实现和维护法律公平正义的目的。

---

[1] 贾小龙：《知识产权侵权与停止侵害》，知识产权出版社，2014，第 122 页。
[2] 2009 年最高人民法院印发《关于当前经济形势下知识产权审判服务大局若干问题的意见》通知。

第二章 影视作品保护制度的产生与发展

第一节 影视作品保护制度的沿革

一、域外影视作品保护制度的沿革

（一）域外影视作品保护制度的产生

1895 年 12 月 28 日，法国人卢米埃尔兄弟在巴黎的"大咖啡馆"第一次用自己发明的放映摄影兼用机放映了《火车到站》影片，标志着电影的正式诞生。电影的诞生从根本上来说是科学技术与艺术相结合的综合产物。[1] 此后，随着科技的发展，又出现了电视剧及其他视听作品。影视作品作为一种综合性艺术作品，融合了小说、音乐、戏剧、舞蹈、表演、绘画、摄影、雕塑等多种艺术表达形式，汇聚了制片者、编剧、导演、演员及其他艺术和技术工作人员的创造性劳动成果。

影视作品从诞生起，就以一种新的科技表达的娱乐方式，吸引大众的注意力，并富有极大的利润空间，从而呈现出巨大的商业潜力。越来越多的企业、商人投入影视产业中，但由于利益的驱动，难免出现非法翻印或侵权的情况。虽然早在 1709 年英国就颁布了以保护作者权利为主要目的《安娜女王法令》，之后法国、美国等世界各国相继出台著作权法，1886 年又签订了《伯尔尼公约》；但上述法律和国际公约均没有明确规定对影视作品著作权的保护，因而迫切需要对影视作品提供必要

---

❶ 闻杰：《偶然事件导致的发现和发明》，《今日科苑》2012 年第 3 期，第 23 页。

的版权保护，通过明确影视作品的法律地位，保护影视作品免受竞争者或电影院经营者的不法侵害。

　　大多数国家在对影视作品进行保护的初期，对电影著作权保护的规定不尽相同。法国和受法国影响的国家，是将电影作为一个作品种类赋予与其他作品一样的保护；而其他国家，则出现了将影视作品作为摄影作品还是戏剧作品保护的分歧问题，且对于电影版权的保护十分有限或具有很大的不确定性。直到 1908 年修订后的《伯尔尼公约》才初步解决了包括保护期在内的影视作品版权保护的问题，其第 3 条规定："本公约适用于摄影作品或者以类似摄影方法产生的作品……"《伯尔尼公约》的这一规定，意味着在法律上将影视作品作为"类似摄影方法产生的作品"进行保护。

（二）域外影视作品保护制度的发展

　　影视作品的制作、保护和发展离不开著作权的保护这一核心问题。影视作品及与影视产业相关的著作权问题因其复杂性一直为著作权制度的构建者所关注，以英国、美国为代表的著作权法体系国家和以法国、德国为代表的作者权法体系国家，在电影诞生初期采用了相近的著作权制度对电影进行保护。但随着电影技术和产业的不断成熟，两大体系逐渐分离，并将自己的传统著作权制度应用在电影版权制度之建构中。❶两个体系的主要区别是作者权体系赋予电影作者和改编作者以精神权利，并且明确区分作者权和邻接权。随着科技的进步和社会的发展，影视产业已经成为各国经济的重要组成部分。美国、日本及欧盟等国家和地区都非常重视影视作品的著作权保护，建立了各自的管理制度和法律保护体系，主要呈现出以下特点。

　　1. 参照《伯尔尼公约》《世界版权公约》《与贸易有关的知识产权协定》

　　由于美国和欧盟都先后加入了《世界版权条约》《伯尔尼公约》及《与贸易有关的知识产权协定》（TRIPS）等国际公约，需要遵循上述国际公约中有关影视作品著作权制度的要求。如 1989 年美国废除了著作权保护"注册、交存"等形式要求，扫除了加入《伯尔尼公约》的主要障碍，才得以加入《伯尔尼公约》。

---

❶ 唐建英：《国内电影版权制度的建构：一种利益平衡的分析框架》，《电影艺术》2013 年第 1 期，第 6 页。

2. 影视作品创作技术不再局限于"摄制"，出现了应用计算机制作等新技术影视作品

建立在传统电影制作技术基础上的"影视作品和以类似摄制电影的方法创作的作品"的定义已经不再适应影视科技发展的要求。各国和各地区大多从表现形式出发对影视作品进行定义，如 1976 年《美国版权法》进行修改，通过增加"视听作品"的定义，扩大影视作品的范围。"电影及其他的视听作品"在美国既包括影片、电视节目、MTV 等，还包括 NBA 赛事等现场直播型的节目。《英国版权法》影视作品是指"固定在介质上的录制品，能借助一定设备放映，表现为活动的影像"。《日本著作权法》第 2 条第 3 项规定："本法所称影视作品，包括以能产生类似电影效果的视觉或听觉效果的表达，且须固定于某种有形物上的作品。"可见，这些国家并没有将"摄制"作为影视作品的构成要件，从制作技术上对影视作品加以限定，因而影视作品的外延较为宽泛并具有开放性，可包含诸如计算机视频游戏、网络 flash 等作品形式。

3. 作者权法体系国家规定影视作品的著作权归创作者，著作权法体系国家规定著作权归制片者

由于影视作品的制作往往需要投入巨大的人力、物力和财力，单靠个体创作者的力量不利于推动影视作品的创作和推广，更不利于促进整个影视行业的发展，所以基于影视作品市场开发和利用的需要，目前各国越来越重视对制片人在影视作品著作权益方面的保护，而对影视作品创作的其他参与者相应权益的保护则通过合同法等其他法律来实现。例如，在著作权法体系的美国，将影视作品视为雇佣作品，制片人作为雇主，导演、编剧、摄影师、演员等作为雇员，雇主雇佣其雇员创作出的作品归属于雇主，而不属于事实上进行创作的雇员，除非双方有相反的约定，雇员的利益则通过其与雇主签订的合同得以实现。

在作者权法体系的日本、德国则承认导演、编剧、作词、作曲等是影视作品的合作作者，但由于影视作品的复杂性和特殊性，按照其法律的规定，将影视作品著作权通过法定的方式转让给制片人。对于影视作品的使用或归属，作者可以与制片者通过约定许可使用的范围，或约定创作者取得著作权。

二、我国影视作品保护制度的沿革

我国影视作品的著作权制度经历了从无到有的曲折发展过程，并随着我国加入

有关国际公约，特别是加入《与贸易有关的知识产权协定》后，我国的著作权保护制度得以建立并不断完善和发展。

（一）中华人民共和国成立前的著作权立法

中国著作权保护始于宋代，其直接诱因是宋代雕版印刷术的发展和繁荣，但主要基于著作者和出版者的自我防范和保护，缺乏法律和制度层面的保障。可以说，中国虽然有历史悠久的灿烂文化，但由于长期的封建专制和重刑轻民的法律传统导致我国古代没有形成专门的著作权立法。中国古代知识分子重誉轻利的思想与近代版权思想的出发点大不相同，阻碍了真正意义上的著作权制度在中国的诞生。❶

进入近代社会后，大量的西方先进科学技术和经济文化产品涌入我国，在国外法律文化的影响和国内改良派的鼓动下，1910 年清政府颁布了我国历史上第一部著作权法《大清著作权律》。此后，北洋政府和国民政府分别于 1915 年、1928 年颁布《著作权法》，国民政府于 1928 年还颁布了《著作权法实行细则》。后在 1944 年修正的《著作权法》第 1 条第（四）项中，明确规定了"著作物"包括"发音片、照片或电影片"，为有著作权。❷ 但由于时局等原因，上述法律并未得到充分执行。

与我国著作权法律制度停滞不前形成对比的是我国电影事业的繁荣发展，1905 年电影《定军山》的摄制标志着中国电影的正式诞生，而后中国人制作电影的热情持续不断。到 1926 年，全国大小 175 家电影公司，制作了大量的滑稽短片、生活情景片等。1927 年左右，轰轰烈烈的"古装片"运动掀起影坛的一场商业风暴，也有过"倡导国片运动"，产生了大量的优秀作品。20 世纪 30 年代，以上海为中心的中国电影业得到空前的繁荣和发展，但是我国并没有像欧洲那样逐渐建立起影视作品的著作权保护体系。❸

（二）中华人民共和国成立初期的著作权法及影视作品著作权保护

中华人民共和国成立后，虽因各种原因在长期一段时间内未能制定与保护作品有关的《著作权法》，但在《中华人民共和国宪法》和其他一些法规、规章和规定

---

❶ 赵晓兰：《从古代萌芽到近代初熟——我国版权保护制度的历史演进》，《中国出版》2005 年 6 月上期，第 56 页。

❷ 本书汇编组：《中国百年著作权法律集成》，中国人民大学出版社，2010，第 23 页。

❸ 林晓霞：《影视版权的原理与实务》，中国电影出版社，2007，第 4 页。

中也有对公民著作权的保护规定。例如，1950 年 9 月首届全国出版会议通过的《关于改进和发展出版工作的决议》中规定："出版业应尊重著作权及出版权，不得进行翻版、抄袭、篡改等行为。""在版权页上，对于初版、再版的时间、印数、著者、译者的姓名及译本的原书名等，均应作忠实的记载。在再版时，应尽可能与作者联系，进行必要的修订。"在第 2 条"关于改进发展出版工作的决议"的第 12 项中还规定："稿酬办法应在兼顾著作家、读者及出版家三方面利益的原则下与著作家协商决定；为尊重著作家的权益，原则上应不采取卖绝著作权的办法。计算稿酬的标准，原则上应根据著作物的性质、质量、字数和印数。" ❶ 此即是关于作者出版著作时获取报酬权利的规定。但由于我国长期实行计划经济体制，由政府管理、计划调控新闻出版、电影、广播电视等文化行业，几乎没有个人的著作权利益保护；更由于国际形势、国内政治因素等客观情况，一直未能出台专门的著作权法。

（三）改革开放后影视作品保护法律制度的发展

改革开放后，1980 年我国加入了世界知识产权组织，正式开始了著作权立法方面的工作。1981 年 10 月，国务院批准了国家出版局制定的《加强对外合作出版管理的暂行规定》，1984 年文化部出版局颁布了《书籍稿酬试行规定》，同年我国加入了《保护工业产权巴黎公约》，这一系列的重要举措标志着我国正在加紧追赶具有知识产权保护先进水平的国家，随后国务院又正式批准成立国家版权局。之后，1986 年制定的《中华人民共和国民法通则》（以下简称《民法通则》）（已废止）第94 条规定："公民、法人享有著作权（版权），依法有署名、发表、出版、获得报酬等权利。"此外，当时的广播电影电视部还于 1986 年颁布了《录音录像出版物版权保护暂行条例》，然而均未对影视作品著作权作出明确规定。

直至 1990 年，我国才制定了中华人民共和国历史上的第一部《著作权法》，该法第 3 条规定的九大类著作权保护的作品形式中，就包括了电影、电视、录像作品。1991 年 5 月，国家版权局根据著作权法制定发布了《著作权法实施条例》。同时，为了调整国内各制片厂和中影公司之间关于影片发行权归属的关系，1994 年 10 月31 日，原广播电影电视部电影局依据《著作权法》的规定，制定了《关于对 1949年 10 月 1 日至 1993 年 6 月 30 日期间国产电影发行权归属的规定》，以此作为管理

---

❶ 本书汇编组：《中国百年著作权法律集成》，中国人民大学出版社，2010，第 31 页。

本行业的规章，对于行业内的相关民事主体具有约束力。2001 年 12 月 12 日国务院第 50 次常务会议通过《电影管理条例》，其第 15 条强调"电影制片单位对其摄制的电影片，依法享有著作权"。

随着我国改革开放的深入、经济的发展及对外贸易的扩大，我国与各国之间的文化交流也随之扩大，1992 年我国加入了两个涉及著作权保护的国际公约——《世界版权公约》和《伯尔尼公约》，这两个国际公约在当时是世界上最重要的关于著作权保护的公约，成为我国著作权法律保护制度的重要组成部分。这意味着我国与他国的著作权国际交流将进一步频繁，国外大量的作品将进入中国。随后我国又加入《保护录音制品制作者防止未经许可复制其录音制品公约》，成为其成员国。❶

此后，根据社会发展和著作权保护的需要，我国在 1990 年制定的《著作权法》基础上，又分别在 2001 年、2010 年和 2020 年经历了三次修正。为了符合加入世界贸易组织的需要，2001 年年底，我国对《著作权法》进行了第一次重大修正，修正的内容主要包括：扩大了保护作品的范围、增加了著作权的权利类型、强化了对传播者的邻接权保护，并降低了法定许可和合理使用等对著作权的限制。同时，对《著作权法实施条例》也进行了修订，并于 2002 年由国务院发布。但是由于种种原因，著作权保护的执法力度仍不足，严重影响我国著作权保护的整体水平。例如，2001 年《著作权法》第 4 条规定："依法禁止出版、传播的作品，不受本著作权法的保护。著作权的行使，不得违反宪法和法律，也不得损害社会公共利益。"据此，美国曾在 2007 年向世界贸易组织申请，指控中国著作权法对"内容违法作品"的不保护与《与贸易有关的知识产权协定》要求不符，即 2001 年《著作权法》第 4 条第 1 款的规定，易使人理解为"依法禁止出版、传播的作品不受著作权法的保护"。为了履行世界贸易组织关于中美知识产权争端的裁决，在 2010 年我国第二次修正《著作权法》时，删除了第 4 条中"依法禁止出版、传播的作品，不受本法保护"的条款，并改为"著作权人行使著作权，不得违反宪法和法律，不得侵害公共利益，国家对作品的出版、传播依法进行监督管理"。

随着我国著作权保护水平的提高，2011 年，国家有关部门启动了对《著作权法》的第三次修正工作，经过近十年的努力，最终在 2020 年 11 月 11 日第十三届全国人大常委会第二十三次会议表决通过了关于修改《著作权法》的决定。第三次

---

❶ 秦伟：《论建国后我国著作权保护制度的沿革与发展》，山东艺术学院硕士论文，2011。

修正后的《著作权法》，其修正的内容主要体现在以下几个方面：进一步完善了网络空间著作权保护的有关规定；大幅提高了侵权法定赔偿额的上限，并明确规定了惩罚性赔偿原则；将原《著作权法》中规定的"电影作品和以类似摄制电影的方法创作的作品"的表述修改为"视听作品"。2020年《著作权法》采用"视听作品"这一概念，意味着著作权保护的范围进一步扩大，抖音等短视频也可以作为视听作品，受到著作权法的保护。

总之，我国自改革开放之后，随着影视行业不断的发展和繁荣，对影视作品的保护业已形成了以《著作权法》为核心，包括《电影产业促进法》《著作权法实施条例》《著作权集体管理条例》《著作权行政处罚实施办法》《电影管理条例》等法律、法规体系。同时，为了更好和有效地应对互联网环境下的著作权保护，我国先后还出台了《信息网络传播权保护条例》《互联网著作权行政保护办法》《互联网视听节目服务管理规定》《互联网等信息网络传播视听节目管理办法》《互联网影视版权合作及保护规则》等行政法规。此外，为了尽可能地统一著作权侵权纠纷的司法审判标准，最高人民法院也出台了相关的司法解释。以上这些法规等构成了我国保护影视作品著作权的法律制度体系。

第二节　域外影视作品保护制度的现状

当今时代，影视产业已经成为各国经济中非常重要的组成部分，英国、美国、日本及欧盟等国家和地区都非常重视对影视作品著作权的保护。虽然各国都先后加入了《伯尔尼公约》《世界版权条约》《与贸易有关的知识产权协定》《世界知识产权组织表演者和录音制品公约》等重要的国际公约，但这些国际公约对影视作品的定义、范围和归属等问题均规定交给"被要求给予保护的国家规定"。为促进我国影视作品著作权保护制度的建立和完善，有必要了解国外影视作品著作权法律保护的相关规定。

一、英国影视作品著作权保护现状

1709 年，英国颁布了国内最早也是世界公认最早的著作权法——《为鼓励知识创作而授予作者及其购买者就其已印刷成册的图书在一定时期内之权利的法令》，后称为《安娜女王法令》。自《安娜女王法令》诞生后，英国国会先后制定了 40 多个有关著作权的法案，陆续扩大著作权的范围，并在 1911 年制定了《英国版权法》，随后在 1956 年和 1988 年对其进行了较大修改。《英国版权法》第 5 条规定："影片系指利用任何介质制作之可借助任何方式从中再现出活动影像的录制品。"可见，在对影视作品的界定上，英国法律与美国法律一样，并不关心作品的载体和制作方式，而只关注最终作品是否能够产生活动影像的效果，这使许多其他相近的作品类型都可以涵盖于这一概念之中。然而，美国保护的是无形的电影即活动图像的结合和视听作品本身，而英国则将版权保护的"电影"定义为电影录制品，这种保护并不以原创性为前提。与美国"雇佣作品"制度不同的是，英国虽然承认影视作品属于"雇佣作品"，但却不承认影视作品的著作权仅归电影制片公司所有。1995 年，根据欧盟的版权保护期限的指令，英国将影视作品著作权的保护期限由原来规定作者终生及作者死亡后的 50 年改为作者终生及作者死亡后的 70 年，而这 70 年的期限则是从导演、编剧、作词、作曲等作者中最后去世的人去世之日起算，同时还明确授予文学、戏剧作品作者电影改编权和公开表演权。这样不仅延长了影视作品著作权的保护期限，而且也扩大了影视作品著作权的权限内容。❶

二、美国影视作品著作权保护现状

美国是影视文化产业大国，每年好莱坞产出的电影大量向世界各国输出，美剧也在世界范围内受到追捧，随之而来的是影视著作权侵权行为的大量出现，因此美国非常重视影视著作权的保护。

---

❶ 钱箐：《国外电影作品著作权保护比较分析》，《黑龙江省政法管理干部学院学报》，2012 年第 5 期，第 79 页。

（一）美国影视作品著作权保护立法状况

美国在著作权保护方面已经有 200 多年的历史，早在 1790 年，《美国版权法》就颁布了。1976 年《美国版权法》进行修改，增加的"视听作品"规定扩大了影视作品的范围，除了影视作品外，视听作品还包括只有伴音或无伴音的系列图片；而今《美国版权法》中"电影及其他的视听作品"包括影片、电视节目、MTV、现场直播型的 NBA、"超级碗"等赛事和节目。1982 年，《美国版权法》进行修订，1998 年又通过了《美国数字化时代版权法》。2005 年，为应对层出不穷的盗版 DVD、肆意横行的网络 P2P 免费电影，以及 IT 技术的发展带来的个人、家庭复制修改影视作品能力的增强，美国又通过了《家庭娱乐与版权法案》。《家庭娱乐与版权法案》的出台主要是为了应对影视作品版权人与个人消费者、IT 产业之间出现的尖锐矛盾，其主要包括以下内容。

1. 对未经许可在电影院录制电影的行为施以刑事处罚

《家庭娱乐与版权法案》第 102 条规定："任何人未经版权人许可，故意使用或试图使用视听录制设备，在申影播放场所录制或传送所播放的电影或其他受著作权保护的视听作品，应处以 3 年以下监禁、罚款或二者并处。如果是再犯，则可处以 6 年以下监禁。同时对录下的电影或视听作品应予以没收和销毁，对相关录制设备应予以没收。"《家庭娱乐与版权法案》将原本仅处于犯罪预备阶段的行为提升为犯罪行为本身，极大地提高对电影版权的保护力度。据此，即使录制者无意在事后将录下的电影制成盗版出售，依然构成刑事犯罪并应受处罚。❶

2. 对未经许可传播预览版商业作品的行为进行刑事处罚

实践中，擅自将尚未正式发行的"预览版"作品通过盗版市场或网络加以大量传播的行为，一是可能因预览尚未加以最终完善的作品而带来对作品或表演者的负面评价，二是大量"预览版"的擅自传播显然会严重冲击正版市场。对此，《家庭娱乐与版权法案》规定：故意传播"为商业发行而制作的作品"，包括通过计算机网络进行传播构成刑事犯罪。其中"为商业发行而制作的作品"是指版权人合理地预期将进行商业发行，但尚未加以商业发行的计算机软件、音乐作品、

---

❶ 王迁：《暴风雨下的安全港——美国〈家庭娱乐与版权法案〉评析》，《电子知识产权》2005 年第 6 期，第 32 页。

录音制品、电影或其他视听作品，以及虽然已在电影播映场所播出过，但尚未制成 DVD 等格式的复制件向公众销售的电影。《家庭娱乐与版权法案》对这一犯罪行为施加了严厉的惩罚：对触犯者应处 3 年以下的监禁、罚款，或两者并处；如果为获取商业利益或个人经济利益而犯罪，可处 5 年以下监禁；如果是再犯，可处 6 年以下监禁；如果是为获取商业利益或个人经济利益的再犯，则可处 10 年以下监禁。由此，《家庭娱乐与版权法案》通过大大降低犯罪构成的门槛而加强了对"预览版"作品的保护。❶

3. 制作或提供用于遮蔽电影片断的产品不构成侵权

《家庭娱乐与版权法案》202 条规定："私人家庭中的成员为家庭观赏而播放正版电影时，遮蔽一部分声音或视频内容的行为，以及制作或提供用于进行这种遮蔽计算机软件或其他技术的行为，只要没有导致将被遮蔽后的电影版本制成复制件，就不构成版权侵权行为。"❷ 这是《家庭娱乐与版权法案》最具争议性的内容，是针对现实中未成年人容易受电影中暴力与色情镜头的负面影响的现象，高科技公司开发并提供用于过滤色情、暴力场面的产品，以保护未成年人，减少由电影引发的社会问题。但是，美国米高梅、华纳、索尼、迪士尼、梦工厂、环球城市、二十世纪福克斯和派拉蒙八家电影公司却认为这种过滤行为构成未经许可编辑他们享有著作权的作品，而向消费者提供"过滤软件"与"过滤文件"等同于未经许可发行演绎作品。虽然他们承认提供"过滤软件"和"过滤文件"并不包含电影本身，但认为向公众提供经过编辑的电影与使公众能够观看经过编辑的电影之间实质上是等同的，都构成对发行权和演绎权的侵犯。❸ 电影公司的抗辩引发了社会公众对版权人滥用版权的担忧，从社会公共利益的角度出发，有必要鼓励高科技公司研发出可以用于过滤影视作品中色情或暴力场面的产品，以减少由电影引发的社会问题，更好地保护未成年人。所以说，《家庭娱乐与版权法案》第 202 条的通过正是权衡著作权人利益和社会公共利益所达成的结果。

（二）美国影视作品著作权保护的行政手段

美国联邦政府通过以下方式对影视作品著作权提供相应的行政保护，主要表现

---

❶❷❸ 王迁：《暴风雨下的安全港——美国〈家庭娱乐与版权法案〉评析》，《电子知识产权》2005 年第 6 期，第 33 页。

在：统一向影碟母带的生产厂家颁发制作产品的执照；联邦政府统一颁发进口及在国内买卖影碟生产设备的执照；联邦政府统一颁发进口生产影碟的主要原材料的执照；母带生产厂家必须在所有的产品上安装安全防伪标记并注明生产厂家；影碟生产厂家必须记录所有用户和订单的详细情况，执法部门可随时抽查记录和检查生产设备；违反政府规定的厂商将受到刑事制裁并被吊销执照。❶

（三）美国对电影制片公司的著作权保护机制

美国电影产业的发展模式一般采用的是"制片公司"这一生产模式，即电影制作大都由一些大型的电影制片公司所垄断，如环球影业、哥伦比亚、华纳兄弟、派拉蒙等电影公司。根据《美国版权法》规定，影视作品的著作权归于制片商或者电影公司。"遵循普通法传统的国家里，其版权法通常将电影的制片人作为唯一的版权所有人。"❷而电影导演、编剧、作词、作曲及演员等，都只是作为这些电影制片公司的雇员，他们与电影制片公司在法律上只是一种雇佣关系，通常都是在电影制片公司的统一安排下进行工作，大部分的影视作品都是"雇佣作品"。因此，电影导演、编剧、作词、作曲以及演员作为个人是不享有对作品的著作权的，影片著作权归属于其所雇佣的公司。

由于美国大型的电影制片公司拥有强大的经济实力，可以更好地对影视作品进行宣传、利用和保护；相较个人而言，电影制片公司的维权能力要远远强于自然人。因此，一旦影片受到侵权，制片公司能较好地维护权利人的利益，促进电影工业发展；对个人而言，其创作行为也已经从雇主那里获得了相应回报。

（四）美国电影协会在著作权保护方面的作用

美国电影协会成立于1922年，最初是作为电影工业的一个交易组织而出现。美国电影协会希望通过政治游说来修改美国版权法和刑法，达到保护会员商业利益的目的。在打击网络侵权方面，美国电影协会下了大功夫来取缔电影文件共享网站。例如，2005年4月至5月，两个提供BT服务器的大型网站lokitorrents和elitetorrents都宣告因允许非法传播有著作权的影像文件而被迫关闭。采用电影协

---

❶ 赵雅琦：《美国影视作品版权保护研究》，《法制与社会》2008年第9期，第85页。
❷ 联合国教科文组织：《版权法导论》，张雨泽译，知识产权出版社，2009，第47页。

会的方式管理电影市场，是真正将影视作品投放到市场，让电影制片公司成为市场的主体，而不带有任何的行政色彩，电影制片公司会顺应市场发展的需要来创作出更多更优秀的作品。❶

（五）美国采取以技术手段为主的反盗版综合措施

美国除了通过立法、行政措施等保护影视作品的版权外，还通过设计地区DVD 编码保护国际市场中电影的剧院发行市场。如通过内容干扰系统（Content ScrambleSystem，CCS）技术，为 DVD 光盘上锁。内容干扰系统恰如房门的锁，保护著作权人的权利，决定最终用户能否复制、制造、改编、表演或发行那些享有版权的作品或其部分内容。❷

三、日本影视作品著作权保护现状

日本著作权的法制观念形成始于 19 世纪末，最早在 1875 年制定了出版条例，该条例主要以出版权为内容。1887 年又制定了《版权条例》。在该条例中，明确规定了著作权是作者所专有的出版权。1893 年正式制定了《日本著作权法》，规定著作物必须载有"版权所有"字样。在取得著作权的程序上采纳了注册主义。1899 年，《日本著作权法》进行了修订，又综合了其他著作权的法规制定了统一的《日本著作权法》，即 1970 年《日本著作权法》，此后又几经修改，该法第 2 条第 3 款明确规定，"本法所称的电影作品，包括采用类似电影效果的视觉或者视听觉效果的方法表现并且固定在某个客体上的作品"❸。《日本著作权法》以"与电影效果类似的视觉或者视听效果的表现方法"为标准界定影视作品的范围。根据该标准，影视作品的范围不再局限于故事片、科教片、新闻片和纪录片，而且还包括电视节目、商业录像带、DVD 影带及家庭录像甚至游戏软件和对现场表演进行录制的录像带。因为人们在欣赏这些作品时都可以产生和欣赏影视作品同样的"视觉或者视听效果"，即"通过屏幕、晶体管、液晶画面或其他介质将多幅静止画面按顺序连续、高速投影，利用观赏者眼中的残留现象产生可以移动的视觉效果，并且在画面中配以声音从而

❶ 钱箐:《国外影视作品著作权保护比较分析》,《黑龙江政法管理干部学院学报》2012年第5期，第79页。
❷ 赵雅琦:《美国影视作品版权保护研究》,《法制与社会》2008 年第 9 期，第 85 页。
❸ 十二国著作权法翻译组译:《十二国著作权法》清华大学出版社，2011，第 365 页。

产生和电影类似视听效果"。❶

　　如前所述，作者权法体系的日本承认导演、编剧、作词、作曲等是影视作品的合作作者，但由于影视作品的复杂性和特殊性，通过将影视作品著作权法定转让给制片人的方式转让给制片人，即作者可以与制片人通过合同约定许可使用的范围，或约定创作者取得著作权。

四、德国影视作品著作权保护现状

　　德国历来重视通过成文法的制定对电影产业的发展进行保护。1965 年,《德国著作权法与邻接权法》颁布，并且在该法中设立专章来规定有关影视作品的著作权保护问题。该法第 2 条规定"包括用类似摄制电影方式制作的作品在内的影视作品"是该法保护的作品；第 94 条规定电影制片人对影视作品的载体（胶片、音像制品等）享有一定的精神权利，充分保障了制片人的利益，这些规定几乎与《伯尔尼公约》一致。

　　德国还设立了电影促进局作为德国管理电影产业的专门机构。2008 年 12 月 22 日,《德国电影产业促进法》修订，并将其纳入《德国民法典》中。德国的集体管理制度较为完善，在德国，不同的权利保护归属于不同的集体管理组织，负责各自部门内的权利保护。根据 1965 年 9 月 9 日颁布实施的《德国著作权及邻接权管理机构法》第 18 条规定，德国专利局是集体管理协会的监督机构，目前符合该法第 1 条设立许可义务并获专利局批准设立的集体管理组织有 10 家，其中有代表性的是德国音乐表演权和机械表演权协会，它们是德国最大的也是最为重要的集体管理组织。德国还设有管理邻接权、影视作品表演权、影视作品制片人著作权及影视作品利用权等权利的集体管理组织，其集体管理组织非常完善。❷

五、法国影视作品著作权保护现状

　　法国作为世界电影的发源地，其电影产业的发展在欧洲处于领先地位。1908 年将电影作为一类独立作品加入《伯尔尼公约》就是在法国的倡议下得以实现的。

---

❶ 胡云红:《著作权法中电影作品的界定及作者精神权利的保护——以中日著作权法制度为中心》,《知识产权》2007 年第 2 期，第 27 页。

❷ 李昕:《国内外著作权集体管理制度述评》,《图书馆学刊》2008 年第 5 期，第 5 页。

在国内立法方面，法国于 1791 年颁布了单行法《法国表演权法》，1793 年颁布了《法国复制权法》。20 世纪 50 年代又颁布了《法国知识产权法典》。该法典规定，著作权人对其作品只享有复制权和表演权这两项权利，其他所有的财产性质权利和人身性质权利都是基于这两项权利而产生的。

在著作权的行政管理方面，法国统一管理电影产业的部门是文化部，并建立了电影文化中心来支持法国的电影发展。法国著作权法更是明确了著作权集体管理机构的地位和作用，在集体管理上形成了注重作者权利的传统，作者在管理团体内部有绝对的发言权。从 1977 年建立的第一个保护戏剧作者权利协会至 2008 年，法国共有 22 个著作权集体管理协会。法国现行的知识产权法对协会内部具体的运作都有所规定，法国政府依法对著作权集体管理协会进行监督。❶

六、欧盟影视作品著作权保护一般规定

虽然德国、法国等欧盟成员国各有相对独立的著作权保护体系，但是在欧盟内部也逐渐形成了统一的著作权保护体系。欧盟在影视作品著作权保护方面受《世界知识产权组织版权公约》和《伯尔尼公约》等知识产权保护国际公约影响较大。

早在欧共体时期，各成员国在政治和经济上形成区域共同体，瓦解了各成员国的内部版权市场，促进了《租赁法令》《卫星与有线电视法令》《保护期法令》在欧共体区域内的统一适用。

《租赁法令》要求引入电影作品租赁权并建立起有利于电影作者（包括导演）的租赁"平等报酬"体系，为表演者、作者和电影制片人以及播放者创立了高水平的保护。《卫星与有线电视法令》明确了电影作者和表演者拥有将其作品进行卫星播出的专有许可权利，并制定了有关借助有线电视将作品再传输的许可权利。《保护期法令》不仅要求延长电影的保护期，而且还通过指定导演为电影作者之一的方式，对现存的电影作者身份进行了根本性改变。

1993 年 11 月 1 日欧盟正式成立后，于 2001 年 6 月 22 日公布《欧盟议会和理事会关于协调信息社会中版权和相关权某些方面的指令》（以下简称《版权指令》）统一了各成员国相关著作权法。2002 年，欧盟委员会提出的《知识产权保护规则实

---

❶ 李昕：《国内外著作权集体管理制度述评》，《图书馆学刊》2008 年第 5 期，第 5 页。

施草案》，不仅督促各成员国的立法一体化，而且还建议欧盟成员国之间及成员国和委员会之间建立管理合作关系，共同管理欧盟境内的知识产权事务。为防止欧盟境外的侵权，2004 年 11 月 10 日，欧盟委员会正式通过了《在第三国知识产权执法的战略》，为遏制欧盟以外国家盗版和制假日益增长的势头，这一倡议旨在敦促第三国认真有效地贯彻执行现行的知识产权法。在著作权保护方面，欧盟各国主要依靠司法保护途径，没有专门的著作权行政保护制度。由于欧盟把著作权视为权利人的"私权"，认为行政权力没有介入著作权保护的理由，因此大多数国家的著作权机构只负责一小部分著作权管理工作。❶

不过值得注意的是，尽管欧盟以《版权指令》的形式统一了各成员国相关著作权法，但由于欧盟各国的法律体系不同，各国在影视作品著作权保护制度上还是存在较大区别。

第三节　我国影视作品保护制度的发展

20 世纪 90 年代以来，随着经济的发展和大量高新技术的产生，特别是互联网的普及，导致侵害影视作品著作权的纠纷也不断大量出现，这使得我国立法机关、行政机关、司法机关、行业协会及影视作品著作权人也越来越重视对影视作品著作权的保护。随着 2020 年《著作权法》的第三次修正，我国目前已建立了在法律制度、行政保护、行业协会及著作权人等多方面对影视作品著作权较为完善的保护体系。

一、我国影视作品著作权保护体系

（一）法律保护体系

1. 在著作权法保护方面

我国对于影视作品著作权的法律保护起步较晚，直到 1990 年我国颁布了中华

---

❶ 钱箐:《国外电影作品著作权保护比较分析》;《黑龙江省政法管理干部学院学报》，2012 年第 5 期，第 79 页。

人民共和国第一部《著作权法》，才明确规定"电影、电视、录像作品"受著作权法保护。为使著作权法保护逐步与国际接轨，适应加入世界贸易组织的需要，2001年我国对《著作权法》进行了全面修正，将其中规定的"电影、电视、录像作品"修改为"影视作品和以类似摄制电影的方法创作的作品"。同时考虑到互联网技术对影视作品著作权保护所带来的一些问题，2001年修正后的《著作权法》第11条还增加规定了"信息网络传播权"。此后，2017年我国还通过了《电影产业促进法》。2020年《著作权法》将原规定的"影视作品和以类似摄制电影的方法创作的作品"修改为"视听作品"，修正后的《著作权法》大幅提高了侵权法定赔偿额上限，进一步加强了对影视作品的著作权保护力度。为配合2020年《著作权法》实施，最高人民法院于2020年11月16日发布了《关于加强著作权和与著作权有关的权利保护的意见》。

我国在不断加强和完善著作权法对影视作品著作权保护的同时，还先后陆续颁布了《著作权法实施条例》《著作权集体管理条例》《著作权行政处罚实施办法》《电影管理条例》《信息网络传播权保护条例》《互联网著作权行政保护办法》《互联网视听节目服务管理规定》和《互联网等信息网络传播视听节目管理办法》等一系列行政法规和部门规章。

2. 在刑事法律保护方面

为应对国内影视文化市场上的盗版现象，维护影视作品著作权人的利益，打击盗版犯罪行为，我国还在刑事立法上逐渐加大了刑法保护著作权（包括影视作品著作权）的力度。如在《中华人民共和国刑法》（以下简称《刑法》）中罪名的设置上，《刑法》第217条、第218条分别规定了"侵犯著作权罪"和"销售侵权复制品罪"。

与此同时，为进一步明确《刑法》法条中"未经著作权人许可"的具体含义，便于人民法院在审判中正确适用法律，2004年12月22日，最高人民法院和最高人民检察院共同颁布了《关于办理侵犯知识产权刑事案件具体应用法律若干问题的解释》，其中第11条规定："刑法第二百一十七条规定的'未经著作权人许可'，是指没有得到著作权人授权或者伪造、涂改著作权人授权许可文件或者超出授权许可范围的情形。"2007年4月5日，"两高"又共同出台了《关于办理侵犯知识产权刑事案件具体应用法律若干问题的解释（二）》（以下简称《解释（二）》），同之前司法解释所规定的犯罪构成标准相比，《解释（二）》降低了侵犯著作权行为入刑的门槛，将犯罪构成的获利标准减少了50%之多，以上刑法的规定和配套的司法解释，有力地打击了包括侵犯影视作品著作权在内的犯罪行为。

3. 加入著作权保护国际公约

为了适应著作权的国际保护发展趋势，在加强国内著作权保护法律制度的同时，我国还先后加入了与著作权保护相关的一些重要国际条约，如《伯尔尼公约》《世界版权公约》《保护录音制品制作者禁止未经许可复制其录音制品日内瓦公约》《与贸易有关的知识产权协定》《世界知识产权组织版权条约》和《世界知识产权组织表演和录音制品条约》等。通过加入与著作权保护相关的国际公约，不仅使我国著作权的保护制度与国际接轨，也极大地提高了我国著作权法的保护水平。

（二）行政保护体系

1. 行政保护机构设置

在我国现阶段，对影视作品著作权的行政保护并不是专属于某一机构或部门，而是形成了相关政府部门或机构相互配合的保护机制，在涉及影视作品著作权的申请、登记、侵权纠纷、损害赔偿及处罚等，均可受到行政机构的管理和保护。现行《著作权法》第 7 条明确规定："国家著作权主管部门负责全国的著作权管理工作；县级以上地方主管著作权的部门负责本行政区域的著作权管理工作。"根据这一规定，国家版权局及各省、自治区、直辖市及下属各级版权局是版权行政管理的专门机关，同时在一些基层地区直接以新闻出版局或文化局管理版权工作。例如，深圳崇德动漫股份有限公司认为北京爱奇艺科技有限公司侵犯其信息网络传播权，于 2018 年 11 月 5 日向北京市海淀区文化和旅游局邮寄投诉材料，请求行政机关予以保护其著作权。❶

2. 行政保护机构的工作职能

从我国著作权行政管理部门的工作职能来看，行政保护机构的职能主要有两个方面：一方面，行政保护机构与公安、司法机关的合作，如通过与公安部门合作，在打击侵犯著作权违法犯罪工作中相互配合，建立协作机制，不仅可以对侵犯著作权的违法犯罪行为产生威慑，还可以使涉嫌构成著作权犯罪的侵权人受到应有的刑事制裁；另一方面，行政保护机构与有关市场综合管理或行业管理部门的合作。由于侵犯著作权的行为会发生在不同行业领域内，因此在整顿和治理影视文化市场和

---

❶ 北京互联网法院（2019）京 0491 行初 24 号行政判决书。

打击著作权侵权违法行为时，需要行政保护机构与相关领域部门的密切配合、联合执法，才能达到依法保护的效果，实现整顿和治理的目的。

为了更好地保护包括影视作品在内的著作权人的利益，如在对音像制品著作权的管理上，我国近年来逐步形成了一套行之有效的管理制度，主要包括保护知识产权制度、音像制品经营许可证制度、出版权专有制度、复制委托书制度、光盘来源识别码（SID）制度、进口音像制品内容审查制度、奖励举报人制度、音像制品加贴统一防伪标识制度、音像制品仓库登记备案制度、非法音像制品监督举报公示制度等。❶ 与此同时，国务院及原新闻出版总署、原文化部、海关总署、商务部等部门也分别或共同发布了《音像制品批发、零售、出租管理办法》《音像制品进口管理办法》《中外合作音像制品分销企业管理办法》《音像制品出版管理条例》（2011 年）等一系列行政法规和部门规章，使音像制品的经营和保护有法可依、有章可循。

针对以往著作权行政管理部门执法手段偏少、偏软的问题，现行《著作权法》第 55 条加大和强化了行政管理部门的权力与执法手段，即主管著作权的部门对涉嫌侵犯著作权和与著作权有关的权利的行为进行查处时，可以询问当事人、调查与涉嫌违法行为有关的情况；对当事人涉嫌违法行为的场所和物品实施现场检查；查阅、复制与涉嫌违法行为有关的合同、发票、账簿及其他有关资料；对于涉嫌违法行为的场所和物品，可以查封或者扣押。主管著作权的部门依法行使其职权时，当事人应当予以协助、配合，不得拒绝阻挠。

此外，我国海关在影视作品著作权保护方面也发挥着重要作用。根据《知识产权海关保护条例》第 3 条规定，海关根据知识产权权利人的申请，可以扣留即将进出口的侵权嫌疑货物。此外，根据该条例第 21 条的规定，海关还可以依职权对进出口货物实施监管，发现进出口货物涉及在海关总署备案的知识产权且进出口商或者制造商使用有关知识产权的情况未在海关总署备案的，可以要求收发货人在规定期限内申报货物的知识产权状况和提交相关证明文件。海关对进出口涉及的知识产权包括影视作品的行政保护，不仅可以有效防止侵害影视作品著作权的物品由境外流入国内市场，而且还可切实维护影视作品权利人的合法权益。

---

❶ 国务院新闻办公室：《中国知识产权保护的新进展》白皮书，2005 年 4 月 21 日，第 3 页。

（三）行业组织管理

2010 年 4 月，著名音乐词曲作者高晓松、张亚东、小柯等人联合发起成立了旨在维护其合法权益的"华语音乐作者维权联盟"。此后，中国音乐著作权协会（以下简称"音著协"）联合各界媒体在全国开展了一场音乐著作权维权行动，在社会上引起强烈反响。此次音著协的维权活动为建立电影行业的集体管理组织起到了导向作用。

中国电影著作权协会的前身是 2005 年 8 月成立的中国电影版权保护协会，经原国家广播电影电视总局同意并报原新闻出版总署（国家版权局）审核，于 2009 年 7 月批准中国电影版权保护协会由行业维权组织转变为著作权集体管理组织。2009 年 10 月，经民政部审批，正式更名为中国电影著作权协会（以下简称"影著协"）。这是我国电影行业第一家也是唯一一家著作权集体管理组织。影著协是由合法从事电影生产、经营的企业法人自愿组成的具有法人资格的非营利性社会团体，是中国影视作品权利人唯一的著作权集体管理组织。其宗旨和主要任务是依据《著作权法》和《著作权集体管理条例》，经权利人授权，集中行使权利人的有关权利，并以自己的名义与使用者签订著作权许可使用合同，向使用者收取使用费，向权利人转付使用费，进行涉及著作权及与著作权有关权利的诉讼、仲裁，从而保护权利人的合法权益，推动中国电影产业的发展和繁荣。❶现行《著作权法》第 8 条在原法律规定的基础上，进一步完善了著作权集体管理组织的权利义务。

影著协的成立对维护电影作品权利人的权益、完善电影作品著作权的保护、推进我国电影产业的健康发展具有重要意义，同时也标志着我国著作权集体管理体系已初步形成。可以说行业协会以集体权利人形象筑成一条版权保护的统一战线，使版权保护合力出击，迎战非法侵权行为。❷

（四）著作权人的自我保护

实践中，影视作品著作权的保护除通过法律制度的保护、行政措施的保护及行业组织的维权之外，也需要影视作品著作权人自身维权意识的不断提高和加强，著

❶ 刘瑛：《著作权集体管理》，北京师范大学出版社，2010，第 19 页。
❷ 任晟姝：《中国电影版权保护机制研究》，《电影艺术》2010 年第 6 期，第 49 页。

作权人为了防止影视作品著作权受到侵害，通常主要采取以下措施。

第一，严格监督和管理影视作品的制作、发行、放映等各环节的工作。对影视作品的制作源头进行严格的监控和管理，特别是要安排专人负责保管影片的母版，从源头杜绝影视作品盗录行为的发生，一旦发现盗录行为，应及时向公安机关报案，严格追究相关人员的责任。

第二，在影视作品公映前，影视作品的制作者要先将影片后面的拷贝交给影院，而首本拷贝要在影片上映的当天才交给影院。严格影片拷贝的交付，可以有效防止电影拷贝被他人提前翻录。同时，制作者应对电影拷贝做记号并备案，一旦电影拷贝被盗录，制片者则可以根据拷贝上的记号发现盗版线索并进行追查取证。

第三，为了有效打击盗版，电影制片公司通常还在全国各地建立专业的反盗版队伍，并聘请律师组成维权团队。如果发现影片遭到网络盗版侵权，维权团队或律师则会及时地对网站的侵权行为采取证据公证保全措施，并向侵权网站发函要求其立即停止侵权，对情节严重、屡次侵权的个别网站也可依法提起诉讼。同时，电影制片公司还可积极寻求行政部门的帮助和支持。

二、我国影视作品著作权保护存在的主要问题

虽然我国形成了以法律制度、行政保护、集体组织管理和著作权人自身保护形式的全方位影视作品著作权保护体系，但是在立法和行政层面，我国对影视作品著作权保护还存在诸多不足。

（一）法律制度不完善

1. 立法层次和效力较低

我国有关影视作品著作权法律保护方面的立法，除《著作权法》《电影产业促进法》之外，更多的是行政法规和规章，如《电影管理条例》《电影制片、发行、放映经营资格准入暂行规定》《国家广播电影电视总局行政许可实施检查监督暂行办法》等，以上这些行政法规和规章虽然对影视市场的监管起到了一定的积极作用，但由于行政规章层次和效力较低，因此还不能像《著作权法》《电影产业促进法》一样，对我国影视作品著作权进行有效保护，特别是对于影视作品的衍生产品的开发和保护力度较弱。

2. 影视作品的概念界定不明

我国《著作权法》中没有单独的"影视作品"的概念，在 2010 年的《著作权法》中只有"电影作品和以类似摄制电影的方法创作的作品"的规定。在 2013 年的《著作权法实施条例》第 4 条规定："电影作品和以类似摄制电影的方法创作的作品，是指摄制在一定介质上，由一系列有伴音或者无伴音的画面组成，并且借助适当装置放映或者以其他方式传播的作品"。

显然，我国之前的《著作权法》和《著作权法实施条例》中关于影视作品的定义是从《伯尔尼公约》中移植过来的。我国在理论与实践中对"电影作品和以类似摄制电影的方法制作的作品"简称为"视听作品""影视作品""电影、电视类作品""电影等视听作品"等。国际上对影视作品也没有统一的称谓：美国称"影视作品和其他视听作品"，法国称"视听作品"，英国称"影视作品"，意大利称"电影和其他视听作品"，德国称"影视作品"，日本称"影视作品"。❶我国现行《著作权法》第 3 条将原规定的"电影作品和以类似摄制电影的方法创作的作品"修改为"视听作品"，由此使得原来的电影、电视剧等影视作品成为视听作品中的一类作品。但现行《著作权法》仍然没有明确界定影视作品的含义，由于在立法上没有对影视作品予以明确界定，使司法实践中对影视作品的认定常出现分歧。

3. 影视作品与基础作品之间的关系有待进一步明确

影视作品的形成可以依赖于已有的小说、戏剧等基础作品，也可以不需要基础作品；但通常情形下，影视作品在实际创作过程中，往往是根据已有的基础作品演绎而来，由此可以把影视作品看作小说作品或戏剧作品等基础作品的"演绎作品"。但由于影视作品的制作凝结了众多创作人员的创造性劳动，是综合性艺术的体现、集体创作的结果，具有独特性，因此难以适用演绎作品的一般规则。

现行《著作权法》第 13 条规定："改编、翻译、注释、整理已有作品而产生的作品，其著作权由改编、翻译、注释、整理人享有，但行使著作权时不得侵犯原作品的著作权。"该条规定明确了演绎作品与原作品著作权的关系。但现行《著作权法》第 17 条规定："视听作品中的电影作品、电视剧作品的著作权由制作者享有，但编剧、导演、摄影、作词、作曲等作者享有署名权，并有权按照与制片者签订的合同获得报酬。"由于我国《著作权法》未将影视作品明确规定为演绎作品，以及其

---

❶ 李娟娟：《影视作品的著作权问题研究》，中国海洋大学硕士论文，2012。

与基础作品的关系，因此在理论和实践中，对影视作品与基础作品之间的关系，一般应作如下理解。

（1）我国《著作权法》没有将影视作品视为基础作品的演绎作品。一般情况下，对演绎作品进行出版、改编、翻译、注释、汇编，应当取得演绎作品作者和基础作品作者的双重许可。但对于影视作品而言，《著作权法》规定影视作品的著作权由制作者统一享有和行使，影视作品的著作权人也就是制作者行使影视作品著作权时，并不受基础作品作者的限制。但他人对影视作品的利用，是否只需要取得制作者许可，而不需要取得基础作品著作权人的同意，《著作权法》规定并不明确。

（2）影视作品的全部著作权虽然归属于制作者（但编剧、导演等享有署名权），但是并不等于制作者享有的著作权不受原基础作品著作权的制约。影视作品的制作者虽然有权对其影视作品加以改编，但是在改编过程中还应尊重原基础作品的主题思想、主要情节等，不得对原作品的内容进行歪曲或篡改。同样，他人如果希望改编影视作品并利用通过改编影视作品形成的新作品（如将电影改编成漫画作品出版），不仅需要经过影视作品制作者的许可，还须经过原基础作品著作权人的许可。

根据以上分析，我国《著作权法》对影视作品与基础作品之间法律关系的规定，与《伯尔尼公约》存在一定的差异。如根据《伯尔尼公约》第 14 条之一第 2 款的规定，如果要将由文学艺术作品演绎派生而来的电影作品，再改编为其他任何艺术形式，除了要经过电影作品作者的许可之外，还要经过原作品作者的许可。该规定说明《伯尔尼公约》认为根据小说、戏剧等基础作品拍摄而成的电影作品之上存在"双重权利"，也就是说对电影作品的改编需要同时经过基础作品著作权人和电影作品著作权人的"双重许可"。我国作为《伯尔尼公约》的成员国，《著作权法》的规定有必要与《伯尔尼公约》中的相关规定接轨。

4. 影视作品著作权人制作者的概念界定不明

我国《著作权法》对影视作品的著作权归属的立法模式，既借鉴了域外的立法模式，也考虑了我国国情，因此整体上而言适应我国的国情。但在影视作品著作权归属的问题上，2010 年《著作权法》仅笼统规定影视作品的著作权归"制片者"享有，现行《著作权法》则规定影视作品的著作权归属于"制作者"。由于没有对"制片者"或"制作者"给出明确的定义，造成影视作品著作权人在实践中的署名十分混乱。在影视作品著作权人的署名上，常出现以下不规范的称谓，如"制片人""执行制片人""制片主任""出品单位""摄制单位"等，这又导致司法审判实践中对影视作品著作权人的认定存在一定的分歧。

（二）行政保护力度不够

从我国对影视作品著作权行政保护方面看，主要存在以下问题。

第一，行政执法主体分工不明确。我国对于影视作品行政保护方面采取的是跨部门联合执法。由于行政执法主体较多，部分职能存在交叉情况，加之在执法机关的职能分工上没有完善的法律制度加以规范，结果造成行政执法权力分散，行政执法效力较弱，一旦发生影视作品著作权侵权问题，影视作品的权利人应该向哪个具体的行政部门寻求救济就成为一大难题。

第二，行政机关监管力度有待加强。实践中，我国著作权行政管理机关因某些原因还存在对影视作品著作权保护力度不够的现象，如对影视作品盗版音像制品的销售行为监管不力等。虽然近年来加大了对市场销售盗版音像制品的打击力度，也取得了一定的效果，但对于随着互联网技术发展出现的通过网络营销盗版音像制品的新型侵权方式，著作权行政管理机关在这方面的监督相对薄弱，一些涉嫌侵权的网店利用网络销售盗版音像制品的行为，还没有得到有效的治理和打击，致使一些盗版音像制品通过网络销售到各地，严重损害了影视作品著作权人的合法权益。

第三，行政机关执法技术措施滞后。由于互联网技术的飞速发展，出现了一些新型的网络盗版行为，然而著作权行政执法机关在制度建设、人力资源、执法技术措施等方面，还不能完全适应新情况和新技术的发展，如对于一些视频下载网站的技术监管措施和力度不够，导致不能及时有效清理一些非法下载链接的视频网站，不能尽快依法追究影视作品著作权侵权行为人的法律责任。

第四，地方保护主义比较严重。由于我国幅员辽阔，各地经济发展水平不一，个别地方政府为了发展地方经济，对当地涉嫌侵犯影视作品著作权的盗版行为往往采取漠视消极的态度；更有甚者，个别地方的执法者出于个人私利而知法犯法，任意放纵违法犯罪行为。另外，实践中个别地方存在"以罚代刑"的现象，如一些地方的行政执法者在发现盗版的音像制品销售点后，一般都采用罚款了事的做法，没有按照法律的规定对盗版销售点进行查封，也没有将涉嫌构成犯罪的人员移交司法机关处理。正是由于地方保护主义的影响，造成很多盗版销售点未能及时得到清理，电影文化市场未能得到有效整顿，影视盗版现象继续危害我国电影产业的健康发展。

（三）影著协维权能力相对薄弱

2010年9月，国家版权局公布了《电影作品著作权集体管理使用费收取标准》（以下简称《收费标准》）和《电影作品著作权集体管理使用费转付办法》（以下简称《转付办法》），希望通过向影视作品使用者集体收取费用的方式，保护著作权人的合法权益。国家版权局在该办法中要求国内的网吧、长途汽车、网络、视频点播、飞机、火车在播放电影时，必须向影著协缴纳一定的版权费，之后再由影著协统一转付给著作权人。

但由于影著协只是一个著作权集体管理的社团组织，且其协会章程规定内容又比较空泛，因此在对其会员的著作权维权执行上显得"心有余而力不足"，对于侵犯其会员的影视作品著作权行为难以有效地遏制。之前，曾被寄予厚望的《收费标准》和《转付办法》并没有达到人们的预期目的。此外，我国有的行业集体管理组织往往被纳入行政组织系统中，将其挂靠于某个行政主管部门，因此我国著作权集体管理仍然具有一定的行政色彩。虽然行政保护具有无法比拟的主动性，能及时处理纠纷，节约成本，但导致的后果可能是增加了财政负担，同时由于其官办性较浓，行政性强，行业集体管理组织的中介功能难以得到应有的发挥。❶

（四）公众的著作权法律意识较为薄弱

近年来，我国的司法机关和著作权行政管理机关通过各种方式开展了许多有关影视作品著作权保护方面的宣传工作，但是在现实生活中，仍然有不少公民的著作权保护意识比较薄弱。比如，每当一部新的影片上映前后，通常一般几天之内在网络上就会出现可下载的影片的"枪版"，而一些网民明知是盗版影片仍乐此不疲地在线观看或下载。正是由于这些盗版的网络电影和无视版权的网民行为，助长了影视作品著作权侵权现象的不断发生。

---

❶ 耿鸿雁，王亮：《对我国著作权集体管理现状的法学分析》，《商业经济》2010年第11期，第124页。

三、完善我国影视作品著作权保护的措施

（一）完善相关法律制度

1. 科学定义"影视作品"

我国 2010 年《著作权法》中规定的"电影作品"和"以类似摄制电影的方法创作的作品"不能涵盖许多新型类电影作品，因此有必要确定一个在范畴上大于"影视作品"的概念。理论上有的学者建议设立"视听作品"的概念。[1] 世界上许多国家在著作权法上同时规定了"视听作品"和"影视作品"两个概念，这种立法模式具有包容性和周延性。"视听作品"可以有效地将许多在新科技下产生的在表现形式上类似于影视作品的新型作品纳入保护范围。例如，1976 年《美国版权法》中既有"视听作品"的概念，又有"影视作品"的概念，两者的关系也明确，"视听作品"包含"影视作品"，两者都是一些图像，都通过投影仪等电子设备进行放映，影视作品的特殊之处表现在它需要"使人产生动态印象"。[2] 比如幻灯片可以通过投影仪放映，并且也有一定的图像，但是在放映时并没有给人以动态印象，所以就不是影视作品，而属于视听作品。同时规定"视听作品"和"影视作品"这两个概念，一方面突出了"影视作品"的特殊性；另一方面又可以将计算机视频游戏、短视频等新型的作品都包含在"视听作品"中，具有很大的包容性。

根据我国的实际情况和借鉴域外规定，现行《著作权法》第 3 条已将原规定的"电影作品和以类似摄制电影的方法创作的作品"类型修改为"视听作品"，由此使原来的电影、电视剧等影视作品成为视听作品中的一类作品。但现行《著作权法》仍然没有明确界定什么是影视作品。因此笔者认为，在今后的《著作权法实施条例》修改中或司法解释中，需要科学地界定影视作品的含义。

2. 明确规定影视作品的演绎属性

关于影视作品的演绎属性问题，国外主要有以下几种立法例。

第一种做法是将影视作品视为基础作品的一般演绎作品，如 1976《美国版权法》规定，电影作品的著作权归属于制片人，其他人使用该电影作品，不仅要取得电影

---

[1] 张竹君：《影视音乐著作权保护之德国模式及其借鉴意义》，《消费导刊》2007 年第 8 期，第 145 页。

[2] 李明德：《美国知识产权法》，法律出版社，2003，第 278 页。

作品制片人的许可，还要获得基础作品作者的许可，即在使用电影作品时涉及"双重的许可"问题。

第二种做法是将影视作品视为基础作品的特殊演绎作品，以德国、西班牙国家的立法为代表。例如，《德国著作权法》规定，如果制片人获得基础作品作者的许可将文字作品改编成电影，制片人同时获得了以下权利：（1）不加改变或经过改编后创作电影作品；（2）复制和传播该电影作品；（3）公开放映电影作品；（4）通过电台播送电影作品；（5）使用该电影作品的译文本和其他电影性质的改编。这表明基础作品作者的原有的某些权利通过法定方式转让给了影视作品著作权人即制片人，如电影作品的改编、复制、放映、传播等权利。❶

第三种做法以法国为代表，将基础作品的作者视为影视作品的合作作者，但是影视作品的著作权统一由制作者行使，基础作品作者将对影视作品的著作权法定的转移给了制片人，影视作品制作者和基础作品的作者可以另作约定。❷在这种立法模式下，基础作品的作者也被视为影视作品的作者，与影视作品的编剧、导演、摄影、作词、作曲等共同成为影视作品的合作作者。同时，基础作品的作者依据法律规定将其对影视作品的著作权转让给制作者。

根据我国的具体情况，我国是否宜借鉴德国立法模式，将影视作品定性为特殊演绎作品，并建议明确规定，如将视听作品改编为其他类型作品的，应取得基础作品著作权人的许可，但如果影视作品的制片者与基础作品的著作权人之间有特别约定的，依照双方的约定。影视作品由基础作品改编而来，从总体上说具有演绎性质，影视作品的"摄制"既是对基础作品的一种改编，也是对基础作品的一种特殊演绎。❸

（二）加大行政保护力度

当今世界各国都在努力从立法上和技术上反盗版，以网络为主的新兴盗版已经成为阻碍全球影视业发展的主要问题，因此规制利用网络传输盗版影视作品的行为，成为当今反盗版和保护影视作品的主要任务。

要想真正打击对影视作品的盗版行为，重要的是要从网络传输途径的链条上打

---

❶ 李娴娴：《影视作品的著作权问题研究》，中国海洋大学硕士论文，2012。
❷ 李娴娴：《影视作品的著作权问题研究》，中国海洋大学硕士论文，2012。
❸ 曲三强：《论影视作品的法律关系》，《知识产权》2010 年第 3 期，第 19 页。

击影视作品的侵权行为，并加大对侵权行为的处罚力度，以切实保护影视作品著作权人的合法权益。以美国为首的几个国家为打击盗版侵权问题，通过一些影视作品管理组织与相关执法部门密切合作，适时检测非法下载影视作品的网站，一些下载网站被强制关闭，将一些个人计算机进行突击搜查，并起诉提供下载链接服务的网站运营提供商，通过行政手段和法律制裁的方式打击盗版侵权。这些举措一定程度上阻断了侵权行为的发生，值得我影著协和相关执法部门的借鉴。[1]同时，以美国为代表的国家在影视作品的行政管理上，对影视作品的整个生产环节上下游包括对涉及影视作品音像制品制作、销售都进行严格的监控，同样值得我国学习和借鉴。

（三）完善著作权集体管理机制

第一，淡化著作权集体管理的行政色彩。还原著作权集体管理组织非营利性社会团体的本质，减少对于集体管理的直接行政干预，规范对著作权集体管理组织的管理。

第二，完善著作权集体管理的监督机制。防止集体管理组织滥用权利，最重要的是要实现集体管理组织本身的合理运转，使集体组织的自我制约、著作权人的监督及使用人或其他相关人的监督有机结合在一起。加强会员大会对集体管理组织的监督，赋予会员大会更多的权力。[2]

第三，完善使用费收取和争议解决机制。在确定使用费收费标准时，可以借鉴德国、日本等国家的做法，在著作权集体管理的立法中对使用费收取的标准作出一些具体的指导性规定。应该以集体管理组织公布的标准为依据，协商确定收取使用费的具体数额。集体管理组织制定一个合理的标准，以供集体管理组织和使用人在谈判时参考。集体管理组织在制定这个标准时，应该依照作品所属权利种类、订立许可使用合同和收取费用工作的繁简程度来制定。[3]此外还有必要结合我国的实际情况，构建适合我国影视作品著作权使用费标准争议的解决机制。值得庆幸的是，现行《著作权法》第8条中，增加了著作权集体管理组织收取使用费标准、争议解决的机制、使用费的转付和信息公开等规定，这为著作权集体管理使用费收取和争议解决提供了明确的法律依据。

――――――――

[1] 张鹏：《论电影作品版权侵权及其法律保护》，山东艺术学院硕士论文，2011。
[2] 耿鸿雁、王亮：《对我国著作权集体管理现状的法学分析》，《商业经济》2010年第11期，第125页。
[3] 耿鸿雁、王亮：《对我国著作权集体管理现状的法学分析》，《商业经济》2010年第11期，第126页。

（四）引导公众正确的影视文化消费理念，增强反盗版意识

　　加强对盗版市场的控制力度，提高对影视作品观众文化消费正确有效的引导，这也是保护影视作品著作权的重要举措。影视观众是参与保护著作权的主体，是影视作品的消费者，所以加强对影视观众（特别是电影观众）的消费引导，以此提高影视观众的版权保护意识非常必要。尽管有些电影票价过高、影视作品的片源较少及影视作品本身所具备的特质等成为公众购买盗版电影作品的主要原因，但是公众著作权意识的薄弱同样也是造成侵权盗版发生的关键因素。因此有必要正确引导大众音像消费的导向，推动大众对于影视作品著作权侵权现象的认识和抵制，如果社会公众真正做到不购买盗版音像制品，积极主动抵制盗版行为，那么盗版音像制品将失去市场。只有这样才能有效遏制盗版行为，以达到保护影视作品著作权人合法权益的目的。

第四节　典型案例分析

一、董某甲等与上海谢晋中路影视有限公司等侵犯著作权纠纷案 ❶

（一）案件基本情况

　　原告董某甲等诉称：1997 年 11 月 4 日，董某乙与被告上海谢晋—恒通影视有限公司（后改名为上海谢晋中路影视有限公司，以下简称"中路公司"）签订合同，约定董某乙将其创作的传记作品《我的一个世纪》的电视连续剧拍摄权转让给中路公司。同年 12 月 6 日，董某乙去世。

　　1998 年 12 月，被告中路公司与被告海润国际广告有限公司（以下简称"海润公司"）等四家单位签约，约定联合将《我的一个世纪》拍摄成电视连续剧《世纪人生》，共享该剧的著作权。2000 年 5 月起，《世纪人生》在上海电视台等正式播出。2000 年 11 月 8 日，被告海润公司与被告大恒电子音像出版社（以下简称"大恒出

---

❶ 上海市高级人民法院（2004）沪高民三（知）终字第 137 号民事判决书。

版社"）签订合同，约定前者向后者独家转让《世纪人生》的光盘著作权。被告大恒出版社随后以 VCD 方式出版、发行电视连续剧《世纪人生》。

原告董某甲等作为董某乙的继承人认为，董某乙生前仅许可被告影视公司使用《我的一个世纪》拍摄电视连续剧，被告影视公司对《世纪人生》电视连续剧的发行方式仅限于作为电视节目在电视台播映，并不包括制作成 VCD 销售及其他发行方式。而被告影视公司将改编、摄制而成的电视连续剧《世纪人生》交由他人以 VCD 光盘方式出版、发行，超越了原作品作者许可使用的方式和范围，构成侵权。因此，请求法院判令：（1）被告向原告公开赔礼道歉；（2）被告中路公司、海润公司和大恒出版社向原告赔偿损失 50 万元；（3）被告谢某在人民币 125 万元的范围内承担被告中路公司赔偿损失的连带赔偿责任。

被告中路公司辩称：其主观上没有故意侵权，客观上也没有侵权行为，故原告的诉讼请求没有事实和法律基础，请求予以驳回。

被告海润公司、大恒出版社辩称：涉讼电视连续剧的剧本改编和拍摄都征得了原著作权人的同意。故拍摄而成的电视连续剧的著作权应由参与联合拍摄的四方所有，且包括 VCD 在内的发行已获得被告中路公司的授权，故不存在侵权行为。

被告谢某表示同意被告中路公司的答辩意见，同时辩称其已和中路公司的另一股东达成了股权转让协议，不存在抽逃资金的行为，故不应承担连带责任。

（二）法院审理结果

上海市第一中级人民法院经审理后查明：1997 年 9 月 22 日，董某乙签署指定董某甲为其代理人的《授权委托书》一份，代理事项包括：（1）签署、执行、承认和交付为购买在世界任何国家和地区、在任何或全部文学财产或作品中其所享有的任何权利、名义或利益的版权所必需的任何书面的文件、文书、申请和要求。（2）处理与其回忆录的出版发行相关的及与将其回忆录改编为电视连续剧、电影、戏剧、图书以及其他形式的作品相关的包括版权事宜在内的所有事项，以及为此主张或放弃相关权利或为此提起、变更、放弃、承认诉讼请求、进行和解、提起反诉或上诉。

同年 11 月 4 日，董某乙与中路公司签订合同书一份。主要内容为：鉴于甲方（董某乙）独家拥有自撰传记作品《我的一个世纪》著作权；鉴于乙方（中路公司）愿意将上述作品改编并拍摄为电视连续剧，甲方同意将上述作品的电视连续剧拍摄权转让给乙方。同年 12 月 6 日，董某乙病逝。为合作拍摄，根据《我的一个世纪》改编的电视连续剧《世纪人生》，中路公司与上海电视台、海润公司、美新文化艺术基金会等四方签订了《关于联合摄制电视剧〈世纪人生〉的合同书（补充）》。该合同约定：剧本组稿改编工作由中路公司负责，其著作权益及相关经济责任均由四方共同负责。2000 年 1 月，中路公司、上海电视台节目购销中心和美新文化艺术基金会就委托海润公司负责发行已摄制完成的长篇电视连续剧《世纪人生》事宜，分别出具了授权委托书。中路公司和上海电视台节目购销中心委托海润公司发行的范围为中国大陆境内；美新文化艺术基金会委托发行的范围为国内外。2000 年 10 月 8 日，海润公司与大恒出版社签订《音像节目版权有偿转让合同》，合同主要内容包括：甲乙双方就甲方海润公司向乙方大恒出版社独家转让由甲方拥有版权的音像节目《世纪人生》31 集的光盘版权事宜。

上海市第一中级人民法院依据查明的事实，经审理后认为：董某乙是自撰传记作品《我的一个世纪》的作者，其对该文字作品所享有的著作权受法律保护。四原告作为董某乙的继承人，依法可以取得上述文字作品著作权中的财产权利，并可以在该作品著作权保护期内就涉嫌侵犯其著作权的行为提起诉讼。

经《我的一个世纪》作者许可后改编并摄制而成的电视连续剧《世纪人生》已成为一个独立的作品，即以类似摄制电影的方法创作的作品，该作品的著作权由摄制该电视连续剧的制片者享有。虽然合同书所涉及的拍摄权是针对电视连续剧的，但并不意味着拍摄而成的电视连续剧只能作为"电视节目"在电视台播映，将其制作成 VCD 销售也是电视连续剧作品著作权人实现其著作财产权的一种方式。在原合同并未限制改编拍摄的电视连续剧的发行方式的情况下，作为《我的一个世纪》文字作品的著作权人或者与该著作权有关的权利人，除了可以对署名权及相关合同约定之报酬主张权利外，无权再限制电视连续剧作品的具体使用方式，故以 VCD 方式出版、发行电视连续剧《世纪人生》并不存在超越与原著作者所签合同的许可方式和范围问题。原告主张的《世纪人生》VCD 的出版和发行构成对《我的一个世纪》文字作品著作权的侵犯缺乏法律依据，对四原告基于侵权所提出的各项诉讼请求不予支持。

一审法院根据本案的事实和相关法律的规定，判决如下：驳回原告的诉讼请求。

原告不服一审法院的判决，向上海市高级人民法院提出上诉。二审法院经审理后认为：原判认定事实清楚，适用法律正确，应予维持，上诉人的上诉请求和理由没有事实和法律依据，应予驳回。遂判决如下：驳回上诉，维持原判。

（三）对案件的法律分析

1. 被告以 VCD 形式发行《世纪人生》的行为是否违反合同约定

本案中，作者董某乙（甲方）与被告中路公司（乙方）签订的合同已经约定甲方将自撰传记作品《我的一个世纪》的电视连续剧独家拍摄权（指改编电视剧本、电视剧拍摄制作及发行等）转让给乙方。因此，按照著作权法的规定，在作者董某乙未限制被告改编拍摄的电视连续剧的发行方式的情况下，被告中路公司、上海电视台、海润公司、美新文化艺术基金会四方签订了《关于联合摄制电视连续剧（世纪人生）的合同书》。根据该合同书，以上四方作为《世纪人生》影视作品的著作权人，可以自行决定该电视连续剧的发行方式。被告以 VCD 形式发行《世纪人生》是发行该电视连续剧的一种方式，这种发行方式既没有改变《世纪人生》属于以类似摄制电影的方法创作的作品的性质，也没有改变《世纪人生》属于电视连续剧的性质。因此，被告以 VCD 形式发行《世纪人生》的行为，没有违反作者董某乙与被告中路公司的合同约定。

从目前的司法实践来看，原作品作者许可他人使用其作品拍摄影视作品之后，制片者对影视作品本身其他方式的使用，即许可影视作品制片者之外的第三方在对影视作品进行原样使用时，无须经过原作品作者许可。因此，基础作品即文学作品的作者要想限制影视作品制片者权利，需要通过在合同中明确设定相应的权利限制条款，否则，在现有立法和司法实践中，无法实现对基础作品著作权的特定保护。

2. 影视作品与其基础作品的法律关系

影视作品的拍摄往往要先将小说或者戏剧作品改编成剧本，然后再根据剧本拍摄成电影或电视剧，因此本质上影视作品是小说或者戏剧作品等基础作品的演绎作品。然而，我国现行《著作权法》第 13 条和第 16 条对于影视作品与其基础作品之间的法律关系并未提及；亦没有规定倘若有第三人要使用影视作品时，应当遵循"双重许可"，即应当同时取得影视作品的著作权人（制片者）和基础作品的著作权人（作者）的许可同意。仅在《著作权法实施条例》第 10 条规定，著作权人许可他人将其作品摄制成电影作品和以类似摄制电影的方法创作的作品的，视为已同意对其作品进行必要的改动，但是这种改动不得歪曲篡改原作品。可见，依据我国现行《著作权法》规定，基础作品的作者无权限制影视作品的制片者对改编后的影视作品的使用方式。如何平衡基础作品著作权人与影视作品著作权人之间的权益，值得进一步的探讨。

在本案中，由于基础作品的著作权人董某乙在与被告中路公司签订的《我的一个世纪》的电视连续剧拍摄权转让合同书中，没有限制被告对影视作品《世纪人生》的使用方式，因此被告以 VCD 形式发行《世纪人生》的行为，不需要征得基础作品即《我的一个世纪》作者董某乙或其继承人（四原告）的同意。

二、中国电影著作权协会与酷溜网（北京）信息技术有限公司侵犯著作权纠纷案 ❶

（一）案件的基本情况

原告中国电影著作权协会（以下简称"影著协"）诉称：山西电影制片厂有限公司（以下简称"山西电影公司"）是电影《暖春》的著作权人，原告影著协是依法成立的著作权集体管理组织，山西电影公司是影著协的会员，并将其作品的著作权委托影著协进行管理。2011 年，原告发现被告酷溜网（北京）信息技术有限公司（以下简称"酷溜网公司"）所有的极速酷 6 软件未经合法授权，提供了上述涉案电影《暖春》作品的在线播放和下载，严重侵犯了著作权人的合法权益，故原告诉至法院，请求判令：（1）被告立即停止侵权；（2）被告在其网站首页和《中国电视报》上作出道歉公告；（3）被告赔偿原告经济损失及合理开支共计 3 万元。

被告酷溜网公司答辩称：（1）原告影著协没有取得涉案电影的完整信息网络传播权，不具有诉讼主体资格；（2）极速酷 6 软件是专门用于播放酷溜网网站内容的软件，所有内容均来自酷溜网，涉案电影由网友上传。并且，原告影著协针对涉案电影在酷溜网上的播放行为已经在北京市海淀区法院起诉被告，本案属于重复起诉；（3）原告影著协的起诉已经超过诉讼时效。综上，不同意原告影著协的诉讼请求，请求法院予以驳回。

（二）法院的审理结果

北京市朝阳区人民法院经审理后查明：电影《暖春》片头署名出品单位是山西电影制片厂，片尾载明该片由山西电影制片厂、天津港保税区新宏利国际贸易有限

---

❶ 北京市朝阳区人民法院（2014）朝民初字第 15192 号民事判决书。

公司摄制。2002 年 12 月 25 日，原国家广播电影电视总局电影事业管理局颁发的电审故字（2002）第 077 号电影片公映许可证载明该片出品单位为山西电影制片厂，摄制单位为山西电影制片厂和天津港保税区新宏利国际贸易有限公司。2013 年 8 月 29 日，山西电影公司出具授权委托书，授权影著协以其自己的名义独家处理任何第三方涉嫌侵犯授权方影视作品著作权的侵权行为，同时授权被授权方以其自己名义独家处理本授权书签署日之前的任何涉嫌第三方侵犯授权方影视作品著作权的侵权行为。

极速酷 6 是酷溜网公司运营管理的软件，2011 年 9 月 25 日连接互联网后，通过百度搜索进入天空软件站网站，下载极速酷 6 正式版 2.5 软件，安装完成后打开软件，界面左边为播放器页面，右边有首页、电影、电视剧、动漫、综艺、音乐等栏目分类，并有搜索功能，输入关键词"暖春电影"进行搜索，得到 13 个视频结果，选择第三个名为"暖春电影版"的视频文件可以看到"发布：惭愧道人"，点击播放，可以正常播放该视频。对上述内容，影著协申请河南省社旗县公证处进行了证据保全。经对比，该视频播放画面，除片头外与影著协主张的电影《暖春》一致。2011 年 8 月 2 日和 2013 年 7 月 23 日，影著协的代理人分别曾就极速酷 6 软件传播《暖春》等电影的行为，向酷溜网公司发出索赔函，要求酷溜网公司停止侵权、公开赔礼道歉并赔偿损失。酷溜网公司签收了邮件，但均未予以回复。2013 年 9 月 17 日，影著协的代理人将本案立案材料通过快递方式邮寄至本院立案庭。在诉讼中，酷溜网公司表示，涉案电影《暖春》由网络用户"惭愧道人"上传到酷溜网，就此提交了一份网络用户"惭愧道人"的信息打印件。

另查，酷溜网公司已停止涉案视频的传播。

北京市朝阳区人民法院经审理后认为：（1）根据电影《暖春》的署名情况及相关授权书，在没有相反证据的情况下，可以确认山西电影公司系该影片的著作权人。原告影著协系依法成立的电影著作权集体管理组织，经山西电影公司授权有权以自己的名义进行诉讼维权。（2）根据本案公证书的记载情况，被告酷溜网公司运营管理的极速酷 6 软件上存在涉案电影。由于视频界面上显示有网络用户上传信息，可以认定该视频系网络用户上传。但被告酷溜网公司在收到权利人发出索赔函、通知其删除之后，未予回应，主观上存在过错，应承担停止侵权并赔偿经济损失的民事责任。（3）被告主张极速酷 6 软件中的内容均来源于酷溜网，但并未就此提交证据，且该软件与酷溜网属于不同的传播途径，原告亦明确表示未就酷溜网公司的涉案行为在其他法院主张过权利，故被告关于原告本案属于重复诉讼的主张不成立。（4）根据本案证据，权利人发现侵权行为的时间应为第一次发出索赔函的时间即2011年8月2日，在无相反证据的情况下，诉讼时效从此开始计算，但原告于2013年7月22日再次发送索赔函，诉讼时效因此中断，重新计算。而原告提起本案诉讼时间为2013年9月17日，并未超出法律规定的两年诉讼时效期间。

据此法院依据《著作权法》《最高人民法院关于审理侵害信息网络传播权民事纠纷案件适用法律若干问题的规定》《民法通则》中的相关规定，判决如下：（1）被告赔偿原告经济损失及诉讼合理开支共计5000元；（2）驳回原告的其他诉讼请求。

（三）对案件的法律分析

1. 原告在本案中是否具有诉讼主体资格

根据《中华人民共和国民事诉讼法》（以下简称《民事诉讼法》）的相关规定，民事诉讼的主体，通常是指参与民事诉讼活动的当事人。在民事诉讼活动中，涉及的诉讼主体包括三类：一是主持审判活动的审判机关；二是诉讼当事人，即参与民事诉讼纠纷的原告、被告、第三人；三是诉讼参与人，包括证人、鉴定人、勘验人等。民事诉讼主体必须符合法律的规定，才能保证民事诉讼活动合法有效地进行。我们通常所提到的民事诉讼主体，一般是指第二类的诉讼当事人，即原告、被告、第三人及上诉案件中上诉人、被上诉人。在民事纠纷案件审理过程中，被告往往会对原告的诉讼主体资格提出质疑，认为原告不具有案件的诉讼主体资格。此时，法院就要对作为诉讼当事人原告的主体资格进行审查并作出认定，这就是通常所说的审查当事人诉讼资格是否适格的问题，即案件的原告是否具有本案的诉讼主体资格。根据《民事诉讼法》第122条的规定，原告的起诉必须是与本案有直接利害关系的公民、法人和其他组织。

在本案中，涉案影视作品《暖春》的著作权人是山西电影公司，因此被告酷溜网公司对案件的原告影著协的起诉提出了异议，认为原告不是涉案作品的著作权人，不具有诉讼主体资格。但是，根据《著作权法》第8条的规定，著作权集体管理组织被授权后，可以以自己的名义为著作权人或与著作权有关的权利人主张权利，并可以作为当事人，进行涉及著作权或者与著作权有关的权利的诉讼、仲裁等活动。同时，《著作权集体管理条例》第2条也有相应的规定。本案中，原告作为依法成立的电影著作权集体管理组织，且涉案影视作品《暖春》的著作权人山西电影公司是该集体组织的会员，原告经山西电影公司的合法授权后，依照法律的规定有权以自己的名义提起本案的诉讼，因此原告在本案中具有诉讼主体资格，被告关于原告不具有诉讼主体资格的理由不能成立。

2. 原告的起诉是否超过了诉讼时效

在法律上，诉讼时效是指民事权利受到侵害的权利人，在法定的时效期间内不行使权利，当时效期间届满时，即丧失了请求人民法院依法律诉讼程序强制义务人履行义务的权利。也就是说，在法律规定的诉讼时效期间内，权利人提出请求的，人民法院在案件审理后，可依法强制义务人履行其所承担的义务；而在法定的诉讼时效期间届满之后，权利人行使请求权的，人民法院就不再予以保护。如果在诉讼时效期间，权利人向义务人提出履行请求或提起诉讼等，将导致诉讼时效中断，诉讼时效中断后，诉讼时效期间则重新计算。根据原《民法通则》第135条的规定，权利人向人民法院请求保护民事权利的诉讼时效期间为2年，法律另有规定的除外。2017年颁布的原《中华人民共和国民法总则》（以下简称《民法总则》）和2020年颁布的《中华人民共和国民法典》（以下简称《民法典》）将原规定的2年的诉讼时效期间调整为3年。

本案中，涉案影视作品《暖春》的著作权人是山西电影公司，而该公司又是原告影著协的会员，因此原告具有诉讼主体资格。原告在发现被告的侵权行为后，向被告第一次发出索赔函的时间为2011年8月2日，诉讼时效应从此时开始计算。原告向被告第二次发送索赔函的时间是2013年7月22日，诉讼时效因此中断，重新计算。而原告提起本案诉讼的时间为2013年9月17日，显然，本案原告的起诉并未超出当时《民法通则》规定的2年诉讼时效期间。

鉴于影视作品著作权侵权纠纷存在诉讼时效期间问题，因此权利人在发现侵权行为后，应及时向侵权人主张权利或行使请求法律保护的权利，以避免超过诉讼时效期间，丧失请求人民法院依诉讼程序强制义务人履行义务的权利。

第三章　影视作品受著作权法保护的条件

第一节　影视作品受著作权法保护概述

一、作品受著作权法保护的一般条件

作品受著作权法的保护，必须具备一定的条件。我国现行《著作权法》第 3 条明确规定："本法所称的作品，是指文学、艺术和科学领域内具有独创性并能以一定形式表现的智力成果。"根据以上规定，一般认为受著作权法保护作品应具有"独创性、表达性和能以一定形式表现"等条件。

（一）作品的独创性

理论上一般认为，独创性是指作品由作者独立构思并完成，即一件作品的完成是该作者自己独立选择、取舍、设计而创作的结果。首先，作品的独创性只存在于创造性智力活动领域内，而且最终落脚点是智力创造成果，并不涉及智力创造活动过程。其次，作品的独创性既要求作品是独立创作完成的，又要求作品必须具有一定的个性或不同于他人的表达。独立创作完成要求作者是通过自己的独立选材、构思而创作作品，而非抄袭、剽窃他人作品而完成，至于创作者是单一还是多数在所不问；作品要求具有一定的个性，则主要是指作品应该具有原创性的成分，对表达的安排体现了作者的选择、判断。

一般来说，判断一部作品是否具有独创性，至少应考虑两个方面。一是作品是

否为作者"独立完成"，这是对作品独创性的最低要求。当然，要求作者独立完成作品并不排除作者在创作作品过程中对他人作品的参考和借鉴。二是作品必须体现创作者的个性。对于一般的作品来说，该作品只要能体现了创作者的个性，通常就可以认定为具有独创性。如果对一般作品的独创性标准要求过高，则作品的著作权有可能成为少数人的"特权"，不利于鼓励作品的创作。但是对于一些特殊类型的作品，如影视作品或艺术作品，应达到一定的创作高度才能认定其具有独创性。

（二）作品是人类思想情感的表达

作品的表达性要求作品必须是一定思想、情感的表现或表达。思想和情感是人类社会所特有的，但人的思想和情感又是主观、抽象的东西，若要为他人所了解，必须借助一定的外在表达，即作品的表达性要求作者必须将自己主观的思想和情感以一定的方式表现出来，能够被人们感知和利用。

但是，对于作品所表达的思想、观念等内容，由于是主观、抽象的，不能为他人所感觉，并不受《著作权法》的保护，因此《著作权法》只保护思想、观念等的表达。根据《与贸易有关的知识产权协定》第9条第2款的规定，著作权保护应延及表达，而不延及思想、工艺、操作方法或数学概念之类。《美国版权法》第102条第2款规定，在任何情况下，对于作者原创性作品的版权保护，都不延及于思想、观念、程序、工艺、系统、操作方法、概念、原则或发现，无论它们在该作品中是以何种形式被描述、解释、说明或体现的。❶

我国《著作权法》没有明确规定保护作品不延及思想、观念等。因此，在实践中，什么是不受保护的思想、观念（诸如作品的主题），什么又是受保护的思想、观念或主题的表达，通常由法院在具体的著作权侵权诉讼中予以认定。

（三）能够以一定形式表现

作品必须有一定的表现形式，即作者需以文字、语言、符号、声音、动作、色彩等一定的表现形式，将其主观抽象的思想、观念等表达出来，使他人能通过感官感知其作品的存在。如果作品没有以一定的形式表现，思想、观念等只存于作者的脑海之中，不能被他人感知，则不能成为作品。

---

❶ 王迁：《知识产权法教程》（第三版），中国人民大学出版社，2011，第42页。

二、影视作品受著作权法保护的独创性要求

影视作品是作品的一种特殊表现形式，因此其也必须符合作品受著作权法保护的条件。或者说，只要影视作品符合"独创性、表达性和能够以一定形式表现"的条件，就应受到著作权法保护。

一般来说，一部能为大众所感知的影视作品，一定是已经将作者的"思想情感"外在化了，即具有客观的表达性，同时也能够以一定形式表现。但对影视作品的独创性判断而言，则显得更为重要和复杂。因此，在判断影视作品能否受著作权法保护的条件中，影视作品的"独创性"具有特殊性的意义。

独创性是作品受著作权法保护的条件之一，影视作品要受到著作权法保护，也必须有其独创性。所谓影视作品的独创性也称"原创性"或"初创性"，是指一部影视作品是经过特定的影视作品作者（如导演、编剧、演员、词曲等）独立创作而成，是影视作品的作者独立构思的产物，而不是对已有影视作品的抄袭。也就是说，影视作品一般具有电影制片者与电影导演鲜明的个性化的创作特征。❶ 一般来说，影视作品的独立完成是特定的一个集体的共同行为，因为一个人往往难以独立完成一部影视作品。同时这种独立完成是相对的，影视作品的独创性并不要求必须是首创的、前所未有的，并不排除作者在完成影视作品时，对其他相关作品的合理参考或借鉴。即使该作品与已有作品相似，只要该影视作品是作者独立创作完成的，也具备独创性。

另外，著作权法对影视作品的保护，不是保护影视作品的主题、思想、公有领域素材及具有唯一性或有限性的表达形式等，而是保护影视作品的作者对这些主题、思想、情感、公有领域的素材等的表达。

所以，对于影视作品来说，即使某部影视作品使用了其他影视作品中已有的主题、思想、素材、信息（如服饰、音乐、场景、对话、旁白等）或者创作技法，但是只要该影视作品的创作者运用了与他人不同的表现手法或者表现形式，而没有对已有作品借以表达这种思想或信息的结构或语言进行完全的或实质的模仿，与已有作品存在差异，那么该影视作品就具有独创性。

---

❶《广东省高级人民法院关于审理侵害影视和音乐作品著作权纠纷案件若干问题的办案指引》。

三、影视作品的制作行政许可和传播行政审查

由于影视作品的特殊性，我国对影视作品的制作采用许可证制度，对影视作品的传播采用审查制度。虽然影视作品的制作、传播是否获得许可或审查并不影响符合作品条件的影视作品著作权的获得，但是影视作品的制作或传播如果没有获得相应的许可或审查，不仅将影响影视作品的利用，制作者还可能要受到一定的行政处罚。

（一）影视作品制作的行政许可

1. 影视作品制作行政许可的主要原因

为了加强对电影电视行业的管理，发展和繁荣电影电视事业，满足人民群众的文化生活需要，促进社会主义物质文明和精神文明建设，国家规定影视作品的制作者必须具有相应的资质，且还需取得影视作品制作的行政许可。

在一般情况下，任何自然人或法人、非法人单位可以自主决定创作不同形式的作品，如绘画、摄影、小说、散文、诗等不同形式的作品，不需要国家有关部门的同意，即创作自由。但是由于影视作品不同于绘画、摄影、小说、散文、诗等作品，且其创作往往不是一个自然人或没有相应专业人员和技术设备的单位所能够完成的，或者说，影视作品的制作需要大量的资金投入，为了保障影视作品制作投资的安全，只有具备一定资质的影视制片单位才有摄制影视作品的权利。而且在影视作品制作完成之后，发行和传播的途径也比较特殊（影院、网络或者制作成光盘），受众面和社会影响较大，因此国家对影视作品的制作有必要采取严格的行政许可制度。

2. 影视作品制作主体资格和条件

（1）电影作品制作主体资格和条件。根据《电影管理条例》的规定，只有电影制片单位才有权进行电影的摄制，即《电影管理条例》第 8 条规定："设立电影制片单位，应当具备下列条件：（一）有电影制片单位的名称、章程；（二）有符合国务院广播电影电视行政部门认定的主办单位及其主管机关；（三）有确定的业务范围；（四）有适应业务范围需要的组织机构和专业人员；（五）有适应业务范围需要的资金、场所和设备；（六）法律、行政法规规定的其他条件。"

《电影管理条例》第 16 条还规定："电影制片单位以外的单位独立从事电影摄制业务，须报经国务院广播电影电视行政部门批准，并持批准文件到工商行政管理部

门办理相应的登记手续。电影制片单位以外的单位经批准后摄制电影片，应当事先到国务院广播电影电视行政部门领取一次性《摄制电影片许可证（单片）》，并参照电影制片单位享有权利、承担义务。……"

可见，根据《电影管理条例》规定，只有依法成立后的电影制片单位，才有资格进行电影的摄制活动。根据《电影管理条例》第13条："电影制片单位可以从事下列活动：（一）摄制电影片；（二）按照国家有关规定制作本单位摄制的电影片的复制品；（三）按照国家有关规定在全国范围发行本单位摄制并被许可公映的电影片及其复制品；（四）按照国家有关规定出口本单位摄制并被许可公映的电影片及其复制品。"

（2）电视剧作品制作主体资格和条件。《电视剧管理规定》第7条规定，设立电视剧制作单位，应当经国家广播电影电视总局批准。

制作电视剧必须持有《电视剧制作许可证》。《电视剧管理规定》第8条规定，申请《电视剧制作许可证》，必须符合下列条件：有与其业务相适应的组织机构和专业人员；有与其业务相适应的资金；有适应业务需要的专用设备。审批《电视剧制作许可证》，除依照前款所列条件外，还应当符合国家广播电影电视总局制定的电视剧制作发展规划。

电视剧制作单位申请《电视剧制作许可证》，应当按照规定的程序报国家广播电影电视总局审批。在我国，电视剧制作许可证分为两种：一种是电视剧制作单位所持有的《电视剧制作许可证》，其表明该单位具有摄制电视剧的资质；另一种是非电视剧制作单位的摄制电视剧必须就单部电视剧申请《电视剧制作许可证》，此种许可证只可使用一次。

（二）影视作品传播的行政审查

现行《著作权法》第4条规定，著作权人行使著作权，不得违反宪法和法律，不得损害公共利益。国家对作品的出版、传播依法进行监督管理。我国对影视作品的发行和传播同样也实行审查制度，目的是禁止内容违法或者损害公共利益的影视作品通过不同的传播形式进入文化娱乐市场。

1. 电影作品传播的行政审查

根据《电影管理条例》第24条、第27条、第28条的规定，电影制片单位在电影片摄制完成后应当报请电影审查机构审查。经审查合格后，由国务院广播电影电视行政部门发给《电影片公映许可证》后，才可进行公映、发行等。也就是说，电影作品制作完成后，如果要公映、发行等，必须事先通过审查后才可获得电影片公映的许可证。

2. 电视剧作品传播的行政审查

《电视剧管理规定》第4条规定，电视剧的发行同样需要经过相关行政机关的审查，审查通过的可以获得《电视剧发行许可证》，获得此证后，方可发行电视剧。

（三）违反行政许可或审查的后果

《著作权法》第4条规定，著作权人行使著作权，不得违反宪法和法律，不得损害公共利益。国家对作品的出版、传播依法进行监督管理。根据《著作权法》第4条的规定，我国对影视作品的制作、发行和传播采用行政许可和行政审查的制度，目的是加强对电影电视行业的管理，发展和繁荣影视产业，不断满足人民群众健康的文化生活需要，并禁止内容违法或者损害公共利益的影视作品，通过不同的传播形式进入文化娱乐市场。

1. 摄制或传播电影作品违反行政许可或审查的后果

根据违法行为和后果的不同，我国《电影管理条例》专章规定了"罚则"。违反行政许可或审查后果的处罚规定，主要有以下内容。

《电影管理条例》第55条规定："违反本条例规定，擅自设立电影片的制片、发行、放映单位，或者擅自从事电影制片、进口、发行、放映活动的，由工商行政管理部门予以取缔；依照刑法关于非法经营罪的规定，依法追究刑事责任；尚不够刑事处罚的，没收违法经营的电影片和违法所得以及进行违法经营活动的专用工具、设备；违法所得5万元以上的，并处违法所得5倍以上10倍以下的罚款；没有违法所得或者违法所得不足5万元的，并处20万元以上50万元以下的罚款。"

《电影管理条例》第58条规定："出口、发行、放映未取得《电影片公映许可证》的电影片的，由电影行政部门责令停止违法行为，没收违法经营的电影片和违法所得；违法所得5万元以上的，并处违法所得10倍以上15倍以下的罚款；没有违法所得或者违法所得不足5万元的，并处20万元以上50万元以下的罚款；情节严重的，并责令停业整顿或者由原发证机关吊销许可证。"

《电影管理条例》第59条规定："有下列行为之一的，由电影行政部门责令停止违法行为，没收违法经营的电影片和违法所得；违法所得5万元以上的，并处违法所得5倍以上10倍以下的罚款；没有违法所得或者违法所得不足5万元的，并处 10 万元以上 30 万元以下的罚款；情节严重的，并责令停业整顿或者由原发证机关吊销许可证：（一）未经批准，擅自与境外组织或者个人合作摄制电影，或者擅自到境外从事电影摄制活动的；（二）擅自到境外进行电影底片、样片的冲洗或者后期制作，或者未按照批准文件载明的要求执行的；（三）洗印加工未取得《摄制电影许可证》《摄制电影片许可证（单片）》的单位摄制的电影底片、样片，或者洗印加工未取得《电影片公映许可证》的电影片拷贝的；（四）未经批准，接受委托洗印加工境外电影底片、样片或者电影片拷贝，或者未将洗印加工的境外电影底片、样片或者电影片拷贝全部运输出境的；（五）利用电影资料片从事或者变相从事经营性的发行、放映活动的；（六）未按照规定的时间比例放映电影片，或者不执行国务院广播电影电视行政部门停止发行、放映决定的。"

2. 摄制或传播电视剧作品违反行政许可或审查的后果

根据违法行为和后果的不同，我国《电视剧管理规定》第 37 条、38 条和 39 条分别做了相应的规定。

《电视剧管理规定》第 37 条规定："违反本规定，有下列行为之一的，由县级以上人民政府广播电视行政部门责令停止违法活动，给予警告，可以并处 3 万元以下的罚款：（一）未经指定的机构擅自进口电视剧的；（二）未经指定的机构擅自发行进口电视剧的；（三）进口、发行未取得《电视剧发行许可证》的电视剧的；（四）未经批准，擅自参加境外电视展、电视节等涉外电视剧交流活动的，或者擅自将未取得《电视剧发行许可证》的电视剧用于参加境外电视展、电视节等活动的；（五）随意更改已取得《电视剧发行许可证》的电视剧，并用于发行、播放、进口、出口的；（六）出租、出借、出卖、转让或变相转让电视剧各类许可证的；（七）不执行国家广播电影电视总局在特殊情况下对已经取得《电视剧发行许可证》的电视剧作出的责令修改、删剪或停止发行、进口、出口、播放决定的。"

《电视剧管理规定》第 38 条规定："违反本规定，有下列行为之一的，由县级以上人民政府广播电视行政部门责令停止违法活动，给予警告，没收违法所得，可以并处 2 万元以下的罚款；情节严重的，由原批准机关吊销许可证：（一）播放未取得电视剧制作许可证的单位制作的电视剧的；（二）播放未取得《电视剧发行许可证》的进口电视剧的；（三）播放进口电视剧的时间超出规定的；（四）未经批准，擅自举办电视节、电视剧展的。"

《电视剧管理规定》第 39 条规定："违反本规定，有下列行为之一的，由县级以上人民政府广播电视行政部门给予警告或者取缔，没收其从事违法活动的专用工具、设备和节目载体，可以并处1万元以上5万元以下的罚款；情节严重的，由原批准机关吊销许可证：（一）未取得电视剧制作许可证，擅自制作用于发行、出口、播放的电视剧的；（二）未经批准，擅自制作重大革命历史题材电视剧或擅自与境外合作制作电视剧的；（三）播放、出口未取得《电视剧发行许可证》的国产电视剧的。"

（四）影视作品的行政许可和审查与著作权的取得

1. 影视作品的行政许可与著作权的取得

在我国，对影视作品制作实行的行政许可，是为了便于对影视作品的行政管理。如果影视作品的制作者没有取得行政许可而制作影视作品，将受到相应的行政处罚，但是这并不影响制作者对其制作的影视作品享有著作权。对于没有获得行政许可而制作的影视作品，制作者仍对其享有著作权，虽然在我国著作权法中对此没有明确的规定，但根据著作权自动取得的原则，在司法审判实践中一般认为，影视作品制作的行政许可并不影响影视作品著作权的取得。

例如，在雷某诉北京金盾信通影视文化有限责任公司等侵犯著作权纠纷一案❶中，原告认为，根据我国相关规定，申领涉案电视剧《红色追缉令》的《电视剧制作许可证（乙种）》，申请机构须提交编剧授权书。然而，原告从未向两被告提交或签署过任何书面编剧授权书，故依据我国法律规定，两被告北京金盾信通影视文化有限公司和沈阳电视台未经原告许可也未向原告支付其应当支付的报酬，就自行使用原告创作的剧本并获利，其行为已侵犯了原告的著作权益。北京市海淀区人民法院审理后认为：即使编剧授权书是《电视剧制作许可证（乙种）》申请过程必须提交的文件，申请机构是否提交该项文件属于行政管理的范畴，与著作权民事诉讼中的侵权认定并无必然联系。

也就是说，影视作品的制作需要事先的行政许可，但未取得行政许可，不会影响影视作品著作权的取得。但是，未取得行政许可而摄制完成的影视作品的著作权人，其著作权的行使和保护将受到一定的限制。

---

❶ 北京市第一中级人民法院（2009）一中民终字第4541号民事判决书。

2.影视作品的行政审查与著作权的取得

在我国，影视作品的制作需要行政许可。而当影视作品制作完成后需要传播时，还需要进行行政审查批准。一般来说，国内影视作品的著作权人不会在未经审查的情况下而传播，问题多见于域外影视作品没有办理进口审批手续而在国内传播。那么，未经过进口审批的域外影视作品是否受我国著作权法的保护？与影视作品制作的行政许可一样，我国著作权法中虽没有明确的规定，但在司法审判实践中一般认为，影视作品传播的行政审查并不影响影视作品著作权的取得和受保护。例如，在中凯公司诉腾讯公司侵犯电视剧《宫》信息网络传播权一案[1]中，中凯公司经韩国 MBC 许可在中国大陆地区独占享有《宫》的信息网络传播权，但是中凯公司作为《宫》剧在中国的信息网络传播权人，未办理该影视作品进入中国大陆的审批手续。但该电视剧被上传到腾讯公司提供的视频分享网站上而传播，中凯公司认为腾讯公司侵犯了其电视剧《宫》的信息网络传播权。而腾讯公司则辩称，中凯公司没有办理该影视作品的进口审批手续，电视剧《宫》属于违法作品，不受享有著作权。但最后法院没有支持腾讯公司的答辩理由。

关于未经过审批的境外影视作品在境内传播是否受到著作权保护的问题，有学者认为，未经审批的境外影视作品享有不完全的著作权，著作权人不享有积极权利，不能请求赔偿，只享有消极的停止侵害请求权。[2]还有一部分学者认为，未经批准的境外影视作品如果内容不违法，享有完全的著作权，当著作权受到侵害时，享有同其他作品一样的著作权保护。[3]

未经审批的境外影视作品是否依法享有著作权？《著作权法》第 2 条第 2 款至第 4 款规定："外国人、无国籍人的作品根据其作者所属国或者经常居住地国同中国签订的协议或者共同参加的国际条约享有的著作权，受本法保护。外国人、无国籍人的作品首先在中国境内出版的，依照本法享有著作权。未与中国签订协议或者共同参加国际条约的国家的作者以及无国籍人的作品首次在中国参加的国际条约的成员方出版的，或者在成员方和非成员方同时出版的，受本法保护。"就中凯公司诉腾讯公司侵犯电视剧《宫》信息网络传播权一案而言，如果韩国与中国都是《伯尔

---

[1] 深圳市中级人民法院（2009）深中法民三终字第 36 号民事判决书。

[2] 祝建军：《未经进口审批的境外影视作品的著作权保护》，《人民司法》2010 年第 12 期，第 93 页。

[3] 李雨峰：《未经批准的境外作品的保护——兼评我国著作权法第四条第一款》，《电子知识产权》2010 年第 1 期，第 61 页。

尼公约》的成员方，就应根据《伯尔尼公约》规定，成员方中享受和行使《伯尔尼公约》规定的权利不需要履行任何手续，也即韩国 MBC 制作的电视剧《宫》，自动在中国取得著作权，并不需要经过进口行政审查。

总之，影视作品受著作权法保护的条件应该首先是符合作品的条件，即具有"独创性、表达性和可复制性"。而影视作品制作的行政许可和传播的行政审查，这只是对影视作品制作和发行传播的一种行政管理措施，并不涉及和影响影视作品的著作权的取得。

第二节　影视作品的界定和独创性认定

一、著作权法对影视作品的界定

（一）影视作品的含义

关于影视作品的含义，《英国版权法》第 5 条规定："影片系指利用任何介质制作之可借助任何方式从中再现出活动影像的录制品。"[1] 可见，在对影视作品的界定上，英国法律并不关心作品的载体和制作方式，而只关注最终作品是否能够产生活动影像的效果，这使得许多其他相近的作品类型都可以涵盖于这一概念之中。英国将著作权保护的"电影"定义为电影录制品，这种保护并不以原创性为前提，同时英国虽然承认影视作品属于"雇佣作品"，但却不承认影视作品的著作权仅归于电影制片公司所有。

《日本著作权法》第 2 条第 3 项对影视作品的定义作了明确规定，影视作品是指"电影及以能产生与电影的效果类似的视觉或者视听效果的方法表现并固定于一定介质的作品"[2]。

我国《著作权法》中未曾有影视作品这一称谓的明确概念，而通常是以"电影作品和以类似摄制电影的方法创作的作品"的称谓来替代。在我国 1990 年《著作权法》第 3 条中，将此类一系列的作品称为"电影、电视、录像作品"。在 2001 年

---

[1] 十二国著作权法翻译组译：《十二国著作权法》清华大学出版社，2011，第 569 页。
[2] 十二国著作权法翻译组译：《十二国著作权法》清华大学出版社，2011，第 365 页。

《著作权法》规定为"电影作品和以类似摄制电影的方法创作的作品"。2010年《著作权法》中仍保留了这一概念。根据《著作权法实施条例》第4条第（十一）项的进一步解释规定："电影作品和以类似摄制电影的方法创作的作品，是指摄制在一定介质上，由一系列有伴音或者无伴音的画面组成，并且借助适当装置放映或者以其他方式传播的作品。"

2020年《著作权法》第3条第6项规定中，没有再沿用2010年著作权法中"电影作品和以类似摄制电影的方法创作的作品"的概念，而是采用了"视听作品"这一概念。根据现行《著作权法》第17条的规定，视听作品包括"电影作品、电视剧作品"。本书界定的影视作品仅指"电影作品和电视剧作品"。

（二）影视作品的范围

根据2013年《著作权法实施条例》第4条的规定，传统的影视作品主要是指电影作品和电视剧作品，依据其内容还可以划分为故事片、纪录片、动画片、科教片等。但只要符合《著作权法实施条例》第4条的内涵界定，即"摄制在一定介质上，由一系列有伴音或者无伴音的画面组成，并且借助适当装置放映或者以其他方式传播的作品"，都可以界定为影视作品。

但在实践中，界定影视作品的范围时，应该正确区分影视作品与录音制品、录像制品的区别。根据《著作权法实施条例》第5条规定，录音制品是指对任何表演的声音或其他声音的录制品。录像制品，是指电影作品或类似摄制电影的方法创作的作品以外的任何有伴音或者无伴音的连续相关形象、图像的录制品。录音制品与录像制品的主要区别在于有无图像、画面内容。只有声音内容的为录音制品，既有声音内容，也有图像、画面内容的为录像制品。录音制品，由于无图像或画面内容，显然不在影视作品界定的范围之内。

而录像制品虽然有图像和声音，但录像制品通常只是对现场表演进行技术性机械录制的产物，在其制作过程虽然也需要一定的投资和技术性劳动，但几乎不存在创造性的劳动，达不到作品所要求的独创性高度，所以不能将录像制品界定为影视作品。但在日常生活中有些被称为"录像"的东西并不一定都是录像制品，有的可能是录像制品，有的也可能是影视作品，如春节晚会节目、体育赛事节目等，区别录像制品和影视作品的关键是看其是否达到了作品的独创性高度的要求。目前理论和司法实践中争议比较多的问题是，影视作品在范围的界定上是否包括体育赛事节目，或者说体育赛事节目是否也属于影视作品。

二、影视作品独创性认定的理论与实践

现行《著作权法》第 3 条规定："本法所称的作品，是指文学、艺术和科学领域内有独创性并能以一定形式表现的智力成果。"尽管现行《著作权法》中仍然没有对作品独创性的具体标准予以规定，但是在理论和司法实践中独创性的重要意义是毋庸置疑的。由于影视作品存在极大的经济利益，实践中常常导致相关的侵权法律问题和争议，这时影视作品的独创性就可以发挥其特有的作用，既有助于区分相似作品，也有助于侵权的判定，更有助于使权利人获得应有的经济效益。以下有关作品独创性判断的理论与实践，同样适用于对影视作品独创性的判断，这对在理论和实践中判断影视作品的独创性具有一定的指导作用。

（一）域外作品独创性判断的不同理论学说

1. 英国"汗水"理论

"汗水"理论又称为"额头出汗"理论，是一条知识产权法律原则。根据这条法律原则，作者通过创作付出了劳动，就可获得著作权，并不一定需要真正的创造或"原创性"。英国的独创性标准曾经被确立为"额头出汗"原则，该理论源自约翰·洛克提出的一种财产论，他主张对过去没有所有权的财产（无论是智力的还是物质的），付出了劳动都可以赋予劳动者所有权。所谓"额头出汗"原则，是指只要编辑者在汇编事实时花费了劳动，就可以取得著作权。形成该原则的是 1922 年的 *Jeweler's Circular Publishing Co. v. Keystone Publishing Co.* 一案的判决。❶

2. 美国的"最低限度创造性标准"理论

美国早期的著作权判例中，一直都是沿袭英国的"额头出汗"原则，但是 1991 年美国联邦最高法院在 *Feist v. Rural* 案中，否定了之前的"汗水"理论。美国法官认为，"额头出汗"理论违背了著作权法中最基本的原则，即任何人都不得就事实和思想观念取得著作权。据此，美国最高法院表明事实作品必须在收集、协调、编排方面有"一点点的创造性"，才能得到著作权法的保护，认为原创不是"汗水的积

---

❶ 李玉香：《独创性的司法判断》，《人民司法》2009 年第 13 期，第 87 页。

累"，作品需要最低限度的创造性。❶

3. 法国"个人印记"理论

"个人印记"理论认为，一部作品应该是对作者内在思想进行外在表达的体现，独创性中的创造性应突出反映作者的内在个性，也就是说法国只保护具有独创性的作品。1992 年《法国知识产权法典》第 L.112-2 条中列举了受保护的作品类型，但是并未要求所列举的每一类作品都必须具备独创性，只在第 L.112-3 和 L.112-4 条款中关于演绎作品和智力作品的标题涉及独创性的要求。传统的法国观点很简单：独创性是指作者个性的反映。独创性最早被法国最高法院解释为"表现在作者所创作作品上的反映作者个性的标记"。尽管每个案件中，法官对独创性的解释所使用的表达方式不同，如"作者个性的烙印""作者个性的反映"等，但这些定义的意义基本相同，即独创性源自作者在创作过程中有创造性的选择。❷

4. 德国"小铜板"理论

"小铜板"理论同样也比较注重作品的独创性要求，作品的独创性不仅包含作者的创作性活动，而且还应该反映出作者的个性，并具有一定程度的创作高度。同时对于不同类型的作品，对其作品创作高度的要求也就不尽相同，即让某种作品具有独创性，不仅意味着自己创造出某种东西，而且还意味着应当创造出某种具有想象力的特别的东西。虽然这并不是指独创性劳动投入的结果必须属于某种人们可以看出"巨人的狮爪"的东西，但是创作必须更多地属于自己的作品类型领域，比人们所期待的普通的智力劳动能带来更多成果的活动。与普通的智力劳动相比，创作更具有独特性。❸

以上不同理论反映了不同国家对作品独创性要求的不同标准。可见，国际上关于作品的独创性判断，没有统一的标准。各国出于本国的实际情况，出于对作品独创性要素高低程度的不同要求，确立了不同的理论标准和裁判规则。

（二）我国作品独创性判断的理论与实践

1. 主要理论观点

我国目前在关于作品独创性的认定标准方面，在理论上还是存在很大争议，不

---

❶ 李玉香：《独创性的司法判断》，《人民司法》2009 年第 13 期，第 88 页。
❷ 姜颖：《作品独创性判定标准的比较研究》，《知识产权》2004 年第 3 期，第 9 页。
❸ M. 雷炳德：《著作权法》，张恩民译，法律出版社，2005，第 116-117 页。

同的学者持有不同的观点，可谓"百花齐放"。

有学者认为，一件作品的完成是该作者自己的选择、取舍、安排、设计、综合的结果，既不是依已有的形式复制而来，也不是依既定的程式或程序推演而来，但并没有直接使用独创性的字眼。❶

有学者认为，独创性不仅是有无的问题，更是独创性程度高低的问题，即"只有那些有个性，有一定创作高度的作品，才真正受著作权法的保护"❷。也有学者认为：独创性表现为独立创作，体现作者精神劳动和智力判断两个方面，创造出来的作品包含了最低限度的独创性。❸

还有学者认为，应将智力投入作为衡量所有作品独创性的一般标准，即只要作者在作品中投入了智力劳动，就认为该作品具备独创性，在特殊类型的作品中，则应当针对作品类型的特点，在智力投入的数量上采取或严格或宽松的判定标准。❹

以上不同观点都体现了对作品的"独立完成"和"创造性完成"的要求，但具体的判断标准存在差异。

2. 著作权法上的规定

我国 1990 年颁布的《著作权法》没有明确规定对作品的独创性要求，只是在《著作权法实施条例》中规定了作品应具有独创性。直到 2020 年《著作权法》第三次修正后，在《著作权法》第 3 条中首次明确规定，"本法所称的作品，是指文学、艺术和科学领域内具有独创性并能以一定形式表现的智力成果"。从该法律条文中可以看出，我国的《著作权法》也是在借鉴域外相关独创性理论学说的前提下，确定了对作品独创性的要求，明确规定作品应该具有独创性。但是，作品的独创性标准是什么，著作权法没有进一步的规定，这也给司法审判实践带来了一定的困惑。

3. 司法实践中的认定

为了正确审理著作权民事纠纷案件，2002 年《最高人民法院关于审理著作权民事纠纷案件适用法律若干问题的解释》第 15 条规定，由不同作者就同一题材创作的作品，作品的表达系独立完成并且有创作性的，应当认定作者各自享有独立著作

---

❶ 刘春田：《知识产权法》，中国人民大学出版社，2002，第 48 页。
❷ 宋深海：《论作品的独创性》，《法学》1993 年第 4 期，第 27 页。
❸ 李明德、许超：《著作权法》，法律出版社，2009，第 28 页。
❹ 姜颖：《作品独创性判定标准的比较研究》，《知识产权》2004 年第 3 期，第 15 页。

权。此外，在 2018 年北京市高级人民法院制定的《侵害著作权案件审理指南》的"2.2［独创性的认定］"中，具体规定了独创性的认定标准，即"认定独创性应该考虑如下因素：（1）是否由作者独立创作完成；（2）对表达的安排是否体现了作者的选择判断"。

三、体育赛事节目独创性认定的分歧

近年来，关于体育赛事节目是否属于作品或影视作品的问题，在理论和司法实践中频频引发争议，其中争议焦点多集中于以下两点：体育赛事节目是否符合作品的独创性要求而构成作品；体育赛事节目的独创性是否应具有一定的高度才构成作品。

（一）体育赛事节目具有独创性，属于作品

该观点认为，体育赛事节目具有独创性，就应定性为作品，依法受著作权法的保护，即：在认定体育赛事节目是否属于作品时，只要判断体育赛事节目是否具有独创性，而不考虑其独创性的高低。

1. 主要理论观点

卢海君认为，体育赛事节目制作的现场性，意味着其前期转播与后期制作同时进行，相对于电影作品的创作，这种创作更需要创造性劳动，凸显了创作者的个人思想与观念。不论从创作过程，还是创造成果来看，体育赛事节目同普通作品并无二致，无须纠结体育赛事节目到底属于作品还是属于制品。❶

刘家瑞认为，作品必须体现作者的主观性和个性，只要作品反映了作者的主观判断，融入了作者的个性表达，并且由作者独立创作，就足够获得著作权保护，而不必去纠结作品的创作高度或者艺术高度。摄制体育节目可发挥主观性和个性或许不如摄制故事片那么大，但不妨碍其构成作品。❷

徐小奔认为，在体育赛事节目中，穿插、加入了嘉宾解说，战术回放分析和特效渲染，赛事数据即时统计和比较，赛后花絮剪辑和制作等诸多独创性表达。这些评论、解说等体现了创作者的个性表达，也使体育比赛节目更具个性，具备更高的

---

❶ 卢海君：《论体育赛事节目的著作权法地位》,《社会科学》2015 年第 2 期，第 102 和 105 页。

❷ 刘家瑞：《论体育节目的国际版权保护》,《知识产权》2017 年第 8 期，第 15-16 页。

独创性。对于一些具有娱乐观赏性的体育赛事，无论是直播还是录播，都体现了节目制作者精心的选材、编辑，故而可以按照作品予以著作权保护。❶

林子英认为，尽管法律上没有规定独创性的标准，但应当认为对赛事录制镜头的选择、编排，形成可供观赏的新的画面，无疑是一种创造性劳动，且该创作性从不同的选择、不同的制作会产生不同的画面效果恰恰反映了其独创性，即赛事录制形成的画面，构成我国著作权法对作品独创性的要求，应当认定为作品。❷

2.司法实践

（1）相关案例。在 2014 年北京市朝阳区人民法院审理的"北京新浪互联信息服务有限公司诉北京天盈九州网络技术有限公司"一案中，法院认为，对赛事录制镜头的选择、编排，形成可供观赏的新的画面，无疑是一种创作性劳动，且该创作性从不同的选择、不同的制作会产生不同的画面效果恰恰反映了其独创性，即赛事录制形成的画面，构成我国著作权法对作品独创性的要求，应当认定为影视作品。❸

另外，在 2020 年北京市高级人民法院审理的"央视国际网络有限公司诉北京暴风科技股份有限公司著作权纠纷"❹一案和"北京新浪互联信息服务有限公司诉北京天盈九州网络技术有限公司著作权纠纷"❺一案的再审案中，法院认为，体育赛事节目的内容表现为有伴音的连续画面，属于以类似电影的方法表现的作品，并且体育赛事节目的比赛画面是由摄制者在比赛现场拍摄，相关赛事节目在网络上传播的事实，足以表明其已经通过数字信息技术在相关介质上予以固定，并进行复制和传播，既满足作品一般定义中可复制性的要求，也满足电影类作品定义中摄制在一定介质上的要素。因此，体育赛事节目构成著作权法保护的电影类作品。北京市高级人民法院同时认为，从体系解释的角度，电影类作品与录像制品的划分标准应为独创性之有无，而非独创性之高低。因此，电影类作品和录像制品分别作为著作权和邻接权的保护客体，其实质性区别在于连续画面的制作者是否进行了创作，所形成的连续画面是否具有独创性。因此，电影类作品与录像制品的划分标准，应为有无

❶ 徐小奔：《论体育赛事节目独创之所在——兼评"新浪诉凤凰网体育赛事转播案"》,《中国版权》2016 年第 3 期，第 49—50 页。

❷ 林子英：《体育赛事网络转播画面的知识产权保护》，中国知识产权报 2015 年 7 月 24 日第 10 版。

❸ 北京市朝阳区人民法院（2014）朝民（知）初字第 40334 号民事判决书。

❹ 北京市高级人民法院（2020）京民再 127 号民事判决书。

❺ 北京市高级人民法院（2020）京民再 128 号民事判决书。

独创性，而非独创性程度的高低。❶

（2）地方法院规定。2018 年公布的《北京市高级人民法院侵害著作权案件审理指南》中规定，独创性的认定应当考虑如下因素：①是否由作者独立创作完成；②对表达的安排是否体现了作者的选择、判断。体育赛事节目视频是否构成作品与体育赛事活动是否构成作品无关，体育赛事节目视频符合以类似摄制电影的方法创作的作品构成要件的，受著作权法保护。

（二）体育赛事节目的独创性未达到一定高度，不属于作品

该观点认为，体育赛事节目虽然有一定的独创性，但是没有达到作品独创性的高度，只能认定为录像制品，受著作权法中邻接权的保护。因此，体育赛事节目是否属于作品，不是其独创性的有无，而是其独创性是否达到一定的高度问题。

1. 主要理论观点

王迁认为，由于体育比赛中摄影的作用并不是完整地反映比赛的进程和全貌，而是抓住与比赛有关的稍纵即逝的任何精彩场景，体现瞬间的艺术，因此无所谓拍摄的常规或规律，也不存在观众的稳定预期。而为赛事直播进行设置时，摄像师各自操控一台有固定机位的摄像机，其设置角度和范围是相对固定和有限的，这就大大降低了摄影师进行个性化选择的可能性。观众对直播画面的预期和直播的常规决定了导播工作的个性化程度是有限的，在区分"影视作品"与"活动画面"的大陆法系国家，体育赛事的直播画面尚难以达到作品所需要的独创性程度。我国法院适用大陆法系国家的独创性标准，将反映体育比赛本身过程的现场直播画面认定为"录像"更为合理。❷

祝建军认为，体育赛事的绝大多数画面，很难达到影视作品独创性的要求。鉴于此，体育赛事节目应被认定为录像制品。正是基于该原因，我国目前大多数法院的判决将正在直播的体育赛事节目定性为录像制品。❸

陈锦川认为，首先，构成电影作品应符合固定的要求，电影作品应当设置在一定介质上，该限定意味着其需要已被稳定地固定在有形载体上，亦需要满足固定的

---

❶ 北京市高级人民法院（2020）京民再 127 号民事判决书。

❷ 王迁：《论体育赛事现场直播画面的著作权保护——兼评"凤凰网赛事转播案"》，《西北政法大学学报》2016 年第 1 期，第 186-189 页。

❸ 祝建军：《体育赛事节目的性质及保护方法》，《知识产权》2015 年第 11 期，第 32 页。

要求。其次，构成电影作品应符合独创性的要求。我国著作权法规定了著作权及与著作权相关的权利邻接权。两个权利体系依据《著作权法实施条例》第 4 条、第 5 条规定，连续画面或者属于电影作品或者属于录像制品。电影作品和录像制品的区别在于独创性程度的高低，而非独创性的有无。体育赛事节目是属于电影作品抑或录像制品的问题，应当对该客体的独创性程度高低进行具体分析。比照纪实类电影作品，可以认为，体育赛事节目如要构成电影作品，至少应在对"素材的选择""素材的拍摄"和"拍摄画面的选择及编排"三个方面中的一个或几个方面体现出个性化程度。一般认为，客观限制因素越多，则表达的个性化选择空间越少，相应的可能达到的独创性高度越低。❶

2. 司法实践

（1）相关案例。在 2010 年，广东省广州市中级人民法院审理的"原告央视国际网络有限公司诉被告世纪龙信息网络有限责任公司侵害信息网络传播权纠纷"❷一案中，法院认为，以直播现场体育比赛为主要目的的电视节目，在独创性上尚未达到电影作品和以类似摄制电影的方法创作的作品所要求的高度，特别是其中对于比赛进程的控制、拍摄内容的选择、解说内容的编排等方面，摄制者按照其意志所能作出的选择和表达非常有限，摄制者并非处于主动地位。因此，涉案体育赛事节目"德巴足球赛"不足以构成电影作品或以类似摄制电影的方法创作的作品，只能作为录制品受到保护。

之后，在 2015 年北京市石景山区人民法院审理的"央视国际网络有限公司诉北京暴风科技股份有限公司著作权纠纷"一案中，法院认为，涉案的体育赛事节目是通过摄制者在比赛现场的拍摄，并通过技术手段融入解说、字幕、镜头回放或特写、配乐等内容，且结果信号传播至电视等终端设备上，所展现的有伴音连续相关图像，可以被复制固定在载体上；同时，摄制者在拍摄过程中并非处于主导地位，其对于比赛进程的控制、拍摄内容的选择、解说内容的编排及在机位摄制、镜头选择、编导参与等方面，能够按照其意志作出的选择或表达非常有限。因此，经由国际足联拍摄、央视制作播出的"2014 巴西世界杯"体育赛事电视节目所体现的独创性，尚不足以达到构成我国著作权法所规定的以类似摄制电影的方法创作的作品的

---

❶ 王金山主编《北京知识产权法院典型案例评析》，知识产权出版社，2020，第 268-270 页。
❷ 广东省广州市中级人民法院（2010）穗中法民三初字第 196 号民事判决书。

高度，但是符合我国著作权法关于录像制品的规定，应当认定为录像制品。❶

　　在2015年北京市知识产权法院审理的"北京新浪互联信息服务有限公司诉北京天盈九州网络技术有限公司著作权纠纷"一案的二审中，法院认为，在素材的选择上，涉案世界杯赛事信号所承载连续画面基本不存在独创性劳动，而在被拍摄的画面以及对被拍摄画面的选择及编排均受到上述因素限制的情况下，涉案世界杯赛事信号所承载连续画面的个性化选择空间已相当有限。因此，涉案两场赛事公用信号所承载连续画面既不符合电影作品的固定要求，也未达到电影作品的独创性高度，故涉案赛事公用信号所承载的连续画面未构成电影作品。❷

　　（2）地方法院规定。《广东省高级人民法院关于审理侵害影视和音乐作品著作权纠纷案件若干问题的办案指引》（粤高法发〔2012〕42号）提出了电影作品和录音录像制品的区分标准及判断方法。电影作品的"独创性"要求较高，一般具有电影制片者与电影导演鲜明的个性化的创作特征。在摄制技术上以分镜头剧本为蓝本，采用蒙太奇等剪辑手法；由演员、剧本、摄影、剪辑、服装设计、配乐、插曲、灯光、化妆、美工等多部门合作；投资额较大；等等。对戏剧、小品、歌舞等表演方式进行拍摄时，拍摄者采用镜头拉伸、片段剪辑、机位改变、片头片尾美工设计、将场景从室内改变到室外等摄制方式，均不能够产生电影作品，其拍摄成果应认定为录音录像制品。

第三节　影视作品与相关作品的比较

一、与音乐、戏剧、曲艺、舞蹈、杂技艺术作品的比较

　　根据《著作权法实施条例》第4条的规定，音乐作品，是指歌曲、交响乐等能够演唱或者演奏的带词或者不带词的作品；戏剧作品，是指话剧、歌剧、地方戏等供舞台演出的作品；曲艺作品，是指相声、快书、大鼓、评书等以说唱为主要形式

---

❶ 北京市石景山区人民法院（2015）石民（知）初字第752号民事判决书。
❷ 北京市知识产权法院（2015）京知民终字第1818号民事判决书。

表演的作品；舞蹈作品，是指通过连续的动作、姿势、表情等表现思想情感的作品；杂技艺术作品，是指杂技、魔术、马戏等通过形体动作和技巧表现的作品。显然，以上作品往往要通过表演者的舞台表演，才能更好地将作品的思想情感展现给观众，或者说，对以上作品的欣赏不是通过文字符号的解读，而必须是通过舞台表演呈现给观众。

影视作品是现代经济和科技发展的产物，它随着科技的进步而不断发展。当然，影视作品的一些内在的艺术美学还是有其固定性和凝聚性，它是科技所无法改变的，这也是影视作品得以快速发展和传播的根本所在。影视作品所表现的是"视听"效果，而音乐、戏剧、曲艺、舞蹈、杂技艺术作品，通过演员的舞台展现，也往往是"视听"效果。因此，影视作品与上述作品的"视听"表现，具有一定的相似性，但各自的"视听"表达方式不同。此外，影视作品中的演员和音乐、戏剧、曲艺、舞蹈、杂技艺术作品的表演者在著作权法上的地位不同。

（一）作品的表现形式不同

根据《著作权法实施条例》第4条的规定，影视作品的表现形式是"摄制在一定介质上，由一系列有伴音或者无伴音的画面组成，并且借助适当装置放映或者以其他方式传播的作品"。对影视作品的制作不仅有一定的技术要求，还必须固定在一定的介质上，并且可以复制传播。影视作品中表演者的表演不是对影视作品的演绎，而是构成影视作品本身。

而音乐、戏剧、曲艺、舞蹈、杂技艺术作品的表现形式是"能够演唱或者演奏的带词或者不带词的作品""供舞台演出的作品""以说唱为主要形式表演的作品""指通过连续的动作、姿势、表情等表现思想情感的作品""通过形体动作和技巧表现的作品"，这类作品本身不具有"视听"性，而是通过表演者在舞台上再演绎传播，即表演者的表演不构成作品本身，而是对作品的演绎，表演者的表演活动构成独立于作品之外的表演者权。

（二）表演活动固定介质的形式不同

影视作品的完成离不开表演者即演员，通过将演员的表演摄制固定在一定介质上即为影视作品，并可以借助适当装置放映或者以其他方式传播。在影视作品中，演员的表演活动构成影视作品本身，当作为表演者，演员的表演被作为影视作品不可分的内容固定之后，影视作品中的演员对固定在介质上的影视作品只享有署名权。因此，如果他人未经许可复制或发行影视作品，侵害的不是演员的表演者权而是影视作品制片者的著作权。

而在"音乐、戏剧、曲艺、舞蹈、杂技艺术作品"中，固定演员表演的介质则是通过录音录像等形式予以固定，即制作成录音录像制品。作为"音乐、戏剧、曲艺、舞蹈、杂技艺术作品"的表演者，对录音录像制品依法享有相应的邻接权。即根据《著作权法》第44条的规定，如果他人未经许可复制、发行录音录像制品，侵害的不仅是录音录像制作者的权利和"音乐、戏剧、曲艺、舞蹈、杂技艺术作品"著作权人的权利，还侵害了这些演员依法享有的表演者权。

（三）表演者的著作权法地位不同

现行《著作权法》第17条规定，在影视作品中，演员作为影视作品的表演者并没有著作权法意义上的作者署名权。这主要是因为，演员在影视作品中的表演受到剧本、导演、制片者等多方面的要求和限制，尽管作为表演者的演员在影视作品中的表演至关重要，但演员在表演时自主创作发挥的空间很小。因此在影视作品上署名的实践中，演员在影视作品上的署名，只是表明其是影视作品中某一角色的扮演者，并不表明其是影视作品的作者之一。

但是，作为音乐、戏剧、曲艺、舞蹈、杂技艺术作品的演员，其表演时虽然也受到剧本、导演、舞蹈编排、杂技艺术技巧的限制，但演员完全可以通过自己与众不同的声音、形象设计、动作、技能等对作品进行创造性的再演绎，能够更好地展现作品的主题和内容，促使作品的传播，因此根据《著作权法》第39条的规定，音乐、戏剧、曲艺、舞蹈、杂技艺术作品的表演者，依法享有在作品上署名，表明其表演者身份的权利。

此外，我国于2014年加入了《视听表演北京条约》，在该条约中对"演员、歌唱家、音乐家、舞蹈家及对文学或艺术作品或民间文学艺术表达进行表演、歌唱、演说、朗诵、演奏、表现或以其他方式进行表演的其他人员"等表演者的权利也予以的相应规定。

二、与一般演绎作品的比较

我国现行的《著作权法》中没有规定"演绎作品"的概念，但是《著作权法》第13条规定，改编、翻译、注释、整理已有作品而产生的作品，其著作权由改编、翻译、注释、整理人享有，但行使著作权时不得侵犯原作品的著作权。因此，在理论上统称改编、翻译、注释、整理已有作品而产生的作品为演绎作品。

由于影视作品的制作往往是在已有小说、戏剧等基础作品上改编演绎完成的，因此影视作品也是一种演绎作品。但由于影视作品本身所具有的特殊性，其与《著作权法》中涉及的一般演绎作品相比，具有以下两方面区别。

（一）在派生性方面

就一般演绎作品而言，是基于对原作"改编、翻译、注释、整理"而派生的，还有的演绎作品是基于已有的演绎作品而产生。前者如根据小说改编成剧本，后者如将外国小说翻译成中文，再根据翻译的小说改编为剧本。无论是哪种情况下的演绎作品，都是对原作品（也称"基础作品"，或称"已有作品"）的改编、翻译 、注释、整理等而形成的派生作品。

而影视作品也大都是根据已有的剧本摄制完成，如电影《芳华》是根据严歌苓同名小说改编成剧本后摄制完成；又如，电影《小花》是根据作家前涉（真名为钱富民）的小说《桐柏英雄》改编成剧本拍摄而成。可见，影视作品的创作和摄制，往往离不开基础作品或原作品，影视作品是对原作品的思想及内容以影视的方式予以表达，是对原作品的一种新的表达形式。但由于影视作品的"视听性"是通过画面语言展现给观众，因此在对剧本进行演绎时，演绎创作的自由空间比较大。或者说，在摄制影视作品时，可以根据画面语言的需要，对剧本内容进行适当地减少或增加。也正是因为影视作品的摄制虽然是依据剧本，但又不完全依据剧本，因此影视作品的派生性不同于一般演绎作品的派生性。

（二）在独立性方面

一般演绎作品的完成离不开已有作品，即演绎作品是对已有作品进行改编、翻译、注释、整理等的结果。但由于演绎行为通常也被认为是一种创作行为，演绎作品要对已有作品在表现形式上有明显创新，具有作品所要求的"独创性"。演绎者在演绎作品的演绎过程中付出了创作性劳动，演绎作品在已有作品之外构成独立的新作品。但由于演绎作品是以原作品为基础，对原作品具有依赖性，因此演绎作者对演绎作品享有的著作权不是完整的著作权，不能独立行使，而是要受到一定的限制。这种限制性主要表现在根据《著作权法》第 13 条的规定，演绎作品的著作权人在行使著作权时，不得侵犯原作品的著作权。此外，他人使用改编、翻译、注释、整理已有作品而产生的演绎作品，进行出版、演出和制作录音录像制品，也受到一定的限制，即根据《著作权法》第 16 条的规定，应当取得该作品的著作权人和原作品的著作权人的许可，并支付报酬。

但如果第三人是一般性的使用影视作品，如以放映、复制等方式使用影视作品，只需要征得影视作品著作权人的许可，而不需要再征得影视作品所依据的小说、戏剧、剧本等基础作品著作权人的许可，也不必向基础作品著作权人支付报酬。但是，如果第三人是对影视作品进行改编、翻译等再演绎性的使用，则不仅要征得影视作品著作权人的许可，还应征得原基础作品著作权人的许可，即"双重许可"。

三、与一般合作作品的比较

合作作品是指两个或两个以上的作者共同创作完成的作品。我国《著作权法》第 14 条规定，合作作品包括可分割使用的合作作品和不可分割使用的合作作品。可分割使用的合作作品是指合作者对各自创作的部分可以单独使用，可以单独享有著作权的作品；不可分割使用的合作作品是指合作者虽有各自的创作，但在作品中已融为一体，区分不出作品的某个部分是哪个合作者撰写的。合作作品的著作权由合作作者共同享有，其权利的分配和使用，可以由合作作者协议确定。如果没有协议或者协议没有约定的权利，则由合作作者共同行使。影视作品也是一种合作作品，但影视作品与一般合作作品相比较存在以下不同。

（一）在合作性方面

一般的合作作品必定是两人以上的共同合作，可以是两个以上的自然人合作创作作品，也可以是自然人与法人合作创作作品，或法人之间合作创作作品。从实践中看，更多的是自然人之间的合作创作作品。例如，电影《小花》的主题曲《绒花》，创作于 1979 年，这首歌曲由刘某富、田农作词，王酩作曲共同创作的；《好人一生平安》是 1990 年创造内地国产电视剧最高收视纪录的《渴望》的插曲，由著名作曲家雷蕾与她的丈夫易茗共同创作，均属于合作作品。

影视作品也是一种合作作品，但影视作品的合作创作体现为一种集体性，即影视作品的创作完成离不开编剧、导演、摄影、作词、作曲、演员和制片者等，可见，影视作品是一个集体合作的结晶。例如，电影《芳华》是由浙江东阳美拉传媒有限公司出品，编剧严歌苓、导演冯小刚、摄影罗攀、美术指导石海鹰、录音指导温波、原创音乐赵麟、剪辑指导张琪，以及演员黄轩、苗苗、钟楚曦、杨采钰、李晓峰、王天辰、王可如、隋源等集体共同创作完成。因此，影视作品是一种具有集体创作综合性的合作作品。

（二）在权利归属方面

现行《著作权法》第 14 条规定，合作作品的著作权由合作作者共同享有。如果是可分割的合作作品，合作作者既共同享有合作作品的整体著作权，又分别对各自相对独立创作的部分享有独立的著作权。例如，一首歌的词和曲分别由甲、乙二人在合意的前提下共同创作完成，那么甲、乙共同对该首歌曲享有著作权，同时甲对歌的词、乙对歌的曲又分别各自享有独立的著作权。

而影视作品虽然也是合作作品，是由众多的作者包括编剧、导演、演员、摄影、制片者等合作创作完成的，体现了影视作品创作的集体性。但是，影视作品著作权的归属并没有采用《著作权法》第 14 条的规定，虽然参与影视作品创作的人员众多，具体的分工和作用也不尽相同，而且都是影视作品创作中不可缺少的部分，但是根据《著作权法》第 17 条的规定，影视作品的著作权人为制作者，而其他参与影视作品创作的合作者如编剧、导演、摄影师、词曲作者等作者仅享有署名权和按照与制作者签订的合同获得报酬的权利，并不享有除署名权之外的其他著作权。这主要是因为，根据创作产生著作权的原则，首先我们应当承认影视作品作为合作作品是由编剧、导演、摄影师、词曲作者、制作者等作者共同创作完成的，但考虑影视作品制作者的巨额投资和影视作品的商业运作风险，因此《著作权法》规定将影视作品的著作权赋予了制作者。而影视作品的其他作者除依法享有署名权外，还有权依法与制作者通过合同约定的方式获得报酬的权利。

第四节 典型案例分析

一、中影寰亚音像制品有限公司与精伦电子股份有限公司侵犯信息网络传播权纠纷案 ❶

（一）案件基本情况

原告中影寰亚音像制品有限公司诉称：原告是电影作品《日光峡谷》的著作权人，享有该电影作品的信息网络传播权。被告精伦电子股份有限公司未经原告许可，擅自通过其生产销售的"精伦H3家庭多媒体中心"传播了原告享有著作权的电影作品《日光峡谷》，并通过该行为获得了相应的非法收益。原告认为被告的行为侵犯了原告享有著作权的电影作品《日光峡谷》的信息网络传播权，给原告造成了重大的经济损失。为此，请求法院判令：（1）被告立即停止其侵权行为；（2）被告赔偿原告经济损失人民币2万元；（3）被告承担原告为制止侵权行为支出的合理费用人民币5000元；（4）被告承担本案诉讼费用。

被告精伦电子股份有限公司辩称：（1）原告的权利主体不适格。香港影业协会作为香港地区的版权登记机构，仅完成初步认证，电影作品《日光峡谷》引进仍需国家版权局对海外出版和发行的合同进行审核登记，原告对此并未举证证明，应承担举证不能的后果。（2）公证存在瑕疵。两次取证及播放行为间隔时间达到两个星期之久，缺乏封存说明。（3）本案诉讼超过诉讼时效。原告发送律师函未得到授权，亦缺乏收件证明，邮寄查询网页记录不具有证据效力，本案起诉时间因此超过诉讼时效。（4）被告仅是提供了链接服务，对于海量的电影无法进行一一审查，不应该知道传播涉案影片构成侵权。（5）即使构成侵权，原告每案索赔数额及合理费用过高。涉案影片《日光峡谷》公映时间较早，对比流行电影的评分很低，也未获得荣誉和评奖，原告的索赔不具有合理性。因此，被告请求法院驳回原告的诉讼请求。

---

❶ 湖北省武汉市中级人民法院（2015）鄂武汉中知初字第00075号民事判决书。

（二）法院审理结果

湖北省武汉市中级人民法院经审理后查明：涉案的电影作品《日光峡谷》于
1995 年 11 月在香港制作完成，并于 1996 年 5 月在香港影院公映。涉案影片的出品
人为寰亚一系合股，版权持有人为 e Sun High-Tech Limited。经该片著作权人授权
许可，原告成为该片的发行公司，并享有发行地区电影、电视、录像及信息网络传
播权的独占性权利，其发行地区为中华人民共和国大陆地区，授权期限自 2005 年
1 月 1 日至 2030 年 12 月 31 日止。对此，香港影业协会经权利人申请并审查后出具
了注册编号为 1159 号的发行权证明书，对电影作品《日光峡谷》发行授权情况予
以记载确认。

原告为证明其合法享有涉案影视作品的信息网络传播权，亦向法庭提交了涉案
影视作品的版权认证证明，即香港影业协会出具的《发行权证明书》，确认涉案影
片的出品人为寰亚一系合股，版权持有人为 e Sun High-Tech Limited，亦与该影片复
制品中的署名一致。原告作为电影作品《日光峡谷》的发行公司享有在中华人民共
和国大陆地区的电影、电视、录像及信息网络传播的独占性权利，亦在香港影业协
会进行登记备案并载入该证书。对于该证书的登记内容，被告亦无异议。

一审法院经过审理后认为：根据在案证据显示，在将被告涉案的精伦 H3 家庭
多媒体中心、网线及电视机连接后，可以通过精伦 H3 家庭多媒体中心设置的"互
联网影视在线"下"电影"栏目搜索得到电影《日光峡谷》的简介及作品内容。这
说明电视机终端用户可以通过涉案精伦 H3 家庭多媒体中心联网选择观看电影《日
光峡谷》的影视内容，即被告通过其软硬件设备设施的设置，使精伦 H3 家庭多媒
体中心组建成为一个信息网络终端，其用户可以通过该终端从互联网络上获得涉案
影视作品，故被告的行为构成信息网络传播行为。

据此，法院依据《著作权法》《最高人民法院关于审理著作权民事纠纷案件适
用法律若干问题的解释》第 7 条、《最高人民法院关于审理侵害信息网络传播权民事
纠纷案件适用法律若干问题的规定》第 9 条、第 10 条和《民事诉讼法》第 142 条
的规定，作出如下判决：（1）被告立即停止传播涉案电影《日光峡谷》；（2）被告赔
偿原告经济损失人民币 2000 元。

（三）对案件的法律分析

1. 未经行政审查是否影响涉案影视作品著作权的依法转让

本案中，涉案影视作品《日光峡谷》的版权持有人为 e Sun High-Tech Limited。经版权人授权许可，原告成为该片的发行公司。对此，香港影业协会经原告申请并审查后出具了注册编号为 1159 号的发行权证明书。《最高人民法院关于审理著作权民事纠纷案件适用法律若干问题的解释》第 7 条规定："当事人提供的涉及著作权的底稿、原件、合法出版物、著作权登记证书、认证机构出具的证明、取得权利的合同等，可以作为证据。在作品或者制品上署名的自然人、法人或者其他组织视为著作权、与著作权有关权益的权利人，但有相反证明的除外。"因此在本案中，香港影业协会作为国家版权局认可的核实授权人主体资格的机构，其出具的《发行权证明书》可以作为认定权利归属的依据。

本案中，因原告主张的信息网络传播权属于著作权中的财产性权利，该权利自影视作品创作完成时自然产生，并基于著作权人授让的意思表示而产生权利让渡。故对著作权的行政审查程序并非著作权包括信息网络传播权转让的前提要件，亦不属于法律法规规定的效力性强制性程序。因此，在本案中，对被告主张的涉案影片的信息网络传播权的授权转让需经国家版权局予以审核登记才能生效的理由，法院认为缺乏法律依据，未予以支持。

也就是说，未经行政审查这一程序并不影响涉案影视作品著作权的依法转让。本案中原告虽然不是涉案影片的原始著作权人，涉案影视作品虽没有经过行政审查，但并不影响原告通过原始著作权人的依法转让授权，取得涉案影片在中国大陆地区的信息网络传播权。

2. 未经行政审查发行和传播影视作品的行为是否应承担责任

根据我国《电影管理条例》中的相关规定，对影视作品从境外引入是需要进行行政审查这一程序的。对影视作品发行传播的行政审批，体现了行政主管部门对著作权行使的监督管理。在本案中，虽然原告没有经过行政审批，不影响其通过授权享有对涉案影视作品《日光峡谷》在中国大陆地区的发行权。被告未经原告许可在中国大陆地区发行传播，侵犯了原告对涉案影视作品享有的著作权。但这并不意味着原告在没有经过行政审批的情况下，也有权不受限制地对涉案影视作品在中国大陆地区发行、放映，实施信息网络传播，否则原告应承担相应的法律责任。也就是说，未经行政审查的影视作品，其权利人的著作权行使将受到限制。

这是因为，《电影管理条例》第 27 条规定："电影制片单位应当在电影片摄制完成后，报请电影审查机构审查；电影进口经营单位应当在办理电影片临时进口手续后，报请电影审查机构审查。"第 31 条规定："进口供公映的电影片，进口前应当报送电影审查机构审查。报送电影审查机构审查的电影片，由指定的电影进口经营单位持国务院广播电影电视行政部门的临时进口批准文件到海关办理电影片临时进口手续；临时进口的电影片经电影审查机构审查合格并发给《电影片公映许可证》和进口批准文件后，由电影进口经营单位持进口批准文件到海关办理进口手续。"本案中，涉案影片属于进口影片，原告没有按照以上相关规定，办理行政审查手续，虽然不影响其对涉案影片的著作权，但其著作权的行使受到限制。如果原告在未经行政审查的情况下，擅自发行、放映涉案影视作品，依据《电影管理条例》第 55 条规定，将可能受到行政处罚、罚款，甚至刑事责任。

二、北京新浪互联信息服务有限公司与北京天盈九州网络技术有限公司著作权侵权及不正当竞争纠纷案 ❶

（一）案件基本情况

原告北京新浪互联信息服务有限公司（以下简称"新浪公司"）诉称：2013 年 8 月 1 日，原告发现被告北京天盈九州网络技术有限公司（以下简称"天盈九州公司"）在凤凰网（www.ifeng.com）上中超频道首页显著位置标注并提供以下比赛的直播：①鲁能 VS 富力（8 月 1 日）；②预告—19：35 视频直播申鑫 VS 舜天（8 月 1 日）。点击上述标题后，进入该场比赛的专门页面，显示"凤凰体育讯"，"凤凰体育将为您视频直播本场比赛，敬请收看！"在"点击进入视频直播室"后该页面的浏览器页面标签上的标题为"视频直播合作：凤凰互动直播室"字样，且该页面存在大量广告。原告认为，被告未经合法授权，在其网站上设置中超频道，非法转播中超联赛直播视频，严重侵犯了原告的独占权利，存在故意的主观恶意；被告擅自将电视台正在直播的中超比赛的电视信号通过信息网络同步向公众进行转播的行为，侵犯了原告享有以类似摄制电影方式创作的涉案体育赛事节目的作品著作权。

---

❶ 北京市高级人民法院（2020）京民再 128 号民事判决书。

同时原告还认为，赛事组织者的赛事转播的授权制度是一种值得法律保护的正当竞争秩序，被告的行为破坏了这种商业模式构成的竞争秩序和其所体现的商业道德，构成了不正当竞争。为此，原告依据《著作权法》《反不正当竞争法》，请求法院判令：（1）被告停止侵犯原告拥有的中超联赛视频的独占传播、播放权；（2）被告立即停止对体育赛事转播权及其授权领域正当公平竞争秩序和商业模式的破坏；（3）被告立即停止以显著规避授权限制为目的，在凤凰网上用与第三方进行所谓"体育视频直播室"合作方式，达到门户网站上直播中超赛事视频效果；（4）被告立即停止向用户做引人误解的虚假表示和对视频播放服务的来源做引人误解的虚假宣传；（5）被告赔偿原告经济损失1000万元；（6）被告在其经营的凤凰网首页及《中国电视报》上发表声明，消除侵权及不正当竞争行为造成的不良影响。

被告天盈九州公司辩称：（1）原告的诉求不明；（2）原告的起诉于法无据，足球赛事不是著作权法保护对象，对体育赛事享有权利并不必然对体育赛事节目享有权利；（3）原告主体不适格，其未获得作者授权，且其获得的授权有重大瑕疵；（4）原告起诉的被告不正确；（5）原告主张的赔偿数额缺乏依据。

第三人乐视网信息技术（北京）股份有限公司（以下简称"乐视公司"）述称：（1）第三人有权使用涉案赛事的转播权；（2）第三人与被告曾就涉案域名（www.ifeng.sports.com）有过合作，但就涉案赛事没有与其合作，转播赛事并非来源于第三人网站；（3）第三人没有共同侵权的行为。

（二）法院审理结果

北京市朝阳区人民法院一审经审理后查明以下事实：

（1）依据《国际足联章程》及《中国足球协会章程》的规定，中国足球协会当然地拥有各项足球赛事的权利；其权利包括各种财务权利，视听和广播录制、复制和播放版权，多媒体版权，市场开发和推广权利、无形资产（如徽章）及其他著作权法规定的权利等；同时，其享有同第三方合作使用及完全通过第三方来行使权利的权利。

（2）依据2006年3月8日中国足球协会出具的授权书，可以确认中超公司有权代理中国足球协会开发经营中超联赛的电视、广播、互联网及各种多媒体著作权；可以对上述资源进行全球范围内的市场开发和推广，有权进行接洽、谈判及签署相关协议等，有权经中国足球协会备案后在本授权范围内进行转委托；且该授权为中国足球协会对中超联赛资源代理开发经营的唯一授权。

（3）依据上述章程及授权手续，可以认定，2013年12月24日中超公司向原告出具授权书的有效性。进而，依此授权书原告在合同期内有权在门户网站领域独占转播、传播、播放中超联赛及其所有视频，包括但不限于比赛直播、录播、点播、延播；以及有权采取包括诉讼在内的一切法律手段阻止第三方违法使用上述视频并获得赔偿。

（4）从涉案转播赛事的网络地址 www.ifeng.sports.letv.com 及涉案赛事网页显示的入口状态，可以看出该赛事的转播是在第三人乐视网项下子域名的地址下播出的，同时考虑到被告与第三人乐视公司曾有过合作，又考虑到涉案赛事转播页面显示有两个入口"乐视体育""凤凰体育"，再考虑到第三人乐视公司不能就其与凤凰网播出的涉案赛事的页面内容的不一致进行举证，故可以认定凤凰网转播涉案赛事的信息源系由乐视网决定并输出。依据第三人获得涉案赛事转播的权利链条来源，可以确认：①体奥动力在中超联赛上的获权范围仅限地方台广播电视转播、非门户网络视频著作权、手机应用软件、海外电视转播、海外网络视频开发进行合作，即说明凤凰网不在上述范围内。②第三人仅限于在自营网站上转播，并不得以链接、共建合作平台等方式，与第三方合作或授权第三方使用授权节目，故现有证据亦不能支持乐视公司所称其不知道凤凰网播放涉案赛事内容的事实。

（5）由此，可以认定被告实施的链接行为已经不是单纯的网络服务行为，而是以链接为技术手段与第三人分工协作，未经许可共同向网络用户提供涉案赛事的转播，即播放涉案赛事内容，故被告的转播行为侵犯了原告就涉案赛事享有的转播权利。原告有权要求被告承担侵权责任并停止侵权行为。

（6）从赛事的转播、制作的整体层面上看，赛事的转播、制作是通过设置不确定的数台或数十台固定的、不固定的录制设备作为基础进行拍摄录制，形成用户、观众看到的最终画面，但固定的机位并不代表形成固定的画面。用户看到的画面，与赛事现场并不完全一致、也非完全同步。而上述的画面的形成，是编导通过对镜头的选取，即对多台设备拍摄的多个镜头的选择、编排的结果。就此，尽管法律上没有规定独创性的标准，但应当认为对赛事录制镜头的选择、编排，形成可供观赏的新的画面，无疑是一种创造性劳动，且该创造性从不同的选择、不同的制作，会产生不同的画面效果恰恰反映了其独创性，即赛事录制形成的画面，满足我国著作权法对作品独创性的要求，应当认定为作品。

（7）原告就被告的行为提起不正当竞争诉讼，由于原告提出的侵占其享有的播放和转播利益，分流其用户的关注度和网站流量，以及对视频服务来源作出引人误解的虚假宣传一节，因该事实都是基于与上述同一事实而产生的侵权后果，已通过我国著作权法进行了调整，无须再以反不正当竞争法进行规制。因此，对原告提起的不正当竞争行为的诉请，法院不予支持。

（8）原告的转播行为产生的服务器、宽带、机架、硬件折旧，包括广告等费用损失都具有其合理性，但其损失是以 2013 年赛季作为赔偿依据，与涉案转播两场中超赛事有较大差距。

一审法院经审理后认为，被告和第三人以合作方式转播的行为，侵犯了原告对涉案赛事画面作品享有的著作权。法院遂根据查明的事实和相关法律规定及司法解释，依法作出如下判决：（1）被告停止播放中超联赛 2012 年 3 月 1 日至 2014 年 3 月 1 日期间的比赛；（2）被告在其凤凰网（www.ifeng.com）首页连续七日登载声明，以消除给原告造成的不良影响；（3）被告赔偿原告经济损失 50 万元；（4）驳回原告的其他诉讼请求。

一审判决后，被告天盈九州公司不服一审判决，向北京市知识产权法院提起上诉。其主要上诉理由是：

（1）一审法院存在程序违法的情形。①一审法院在庭审结束两个月后，且双方当事人均表示异议的情况下，追加了乐视公司作为第三人。该第三人与本案处理结果没有法律上的利害关系，不符合追加第三人的法定条件。②被告曾向法院申请调取证据，但法院未予调取。③原告仅主张两场比赛的播放构成侵权，但却判决被告停止两个赛季的播放。

（2）一审判决适用法律存在错误。①涉案体育赛事节目的独创性过低，不能构成作品，一审判决认为体育赛事节目构成作品，其认定有误。②即便体育赛事节目构成作品，但原告获得授权的内容仅获得授权的直播信号，且仅是针对门户网站的非独占性授权，并不能对抗被诉行为。③凤凰网提供的涉案体育赛事节目链接于乐视网，乐视网有合法授权，因此被诉行为不构成侵犯著作权。

（3）一审法院判定的赔偿数额过高，缺少合理性。

据此天盈九州公司请求二审法院撤销一审判决，并驳回原告的全部诉讼请求。

新浪公司二审辩称：（1）一审法院不存在程序违法情形。（2）体育赛事节目构成以类似摄制电影的方法创作的作品。（3）北京新浪互联信息服务有限公司从权利人处获得在门户网站领域的独占权益，享有对其侵权行为提起诉讼的权利。（4）凤凰网与第三人是以合作方式进行直播，实施了播放涉案体育赛事节目的行为，构成对新浪公司著作权的侵犯。（5）一审判决赔偿的金额并不过高。据此请求法院驳回上诉，维持原判。

第三人乐视公司二审述称：第三人合法取得了中超联赛2013—2014年赛季所有比赛的转播权，涉案网站的域名属于第三人，但该域名下的页面设置、赛事预告、视频播放器等内容，均为凤凰网所控制，且涉案体育赛事节目视频为BTV、CCTV体育节目，并非第三人提供的视频，故第三人未侵犯新浪公司的著作权。

二审法院就该案的主要争议焦点问题，经过审理后认为：（1）一审法院不存在审理程序违法的情形。（2）涉案的两场赛事公用信号所承载连续画面，不符合电影作品的固定要求，未达到电影作品的独创性高度，不构成电影作品。（3）有关即便涉案公用信号所承载的画面构成电影作品被诉行为亦不构成侵犯著作权的理由不能成立。

二审法院最后认为，因现有证据无法证明涉案两场赛事公用信号所承载的画面构成电影作品，从而无法认定新浪公司对其享有著作权，故被诉行为未构成对新浪公司著作权的侵犯。新浪公司的部分上诉理由成立，法院予以支持。一审法院在认定涉案体育赛事连续画面构成作品的情况下，认为被诉行为构成对新浪公司著作权的侵犯，该认定有误，法院依法予以纠正。依据相关法律规定，二审法院判决如下：（1）撤销一审法院的判决；（2）驳回新浪公司的全部诉讼请求。

本案的终审判决作出后，新浪公司不服二审法院的判决，依法向北京市高级人民法院提出再审申请。北京市高级人民法院再审本案后认为，根据再审申请人新浪公司的再审主张、被申请人天盈九州公司的答辩意见及第三人乐视公司的陈述意见，本案再审的争议焦点在于涉案赛事节目是否构成以类似摄制电影的方法创作的作品；天盈九州公司、第三人乐视公司的涉案行为在上述前提下如何定性及其法律责任承担。

北京市高级人民法院再审后认为，涉案赛事节目构成我国著作权法保护的电影类作品，再审申请人新浪公司关于涉案赛事节目构成以类似摄制电影的方法创作的作品的再审主张成立，本院予以支持。二审判决在认定事实和法律适用方面存在错误，应当予以纠正和撤销。据此，判决如下：（1）撤销北京知识产权法院〔2015〕京知民终字第1818号民事判决；（2）维持北京市朝阳区人民法院〔2014〕朝民（知）初字第40334号民事判决。

（三）对案件的法律分析

1. 涉案体育赛事节目是否属于电影类作品

我国《著作权法实施条例》第 4 条第（十一）项规定："电影作品和以类似摄制电影的方法创作的作品，是指摄制在一定介质上，由一系列有伴音或者无伴音的画面组成，并且借助适当装置放映或者以其他方式传播的作品。"在理论上，电影类作品的核心要素是具体的画面、情节或素材，作者通过对情节或素材的运用而形成的足以表达其整体思想的连续画面即为电影类作品。通常情况下，电影类作品或者会为观众带来思想上的共鸣（如故事片或纪录片），或者会为观众带来视觉上的享受（如风光片），或者二者兼而有之。

一般来说，界定是否属于电影类作品，至少应符合固定性和独创性的要求。

（1）固定性。根据《著作权法实施条例》第 4 条第（十一）项规定，受著作权法保护的电影类作品应被"摄制在一定介质上"。该限定要求电影类作品应已经稳定地固定在有形载体上，即需要满足固定的要求。

对于电影类作品的固定要求，1971 年《伯尔尼公约》中已有明确体现。该公约第 2 条第（2）项中规定，本同盟各成员方得通过国内立法规定，所有作品或任何特定种类的作品，如果未以某种物质形式固定下来，便不受保护。❶ 就我国立法而言，虽然《著作权法》第 3 条并未明确要求作品必须以一定的形式固定，但是《著作权法实施条例》第 4 条第（十一）项明确规定，电影作品和以类似摄制电影方法创作的作品，应摄制在一定介质上。可见，我国立法将固定作为界定此类作品的条件之一。此外，我国《著作权法》第 10 条是（十三）项关于摄制权的解释，即"以摄制视听作品的方法将作品固定在载体上的权利"的规定，则是从另一个角度说明著作权法对电影类作品具有固定性的要求。

（2）独创性。虽然独创性是各类型作品包括影视作品在内的共同属性，但因为作品的类型不同，对其独创性判断的角度和高度均有所差异。虽然现行《著作权法》第 3 条规定作品需要有"独创性"，但是并没有规定独创性的具体标准和判断的原则。在实践中，对作品的独创性判断，不仅是一个法律上的判断，更是一个复

---

❶ 中国人民大学知识产权教学与研究中心、中国人民大学知识产权学院编：《知识产权国际条约集成》，清华大学出版社，2011，第 20 页。

杂的事实判断。由于作品类型的多样性，不同的作品有时候需要从艺术、科技等方面对独创性作出判断。尽管独创性只是一个抽象的概念，但就电影类作品的独创性而言，可以从以下两方面综合判断其独创性。

首先，电影类作品应是制作者独立完成。电影类作品的独立完成并不意味着是一个人完成，其独立完成是指经过电影类作品的制作者们，包括导演、编剧、摄影、词曲作者等合作创作而完成，即电影类作品的独立完成强调的是一个整体的独立。电影类作品的独立完成还要求独立完成的作品不存在抄袭、剽窃或篡改他人作品的情形。

其次，电影类作品应具有一定的创造性。电影类作品作为一种特殊的作品，创造性要求其具有一定的创新性，不同于以往相同或类似作品的特征。例如，电影剧本的内容编写或素材的选取，对剧情特定人物和场景的刻画，无一不展现出了故事的主题和思想主线，不同的剧情可以反映出人物的鲜明个性等。

本案中，二审法院认为，涉案体育赛事节目的独创性没有达到一定的高度，不构成著作权法意义上的作品。而一审法院和再审法院均认为，涉案体育赛事节目具有独创性，构成著作权法意义上的作品，并且认为对于作品独创性的判断只能定性其"独创性"的有无，而无法定量其独创性的高低；对于电影类作品的独创性认定，应当以独创性之有无作为认定标准；对于体育赛事节目是否构成电影类作品的判定，同样应当遵循该标准。就涉案体育赛事节目而言，是由多个机位拍摄的体育赛事节目，如制作者在机位的设置、镜头切换、画面选择、剪辑等方面能够反映制作者独特的构思，体现制作者的个性选择和安排，具有智力创造性，可认定其符合著作权法规定的独创性要求。

2. 涉案体育赛事节目的独创性认定标准

近年来，伴随着体育赛事节目如火如荼的发展，体育赛事直播画面是否构成作品，是否具有电影作品意义上的独创性，在我国引发了广泛而持续的争议，法院在处理因体育赛事节目侵权纠纷问题上，涉案体育赛事节目究竟是电影类作品还是录像制品，也出现了同案不同判的现象。由于我国采取的是著作权和邻接权二分立法模式，于是导致在司法理论和实践上存在以下的观点：对独创性高的体育赛事节目认定为电影类作品；而对独创性低的体育赛事节目则认定为录像制品。

本案中，北京市高级人民法院作为再审法院，最终认定涉案的体育赛事节目具有独创性，构成电影类作品，其主要理由是：依据素材来源的不同，电影类作品可划分为纪实类电影类作品与非纪实类电影类作品。因体育赛事属于客观事件，具有纪实性质，如涉案连续画面构成作品将属于纪实类电影类作品，故从纪实类电影类作品的独创性判断角度出发进行分析。此类电影类作品的独创性至少可能体现在如下三个方面。

其一，对素材的选择。与非纪实类电影类作品源于独创的电影情节不同，纪实类电影类作品的内容均源于现实生活中的具体人物、事件等，导演的独创性劳动主要体现在如何在各种现实素材中进行选择并加以运用。对于此类电影类作品的独创性判断，首先需要分析导演在素材选择方面的独创性劳动。通常情况下，可被选择的素材范围越广，在素材的选择及运用方面的独创性程度可能越高；反之，则越低。

其二，对素材的拍摄。著作权法将电影类作品的表现形式界定为一系列有伴音或无伴音的"画面"，这一表现形式对应的是对于素材的拍摄。而在实际拍摄过程中，采用何种角度、手法拍摄被选定的素材，带给观众何种视觉感受，显然可能存在个性化差异。即便针对相同的素材，不同的人拍摄出来的画面亦可能并不相同，因此亦为此类电影类作品的独创性判断角度之一。

其三，对拍摄画面的选择及编排。电影类作品最终的表现形式为连续画面，而非具体单张的摄影作品，而如何选择、编排拍摄画面，并按照导演的思想形成完整的作品，同样可能存在个性化差异。即便针对相同的素材、相同的拍摄画面，采用不同方式进行选择、编排，亦可能形成不同的电影类作品。实践中，电影的后期剪辑对最终作品的巨大影响即可佐证这一事实，因此亦为此类电影类作品的独创性判断角度之一。

就本案而言，涉案赛事节目是极具观赏性和对抗性的足球赛事项目，为适应直播、转播的要求，该类赛事节目的制作充分运用了多种创作手法和技术手段。从该类赛事节目的制作过程看，一般包括如下步骤：一是摄制准备，制作者需要在赛事现场对摄制场景、拍摄范围、机位定点以及灯光音效等进行选择和安排，该步骤需要对赛事规律、运动员的活动范围等作出充分预判；二是现场拍摄，制作者在拍摄采集时需要对镜头定焦、拍摄视角、现场氛围等进行选择和判断，为了全方位捕捉现场精彩画面，经常需要进行多镜头分工配合；三是加工剪辑，制作者运用包括数字遥感等技术在内的多种计算机程序，对不同摄像机采集后的赛事视听内容进行选择、加工和剪辑，并将视听内容对外实时传送。

因此，基于前述关于体育赛事节目独创性认定应参考的因素，一般而言，制作者在利用多个机位所拍摄的体育赛事节目过程中，在机位的设置、镜头的切换、画面的选择以及剪辑方面，能够反映制作者独特的构思，体现出制作者的个性选择和安排，具有一定的智力创造性，符合著作权法关于作品独创性的要求，在同时符合作品构成的其他要件情况下，可以认定体育赛事节目为电影类作品。但是，如果制作者仅通过简单的机位设置、机械录制的体育赛事节目，往往由于在镜头切换、画面选择等方面未能体现制作者的个性选择和安排，则不宜认定为电影类作品。

第四章 影视作品著作权主体

第一节 著作权主体概述

著作权主体又称为著作权人，是指依法对作品享有著作权的人，我国《著作权法》第 2 条规定，著作权人包括自然人、法人或非法人组织。外国人、无国籍人在符合著作权法规定的条件下，也可以成为著作权人。

一、作者

（一）作者的含义

作者是文学艺术科学作品的创作者，作者对其作品的创作付出了自己的辛勤劳动。根据现行《著作权法》第 11 条的规定，创作作品的自然人是作者。因此，在通常情况下，作品的著作权属于作者。作者与作品作为著作权法律关系的主体与客体，构成著作权的两大基本要素。作品是作者创造性智力劳动的产品，是作者思想、情感、精神世界的外在表现。没有作者不可能产生作品，而没有作品，作者的智力创作活动也得不到体现，人类社会的艺术文化也不会繁荣发展。

作者是著作权的基本主体。关于作者的基本含义，不同法系的国家有着不同的理解，有的国家未作出规定，如《美国版权法》就没有给作者一词作出定义，但该法第 201 条第 1 款明确使用了"作者"的概念："原始归属——依本编受保护之作品的原始版权，属于作品的作者。合作作品的作者为作品版权的共有所有人。"❶ 有的国家著作权法明确对作者作了定义性规定，如《日本著作权法》第 2 条第（二）项规定，作者是指作品的创作人；《德国著作权法》第 7 条规定，著作的创作人是著作人；《英国版权法》第 9 条规定，作者是指创作作品的人。❷

但作者和著作权主体即著作权人又是两个不同的概念，根据我国现行《著作权法》第 9 条规定，著作权人包括：作者；其他依照本法享有著作权的自然人、法人或非法人组织。可见，著作权主体的范围比作者的范围要广泛，作者是作品的著作权人，但是著作权人除了作者以外还包括非作者，非作者成为著作权人的依据主要是来自著作权法的直接规定或依法继承、合同转让等法律事实。

（二）作者构成的条件

一般来讲，作为著作权法意义上的作者，必须具备以下条件。（1）必须具有相应的创作能力。作品的创作过程是一个思维过程，需要有一系列的内心活动。而著作权法要求的作品必须以一种智力成果形式表现。也就是说，作者在构思成熟的基础上，必须运用文字、色彩、音符等形式并借用相应的载体将思维的内容客观化的表达。这一思维过程和成果的表现，要求作者必须具有一定的创作能力。（2）必须有具体的创作活动。有创作能力是进行具体创作活动的前提，所谓具体的创作活动，是一个主观转化为客观的过程，即《著作权法实施条例》第 3 条所规定的，著作权法所称创作指直接产生文学、艺术或科学作品的智力活动。（3）必须有具体的创作成果。即通过创作活动产生了作品，完成了通过运用文字、色彩、音符等创作的表现形式，且为他人所能感知。

（三）作者的分类

作者是作品的创作者。我国现行《著作权法》第 11 条规定，创作作品的自然人是作者。由法人或者非法人组织主持代表法人或非法人组织意志创作，并由法人或非法人组织承担责任的作品，法人或非法人组织视为作者。

---

❶ 十二国著作权法翻译组译：《十二国著作权法》，清华大学出版社，2011，第 785 页。
❷ 十二国著作权法翻译组译：《十二国著作权法》，清华大学出版社，2011，第 571 页。

1. 自然人作者

自然人是指因出生而取得民事主体资格的人。从法律上讲，作为自然人都可以成为作品的作者。但要真正成为作者，自然人必须有"创作能力和创作成果"。创作能力是自然人创作作品的实际能力，如绘画能力、撰写小说的能力等。一个人的创作能力与年龄大小没有关系，主要还是与个人的知识有关。因此，著作权法对自然人的创作能力没有年龄要求的规定，创作能力与自然人的年龄没有直接的关系，即一个未成年人可能也有一定的创作能力；相反，一个成年人不一定有创作能力。

自然人成为作者，其创作能力是基础，而创作成果即作品的产生则是关键。一个人如果仅仅只有创作行为，但是没有最终的创作成果的出现，那么该创作行为则没有著作权法上的意义。也就是说，任何自然人要成为作者，除必须有一定的创作能力外，还必须实际进行了创作并有具体的创作成果。

2. 法人或非法人组织作者

法人或非法人组织作者又称"单位作者"，单位能否成为作者？不同国家的规定不尽相同。《西班牙著作权法》规定，创作作品的自然人是作者，不承认自然人之外的其他组织或社会团体可以作为作者。俄罗斯、瑞士、法国等著作权法也有类似的规定。但《日本著作权法》第15条第1款则规定，按照法人或使用者的提议，从事该法人等业务的人在履行职责时作成的著作物（程序著作物除外），该法人等以自己的名义发表这种著作物时，只要在其作成时的合同、工作规章中无另外规定，则该法人等视为作者。而《英国版权法》第9条的规定，则表明自然人、法人都可以成为作品的作者。

我国《著作权法》不仅对作者作出了定义性的规定，而且作者的范围中除了自然人作者，还包括法人和非法人组织作者。现行《著作权法》第11条规定，法人或非法人组织被视为作者的条件是：自然人创作出了具体的作品；自然人的作品创作是按照法人或非法人组织意志创作，而不是创作者自然人的意志体现；自然人的创作行为是在法人或非法人组织主持下进行的；与作品有关的一切后果由法人或非法人组织承担，而不是创作者自然人承担。

（四）确认作者的原则

1. 创作原则

我国现行《著作权法》第11条规定，只有进行作品创作的人才能成为作品的作者。这里的创作是指直接产生文学、艺术或者科学作品的智力劳动，而如果仅为他人的创作活动进行组织工作、提供参考意见或提供一定的物质条件等，由于这些工作行为不具有创造性，因而不能成为作品的作者。具体而言，自然人因进行了创作而成为作品的作者；由法人或非法人组织主持，自然人代表法人或非法人组织意志创作，并由法人或非法人组织承担责任的作品，法人或非法人组织被视为创作者而为作品的作者。

2. 署名原则

现行《著作权法》第12条规定，在作品上署名的自然人、法人或者非法人组织为作者。因此，在实际生活中，通常是以在作品上的署名来确定作品的作者身份，这是识别作品的作者较为简便的方法。

但在实践中，常有这种情况，有的作者可能没有在作品上署名，或者在作品上的署名者并不是真正的作者。因此，在出现这种情况时，特别是当对作品上作者的署名产生争议时，如有确凿证据足以证明在作品上的署名人并非作者时，异议人应当举证证明署名者不是作品的作者或者证明未署名者是作者，抑或作者另有其人，异议人举证主要的依据和内容就是创作原则。可见，创作原则是确认作者身份的第一原则，署名原则应是第二原则。

二、其他著作权人

在著作权法领域，其他著作权人是指作者以外的、对作品依法享有著作权的人。其他著作权人与作者的含义不同，其他著作权人依法享有作品的著作权并不是因为其创作行为而取得，而是直接根据法律的规定或者通过合同的约定等，对他人创作的作品享有著作权，成为著作权人。

（一）根据著作权法的直接规定成为著作权人

我国现行《著作权法》第11条和第12条规定，一般情况下，创作作品或者在作品上署名的是作者。但是由于作者在创作某些作品时存在特殊的情形，某些作品的著作权人并不仅限于作者本人。例如，《著作权法》第17条规定，视听作品中的电影作品和电视剧作品的著作权由制作者享有，但编剧、导演、摄影、作词、作曲等作者享有署名权。也就是说，影视作品的著作权人除编剧、导演等作者外，还包括影视作品的制作者。即影视作品的制作者就是依据著作权法的直接规定而成为著作权人的。

（二）根据一定的法律事实成为著作权人

1. 继承取得成为著作权人

所谓继承是指死者将自己生前的财产和其他合法权益转归有权取得该项财产的人所有的法律制度。我国《民法典》第 1122 条规定，遗产是自然人死亡时遗留的个人合法财产。根据现行《著作权法》第 21 条的规定，著作权中的财产权为遗产的范围，依法可以由继承人继承。著作权属于自然人的，自然人死亡后，《著作权法》第 10 条第 1 款第（五）项至第（十七）项规定的权利在规定的保护期内，依法转移。著作权属于法人或非法人组织的，法人或者非法人组织变更、终止后，其《著作权法》第 10 条第 1 款第（五）项至第（十七）项规定的权利在规定的保护期内，由承受其权利义务的法人或非法人组织享有；没有承受其权利义务的法人或非法人组织的，由国家享有。因此，作为影视作品著作权人的继承人，在著作权人死亡后依法有权继承其生前对作品享有的著作财产权而成为著作权人。而如果作为影视作品著作权人的法人或者非法人组织变更、终止后，其享有的著作权财产权则依法由承受其权利义务的法人或非法人组织享有。

2. 通过赠与或者遗赠取得成为著作权人

《民法典》第 657 条规定，赠与是指赠与人将自己的财产无偿给予受赠人，受赠人表示接受赠与的一种民事法律行为。而《民法典》第 1133 条规定，遗赠是指自然人通过遗嘱的方式，将其遗产的一部分或全部赠与国家、集体或者法定继承人以外的人的一种民事法律行为。这里的赠与人、受赠人和受遗赠人可以是自然人、法人或非法人组织人。也就是说，影视作品的著作权人也可以通过赠与或者遗赠的方式，将其享有的影视作品的著作财产权转移给受赠人或者受遗赠人，此时，受赠与人或者受遗赠人如果同意接受，则成为影视作品的著作权人。

3. 受让取得成为著作权人

受让取得成为著作权人，是指著作权人通过合同的方式，将其享有的著作财产权依约转让给受让人，作为受让人则因此成为著作权人。现行《著作权法》第 27 条规定，著作权人将自己依法享有的著作财产权转让给他人时，应当订立书面合同。再根据该法第 10 条第 3 款的规定，影视作品的著作权人可以通过著作权转让合同的方式，将其享有的全部或部分著作财产权依约转让给受让人。

总之，作者之外的其他著作权人也可以成为著作权的主体，但是其他著作权人与作者享有著作权的依据和范围等存在一定的差异。首先，就一般情况而言，其他著作权人往往是通过继受取得著作权而成为著作权人，而作者则是通过对作品的创作原始取得著作权；其次，其他著作权人一般只享有著作财产权，而作者则依法享有完整的著作权即包括著作人身权与著作财产权。不过，影视作品则是例外，其编剧、导演等虽是作者，但依法享有的仅是著作人身权中的署名权，并不享有影视作品的著作财产权。

第二节　影视作品的制作者

一般来说，在分析和判断作品的著作权主体时，通常是指作品的原始著作权主体，如作者因其创作作品而享有著作权。现行《著作权法》第 11 条、第 12 条规定，创作作品的人是作者，在作品上署名的人为作者。因此确定作品作者的原则为"创作原则和署名原则"。但由于影视作品本身和制作完成的特殊性，我国《著作权法》第 17 条规定，影视作品的著作权属于制作者。

一、影视作品制作者的界定

（一）制作者的含义

著作权法上的制作者即为影视作品的制作人，是指依法对影视作品享有著作权的人。理论上一般认为制作者就是影视作品的生产制作者。在 2020 年《著作权法》修正之前，著作权法规定为"制片者"，修正后的 2020 年《著作权法》将"制片者"修改为"制作者"。实践中，制作者通常是指负责整个影片或电视剧的投资、策划、摄制生产、发行的公司。依照《电影管理条例》《广播电视管理条例》等行政规范的要求，无论是设立电影制片单位或者电视剧制作单位，抑或影视作品的制作，都需要取得相应的行政许可。影视作品的制作单位必须是经政府有关部门批准，取得影视作品制作许可证，从而才具有影视作品制作者的资格。在我国影视作品制作市场放开前，北京电影制片厂、上海电影制片厂、八一电影制片厂、长春电影制片厂、潇湘电影制片厂等曾经是中国著名的电影制作单位，它们为我国的电影事业，创作出了大量经典的电影作品。

随着我国经济的发展和影视作品制作市场的放开，影视作品制作的投资和经费也越来越高，传统的影视作品制作单位已无法独立完成影视作品的制作，往往需要其他投资者的融资保障。而影视投资者的融资保障通常是有条件的，有些投资者就要求获得影视作品的著作权，并希望通过对影视作品著作权的行使获得收益，以回报前期高额的投资。于是，就出现了适合影视市场发展的影视作品的制作机制，即众多投资者为繁荣影视产业，纷纷参与影视作品的投资和制作中，成为影视作品的制作者。根据著作权法规定及影视产业界的行业惯例，在侵害著作权诉讼中，在电影作品和以类似摄制电影的方法创作的作品上署名为"出品人""制片人""摄制人""联合摄制人""联合制片人"的法人或非法人组织可视为制片者。如果既有制片者信息，又有明确的版权声明的，以版权声明为准。❶

（二）制作者的范围

1. 行政法规规定

从行政法规的层面，能够成为我国《著作权法》中所规定的"制作者"只能是取得影视作品制作许可资质的法人，不包括自然人，也不包括其他未取得制作许可的法人或非法人组织。如《电影管理条例》第 11 条、第 15 条规定，电影制片单位以其全部法人财产，依法享有民事权利，承担民事责任。电影制片单位对其摄制的电影片，依法享有著作权。又如《电视剧管理规定》第 7 条规定，设立电视剧制作单位，应当经国家广播电影电视总局批准。制作电视剧必须持有《电视剧制作许可证》，制作电视剧实行出品人（制作单位的法定代表人）负责制，出品人对本电视剧制作单位的全部制作活动负责。这表明我国的行政规章对《著作权法》中影视作品的制作者的范围作了限定，即应该是具有法人资格的电影制片单位或电视剧制作单位，而不包括自然人或未取得制作资质的法人、非法人组织，以及出品人、制作单位的法定代表人或负责人。

根据《电影管理条例》《国产电影片字幕管理规定》等行政法规和部门规章中

---

❶ 广东省高级人民法院《关于审理侵害影视和音乐作品著作权纠纷案件若干问题的办案指引》。

的规定，将"制片者"（制作者）分为以下三类：（1）具有摄制资格（或获得摄制许可）的制片或制作单位；（2）投资额占总成本 1/3 且署名为联合摄制单位的投资人；（3）获得摄制许可证的出品单位。

由于影视作品的制作需要高额的投资，同时又有一定的市场风险，因此《电视剧管理条例》第 39 条明确规定，国家鼓励社会各界以投资、资助的方式参与制作电视剧。于是，实践中往往出现"没有获得许可的出资方常常试图与获得许可的制片单位通过合同约定的方式进行联合拍摄，甚至仅由具有资质的制片单位挂名并以制片单位名义代为申报拍摄批准文件等。但该具有资质的制片单位并未实际投资，甚至也没有参与影片的任何工作"。❶ 由此相应的在影视作品中的署名形式也呈多样化，如"联合出品""联合制作"等不同的"制作者"署名形式。这种在影视作品上的署名形式，实际上是影视行业领域在摄制影视作品时，有资质的制作者与无资质的投资者的一种普遍采用的合作方式的体现，并通过合同的约定，将影视作品的投资方约定为影视作品的实际著作权人。

2. 行政法规存在的问题

我国现行《著作权法》第 17 条规定影视作品的著作权归制作者，但是并没有明确规定制作者的含义和范围。目前影视作品的制作者限于单位，依据则是相关的行政法规。而随着经济的发展、投资的多样化，以及网络影视作品的流行，自然人成为影视作品的制作者应是可行的。同时，著作权作为私权，当事人间也可以通过约定影视作品的制作者为自然人。因此，我国现有的有关行政法规将影视作品的制作者限于单位的规定，值得商榷。

（1）现有行政法规中的规定，违背了著作权的私权性。在我国《民法通则》（已废止）、《民法总则》（已废止）和《民法典》中，知识产权都是被作为民事权利来规定的，这也表明知识产权是一种私权利。而《与贸易有关的知识产权协定》的序言中也明确提到"知识产权是私权"。著作权属于知识产权，当然也是一种私权利。根据私法自治原则，就应允许当事人之间根据其意愿确定影视作品的制作者。

（2）现有行政法规中的规定，与著作权法规定不协调。我国现行《著作权法》第 2 条规定，中国公民、法人或者非法人组织的作品，不论是否发表，依照该法享有著作权。也就是说自然人是作品的著作权主体之一，而著作权法所规定的作品类

---

❶ 杨华权：《我国影视作品制片者的认定》，《当代电视》2016 年第 4 期，第 71 页。

型中，也包括了影视作品。同时，我国《著作权法》第 17 条并没有明确规定将自然人排除在"制作者"之外。或者说，如果自然人对影视作品的筹划和制作提供资金支持，并对制作的影视作品承担投资风险和后果，该自然人就完全有理由成为影视作品的制作者，就应享有影视作品的著作权。

因此，建议在将来完善《著作权法实施条例》或相关司法解释时，增加规定制作者的含义和范围。在确定制作者的含义与范围时，应尊重著作权的私权性和著作权法关于著作权主体范围的规定，将影视作品的制作者界定为：负责影视作品的投资、策划、摄制生产以及资金融资的自然人、法人或者非法人组织。

二、影视作品制作者的法律地位

（一）域外主要国家的规定

由于影视作品制作的特殊性，域外关于影视作品的著作权归属，有不同的立法例。不过，尽管各国解决影视作品著作权归属问题的方法不同，但都坚持以下三个原则：一是尊重作品创作者的权利；二是简化各主体间的法律关系；三是便于影视剧相关权利的行使与保护。❶

1. 英美法系国家的规定

英美法系国家又称"版权体系国家"，以英国、美国为代表，其著作权法保护作者的著作权旨在鼓励作者为社会创作更多有价值的作品。同时，英美法系在观念上认为主体对作品的权利和对其他财产的权利没有什么区别，因为著作权就是一种财产权，没有所谓作品与人格联系的观念。英国早期法律使用的是"制作者"这样一个宽泛的定义，且法律只规定制作者是原始著作权人，没有明确其为作者。至 1988 年的版权法案始规定电影作品的作者为制作者。美国在规定电影作品著作权归属时采用"雇佣创作的作品视雇主为作者"的原则，即雇佣作品的著作权由雇主享有，雇主就是我们通常所说的电影作品的制片人，雇员除了取得报酬外，对电影作品不享有任何权利。❷

---

❶ 王素娟：《影视作品著作权归属的法律分析》，《湖北广播电视大学学报》2014 年第 7 期，第 87 页。
❷ 衣庆云：《影视作品的作者身份和著作权归属问题探析》，《行政与法》2011 年第 12 期，第 61—62 页。

2. 大陆法系国家的规定

而以法国、德国为代表的大陆法系国家,更加注重著作权的自然属性,强调个人的"天赋人权",故而在著作权法上规定,只承认自然人可以成为作品的作者,其背后的法律逻辑认为著作权是基于创作产生的,而创作只可能是自然人的智力行为。但在影视作品的创作中,除了编剧、导演等自然人作者外,又离不开制作者,因此大陆法系国家著作权法一般规定导演、编剧、词曲、摄影等主要创作者为影视作品的作者,同时规定这些影视作品的作者将著作权法定转让给了制作者,仅保留署名权和相应的收益权,影视作品的著作权人为制作者。例如,《法国知识产权法典》第 L113-7 条规定,完成视听作品智力创作的一个或数个自然人为作者。但为了克服影视作品著作权归属问题上的困难,法国在其立法中规定了"推定转让"制度,即《法国知识产权法典》第 L132-24 条规定,制作者同配词或未配词的作曲者之外的视听作品的作者签订合同,即导致视听作品独占使用权转让给制作者。❶

(二)我国著作权法的规定

我国现行《著作权法》第 17 条关于影视作品著作权归属的规定,与法国著作权法的规定相似,即明确规定了视听作品中电影作品和电视剧作品的著作权由制作者享有,由此可以确定,制作者是影视作品的著作权主体。尽管编剧、导演、摄影、作词、作曲等作者也参与了影视作品的制作,但根据著作权法的规定,他们仅对影视作品享有署名权,不享有其他的著作权。同时,编剧、导演等作为影视作品的作者,除署名权外,他们还有权依照与制作者签订的合同获得报酬。虽然现行《著作权法》没有明确规定这里的"合同报酬权"即是影视作品的编剧、导演等作者对其著作权让渡的回报,但理论上一般认为,影视作品的上述作者与制作者约定获得的高额报酬并不是一般的劳务报酬,实际上就是这些作者对影视作品除署名权外其他著作权的转让所得。

---

❶ 十二国著作权法翻译组译:《十二国著作权法》,清华大学出版社,2011,第 85 页。

三、影视作品制作者的确认原则

（一）约定优先原则

著作权作为一种私权，其权利人在不违反国家法律强制性规定的前提下，可以根据意思自治对其著作权进行处分。关于著作权的私权性，笔者在前述"制作者的范围"已有论述，不再赘述。

因此，著作权作为一种私权，应当允许当事人就影视作品的著作权归属和利益分配进行约定，而且还应该约定优先。如果影视作品上的署名（指影视作品片头或片尾的署名及版权声明）与当事人的合同约定不相符，则后者构成对署名的"相反证明"。[1] 也就是说，当事人之间对影视作品著作权的归属有明确的约定，如果出现了影视作品上的署名与约定的内容相冲突，则应依照约定来确定影视作品著作权的归属。

（二）尊重署名原则

1. 署名原则的依据

现行《著作权法》第 12 条规定，如无相反证明，在作品署名的自然人、法人或者非法人组织为作者。由此可见，如无相反证明，在影视作品上署名为"出品单位""联合出品单位""联合摄制单位"可视为制作者，享有影视作品的著作权。但实践中，由于影视作品的发行需要或者其他原因，一些出品单位也会把某些单位（如电视台）等署名为联合出品单位、制作单位或者摄制单位，从而出现多家"联合出品（制片、摄制）单位"的情形，但这些单位的署名可能仅仅是为了挂名而已，并未有实际投资，没有参与制作，与影视作品的著作权归属并无实际关联，因此这些挂名者就不是影视作品的制作者。如果署名中既有制片者信息，又有明确版权声明的，则应以版权声明为准，这些挂名者就不是制片者。[2]

2. 署名原则的司法适用

现实中，鉴于影视作品的种类、行业惯例及投资方式等的不同，影视作品中制

---

[1] 杨华权：《我国影视作品制片者的认定》，《当代电视》2016 年第 4 期，第 72 页。
[2] 2018 年 8 月广东省高级人民法院《关于审理侵害影视和音乐作品著作权纠纷案件若干问题的办案指引》第一条第（四）款。

作者的署名千差万别，而且署名极少以"制作者"的形式出现，反而是五花八门的署名方式，如在影视作品中享有著作权的制作者往往署名为"联合出品""联合制作""某某电视台""联合摄制"等。因此，在我国现有国情之下，依影视作品署名而确定制作者不应绝对化，因为有时在影视作品上的署名不是在于明确权利的归属，而是在于商业造势。❶也就是说，在影视作品中署名为"联合制作"单位等，联合制作的其中一方可能只是影视作品的商业投资方，其投资影视作品的目的只是获得投资回报，而并不一定享有对该影视作品的著作权。

由于实践中影视作品上的署名很不规范，这也给司法审判实务带来了一定的困惑，为此北京市高级人民法院总结整理以往涉及侵害著作权案件的各项指导文件，并梳理汇总实践中的各类问题，形成了《北京市高级人民法院侵害著作权案件审理指南》（简称《审理指南》），并于2018年4月20日正式对外公布。该指南第10.4条规定了影视作品权属的认定："除有相反证据外，可以根据电影、电视剧等影视作品上明确标明的权属信息确定著作权人。未明确标明权属信息的，可以认定在片头或者片尾署名的出品单位为著作权人，无出品单位署名的，可以认定署名的摄制单位为著作权人，但有相反证据的除外。制作许可证、拍摄许可证、发行许可证、公映许可证等行政机关颁发的证照，可以作为认定权属的参考，在无其他证据佐证的情况下，不宜单独作为认定权属的依据。"根据以上《审理指南》，可以按照以下署名方式来确定影视作品的著作权人即制作者。

（1）权利声明。所谓权利声明即当事人在影视作品光盘封套上或者影视作品片头、片尾上明确标注版权信息，如标注©（版权符号）、版权或信息网络传播权归某公司享有。权利声明实质上也是遵循著作权法上的署名推定原则，即当事人已在影视作品上明确标注了著作权权利归属的声明，该声明应作为著作权权属认定的优先证据。若有相反证据，则需要结合其他认定规则来确定影视作品的著作权人。

（2）片头、片尾署名。影视行业目前署名较为混乱，存在制片单位、摄制单位、出品单位、出品方、荣誉出品、联合出品、联合摄制、协助摄制等多种署名。《审理指南》规定，在无相反证据的情况下，优先认定在片头、片尾署名的出品单位为著作权人；在无出品单位署名的情况下，可以认定在片头、片尾署名的摄制单位为著作权人。

---

❶ 刘文杰：《影视作品制片者的认定》，《贵州师范大学学报（社会科学版）》2012年第4期（总第011期），第75页。

（3）行政许可证上署名。影视制作许可证和摄制许可证权是对拍摄单位是否具有资质的审查，是对进入影视剧市场准入资格的审查；发行许可证和公映许可证则是对影视作品内容的审查。因此，国家广电行政管理部门对影视作品颁发证照时，并不负责对影视作品实际的投资拍摄者为谁作出审查判断。❶ 因此，影视作品制作许可证、发行许可证、公映许可证上载明的制作单位、出品单位、摄制单位，在无其他证据佐证的情况下，可作为判断权属的参考，但不宜单独作为认定权属的依据。

四、影视作品制作者的权利义务

（一）享有对影视作品完整的著作权

作为影视作品的制作者，是该影视作品的原始著作权人，依法享有完整的著作权，除非制作者与影视作品的其他作者（如编剧、导演等）之间另有约定，如约定影视作品的著作权双方共有或者是著作权不同权利内容的分配等。只有在没有特别约定的情况下，制作者应依法享有对影视作品完整的著作权，即享有《著作权法》第10条规定的著作人身权和著作财产权，如对影视作品的修改、复制、发行、放映、信息网络传播、改编、出租等权利。

制作者对影视作品所享有的著作权是针对影视作品的整体而言，虽然影视作品中的词曲或美术作者对其创作的音乐、美术等作品享有独立的著作权，但由于词曲、美术等作品已构成影视作品不可分的部分，因此制作者作为影视作品整体的著作权人，其无论以何种方式使用影视作品，都不需要再经过词曲、美术等作者的许可。如果他人擅自利用影视作品中所涉及的词曲作品或美术作品的影视片段构成著作权侵权，也只能由制作者作为影视作品的著作权人来主张权利，影视作品中的词曲、美术等作品的作者无权向侵权人主张权利。但是，如果他人擅自将影视作品中所涉及的词曲或美术作品，脱离影视作品而单独使用构成侵权的，则应由词曲、美术等作品的作者向侵权人主张权利。

---

❶ 亓蕾：《影视作品权属的司法确认——以影视作品的署名情况为考察对象》，《理论学习》2009年第7期，第39页。

（二）依照约定向影视作品的作者支付报酬的义务

现行《著作权法》第 17 条规定，影视作品的编剧、导演、词曲等作者享有与制作者签订合同并获得报酬的权利。这里的报酬与一般劳务合同中的报酬不一样，影视作品的作者依约获得的报酬应视为对其创作影视作品的一种回报，报酬的确定要考虑创作者付出的劳动和创作者在影视作品创作中的作用和影响。从制作者的角度而言，与影视作品的作者签订合同并支付相应的报酬，则是制作者的一种义务。

第三节　影视作品的其他作者

影视作品是一种特殊的演绎作品和合作作品。为了平衡各方的权益，现行《著作权法》第 17 条在规定影视作品的著作权属于制作者的同时，也认可了编剧、导演、摄影师、词曲等作者的身份，承认其在影视作品的制作中所付出的创作性劳动，他们作为影视作品的作者依法享有署名权，并有权按照与制作者签订的合同获得报酬。

一、其他作者的范围

（一）编剧

编剧是影视作品剧本的创作者。一般情况下，编剧多为自然人，如电影《芳华》的剧本是作家严歌苓根据自己的同名小说改编而成。通常影视作品的制作往往以编剧创作的剧本为基础，并在导演的指导下，摄制者将演员依据剧本的表演活动，制作成以"一定方式固定于一定介质之上，由一系列有伴音或无伴音的相关活动画面组成，并且借助适当装置放映或者以其他方式传播的"❶影视作品。

可见，影视作品的制作离不开剧本，因为编剧所创作的剧本包括了影视作品整

---

❶《著作权法实施条例》第 4 条第 11 项。

个故事情节发展、场景安排、人物对白和人物性格等，而导演通常只能是根据编剧创作的剧本内容来完成对影视作品的导演工作。所以说编剧创作的剧本是影视作品拍摄的基础。也正因为如此，编剧在影视作品的创作中具有不可或缺的重要地位，故而《著作权法》第 17 条将编剧作为影视作品的作者之一。

（二）导演

导演在一部影视作品的制作中，可以说是实际的组织者和领导者，在影视作品的摄制过程中，指导摄影师、灯光师、演员等按照剧本的要求来表现和演绎剧情。导演通过对影视剧本的理解和把握，并在演员、摄影师、灯光师等合作下，最终把剧本转化为影视作品。可见，导演在影视作品制作中的地位至关重要。在影视作品的制作过程中，通常导演的主要工作包括：（1）与编剧、演员等主要创作人员一起分析和研究剧本内容，寻找到剧本在影视作品中恰当的表达方式，并负责整部影视作品的艺术水准；（2）与制作人联合提名和推荐演员角色人选；（3）根据剧本和拍摄要求选择适当的拍摄外景或内景；（4）指导道具人员完成必备道具的准备和布置任务；（5）指导现场拍摄工作；（6）指导拍摄现场的灯光、剧务、演员、摄像、录音、美术、化妆、服装等各部门的工作，以及指导影片后期的剪辑、录音等工作；（7）与制作者或出品方商讨影视作品的宣传计划。

由于导演在影视作品制作中的重要性，无论是在作者权体系下的国家还是在著作权体系下的国家，影视作品的导演都被列在作者之中。当然，对于导演的作者身份的重要性认识也是循序渐进的。例如，1941 年的意大利法律及 1957 年的法国法律中关于作品合作作者的排序中，导演均被排在末尾；在 20 世纪 50 年代，影视作品通常是以编剧、主要演员或制作人的名字而引人注目；而在当代，则是以导演的名字引人注目，这正好形成了鲜明的对比。影视作品的导演已经成为影视作品创作中的核心创作者，导演更被冠之以"用摄影机写作的人"。[1]例如，1992 年《欧洲租借权指令》第 2 条第 2 款规定，电影或视听作品的主要导演应该被视为（电影或视听作品的）作者或作者之一，成员国有权指定其他合作作者。因此欧盟各国必须将主要导演视为电影的合作作者。1988 年《英国版权法》第 9 条第 2 款规定将影片作者修改为"主要导演和对影片制作之必要安排承担责任的人"，中国香港特别行

---

[1] 栾同政：《影视作品著作权利益分享机制研究》，广西师范大学硕士论文，2012。

政区的《版权条例》也有类似规定。❶我国现行《著作权法》第 17 条也明确规定了导演为影视作品的作者之一。

（三）摄影师

影视作品本身也是一种具有艺术性的摄影作品，它是由摄影艺术和声音结合，融合了视觉与听觉艺术的作品。而影视作品中的视觉艺术效果则是通过摄影师的摄影技术完成的，可见摄影师在影视作品制作中的重要性。

摄影师是影视作品中视觉艺术部分的主要创作者之一。通常在影视作品开始拍摄之前，摄影师会在导演的组织下，与导演、演员等一起研究剧本，一起分析适合影视作品摄影风格的细节问题，一起讨论拍摄场景的选择等。最终，摄影师在导演的指导下进行拍摄工作，将影视作品的故事情节、人物动作和对白、场景等，具有独创性的摄制在一定介质上，以此完成体现影视作品的视觉艺术内容和效果。

可见，在影视作品的制作过程中，与导演一样，摄影师可以通过其独创性的镜头设计、对影片色彩和格调的处理等，使自己的摄影风格体现在一部影视作品之中。也正是由于摄影师对影视作品的制作付出了具有独创性的智力劳动，对此我国《著作权法》第 17 条规定，摄影师也是影视作品的作者之一。

（四）词、曲作者

影视作品不仅是一种简单的视觉艺术，而且是一种视觉艺术与音乐艺术有机结合的视听作品。因此，影视作品中往往不能缺少音乐，如影视作品中某个场景的背景音乐、影视作品种的主题音乐、插曲等，可见一部影视作品的制作缺少不了词、曲作者的参与。

所谓词、曲作者即影视作品中歌曲或音乐的词、曲创作者。例如，电影《归心似箭》中的插曲《雁南飞》，由李俊填词，李伟才谱曲，并由我国著名女高音歌唱家单秀荣演唱；再如电影《芳华》中的片尾曲《绒花》，由凯传作词，王酩作曲，并由韩红演唱。通过主题曲或者插曲往往能烘托体现影视作品的主题，主题曲或插曲中的音乐与影视作品画面的结合，更能引起观众或听众的感知和共鸣。因此，我国《著作权法》第 17 条规定，词、曲作者也是影视作品的作者之一。

---

❶ 栾同政：《影视作品著作权利益分享机制研究》，广西师范大学硕士论文，2012。

二、其他作者的权利

（一）署名权

在著作权法上的所谓署名，是指作者为表明身份在作品上署名的行为。署名权是指作者在作品上署上自己名字，以表示作者身份的权利。换言之，对一部影视作品而言，通过在影视作品中片头或片尾的署名，即可对该影视作品作者的身份给予确认。针对影视作品作者的署名问题，我国现行《著作权法》第17条明确规定，编剧、导演、摄影、作词、作曲等作者享有在影视作品上的署名权。如果影视作品的制作者没有在影视作品中将编剧、导演、摄影等作者给予署名，则构成侵权。例如，在北京市东城区人民法院审理的原告林某诉被告北京东方联盟影视文化传播有限公司等四公司侵害作品署名权纠纷一案中，法院认为，被告未在涉案电视剧《风筝》上，为原告林某署名为编剧及原著作者，构成对原告署名权的侵害。❶

（二）依约获得报酬权

如前所述，影视作品的作者如编剧、导演、摄影、作词、作曲等，他们作为作者对影视作品的制作有一定的智力投入。也正是由于他们对影视作品的创作付出了创造性的劳动，根据现行《著作权法》第17条的规定，他们不仅享有在影视作品中署名的权利，表明他们是影视作品的作者之一，同时他们也享有按照与制作者签订的合同获得报酬的权利。

（三）对独立作品享有著作权

影视作品本身既是一个合作作品，又是一个整体作品，在整体的影视作品中，往往会有可以独立于影视作品本身，且可以分割使用的剧本、美术作品、音乐作品等，因为这些可分割的作品往往都是作者独立创作完成的。根据现行《著作权法》第14条的规定，这些可以分割、单独使用的作品，其著作权可以由作者单独享有。也就是说，一部影视作品中的剧本、美术作品、音乐作品等，属于影视作品整体的内容之一，但是又可以从影视作品中抽离出来独立使用，并不影响或损害影视作品

---

❶ 北京知识产权法院（2020）京73民终545号民事判决书。

的使用。那么，根据现行《著作权法》第17条的规定，这些可以独立于影视作品单独使用的剧本、音乐等作品的著作权人，则有权依法对这些由其独立创作的作品单独行使著作权，但是他们在行使其著作权时不得侵犯影视作品整体的著作权。

第四节 影视作品的其他参与者

一、基础作品的作者

所谓影视作品涉及的基础作品是指影视作品制作时所依据的小说、戏剧等原作品或已有的作品。实践中，除去那些专门为影视作品原创的剧本外，影视作品的制作通常是由编剧对已有的一些小说、戏剧等作品以改编、整理、翻译等方式先创作出影视剧本，然后再依据该剧本摄制成影视作品。而影视作品制作所依据的小说、戏剧等原有或已有作品的作者，则是基础作品的作者。

那么这些在先的基础作品的作者是否也应该有权在影视作品中署名？在这个问题上，各国规定不尽相同。以德国和西班牙为代表的国家是将影视作品视为基础作品的演绎作品，基础作品的作者不是影视作品的作者。但法国与意大利等国则将原基础作品作者规定为新作品的作者，如《法国知识产权法典》L. 113-7条规定："视听作品源自仍受保护的原作作品或剧本的，原作作者视为新作作者。"❶

按照通常的理解，影视作品的作者应当是以创作影视作品为目的的人。虽然一部影视作品的剧本是根据基础作品所创作，但基础作品的产生并不是以创作该影视作品为目的，该基础作品的作者也就没有参与后续影视作品创作的实际活动中，该基础作品的作者也就不应成为影视作品的作者。但是，影视作品的剧本派生于基础作品，而根据我国现行《著作权法》第13条的规定，改编、翻译、注释、整理已有作品而产生的作品，其著作权由改编、翻译、注释、整理人享有，但行使著作权时不得侵犯原作品的著作权。因此，影视作品的制作者在通过原有小说或戏剧等基础作品摄制成影视作品时，应当尊重基础作品作者的权利。例如，我国1987版电

---

❶ 十二国著作权法翻译组译：《十二国著作权法》，清华大学出版社，2011，第66页。

视剧《红楼梦》影视作品中，先标注基础作品的作者即原著：曹雪芹，之后标注的是编剧：周雷、刘耕路、周岭。在影视作品上标注基础作品的作者，是对原作品作者的尊重，也是给观众一个准确的编剧所依据的基础作品信息。

二、影视作品中的演员

影视作品中的演员是指在影视作品中扮演某个角色的人物。在绝大多数的影视作品中，影视作品最终的品质高低和市场影响度往往是由演员的专业水平高低和角色演绎成功与否决定的。演员在影视作品中扮演某个角色的人物，通常运用自己的创作个性和表演能力对作品中的人物形象进行艺术创造，从而将影视作品的主题思想和艺术性展现给观众。可以说，演员在整个影视作品中起着至关重要的作用。

在国际公约和各国著作权法中，都没有将演员规定为影视作品的作者。即使在美国的版权法中，演员通常也只是作为独立缔约人与制片人签订演出雇佣合同，其相关的权利义务由演出雇佣合同所约定。我国的《著作权法》中也没有将演员规定为影视作品的作者。有学者认为其主要原因在于，在大陆法系国家的传统中，通常规定演员作为表演者，享有一种邻接性权利即表演者权，而被著作权法所保护。因此，演员不需要获得电影作品的作者身份。[1] 演员之所以不被认为是影视作品的作者，其主要原因是：演员在影视作品的制作过程中，其表演创作具有一定的被动性，虽然演员在用自己的表情、形体、动作、语言、演技等表现力将剧情和人物再现，注入了演员的表演能力。但演员在影视作品中的表演行为一般是受控于影视作品的剧本和导演要求，其主动创作发挥的空间非常小，因此演员的表演行为不被认为是对影视作品的创作行为，而只是一种在导演指挥下的被动表达。虽然演员不是影视作品的作者，但作为影视作品中不同角色的扮演者，演员也有在影视作品中署名的权利，只是该署名与编剧、导演的署名的性质不同，并不表明演员是影视作品作者的身份，而仅仅是以此表明演员在影视作品中与具体角色的对应关系。

---

[1] 陈明涛：《电影作品的作者身份确认及权利归属研究》，《知识产权》2014 年第 6 期，第 14 页。

三、影视作品中的灯光师、道具师、剪辑师等

灯光师、道具师、剪辑师等专业技术人员都不同程度地参与了影视作品的创作，并在各自的职责范围内作出了相应的贡献。虽然他们以自己的专业知识和技能参与了影视作品的制作，也付出了相应的劳动，但是在现行《著作权法》第17条的规定中，并没有将他们规定为影视作品中的作者。这主要是因为，他们的工作内容和演员的表演一样，都是在导演的安排和指导下进行的，几乎没有自己独立创作发挥的空间，他们的工作内容和性质还达不到著作权法上对作品的独创性要求。

尽管灯光师、道具师、剪辑师等不是影视作品的作者，但是也有权在影视作品中署名，表明其参与了影视作品的制作和对应的工作。虽然作为一部影视作品中的灯光师、道具师、剪辑师、美工等剧组工作人员，他们所提供劳动本身并不是智力活动，不能够产生著作权法所保护的权利。但是，依据一般民法原则，灯光师、道具师、剪辑师等作为劳动者有表明身份的权利。如果灯光师、道具师、剪辑师等参与了影视作品的摄制，那么他们则有在介绍电影创作人员时表明自己身份的权利。依据电影摄制和放映的惯例，在影视作品上映时，或者在影视作品的宣传资料上，都会有对影片创作人员的介绍。作为影视作品的灯光师、道具师、剪辑师等均有表明自己作为灯光师、道具师、剪辑师身份的权利。例如，在"孟某某诉内蒙古电影制片厂署名权纠纷案"[1]中，孟某某作为电影《截拳宗师》（后改名为《龙闯中原》）一片中的主要灯光师，参加了该片的摄制工作。法院审理后认为：孟某某享有在影片中表明其为灯光师身份的权利。这种权利，是依据一般的民法原则产生的，属于民法意义上的身份权范畴，而非依据著作权法所产生的，不属于影视作品作者的范围。[2]

---

[1] 北京市第二中级人民法院〔2002〕二中民终字第5959号民事判决书。
[2] 贺荣主编《经验与逻辑：北京市第二中级人民法院经典案例分类精解.知识产权卷》，法律出版社，2009，第236页。

第五节　典型案例分析

一、广东省深圳东方艺术培训中心与辉晴国际有限公司著作权权属纠纷案 [1]

（一）案件基本情况

原告广东省深圳东方艺术培训中心诉称：2006 年 11 月 7 日，被告辉晴国际有限公司向原告发出邀请，希望由原告承接被告拍摄的 20 集电视剧《白色休止符》的补拍和后期制作业务。原告表示同意，并与之签订了第一份补拍和后期制作合同。签订合同之后，原告完成了合同约定工作量的 1/3 后，向被告索要《白色休止符》前期制作的剧本、故事大纲（故事梗概）、分镜头剧本以便完成余下 2/3 的工作，但却被告知由于被告公司内部的矛盾，无法取得原剧本。被告公司的董事提出采取回批方式重新找回镜头（硬盘）。于是原告和被告双方就此签订了第二份补拍和后期制作合同。随后，原告再次向被告索要重新剪辑不可缺少的场记资料，被告仍然无法提供。在被告无法提供上述资料的情况下，原告无法通过技术手段解决问题，由此导致了第二份合同无法正常履行。后考虑到《白色休止符》后期卖片产生的利益，原告重新组织了创作班子，重新制作了剩余的剧集，并承担了由此产生的音乐创作、人员聘请等相关费用。新编《白色休止符》完成以后，原告和被告一同赴海南审片，并获得通过。当原告认为自己已经当然地成为《白色休止符》的制作人并自费到北京进行宣传的时候，被告却向原告索要《白色休止符》的母带，并出示了制作单位为平平文化传播公司的电视剧许可证，双方遂发生矛盾。

之后，原告诉至深圳市罗湖区人民法院，请求判令：（1）确认新编 20 集电视剧《白色休止符》著作权归原告所有；（2）确认原告为新编 20 集电视剧《白色休止符》制作单位并享有发行权；（3）被告停止对原告新编 20 集电视剧《白色休止符》发行署名权的侵害；（4）被告赔偿原告 4 首原创歌曲人民币 13 万元（含还未付清的人民

---

[1] 深圳市罗湖区人民法院（2009）深罗法民二初字第 434 号民事判决书。

币 3 万元）；（5）本案的诉讼费用由被告承担。

被告辉晴国际有限公司辩称：（1）原告不享有涉案电视剧《白色休止符》的著作权；（2）涉案电视剧由海南省文化广电出版体育厅颁发的电视剧发行证，该证载明的制作单位是海南广播电视台电视剧制作中心、深圳平平文化传播有限公司；（3）双方所签的合同中已明确约定被告是实际的制片方，原告不是制片方，不应享有涉案影片的著作权。

（二）法院审理结果

深圳市罗湖区人民法院经审理查明事实如下：2006 年 11 月 7 日，原告和被告签订电视剧《白色休止符》后期制作及补拍合同书。该合同约定包括：原告负责电视剧后期全面补拍和后期制作工作（包括重新后期剪辑制作、导演、配音演员、录音配音工作、主题歌、主题曲、全剧配乐、片头片尾包装、宣传片花制作等，以及根据需要进行补拍的技术性工作）；本电视剧《白色休止符》的著作权（包括所有的素材内容）归被告所有，经原告改编、翻译、注释、整理、汇编本作品后产生的作品著作权为被告所有，原告应遵守本合同的约定，原告不享有本作品的著作权及其他相关权利；电视剧后期制作及补拍费用为人民币 20 万元，被告负责电视剧后期补拍和后期制作的相应费用。

法院还查明：2006 年 12 月 31 日，原告和被告签订电视剧《白色休止符》后期制作补充合同。合同约定包括：由于电视剧《白色休止符》后期制作硬盘及前期拍摄资料无法追回，被告委托原告重新采集并剪辑配音音乐前期拍摄丢失的内容（不包括音效部分），同意再投人民币 5 万给原告，作为重新剪辑的费用；原告经与被告协商同意组织工作人员重新采集、剪辑、配音、音乐前期拍摄丢失部分（不包括音效部分）；其他事宜第一份合同已写明。被告于 2006 年 11 月 7 日至 2007 年 6 月 21 日分 8 次共向原告支付制作费用人民币 28 万元。2007 年 7 月 31 日，海南省文化广电出版体育厅颁发了电视剧《白色休止符》的发行许可证（编号为甲第 105 号），该证载明《白色休止符》的制作单位是海南广播电视台电视剧制作中心、深圳平平文化传播有限公司。

根据以上查明的事实，深圳市罗湖区人民法院经审理后认为，本案争议的焦点在于：（1）原告是否享有电视剧《白色休止符》的著作权；（2）原告是否享有电视剧《白色休止符》剧本的著作权。对于焦点一，深圳市罗湖区人民法院认为，2010

年《著作权法》第 15 条规定，影视作品和以类似摄制影视的方法创作的作品的著作权由制片者享有。本案中，原告和被告争议著作权权属的对象电视剧《白色休止符》属于以类似摄制影视的方法创作的作品，其著作权依法应由制片者享有。原告并未提交其系电视剧《白色休止符》制片者的相关证据，因此原告关于其享有电视剧《白色休止符》的著作权的主张不能成立。对于焦点二，深圳市罗湖区人民法院认为，原告和被告于 2006 年 11 月 7 日签订了电视剧《白色休止符》后期制作及补拍合同书，该合同书系双方当事人真实意思表示，并不违反法律、行政法规的强制性规定，合法有效。该合同书第 4 条明确约定："本电视剧《白色休止符》的著作权、版权（包括所有的素材内容）归甲方（被告）所有，经乙方（原告）改编、翻译、注释、整理、汇编本作品后产生的作品著作权为甲方所有，乙方应遵守本合同的约定，乙方不享有本作品的著作权及其他相关权利。"依据上述约定，原告关于其享有电视剧《白色休止符》剧本的著作权的主张亦不能成立。原告关于被告停止对原告新编电视剧《白色休止符》发行署名权侵害的主张亦不能成立。

在诉讼过程中，原告撤回了第（4）项诉讼请求。原告还当庭提出其第一项诉讼请求不仅是要求确认电视剧《白色休止符》的著作权，而且还包括电视剧《白色休止符》剧本的著作权。

深圳市罗湖区人民法院最后依照《民事诉讼法》著作权法的相关规定，判决：驳回原告的全部诉讼请求。一审判决后，原被告双方均未上诉。

（三）对案件的法律分析

1. 原告为何不是涉案影视作品《白色休止符》的著作权人

从我国《著作权法》的规定可以看出，影视作品凝结了编剧、导演、摄影、作词、作曲等多位作者的创作，属于"合作作品"；但是，影视作品的著作权却并非由全体合作作者共同享有，而是由"制作者"单独享有影视作品的著作权。然而，作为对影视作品著作权人的制作者应如何理解，《著作权法》并没有进一步的明确规定。

在影视行业的相关行政法规中也存在与《著作权法》同样的问题，对著作权归属的规定过于模糊，对于制片单位、制作单位、电影制片机构如何界定，均未作出明确规定，也没有采用现行《著作权法》规定的"制作者"的概念。例如，《国产电影字幕管理规定》第 3 条、第 7 条规定了制片单位、出品单位的概念；《电影管理条例》第 9 条规定"申请设立电影制片单位，由所在地省、自治区、直辖市人民政府电影行政部门审核同意后，报国务院广播电影电视行政部门审批"，以及第 15 条规定的"电影制片单位对其摄制的影片依法享有著作权"。又如《广播电视节目制作经营管理规定》（第 34 号）第 12 条规定"电视剧由持有《广播电视节目制作经营许可证》的机构、地市级（含）以上电视台（含广播电视台、广播影视集团）和持有《摄制电影许可证》的电影制片机构制作，但须事先另行取得电视剧制作许可"。同时在实践中，影视作品的署名很不规范，"五花八门"，让人"目不暇接"，但唯独没有《著作权法》规定的"制作者"这一署名主体。

在本案中，原告是电视剧《白色休止符》的实际制作方或者说是受托方，被告是电视剧《白色休止符》的投资方或者说是委托方，但根据海南省文化广电出版体育厅颁发的电视剧《白色休止符》发行许可证上载明的制作单位却是海南广播电视台电视剧制作中心、深圳平平文化传播有限公司，姑且不谈原告与被告之间的争论，在上述四方主体中，谁是涉案电视剧《白色休止符》的"制作者"？虽然原告是涉案作品《白色休止符》的实际制作人，但由于原告并未提交其涉案电视剧《白色休止符》的制作者的相关证据，因此原告关于其享有电视剧《白色休止符》的著作权的主张不能成立。同时，在原告和被告之间签订的合同中也明确约定，涉案电视剧《白色休止符》的著作权由被告享有。而根据法律的规定，在双方约定不违反法律、行政法规的强制性规定的情形下，可以由当事人约定影视作品著作权的归属。因此，在本案中原告的主张和诉求缺乏相关证据，不能证明其是涉案电视剧《白色休止符》的著作权人。

2. 涉案影视作品的"制作者"如何确定

在本案中，从法院查明的事实看，"海南省文化广电出版体育厅颁发了电视剧《白色休止符》的发行许可证（编号为甲第 105 号），该证载明《白色休止符》的制作单位是海南广播电视台电视剧制作中心、深圳平平文化传播有限公司"。根据《广播电视节目制作经营管理规定》第 7 条"设立电视剧制作单位，应当经国家广播电影电视总局批准。制作电视剧必须持有《电视剧制作许可证》"，以及第 20 条"未经省级以上广播电视行政部门设立的电视剧审查机构审查通过并取得《电视剧发行许可证》的电视剧，不得发行、播放、进口、出口"的规定，海南广播电视台电视剧制作中心、深圳平平文化传播有限公司是经过合法认证的电视剧《白色休止符》"制作单位"，那么是否可认为，海南广播电视台电视剧制作中心、深圳平平文化传播有限公司就是涉案电视剧的"制作者"？虽然按照有关行政部门审查批准通过的涉案电视剧的发行许可证上载明的前述的两单位，但是涉案电视剧《白色休止符》的实际制作者是本案中的原告；而被告又是涉案电视剧的实际的投资人和合同约定的涉案电视剧《白色休止符》的著作权人。针对以上与涉案电视剧有关的四方主体，究竟谁才是著作权法意义上的影视作品的制作者？对于这一点，法院的判决书中并没有给出明确的答案。

根据《著作权法》的规定并结合本案的具体情况，虽然涉案电视剧的《发行许可证》上载明的制作单位是海南广播电视台电视剧制作中心和深圳平平文化传播有限公司，但是上述两家单位并未参与涉案电视剧的投资和制作。而实际参与涉案电视剧投资和制作的单位是本案的原被告，原告虽然是涉案电视剧的实际制作者，但原告的制作拍摄是受被告的委托而为；被告是涉案电视剧的投资方，而且原被告双方又在合同中约定了涉案电视剧的著作权归属于被告。从以上相关证据分析来看，虽然发行许可证载明了制作单位，在无其他证据佐证的情况下，仅可以作为判断的参考，但不宜单独以此作为认定权属的依据。鉴于本案的其他证据已经证明原被告对涉案电视剧著作权的归属已有约定，则应按双方的约定来确定涉案电视剧的制作者，因此本案的被告依约是涉案电视剧的制作者，并享有著作权。

二、高某与梅赛德斯 – 奔驰（中国）汽车销售有限公司表演者权纠纷案 ❶

（一）案件基本情况

原告高某起诉称：2011 年 6 月，其曾在签约单位中视影烨（北京）文化艺术传媒有限公司做过汽车广告片的试镜拍摄，但当时并未与任何单位签署表演者权使用许可协议。2012 年年底，原告发现被告奔驰销售公司在其官方网站、汽车展销会上及下属的 4S 店内使用了原告曾经试镜的广告片。原告认为被告未经授权，以上述方式使用原告相关表演，侵犯了原告享有的表演者权。故诉至法院，请求判令被告赔偿原告经济损失 32 万元及调查取证费 2600 元。

被告梅赛德斯 – 奔驰中国汽车销售有限公司辩称：第一，涉案广告宣传片属于以类似摄制电影的方法创作的作品。根据著作权法的规定，以类似摄制电影的方法创作的作品的著作权属于制片者，被告是该广告片的制片者，依法享有著作权；而

---

❶ 北京市第三中级人民法院（2014）三中民终字第 03453 号民事判决书。

原告作为广告片的演出人员之一，并不享有著作权。第二，涉案广告片并非录像制品，被告作为广告片的著作权人自行使用或许可他人使用该作品时，无须征得原告的许可或向其支付报酬。第三，以类似摄制电影的方法创作的作品中的演员不属于著作权法意义上的表演者，不享有著作权法所规定的表演者权。第四，被告已经通过合同获得了原告的授权，原告也已经获取了相应的劳动报酬，其本案要求赔偿经济损失缺乏事实和法律依据。并且，原告也没有证据证明被告在汽车展销会上和 4S 店内使用了涉案广告片。综上，被告不同意原告的诉讼请求，请求法院驳回原告诉讼请求。

（二）法院审理结果

一审法院经审理查明：2010 年 5 月 5 日，被告与天联广告有限公司（以下简称"天联广告公司"）签订了一份《本地框架协议》，双方就被告委托后者进行网络代理服务的相关事宜进行了约定，该合同明确约定：基于协议内容产生及由网络代理提供并由客户付费的所有工作产品，除第三方的既有权利以外，均独属被告所有。2011 年 6 月 30 日，被告与天联广告公司又签订了一份《采购订单》，委托天联广告公司提供星睿品牌宣传影片拍摄的服务并约定了具体的价款。

同年 7 月 8 日，天联广告公司与上海千鼎广告有限公司（以下简称"千鼎广告公司"）签订《广告影片制作合同书》，双方约定：天联广告公司委托千鼎广告公司制作"星睿认证二手车《信易篇》"；双方确认采用天联广告公司创意的脚本进行制作；广告片投放媒体为网络媒体和电视媒体；与广告片中的演员合约仅限于网络媒体和电视媒体肖像使用权；广告片的著作权中的署名权、保护作品完整权归千鼎广告公司，著作权中的发表权、使用权和获得报酬权归属天联广告公司。

为制作上述广告片，千鼎广告公司（甲方）与金童子烨（北京）文化艺术传播有限公司（以下简称"金童子烨公司"）（乙方）签订了《奔驰汽车影视短片模特合约》，该合约就甲方聘请乙方代理的模特原告高某担任奔驰汽车影视短片拍摄的模特工作相关事宜进行了约定，主要内容如下：（1）拍摄内容：奔驰汽车睿智二手车；（2）拍摄时间：2011 年 7 月 8 日；（3）模特姓名：高某；（4）发行媒体：网络媒体；（5）发行区：互联网；（6）使用时限：一年，该期限的起始日期以客户第一次将含有乙方肖像权的广告投放市场之日算起或拍摄完成后 30 日起计算（以先到时间为准）；（7）费用：①模特及经纪人劳务费、肖像权许可使用费共计 2 万元整；

②模特及经纪人机票、车费、食宿费甲方实报实销；③前期模特试镜费 3000 元整。（8）付款方式：甲方在拍摄完成后当日以现金形式向乙方付清模特拍摄费用，差旅费用及模特试镜费在一周内以现金转账的方式付清；（9）合同到期后甲方继续使用乙方上述模特所拍摄的作品时，甲方支付给乙方的续约费用由双方协商确定。

上述协议签订后，原告根据金童子烨公司的安排，于 2011 年 7 月 8 日参加了"星睿认证二手车《信易篇》"广告片的拍摄。由于原告参演的部分在当天未能拍摄完成，后经双方协商，千鼎广告公司最终向金童子烨公司支付了劳务费及肖像权使用费共计 6 万元，并报销了原告及陪同人员的往返机票费用。

此后，千鼎广告公司将制作完成的广告片提供给天联广告公司，天联广告公司又将该广告片提供给被告使用。该广告片是以凸显奔驰汽车品质为主题的汽车宣传广告，通过画面、声音以及音乐的结合表达了一定的故事情节。原告系上述广告片的主要演员。

2013 年 1 月 5 日，登录被告经营的"梅赛德斯－奔驰（中国）"网站（网址为 www.mercedes-benz.com.cn），在该网站上"认证二手车—置换"栏目中登载有上述广告片，并可以在线观看。诉讼中，原告表示虽然涉案广告片的拍摄获得了其授权，但被告的涉案使用行为已经超出了授权范围，侵害了其享有的表演者权。

一审法院经审理后认为：原告系涉案广告片中的演员，本案是以被告使用涉案广告片侵犯其表演者权为由提起诉讼。从涉案广告片的内容上看，该广告片是以一定的脚本为基础，通过画面与声音的衔接共同表达特定的主题内容，具有较高的独创性，属于以类似摄制电影的方法创作的作品。根据 2010 年《著作权法》第 15 条的规定，以类似摄制电影的方法创作的作品的著作权由制片者享有，编剧、导演、摄影、作词、作曲等作者享有署名权并有权按照与制片者签订的合同获得报酬。根据上述法律规定，以类似摄制电影的方法创作的作品的整体著作权由制片者享有，制片者有权单独行使该作品的权利。就本案而言，涉案广告片系被告委托天联广告公司制作，天联广告公司又转委托千鼎广告公司制作，该广告片属于委托作品。按照上述主体相互之间的协议，可以认定被告系涉案广告片的制片者，依法享有该广告片的著作财产权益，并有权自主使用该广告片。

虽然涉案广告片中包含了原告作为演员的表演，但其参与涉案广告片的表演系带有劳务性质的履约行为，其为涉案广告片拍摄所进行的表演属于该广告片的一部分内容，并且与声音、场景画面相结合形成了以类似摄制电影的方法创作的作品，即涉案广告片。在涉案广告片的整体著作权依法归属于制片者的情况下，原告作为该作品中的表演者，其所从事表演部分的权利已经被吸收，其在享有表明表演者身份及保护其形象不受歪曲等人身性权利的同时，仅享有依据合同获得报酬的权利，而不再享有其他经济权利，无权对其在广告片中的表演单独主张表演者权。并且，原告参演涉案广告片也征得了其本人同意，具体负责涉案广告片拍摄的千鼎广告公司已经向代表原告的经纪公司支付了报酬，双方也未对原告基于其表演的权益另行约定。因此，对于原告主张被告使用涉案广告片的行为侵犯其表演者权的诉讼主张，本院不予支持。

一审法院依据《著作权法》的相关规定，判决驳回原告的诉讼请求。原告不服一审判决并提出上诉。二审法院经审理后驳回原告的上诉，维持原判。

（三）对案件的法律分析

1. 演员在影视作品中的地位

任何一部影视作品的制作，都离不开演员。所谓演员，指在影视作品中扮演某个角色的表演者，或参加戏曲、戏剧、舞蹈、曲艺等表演的自然人。不同的影视演员其演技会有区别，从而会在一定程度上使影视作品在社会中产生不同的影响。所以，影视作品的制作者在制作影视作品前，会根据作品的内容、风格和角色不同的需要遴选合适的演员，由此根据演员在片中的不同角色，其支付给演员的报酬也不完全相同。由于演员演技的发挥是按照剧本的需要，并在导演的指导下完成表演，因此在影视作品中，演员自我创作和展示的表演空间一般很小，其表演活动一般不具有独创性。也正是因为演员在影视作品中是基于剧本和导演的要求而进行表演，所以我国 2020 年《著作权法》第 17 条规定的影视作品的作者中并不包括演员。

在本案中，原告高某作为模特依据千鼎广告公司与金童子烨公司签订的《奔驰汽车影视短片模特合约》的约定拍摄了涉案广告片，其作为广告片的演员，是根据广告创意的脚本将自己的表演行为融入声音、场景画面中，并在导演的指导下拍摄形成了以类似摄制电影的方法创作的广告片，该广告片属于著作权法意义上的一种独立的视听作品形式，而根据 2020 年《著作权法》第 17 条的规定，该作品的著作权应归制作者享有。原告高某作为广告片中的演员，不是涉案广告片的作者和著作权人。同时，高某在进行涉案广告片拍摄时是基于《奔驰汽车影视短片模特合约》中约定，其参与涉案广告片的表演系带有劳务性质的履约行为，且高某已经通过金童子烨公司从千鼎广告公司处获得了一定的劳务报酬。因此，原告高某作为演员不是涉案广告片的作者，依法不享有涉案广告片的著作权。

2. 演员在影视作品中是否享有表演者权

现行《著作权法》第 17 条规定，视听作品中的电影作品的著作权由制作者享有，但编剧、导演、摄影、作词、作曲等作者享有署名权，并有权按照与制作者签订的合同获得报酬。演员虽然也参与了影视作品的制作，其在影片中的表演也是一种表演行为，但是根据《著作权法》的规定，影视演员不是影视作品的作者，其表演也不同于戏剧舞蹈的演员，因此既不享有表演权，也不享有表演者权。

影视演员之所以不是影视作品的作者，也不享有表演者权，这主要是因为影视作品中演员的表演与戏剧、舞蹈中演员的表演，二者在著作权法意义上存在区别。前者影视作品中演员的表演是带有劳务性质的履约行为，本身的表演构成了影视作品的内容；而根据《著作权法》第 38 条的规定，后者戏剧舞蹈中演员的表演则属于是一种对已有作品的传播行为，该演员作为表演者依法对其表演享有表演者的权利。而表演者的权利在著作权法意义上属于邻接权，是戏剧舞蹈的表演者作为作品的传播者因表演他人作品而享有的一项权利，如表明表演者身份、保护表演形象不受歪曲、许可他人录音录像并获得报酬等权利。

本案中，原告高某是涉案广告影视作品中的演员，其表演行为是一种劳务性质的履约行为，因此其表演不仅受广告片脚本的限制，而且其表演行为构成广告影视作品不可分的内容，其表演行为并不是对涉案广告作品的传播行为，因此原告高某依法不应享有《著作权法》第 39 条所规定的表演者权利。

第五章 影视作品著作权内容

第一节 影视作品著作权概述

一、影视作品著作权的含义

（一）著作权的含义

著作权是指著作权人对其创作的文学、艺术和科学作品等智力成果依法享有的权利。著作权的含义通常有广义和狭义之分，广义的著作权除包括狭义的著作权内容，还包括著作邻接权，即作品传播者依法享有的权利，如戏剧、舞蹈表演者的权利、录音录像制品制作者的权利、广播电视组织的权利、图书和报刊出版者的权利等；狭义的著作权，仅指作者对其作品依法享有的权利。

我国现行《著作权法》第 62 条规定，著作权法所称的著作权即版权。因此在实践中，版权与著作权这一概念经常替换使用。版权是英美法系的概念，著作权是大陆法系的概念。随着两大法系主要国家加入《伯尔尼公约》及两大法系之间的相互借鉴和融合，著作权和版权在概念上的差别在缩小。我国自清末从日本引进著作权的概念后，在正式立法中一直使用著作权这一概念，我国现行立法的名称也是著作权法。❶

著作权的含义包括以下几个方面的内容。

---

❶ 王迁:《知识产权法教程》，中国人民大学出版社，2011，第 19—20 页。

第一，著作权的主体是著作权人，即依法享有著作权的人。著作权的主体不仅包括直接进行作品创作的作者，而且还包括依法享有著作权的其他人，如作品的改编者、作品的翻译者、著作权的合法受让者、著作权的合法继承人等。此外，国家在特殊情况下，也可成为著作权的主体，如根据《民法典》的相关规定，如果作者或其他著作权人把其著作权赠与给国家后，国家即可成为著作权的主体。

第二，著作权的客体是著作权主体基于创作活动而产生的作品，即著作权主体通过大脑思维分析而产生的并以一定形式表现出来的智力成果。例如，作者创作的小说、散文、诗歌等，编剧创作或改编的剧本等。

第三，著作权内容是指由著作权法所确认和保护的、由作者或其他著作权人所享有的权利。著作权的内容是由若干权利构成的权利群，一般分为两大部分，即著作人身权和著作财产权。著作人身权，又称"著作精神权利"，是作者基于作品依法享有的以人身利益为内容的权利，如作者的发表权、署名权等。著作财产权，又称"著作经济权利"，是著作权人基于作品依法享有的财产利益为内容的权利，如著作权人的复制权、发行权、信息网络传播权等。

（二）影视作品著作权的含义

影视作品著作权是指影视作品著作权人对影视作品依法享有的专有权利。影视作品是一类特殊的作品，影视作品的制作是一个相对复杂的、系统的智力创作过程。在制作影视作品时，既要有提供资金保障和组织拍摄的制作者，又要有影视脚本（包括改编和直接创作的剧本和音乐、作词等），同时还要有影视导演、摄影、演员、特技、美工、灯光、布景等人员的参与，并付出大量的创造性劳动。虽然影视作品制作完成后的发行、放映可能会带来巨大的商业利益，但同时也存在巨大的商业风险。影视作品作为著作权法保护的一类特殊作品，许多国家的著作权法都对此作了专门规定。尽管各国的规定有所差异，但其规定的核心内容主要是解决影视作品著作权的归属问题，目的主要是协调影视作品的编剧、导演、摄影、作词、作曲等作者与制作者之间的权利义务关系。

我国现行《著作权法》第10条对著作权的内容采用了列举式的规定，共有17项权利内容，第（一）项至第（四）项权利是著作人身权；第（五）项至第（十七）项是著作财产权。著作权的以上内容覆盖了影视作品所涉及的著作权，同样包括了相关权利人对其所创作的影视作品所享有的著作人身权和著作财产权。

二、影视作品著作权的特征

由于影视作品本身的特殊性和复杂性，导致影视作品创作主体呈现集体性，特定情况下会产生作者与著作权的分离，使得在著作权内容上呈现出复杂的特性。与其他作品的著作权相比，影视作品的著作权有自己的特征，主要包括以下两个方面。

（一）影视作品创作主体呈现集体性

影视作品是综合性的作品。从影视作品的内容上看，其往往综合并融汇了文学作品、音乐作品、美术作品、摄影作品等多种艺术作品表现形式，并通过现代化的技术手段构成视觉、听觉上的艺术表现形式呈现给人们。

由于影视作品性质的复杂性导致其创作主体具有集体性，因此影视作品还是一种合作作品。实践中，影视作品的制作，不仅需要制作者的巨额投资，还需要编剧、导演、摄影等创作人员投入大量的创作性劳动，此外还需要灯光、剪辑、后期制作等其他人员的参与。由于这些其他参与人员提供的是纯技术性服务工作，并不涉及对影视作品的创作，因此他们不是影视作品的作者。但对于制作者、导演、编剧、摄影等主创人员，由于他们具有完成影视作品创作的合意，而且具有基于不同的分工为形成完整的影视作品而创作的行为，这些创作行为凝聚了他们的智慧与心血，包含了他们共同的创作性劳动，基于此，影视作品也是一种特殊的合作作品。但如果简单地按照合作作品来对待，势必会在影视作品的实际利用方面带来诸多纷争和不便。因此，现行《著作权法》第17条规定："视听作品中的电影作品和电视剧作品的著作权由制作者享有，但编剧、导演、摄影、作词、作曲等作者享有署名权，并有权按照与制作者签订的合同获得报酬。电影作品和电视剧作品中的剧本、音乐等可以单独使用的作品的作者有权单独行使其著作权。"

（二）影视作品著作权的内容更具复杂性

影视作品著作权的内容包括了著作人身权和财产权，但影视作品著作权的内容比起其他一般作品著作权的内容更具复杂性，特别是其著作财产权利除包括复制权、发行权、广播权、信息网络传播权等权利之外，还包括一般作品著作权人不享有的出租权和放映权。根据现行《著作权法》第10条的规定，出租权即有偿许可他人临时使用影视作品的权利；放映权即通过放映机、幻灯机等技术设备公开再现影视作品的权利。

　　此外，根据《著作权法》的规定，影视作品著作权中的人身权和财产权又是相分离的，即影视作品的著作人身权由作者享有，如编剧、导演、摄影等作为作者享有署名权，而不享有著作财产权，但有通过与制作者签订合同获得报酬的权利，而影视作品的著作财产权由制作者享有。之所以出现这样的情况，是基于影视作品本身的特殊性。一方面，影视作品的编剧、导演、摄影等作者参与了影视作品的创作，付出了创作性的劳动，依法享有署名权理所当然；另一方面，影视作品往往又都是在制作者的管理和控制之下进行的创作，特别是制作者为影视作品的制作投入了巨额的资金，其投资最直接和最主要的目的就是希望获得收益。因此，《著作权法》将影视作品的著作权授予给制作者，这不仅有利于鼓励制作者对影视市场的投资；还有利于吸引社会上大量的资金涌向影视产业，带动和繁荣我国的影视文化市场；同时，《著作权法》将影视作品的著作权归属于制作者也是符合国际上通行的影视市场投资运营规律。虽然影视作品的著作人身权和著作财产权相分离在实际的行使过程中可能会出现矛盾和冲突，但是《著作权法》所规定的影视作品著作人身权和财产权相分离的这种权利分配模式，有利于最大限度地调动制作者和作者参与影视作品创作的积极性，也有利于平衡制作者和作者双方的利益。实践中，对于一部影视作品来说，作者和制作者的作用同等重要，无所谓孰轻孰重，只是在进行权利分配时要考虑和照顾到双方各自的利益，有所侧重。当然，在某些国家这两者是统一的，如美国坚持劳务作品的理论，影视作品的创作者如果被认定是在制作者的劳务之下从事创作活动，那么制作者就是电影作品的作者，这样电影作品的人身权和财产权都由制作者享有。❶

---

　　❶ 赵雅琦：《美国电影作品版权保护研究》，《法制与社会》2008 年第 9 期，第 85 页。

第二节　影视作品的著作人身权

一、影视作品著作人身权的含义

影视作品著作人身权是指作者依法对影视作品享有的、以人身利益为内容的权利。影视作品不仅是一件固定于一种介质上的可以进行复制利用的智力成果，更重要的是影视作品还体现了作者独特的人格、思想、意识、情感等，是作者的思想表达与精神体现。因此，《著作权法》明确规定了作品（包括影视作品）的作者享有著作人身权。

以法国为代表的大陆法系国家认为，只有自然人才具有与其人身不能分离的人身权利，因为法人等主体并不能进行精神表达；以英国为代表的英美法系国家也同样将人身权利赋予自然人。根据《伯尔尼公约》第 14 条之二第 1 款规定，在不损害可能已经改编或翻印的所有作品的版权的情况下，电影作品将作为原作受到保护，电影作品版权所有者享有原作的同等权利。根据以上规定，电影作品著作权所有者也就可以获得作者的人身权利。日本著作权法和我国著作权法也承认法人或非法人组织可以享有人身权利。例如，根据我国《著作权法》第 9 条规定，著作权人包括作者和其他依著作权法享有著作权的自然人、法人或者非法人组织。根据《伯尔尼公约》第 6 条之二所规定的精神权利包括主张作者身份权（署名权）和保护作品完整权。虽然各国对影视作品中的人身权利规定详略不一，但世界多数国家的相关法律都规定了这两项人身权利。我国《著作权法》第 10 条所规定的人身权（精神权利）内容更加丰富，具体包括了作者的发表权、署名权、修改权和保护作品完整权。

二、影视作品著作人身权的具体内容

（一）发表权

发表权是作者依法决定作品是否公之于众和以何种方式公之于众的权利。❶ 根

---

❶ 曲三强：《论影视作品的著作权》，《中外法学》2006 年第 2 期，第 197 页。

据《最高人民法院关于审理著作权民事纠纷案件适用法律若干问题的解释》的规定，"公之于众"是指著作权人自行或者经著作权人许可将作品向不特定的人公开，但不以公众知晓为构成要件。发表权是作者将其创作完成的作品公之于外的表现。作者享有决定是否发表作品、以何种方式发表作品的权利。作者将作品公开是其对作品进行后续财产权利用的前提和基础，因为只有在作品公开后，才能对作品进行复制、发行、演绎等方式来利用。同时，发表权也是一种禁止权，即作者有权禁止他人未经允许发表其作品。

虽然发表权是人身权利的一种，但与作者的著作财产权有着密切关系。实践中，著作发表权的实现往往有赖于作品的复制、发行、放映、表演、传播等多种财产权利的行使。例如，制作者将剧本拍摄成影视作品公开放映，既是影视作品发表权的实现，又是影视作品著作财产权的行使。可见，发表权是一种具有财产权利性质的著作人身权。

对于影视作品而言，影视作品的发表权与一般作品的发表权在行使上有所不同。通常情况下，为了方便影视作品的利用，并考虑制片者的利益，往往对影视作品的发表权给予一定的限制，即影视作品的发表权通常由制作者享有和行使。因为影视作品的发表主要是通过放映等使用方式来实现其市场的商业价值，而对影视作品的放映等方式使用又必须以作品的公开为前提。因此，制作者基于法律规定对影视作品享有完整的著作权，从而取得影视作品的发表权和著作财产权，影视作品的其他作者如编剧、导演等并不享有发表权。制作者对影视作品发表权的行使往往通过复制、发行、放映、广播、信息网络传播等方式将影视作品向不特定的人公开，由此实现了影视作品的发表权和著作财产权。

不过，《伯尔尼公约》和不少国家的著作权法却没有将发表权作为人身权（精神权利）的内容之一。我国著作权法虽将发表权作为著作人身权的内容之一，但发表权在保护期限上并非如人身权中的署名权具有永久性，而是将发表权与著作财产权的保护期规定相同。

（二）署名权

署名权是作者在作品上署上自己名字以表示作者身份的权利。实践中，在作品上署名的形式很多，既可以署作者的真名，也可以署作者的笔名、艺名等，也可以不署名。根据《著作权法》第12条的规定，在作品上署名的自然人、法人或者非法人组织为作者。因此，在作品上署名是确认创作人具体身份的重要依据。同时，我国《著作权法》第 17 条对影视作品作者的署名权予以了规定。即使是将影视作品著作权归属于制作者享有，但影视作品的编剧、导演、摄影、词曲作者等仍然有权在影视作品上署名。在实践中，大多数情况下制作者会遵守《著作权法》的规定，不会违背编剧、导演、摄影、词曲作者的意志，而不将他们的名字署于影视作品之中。但需要注意的是，在一部影视作品中，编剧、导演、摄影、词曲等作者的署名权仅仅是对于其作者身份的一种宣示，并不意味着他们对影视作品享有除署名权外的其他著作权。此外在实践中，制片者与编剧、导演、摄影、词曲等作者关于在一部影视作品中署名的相关事宜，往往是通过签订合同来具体约定的。

（三）修改权

对一般作品而言，作品反映了作者的思想、意识、情感等，但在作品发表后，如果作者认为该作品已经无法反映其思想观点或无法代表其精神或情感时，根据著作权法的规定，作者有权对其作品进行一定的修改。理论上来讲，虽然影视作品反映了制作者、编剧、导演、摄影等作者的思想、情感等，但是影视作品所具有的合作作品的特性与特殊商品属性，又决定了影视作品作者享有的修改权应受到一定的限制，即影视作品已经公映之后，如果作者行使其修改权不受限制，将会影响到影视作品的传播与使用，不利于对制作者经济利益的保护。因此，尽管编剧、导演、摄影等也是影视作品的作者，但他们对影视作品修改权的行使应当受制于制作者的意志，且不得妨碍影视作品的传播与使用。但是，从立法规定来看，根据我国《著作权法》第 17 条的规定，对于影视作品而言，编剧、导演、摄影、词曲作者等对影视作品仅依法享有署名权，并不享有修改权等其他著作人身权。影视作品的修改权实际上归制作者享有和行使。

（四）保护作品完整权

如前所述，作品反映了作者的思想、情感等，因此作者有权保护其作品的完整性，禁止任何人擅自对其作品歪曲、篡改或其他可能损害作品的行为，以保护作者因作品而产生的名誉或合法利益。与著作权法上的修改权相比，保护作品完整权不仅是禁止他人未经许可擅自修改作品，更注重的是禁止他人未经许可通过以翻译、改编、汇编等方式使用作品的过程中对作品的歪曲、篡改。

互联网技术的发展使得对影视作品的修改更为便捷，导致实践中出现了对影视作品进行"恶搞"的行为。在法律上对这种"恶搞"行为如何定性？究竟是一种合理使用行为，还是侵犯了作者的保护作品完整权，无论是理论上还是实践中仍存在分歧。但可以肯定的是，他人未经许可对影视作品进行"恶搞"，不仅可能会改变作者的原意和其思想感情，歪曲影视作品的创作初衷和原意，还可能会给影视作品造成不良的社会影响，伤害作者的声誉或社会评价。不论这种"恶搞"的目的与方式如何，只要其"恶搞"行为违背了作者的意愿，并对影视作品进行了歪曲、篡改，破坏了影视作品的完整性，对作者的名誉造成损害，便构成侵犯影视作品作者的保护作品完整权。

第三节　影视作品的著作财产权

一、影视作品著作财产的含义

　　著作财产权又称"经济权利"，是著作权人基于对作品的利用而给其带来的财产收益权。其与著作人身权不同的是，著作财产权可以转让，可以许可他人使用。著作财产权所包含的具体内容，是随着著作权制度的发展而不断充实与丰富的。在著作权制度发展初期，由于作品的种类有限，因此著作权财产权主要表现为复制权与发行权。随着社会科学技术的发展，传播作品的方式越来越多，作品的种类也多样化，著作财产权除了复制权和发行权之外，还陆续产生了广播权、放映权、摄制权、信息网络传播权等。我国《著作权法》第10条规定了著作财产权的相关内容。

　　影视作品相比较传统的文字、戏剧、音乐作品而言，具有更多的商业性。影视作品具有的投入资金量大、制作过程复杂等特性，要求对影视作品著作财产权的使用应当服务于影视作品市场价值的开发，以便取得良好的经济收益。影视作品作为科技发展的产物，其著作权权利的具体内容也应受到科技发展的影响。随着数字技术的发展，影视作品制作、传播方式更加多样化，使得影视作品经济权利进一步扩张，以加强权利人对他人使用作品的控制力。各国立法通常概括的规定所有种类的作品具有的著作权内容，一般不特定针对影视作品列举其权利内容。在影视作品专有权的具体内容方面，各国立法规定的方式、权利内容并不相同，主要分为两种：一种是详细列举作品专有权的权利内容，通常包括复制权、发行权、改编权、表演权、向公众传播权等内容，代表国家有美国、英国、法国、荷兰等；另一种是只对作品的使用权进行描述，规定权利的列举是开放的，而不详尽地提供一个权利保护清单，代表国家有德国、西班牙、葡萄牙等。[1] 我国采取了第一种方式，在著作权法中列举的与影视作品有关的权利种类主要包括复制权、发行权、展览权、广播权、改编权、翻译权、信息网络传播权等权利内容，同时还特别规定了只有影视作品等特殊作品的著作权人所享有的著作财产权，即出租权和放映权。

二、影视作品著作财产权的内容

（一）复制权

复制权作为著作权财产是著作权人最基本和最重要的经济权利，是著作财产权体系的核心内容。因为作品创作完成之后的发行、传播等后续使用行为，都要以复制作为前提和基础。著作权人对复制权的行使是通过对作品的一定复制方式来实现的。在复制方式方面，各国对于作品复制的技术手段、复制品的固定方式等，通常只是作出了比较宽泛的定义或以列举的形式规定，因此复制的方式有多种多样，如我国现行《著作权法》第 10 条中规定的复制权的表现方式就有印刷、复印、拓印、录音、录像、翻录、数字化等不同复制方式。在信息网络时代到来之前，一般作品是固定于有形载体之上，复制主要通过印刷、录音、录像等方式进行，将作品复制为一份或多份，著作权人也主要是通过控制作品的有形复印件来维护自己的利益。对于影视作品而言，以往通常是以胶片或者数据光盘作为载体，通过录音、录像、翻录、翻拍等复制方式来制作作品的有形复制件。但在互联网时代，对影视作品的复制或固定不再限制于特定的、有形的载体。使用作品和创作作品的方式发生了明显变化，产生了许多不依赖载体的使用行为，对于复制的定义不再仅仅局限于对于作品的拷贝，更倾向于以任何方式对于作品的"再现"，[2] 如将影视作品数字化，通过虚拟空间再现，也是一种复制的形式。

---

[1] 倪端：《视听作品的著作权研究》，中国政法大学硕士论文，2014。

[2] 王迁：《著作权法学》，北京大学出版社，2007，第 89-90 页。

（二）发行权

影视作品在复制后，只有将作品提供给社会和公众，才能真正实现其作品的商业价值，这种将作品原件或复制件提供给社会和公众的行为即是发行。现行《著作权法》第10条规定，影视作品的发行权是指著作权人以出售或者赠与方式向公众提供作品的原件或复制件的权利。构成著作权法意义上的"发行"，需具备两个条件：第一，应当面向公众提供影视作品的原件或复印件；这里所说的"提供"只是意味着有使不特定的公众获得影视作品原件或复制件的可能性，并不要求公众已经实际获得了影视作品原件或复印件。第二，应当是以转移影视作品有形物质载体所有权的方式提供影视作品的原件或复制件。❶

发行权与复制权密切相关，发行除对影视作品原件的发行之外，主要是针对复制件的发行。但发行权与复制权又是相对独立的权利，从事复制行为不一定从事发行行为，发行的也不全是复制件。复制权和发行权可以分开行使或转让，但发行权在具体行使过程中，受时间、空间、目的等方面的限制。发行是影视作品向公众传播的重要方式，通过发行使更多的人有机会接触作品，满足公众的精神需求，从而使著作权人获得报酬，实现影视作品的财产价值。❷

我国现行的《著作权法》对于发行权的定义没有明确规定。发行权是仅适用于实体环境，还是可以延伸到网络空间。在传统环境下，影视作品的发行通常主要是以出售影视作品的拷贝、DVD等有形复制件的方式进行的。但是在互联网环境下，影视作品的网络播放成为制作者收入来源的重要途径，对此《著作权法》中明确规定的著作权人享有信息网络传播权，这是对影视作品在网络环境下发行传播行为的重要保护。但由于著作权法没有对发行权的范围予以明确的界定，这可能造成发行权和信息网络传播权之间存在交叉重叠，进而给法律的适用带来困惑。

国际上对于发行权与信息网络传播权的关系，主要有两种处理方式：一种是以发行权来同时规制实体环境下与网络环境下作品的传播，代表国家为美国。《美国版权法》并未设定信息网络传播权，而是用既定的发行权调整网络上作品的发行（传输）。发行权具有开放性，对象可以是有形物体也可以是无形物。另一种是

---

❶ 王迁:《著作权法学》，北京大学出版社，2007，第111页。
❷ 王迁:《著作权法学》，北京大学出版社，2007，第89-90页。

以发行权与信息网络传播权并行，规定发行的对象是有形载体。例如，《德国著作权法》规定传统发行方式将导致物质载体的转移，由发行权规制，而网络传播方式不存在物质载体转移，只是让公众"接触或感知"作品，由公共传播权规制。我国现行《著作权法》在设立了信息网络传播权的情况下，可以借鉴德国的规定，明确发行权的对象为有形物质载体，将发行权与信息网络传播权进行区分，划分影视作品的实体销售市场与网络播放市场，为影视作品的发行使用提供更明确有效的规制。❶

（三）出租权

与发行权相关的影视作品著作权人的另一著作财产权利，即影视作品的出租权。现行《著作权法》第 10 条规定，出租权是指著作权人有偿许可他人临时使用视听作品（包括电影作品和电视剧作品）、计算机软件的原件或者复制件的权利。可见，出租权的对象是特定的，并不包括著作权法上的所有类型的作品。或者说，出租权仅是视听作品（包括影视作品）和计算机软件著作权人特有的一种权利。

实践中，出租权与发行权二者都与影视作品的载体密不可分，二者的行使都伴随着载体的转移，只不过发行是将影视作品载体的所有权一并让渡给第三人，出租则是在保留影视作品载体所有权的前提下，将影视作品的使用权临时让渡给第三人。按照传统的权利穷竭原则理论，在美国称为"首次销售理论"，美国学者认为，著作权是控制著作权作品首次销售的权利，而未包括作品的二次销售的权利。《美国版权法》第 109 条的表达是：凡合法制成的作品复制件或录音制品的所有人，或该所有人授权的任何人，无须经著作权人的同意，即有权出售或以其他方式处置该复制件或录音制品的占有权。❷发行权受到首次销售原则的限制，即著作权人在将作品的原件或复制件提供给社会之后，就失去了对原件或复制件的控制，即著作权人不能对已经发行的原件或复制件再进行后续利用及流转。

但是，影视作品的出租权则可视作是发行权"首次销售原则"的例外。其原因就在于：第一，随着数字技术的发展、录音录像设备的普及，使得商业出租行为给影视作品著作权人的商业利益造成了极大的冲击；第二，很多消费者宁愿选择付出少量的租金来租借影视作品的复制件，而不愿意去购买影视作品的复制件，从而大

---

❶ 倪端：《视听作品的著作权研究》，中国政法大学硕士论文，2014。
❷ 吴汉东等：《知识产权基本问题研究》，中国人民大学出版社，2005，第 324 页。

大减少了影视作品权利人的收益。因此，出于保护影视作品权利人的商业利益的考虑，很多国家或地区的著作权法将影视作品复制件的出租纳入权利人的控制范围内，我国现行《著作权法》第52条也有规定，即未经影视作品著作权人的许可，出租其影视作品原件或者复制件的行为，构成侵权。

（四）放映权

我国现行《著作权法》第10条规定，放映权是指著作权人通过放映机、幻灯机等技术设备公开再现美术、摄影、视听作品（包括电影作品和电视剧作品）等的权利。可见，放映权的对象也是特定的，并不包括著作权法上的所有类型的作品。或者说，放映权仅是影视作品和美术、摄影著作权人特有的一种权利。

公开放映行为在立法上大致有两种模式，一种是在许多国家著作权法中将放映行为都定为是机械表演的一种；另一种是在一些国家著作权法中单独设立放映权，控制公开播放美术、摄影、视听作品的行为。如《德国著作权法》第19条（4）规定，放映权，指通过技术设备使公众感知到美术著作、摄影著作、电影著作或者科学技术种类的各种表现的权利。我国现行的《著作权法》采取的是后一种立法模式。实践中放映权的行使是实现著作权人财权权利的主要方式，也是激励影视作品创作人员积极创作的不竭动力。影视作品的创作既是一种艺术活动，又是一种商业活动，因此追逐商业价值成为影视作品的重要特征之一，影视作品制作完成并通过放映，才能更好地满足社会公众的需求，实现其自身的商业价值。实践中，如果文字、音乐、戏剧、舞蹈等基础作品不能被改编并制作成影视作品，其作品表现形式还仍处于基础作品的状态，那么其著作权人则不能享有放映权这一权利。根据《著作权法》第53条的规定，未经影视作品著作权人的许可，擅自放映其影视作品的，将构成侵权。

（五）广播权

我国现行《著作权法》第10条规定，广播权是指以有线或无线方式公开传播或者转播作品，以及通过扩音器或者其他传送符号、声音、图像的类似工具向公众传播广播的作品的权利，但不包括信息网络传播权。影视作品涉及的广播权是影视作品的著作权人，利用有线、无线或其他方法让公众收听收看影视作品所包含的声音、图像的权利。广播权的享有者是影视作品的制作者或者著作权人，比如经影视作品制作者或权利人授权的情况下，广播电台可以将影视作品的原声通过无线电或有线电的方式制作成播音节目播放，听众可以通过无线或有线的接收设备予以收听。

广播权和放映权的主要区别在于：广播权的实现方式是通过有线、无线或其他方式远程公开播放影视作品；而放映权的实现方式则是通过一定的设备现场播放影视作品，比如在影院或礼堂播放影视作品的复制件 VCD 等。

（六）信息网络传播权

我国现行《著作权法》第 10 条规定，信息网络传播权是指以有线或者无线方式向公众提供、使公众可以在选定的时间和地点获得作品的权利。影视作品信息网络传播权作为权利人的一项独立的专有权利，是影视作品权利人在网络时代的一种权利扩张，其实质是权利人享有的以网络方式向公众传播影视作品的权利，权利人有权以网络方式使用影视作品或许可他人以网络方式使用影视作品，并获得相应报酬。❶

制作者创作影视作品的主要目的是通过对作品的传播实现其经济利益，无论其采取何种方式放映和传播影视作品，经济回报是制作者首要考虑的问题。影视作品的制作者通过网络传播影视作品并获取一定的报酬，与影院放映、音像制品发行、电视播放等传统传播方式一样，也是一种传播方式和重要的经济来源途径。

在网络环境下，通过网络提供影视作品与传统发行方式最大的不同，就在于不会导致作品复制件的转移，无须经过有形市场的流通来达到影视作品传播的目的。这种通过网络方式对影视作品发行权的行使，著作权人是很难对作品的网络传播行为进行有效的控制。因此，为了维护影视作品权利人的合法权益，必须对传统的影视作品发行权进行扩充，为此我国早在 2001 年《著作权法》修正时，就在著作权内容中增加了信息网络传播权。

（七）改编权

《伯尔尼公约》第 12 条规定了文学艺术作品的作者有权对作品进行改编、整理和其他形式的改变，该条概括了基于原作品创作的所有改变方式。我国现行《著作权法》第 10 条中对改编权的规定是"改变作品，创作出具有独创性的新作品的权利"。如何理解"改变作品"的含义，应做扩大理解，也就是无论是改变了作品形

---

❶ 张建华:《信息网络传播权保护条例释义》，中国法制出版社，2006，第 92 页。

式还是改变了作品内容，只要达到了具有独创性的新作品的要求，就应当认为是对原作品的改编。例如，在我国法律上没有规定影视作品续拍权的情况下，如果按照只有改变了作品表现形式才能构成改编，显然影视作品续拍达不到《伯尔尼公约》对于新作品的保护要求。但是，根据我国《著作权法》第10条的规定，只要其续拍的影视作品具有了独创性，就可以视为是一种改编后的新作品。因此，对于我国著作权法上规定的改编权的理解，不应局限于是否改变了"影视"这种作品的表现形式，而应当关注于这种对影视作品的"改变"是否具有独创性。

（八）翻译权

我国现行《著作权法》第10条规定的翻译权，是指将作品从一种语言文字转换成另一种语言文字的权利。实践中对影视作品的翻译，主要表现在对影视作品中的台词、声音、歌词等的翻译，如加配翻译字幕、改配他国语言配音等。在引进国外影视作品时，为了确保和方便影视作品能在本国顺利上映传播，能使本国观众更好、更方便地欣赏作品，通常会对引进的国外影视作品通过采用本国语言重新配音或者以配有本国文字字幕的方式进行翻译。实践中，在购买国外影视作品版权时，按照惯例通常会将该影片的广播权、放映权、信息网络传播权、翻译权等权利通过合同的约定一并购买，如果仅购买影视作品的广播权、放映权、信息网络传播权或者翻译权其中的单个版权，是不利于实现对引进的国外影视作品在国内的有效广泛传播。

第四节　典型案例分析

一、西安影视制片公司与西安曲江影视投资（集团）有限公司等侵犯署名权纠纷案 ❶

（一）案件基本情况

原告陕西省西安影视制片公司（以下简称"西安影视公司"）诉称：2008年1

---

❶ 陕西省西安市中级人民法院民事判决书（2011）西民初字第00149号民事判决书。

月22日，原告西安影视公司与被告陕西省西安曲江影视投资（集团）有限公司（以下简称"曲江影视公司"）签订了联合摄制影片《纺织姑娘》协议书。该协议约定影片所形成的全部有形、无形财产及其衍生权利均按双方实际投资比例共有；影片相关人员的署名由双方共同决定等。2008年3月，应被告曲江影视公司负责人的要求，增加陕西省西安曲江文化产业投资（集团）有限公司（以下简称"曲江文化公司"）为出品单位，2008年7月14日，国家广播电影电视总局电影管理局（以下简称"国家广电局"）给《纺织姑娘》颁发的电影片公映许可证上，出品单位为西安影视公司、曲江文化公司、曲江影视公司。但在该影片发布、公映过程中，原告西安影视公司发现被告曲江影视公司、曲江文化公司未经其同意，在对外宣传的海报上将出品人周某某（曲江影视公司的法定代表人）、王某（西安影视公司的法定代表人）变更为周某某；在户外广告中，将原告西安影视公司列为联合投资单位，且放在联合投资单位的最后一位，还在广告空出位置标注"曲江影视荣誉制造"。

原告西安影视公司认为，被告曲江文化公司、曲江影视公司未经其同意，在影片《纺织姑娘》对外宣传的海报上将出品人周某某、王某变更为周某某；在户外广告中将原告西安影视公司列为联合投资单位，且放在联合投资单位的最后一位；在广告醒目位置标注曲江影视荣誉制造，其行为侵犯了原告西安影视公司对涉案影片《纺织姑娘》的知识产权，给其造成较大损失，故诉至法院，请求判令：（1）被告曲江文化公司、曲江影视公司停止发放、收回并销毁其制作和发布的影片《纺织姑娘》的海报及户外广告；（2）被告在全国性的媒体上公开赔礼道歉；（3）被告赔偿损失50万元；（4）被告承担本案诉讼费用。

被告曲江影视公司、曲江文化公司共同辩称：其在发布的广告中，所有与影片有关的投资方均署名联合投资，联合投资与联合摄制无法律意义的区别，原告西安影视公司称将其列为联合投资最后一位侵犯其著作权，无事实和法律依据。户外广告不是影视作品，无任何著作权权属证明的效力，没有列出出品人、制片人，属正常情形。王某并非本案当事人，不是著作权法规定的署名权享有者。双方联合摄制协议书约定的投资，西安影视公司并未到位。按照该协议约定，其已丧失涉案影片的所有权益，因此原告西安影视公司并不享有涉案影片《纺织姑娘》的著作权，请求法院驳回被告的诉讼请求。

（二）法院审理结果

西安市中级人民法院经审理后查明：2007年1月18日，原告西安影视公司取得了《纺织姑娘》摄制电影许可证（单片）。2008年1月22日，原告西安影视公司与被告曲江影视公司签订的联合摄制电影《纺织姑娘》协议约定：双方确认该影片总投资6 482 560元，曲江影视公司投资5 186 048元，占总投资的80%，西安影视公司投资1 296 512元，占总投资的20%；因联合摄制该影片所形成的全部有形财产和无形财产及其衍生权利，除双方另有约定外，均由双方按其实际投资比例共有；其中，无形财产包括但不限于该影片的著作权、发行权及商业运作中衍生出来的其他具有财产性质的著作权、商品名称使用权等；该影片相关人员的署名，由双方共同决定，出品人王某、曲江影视公司待定；该协议还对其他事项作出了约定。签订协议后，双方同意增加曲江文化公司为出品单位。2008年7月14日，国家广电局颁发了《纺织姑娘》电影片公映许可证，出品单位为西安影视公司、曲江文化公司、曲江影视公司。2009年7月31日，西安影视公司和曲江影视公司签订的补充协议约定，授权曲江影视公司负责影片《纺织姑娘》国内外发行事宜，并同意曲江影视公司根据市场情况决定该影片的宣传推广方式和发行推广方式，但方案的执行应事先以书面形式通告西安影视公司，征得西安影视公司的确认。

2010年11月25日，被告曲江影视公司委托西安纳尔亚广告有限公司在西安市雁展路、雁塔南路与雁南三路十字东北角、曲江大道与西影路十字发布为期30天的影片《纺织姑娘》的宣传广告。该户外广告上载有联合投资曲江文化公司、曲江影视公司、西安影视公司，在醒目位置载有曲江影视荣誉制造的字样。在宣传海报上载有出品人周某某的字样，但被告曲江影视公司对原告西安影视公司未按协议约定投资到位的事实未提交证据证明。

一审法院经审理认为，原告西安影视公司和被告曲江影视公司签订的联合摄制协议约定因联合摄制影片《纺织姑娘》所形成的全部无形财产（包括但不限于著作权）及其衍生权利属双方共有，故西安影视公司作为联合摄制人，享有影片《纺织姑娘》著作权的相关权利。被告曲江影视公司未经西安影视公司同意，在户外广告和宣传海报上，既未明确注明西安影视公司系涉案影片的联合摄制人，亦未注明西安影视公司法定代表人王某出品人的身份，其行为虽属不当，但不属于侵犯著作权法意义上的署名行为。曲江文化公司不是协议的签订人，亦不是户外广告及宣传海报的发布人，不存在侵犯西安影视公司著作权的行为。被告曲江影视公司称原告西安影视公司因投资不到位，已丧失涉案影片的著作权，没有事实依据，不能成立。考虑到被告曲江影视公司在户外广告及宣传海报上的不当行为给原告西安影视公司造成了一定影响，依照《民法通则》（已废止）第4条即"民事活动应当遵循自愿、公平、等价有偿、诚实信用的原则"的规定，应承担相应的赔偿责任。法院遂判决：被告曲江影视公司赔偿原告2万元；驳回原告的其他诉讼请求。一审判决后，原被告各方均未上诉。

（三）对案件的法律分析

1.署名权的法律属性与署名顺序

关于在作品上署名权的规定，《伯尔尼公约》第6条之二规定，作者享有独立于经济权利之外的对其作品主张作者身份的权利。我国现行《著作权法》第10条第1款第（二）项规定，署名权即表明作者身份，在作品上署名的权利。署名权在著作人身权中处于核心地位，作者享有署名权，意味着他人必须尊重作者关于是否在其创作的作品上署名及以何种方式署名（真名或者假名）的决定。署名的目的在于表明作者身份，从而使创作者即作者获得一定的人身利益和财产利益。署名权作为著作人身权的一种，是不可以转让或继承的，将得到永久保护。《最高人民法院关于审理著作权民事纠纷案件适用法律若干问题的解释》第7条第2款规定"在作品或者制品上署名的自然人、法人或者其他组织视为著作权、与著作权有关权益的权利人，但有相反证明的除外"。由此可见，作者在发表的作品上署名，借以向他人表明自己的作者身份，这还是一种"公示"行为，具有权属推定的效力。

对署名权的侵权是指未经作者许可，割裂作者与作品之间的特定联系的行为，通常表现为：抄袭他人作品，将他人作品署上自己的姓名，构成署名权侵权；使用他人作品时删除作者的署名，构成署名权侵权；使用他人作品时增加未参与创作者的署名，会让人误以为作品由作者与未参与创作者共同创作完成，同样破坏了真正的作者与作品之间的特定联系；改变作者署名方式，将作者的笔名改为真名，同样违背了作者以笔名建立与作品的特定联系而非以真名建立与作品的特定联系的意愿。

本案是因原告认为被告在涉案影片上署名的顺序不当而引发的诉讼。实践中，当一部作品有多个作者时，作者常因为署名顺序发生纠纷。这种纠纷有别于改变他

人作品且错误署名而侵犯作者署名权的法律纠纷。署名顺序纠纷发生于当事人合作
创作作品的情况下，各个作者对自己在作品上的署名先后顺序存在纠纷，比如某一
作者认为自己对作品的贡献最大，应放在第一作者的位置，可实际上其在作品上的
署名显示的却是在第二或第三作者的位置。在司法实践中，如何确定署名的顺序？
根据《最高人民法院关于审理著作权民事纠纷适用法律若干问题的解释》第11条
的规定，因作品署名顺序发生的纠纷，人民法院按照下列原则处理：有约定的就按
照约定来确定署名顺序；没有约定的，可以按照创作作品付出的劳动、作品排序、
作者姓氏笔画等确定署名顺序。法院在确定署名顺序时，在无约定的情况下通常按
照作者对作品的创造性劳动贡献大小来确定。

2.涉案宣传海报上未署原告名是否构成侵犯署名权

影视作品是由上下相关的一系列画面构成的，在通过机械设备进行播放时，能
够给观众以画面中的人或事物在运动中的感觉。影视作品是编剧、导演、摄影等创
作人员集体完成的合作作品，它也是巨额产业资本运作和支持下生产的特殊的文化
产品。根据我国现行《著作权法》第17条规定，电影和电视剧等影视作品的著作
权由制作者享有，但编剧、导演、摄影、作词、作曲等作者享有署名权，并有权按
照与制作者签订的合同获得报酬。影视作品中的剧本、音乐等可以单独使用的作品
的作者有权单独行使其著作权。此外，《电影管理条例》第15条、第16条分别规
定，电影制片单位对其摄制的电影片依法享有著作权；电影制片单位以外的单位独
立从事电影摄制业务，须报经国务院广播电影电视行政部门批准，并持批准文件到
工商行政管理部门办理相应的登记手续；电影制片单位以外的单位经批准后摄制电
影片，应当事先到国务院广播电影电视行政部门领取一次性摄制电影片许可证（单
片），并参照电影制片单位享有权利、承担义务。根据以上规定表明：电影制作者
可以是持有摄制电影片许可证的电影制片单位，也可以是持有摄制电影片许可证
（单片）的非电影制片单位。影视作品的著作权（包括署名权）归属于制作者，但
编剧、导演、摄影、作词、作曲等作者因其为影片的摄制完成付出了创造性的劳
动，因而上述人员在影视作品中同样也享有署名权。

在本案中，宣传涉案影视作品的海报本身虽然也是著作权法意义上的一件作
品，但其并不是涉案影视作品本身，因为电影海报是有关单位公布演出电影的名
称、时间、地点及内容介绍的一种宣传方式，这类海报虽然会配上简单的宣传画，
将电影中的主要人物画面形象地绘出来，以扩大宣传的力度。但尽管如此，电影海

报本身并不属于电影作品，它只是为电影作品在影院上线时由发行单位自己或委托他人制作的广告宣传。因此，海报的署名不能成为判断涉案影视作品著作权归属的依据。具体到本案中，国家广电局颁发了《纺织姑娘》电影片公映许可证，出品单位为西安影视公司、曲江文化公司、曲江影视公司，而且电影作品署名与各方的约定相符，故争讼之电影《纺织姑娘》的著作权人为西安影视公司、曲江文化公司、曲江影视公司。至于曲江影视公司在海报上将涉案影片署名为联合投资，在醒目位置载有曲江影视荣誉制造的字样，因海报上的署名并非在电影作品载体本身，当然就不能成为确定侵犯著作权法意义上署名权的依据，即涉案宣传海报上虽未署原告名但不构成侵犯原告的署名权。

二、东阳星盟动力影视发行有限公司与福州广播电视集团侵犯放映权纠纷案 ❶

（一）案件基本情况

原告东阳星盟动力影视发行有限公司诉称：原告系知名电影作品《爱，断了线》的著作权人，依法享有该电影作品的著作权。被告福州广播电视集团未经原告许可，于 2010 年 9 月 9 日通过其所属的福州电视台都市生活频道非法播放原告享有著作权的电影作品《爱，断了线》，并通过上述行为获得了相应的非法利益。被告的行为侵犯了原告的著作权，给原告造成了重大的经济损失。为此，请求法院判令：（1）被告立即停止侵权行为，即未经权利人授权，不得再次通过其所有的任何频道传播原告享有著作权的电影作品《爱，断了线》；（2）被告赔偿原告经济损失人民币 30 000 元；（3）被告承担原告为制止侵权支出的合理费用人民币 5000 元；4. 被告承担本案的全部诉讼费用。

被告福州广播电视集团辩称：（1）原告诉讼主体不适格，不享有涉案电影在中国大陆地区的专有许可权权利。因为原告未提供电影公映许可证及涉案电影权利证明。（2）央视市场研究股份有限公司不具有监播资质，不能进行证据保全。（3）被告播放的素材资料并未构成侵权。理由如下：（1）被告使用的作品符合著作权法合

---

❶ 福建省福州市中级人民法院（2014）榕民初第 196 号民事判决书，福建省高级人民法院（2014）闽民终字第 1125 号民事判决书。

理使用规定的情形，属于介绍评论某一作品或说明某一问题，在作品中适当引用他人已发表的作品，属于电影评论的合理使用；（2）被告播放的素材资料目的是保护与发展福州地方语言，纯粹基于公益目的，并非为了营利，福州方言系非物质文化遗产，大量的观众用福州话来演绎作品，进行配音，可以促进非物质文化遗产的保护与传承；（3）被告播放的素材资料、广告时间加起来不超过 40 分钟，时间较短，不到讼争影片时长的 1/2；（4）讼争影片已在各种场合多次播放且拍摄时间较久，原告利用该影片已在多地多次维权，退一步说，假设被告存在侵权，对原告的侵害性也不强。请求驳回原告的诉讼请求。

（二）法院审理结果

法院经审理查明了以下事实：原告成立于 2008 年 11 月 19 日，经营范围包括许可经营项目和一般经营项目。许可经营项目为制作、复制、发行：专题、专栏综艺、动画片、广播剧、电视剧（节目制作经营许可证有效期至 2011 年 12 月 31 日）。一般经营项目为影视服装道具租赁、影视器材租赁、户内外各类广告及影视广告等。

2013 年 5 月，香港影业协会出具"发行权证明书"证明电影《爱，断了线》由一百年电影有限公司、中国电影集团北京电影制片厂出品，该影片于 2003 年 11 月在香港公映。2009 年 10 月 30 日，出品公司及原版权持有公司一百年电影有限公司将其所有有关电影作品《爱，断了线》的版权权利转让予 STARTVFILMEDENTERTERTAINMENT（HK）LTD（以下简称"STARTV"），STARTV 专有独占性永久享有电影作品《爱，断了线》于全世界范围内所有版权权利及与之相关的转授权权利和维权权利。2010 年 11 月 29 日，经 STARTV 版权权利转让，星空华文传媒电影有限公司获得专有独占性永久享有电影作品《爱，断了线》于全世界范围内所有版权权利及与之相关的转授权权利和维权权利。经 STARTV 及星空华文传媒电影有限公司授权，星光联盟影业（香港）有限公司专有独占性享有电影作品《爱，断了线》于国内（除香港、澳门特别行政区和台湾地区）范围内电视广播权权利（只限于标准无线电视及非标准电视免费及付费有线电视及卫星电视形式广播）及与之相关的转授权权利和维权权利，期限为期 5 年，由 2010 年 7 月 1 日至 2015 年 6 月 30 日止，广东地区由 2011 年 7 月 1 日至 2016 年 6 月 30 日止。2010 年 7 月 1 日，星光联盟影业（香港）有限公司将电影作品《爱，断了线》在国内（除香港、澳门特别行政区和台湾地区）范围内的电视广播权权利及与之相关的转授权权利和维权权利独家授权给原告行使，权利期限为期 5 年，自 2010 年 7 月 1 日至 2015 年 6 月 30 日止，广东地区由 2011 年 7 月 1 日至 2016 年 6 月 30 日止。被告于 2010 年 9 月 9 日未经原许可，通过其所有的福州电视台都市生活频道播放了涉案影片。

一审法院经审理后认为：本案中，香港影业协会出具的关于诉争作品《爱，断了线》的"发行权证明书"可以证明星光联盟影业（香港）有限公司专有独占性享有该作品在我国范围内的电视广播权权利及与之相关的转授权权利和维权权利。而星光联盟影业（香港）有限公司又将上述权利转授给本案的原告。原告是否能提供电影片公映许可证，并不影响其享有诉争作品的放映权。在被告无法举证其播出的作品与原告享有的作品不一致的情况下，应当认定原告享有诉争作品的著作权。被告未经原告许可，在其生活频道非法传播原告享有著作权的涉案作品，其行为侵犯了原告的著作权。

根据以上查明的事实，一审法院遂依法判决：（1）被告在本判决生效后十日内赔偿原告经济损失人民币 5000 元（已包含合理费用）；（2）驳回原告的其他诉讼请求。一审判决后被告提出上诉。二审法院审理后，驳回上诉，维持原判。

（三）对案件的法律分析

1. 原告应如何证明其享有涉案电影作品的著作权

原告是否享有涉案电影作品的著作权，是本案的争议焦点之一。被告认为原告未提供电影公映许可证及涉案电影权利证明，原告不享有涉案电影在中国大陆地区的专有许可权利。在诉讼中，原告应举证证明自己是所主张著作权的权利人，这一点是毫无疑问的。问题在于，原告应该如何提供证据、证明到何种程度才算完成举证责任。我国相关法律对著作权权利归属证明问题做了规定。《著作权法》第 12 条规定，在作品上署名的公民、法人或者非法人组织为作者。但有相反证明的除外。《最高人民法院关于审理著作权民事纠纷案件适用法律若干问题的解释》第 7 条规定，当事人提供的涉及著作权的底稿、原件、合法出版物、著作权登记证书、认证机构出具的证明、取得权利的合同等，可以作为证据；在作品或者制品上署名的自然人、法人或者其他组织视为著作权、与著作权有关权益的权利人，但有相反证明的除外。

从以上著作权法和司法解释的规定可以看出，在本案中判断或证明原告是否享有涉案电影作品的著作权，需要从以下几方面考虑：第一，从原告提交的证据来判断，如果能证明涉案影片上署有原告其名的，即推定原告为著作权人，除非有相反证据推翻。也就是说，原告举出了其为作品的署名作者的证据，即完成了其为著作权人的证明责任，法官不得再要求原告进一步举证；被告否认原告为著作权人的，应由被告举出相反的证据证明。因此，在一般情况下，作者即为著作权人，原告只要证明其为作者就达到证明其为著作权人的效果。第二，从原告提交的所主张著作权的作品底稿、原件、合法出版物、著作权登记证书、认证机构出具的证明等来判断，经查证属实的，可以认定原告为著作权人；被告否认原告为著作权人的，则应由被告举出相反的证据反驳。第三，从双方是否对作品著作权的归属有约定来看，如果双方有明确的约定，应依照约定确定作品著作权的归属。第四，从是否有相反证据来判断，前述的以署名的方式对著作权人进行推定或者以相关证据对著作权归属进行证明的，如果被告有相反证据足以反驳原告的证据，证明署名人并非作者或作品的著作权归属他人的情况下，被告的证据经查证属实后，也是可以推翻原告的主张。

本案中，原告举证的相关证据可以证明，香港影业协会出具的关于涉案电影作品《爱，断了线》的"发行权证明书"，可以证明星光联盟影业（香港）有限公司专有独占性享有该作品在我国范围内的电视广播权权利及与之相关的转授权权利和维权权利。而星光联盟影业（香港）有限公司后又将上述权利转授给本案的原告。被告主张的原告未能提供《电影片公映许可证》，在著作权法上并不影响原告享有对涉案电影的放映权，行政许可审查不是著作权取得的必经程序。被告在无法举证其播出的涉案作品与原告享有的作品不一致的情况下，应当认定原告享有涉案电影作品的著作权。

2. 在本案中被告侵犯了原告的哪项著作财产权利

本案中，被告认为自己播放的素材资料并未构成侵权，仅仅是参照部分涉案作品《爱，断了线》电影的素材，被告大量揉进其他内容剪辑改编成福州方言的电影故事，其中叙述形式不乏采取了电影"评论"的格调，由主持人不断穿插片中进行叙述故事，这种形式并未侵犯讼争电影《爱，断了线》的著作权。被告认为其播放的素材有独创性，目的是保护与发展地方语言，促进非物质文化遗产的保护和传承，属于对原告作品的"合理使用"情形。针对被告辩称的理由，可以从以下几方面进行分析。

首先，被告的行为是否属于对原告作品的"合理使用"。我国现行《著作权法》第24条规定了著作权合理使用的13种情形。但本案被告擅自播放的行为并不属于《著作权法》规定的合理使用行为中的任何一种，虽然被告对播放的涉案影片有所删减，但其播放的涉案影片故事情节相对完整，已经超出了法定合理使用的范畴，所以被告的行为不属于合理使用的行为。

其次，被告的行为是否侵犯原告著作人身权。影视作品著作权的内容包括影视作品的权利人对其所创作的影视作品所享有的著作人身权和著作财产权。其中，著作人身权包括发表权、署名权、修改权、保护作品完整权。本案中，被告未经原著作权人同意，对涉案影视作品的内容剪辑改编成福州方言的电影故事，这是侵犯原著作权人修改权的行为。修改通常是对已完成的作品形式进行改变的行为，既包括由于作者思想观点和情感倾向的改变而导致的对作品形式的改变，也包括在思想与情感不变的前提下对作品纯表现形式的改变，还包括对作品局部的或全部的修改。被告未经授权而擅自修改作品，是侵犯著作权人修改权的行为。但本案原告是通过权利转让的方式仅获得涉案作品著作财产权中的电视广播权权利及与之相关的转授权权利和维权权利，也就是说，原告并不享有涉案电影作品著作人身权中的修改权。也正因为如此，本案原告在诉讼中并未对被告主张侵犯其修改权，即使原告主张被告侵犯其著作人身权中的修改权，也不能获得法院的支持。

最后，被告的行为是否侵犯原告的著作财产权。影视作品著作权中的财产权利可以分为复制权、发行权、广播权、放映权、信息网络传播权等。其中的放映权与广播权之间虽然存在权利重叠，但二者又有着明显的区别。放映权、广播权都属于著作权的公开传播权，公开传播分为现场传播和远程传播两种。以表演、放映、展览的方式传播作品就属于现场传播，而用广播、网络传播作品属于远程传播。因此，涉及放映权往往都是现场公开传播。而涉及广播权的传播途径有三种：一是有线或无线广播；二是有线转播或传播（广播的作品）；三是使用扩音器等设备传播。广播权的客体包括文字作品、口述作品、音乐、戏剧、曲艺、舞蹈、杂技艺术作品、影视作品等视听作品。通过以上分析可以看出，广播权和放映权的主要区别在于：广播指的是以广播形式远程公开播放作品或者是通过电台电视公开播放这些被广播的作品；而放映是现场播放，比如在现场播放 VCD、CD 或者计算机里的图片和音视频文件等。此外，广播权的客体范围要比放映权的客体要大。

本案中，原告认为被告的行为侵犯了其放映权，但结合本案的案情和著作权法的相关规定，以及对广播权和放映权的对比分析，事实上本案被告在电视台某一频道非法传播原告享有著作权的电影作品的行为，应该是属于侵犯原告广播权的行为，而不应是侵犯原告放映权的行为。

第六章　影视作品著作权归属

第一节　著作权归属的一般原则

一、我国著作权归属制度

中华人民共和国成立之后，尤其是在改革开放之后，我国的各项立法活动如雨后春笋般展开，著作权法领域也不例外。1986 年广播电影电视部颁布的《录音录像出版物版权保护暂行规定》第 4 条规定："音像出版物作为一个整体，其版权归出版单位所有。保护期限为 25 年，自音像出版物首次发行或录制之年的年底起计算。各音像出版单位应在其出版物上标明'版权所有'字样及单位名称和出版年份，未经出版单位授权，其他任何单位和个人不得作商业性翻录。"该暂行规定仍带有明显的计划经济时代的痕迹，也可以看出我国在当时的立法上，还没有涉及对影视作品著作权归属的规定，但从对音像制品著作权的归属规定来看，影视作品的著作权人也未曾以创作人的形象"亮相"。

1990 年我国颁布了中华人民共和国成立后的第一部《著作权法》，其中第 15 条规定"电影、电视、录像作品的导演、编剧、作词、作曲、摄影等作者享有署名权，著作权的其他权利由制作电影、电视、录像作品的制片者享有。电影、电视、录像作品中剧本、音乐等可以单独使用的作品的作者有权单独行使其著作权"。然而，该条规定影视作品的各类作者只享有署名权，导演、编剧、摄影等作者的劳动价值并没有得到体现，而且电影作品及以类似摄制电影的方法创作的作品范围相当宽广。这类作品各个作者如果只享有署名权，这就意味着作品的复制、发行、公开表演和广播权等，各个作者都无法加以控制，不能适应现实情况中的各种电影作品的生产的不同情况。❶

因此，在 2001 年《著作权法》第一次修正时，为了保护影视作品中各类作者的权利，将第 15 条修改为："电影作品和以类似摄制电影的方法创作的作品的著作权由制片者享有，但编剧、导演、摄影、作词、作曲等作者享有署名权，并有权按照与制片者签订的合同获得报酬。电影作品和以类似摄制电影的方法的作品中的剧本、音乐等可以单独使用的作品的作者有权单独行使其著作权。"2010 年修正后的《著作权法》没有变动。现行《著作权法》第 17 条中关于影视作品著作权的归属，仍延续了之前《著作权法》的规定。

二、著作权归属的法理基础

（一）洛克的财产理论

根据自然法学派学者约翰·洛克的观点，他人经过劳动而获得财产的权利应当得到世人的尊重。他认为，谁把橡树下拾得的橡实或者树林的树上摘下的苹果果腹时，谁就确已把它们拨归己用。其理由是，自然给了人们维持其生存和舒适生活所需要的一切东西，这些东西最初是为人们所共有的，但这些共有的自然物并不是说它永远就属于人类所共有。一个人无论他使用什么自然物提供的东西，只要他使得这个自然物脱离自然所给予的状态，也就是脱离它原来所处的状态，那么他就拥有了对这个东西的所有权。❷

作者的独创性劳动使其成为所创作作品的人，根据洛克的财产论，似乎更能直观地理解，付出智力劳动的自然人作者为何能够享有作品的著作权。可见，著作权归属于作者这一原则的背后，是个人应得的权利、利益的彰显。该理论是对作品著作权归属于作者的理论支撑之一，正是这一理论长久以来对人类观念潜移默化的影响，才最终形成了当前关于包括影视作品等在内的作品著作权由作者享有的普遍观念。

---

❶ 杨利华、冯晓青：《中国著作权法研究与立法实践》，中国政法大学出版社，2014，第 35 页。
❷ 约翰·洛克：《政府论（下）》，叶启芳、瞿菊农译，商务印书馆，1981，第 19-20 页。

（二）合同理论

从著作权的本质特征上看，著作权人享有的权利属于民事权利。因此著作权当事人之间具备平等的民事主体地位，并且著作权属于权利义务具体、特定的私权利。当事人依据法律的规定对著作权的归属作出约定，作者以外的主体依据约定也可以享有著作权，这是合同理论与民法意思自治原则的具体体现。例如，现行《著作权法》第 19 条规定，允许委托作品的作者与委托人就著作权的归属作约定，如果委托人因此成为著作权人，其权利取得的基础就是其与作者之间的合同关系。同时，《著作权法》第 27 条还规定了，著作权中的财产权还可以通过合同的约定予以转让，通过合同转让，作者以外的受让人获得著作权，成为著作权主体。

（三）投资关系理论

对影视作品的制作投资，是当今著作权制度发展的重要动力之一。具体而言，当事人之间对影视作品制作的出资、投资关系等的约定，都会对关于影视作品著作权的归属在著作权立法上产生一定的影响。例如，世界上多数国家的著作权法均规定，电影作品的著作权原则上归属于制片人，这一规定源于现代电影作品的创作和制作特点。在现代，由于一部影视作品在拍摄中获得的资金支持至关重要，对于影视作品是否能顺利拍摄完成及影视作品是否取得良好的社会效果起着决定性作用。著作权法为了顺应这一要求，促进对影视行业的投资，特别规定影视作品的主要出资人即制作者享有著作权。由于影视作品投资人的投资愿望将决定影视作品完成后的经济价值，著作权法在规定影视作品的著作权归属问题时必须考虑对投资人的激励措施和投资风险。因此，影视作品的制作人取得著作权无须再经过当事人之间的合同约定，直接通过法律规定即可获得著作权，著作权法如此规定影视作品的著作权归制作者的理论基础之一就是投资关系理论。

三、著作权归属的原则

著作权归属分为原始归属和继受归属。著作权原始归属是指作品著作权的最初归属；继受归属是指通过继承或转让而取得著作权。著作权的归属原则，仅指著作权的原始归属原则。

（一）域外的法律规定

基于各国以及国际公约的规定，大致可将著作权归属的原则分为以下两类。

1. 著作权归属的一般原则

关于原始著作权人的确定，不同的国家对此规定并不一致。英美法系国家一般规定原始著作权人既可以是自然人，也可以是法人。例如，1988 年的《英国版权法》第 9 条规定，自然人和法人都可以成为作品的作者。而大陆法系国家规定则只承认原始著作权人为自然人，如《西班牙知识产权法》规定："创作作品的自然人系作者。"作与西班牙相同规定的国家还有俄罗斯、拉脱维亚、瑞士、巴拿马、希腊、捷克等。还有些国家，虽然没有像西班牙那样在知识产权法中明确规定作者只能是自然人，但仍可推断出只有自然人才依法被认为作者。例如，1992 年《法国知识产权法》（1995 年修订文本）即规定"用心灵去创作作品"之人，系为作者。德国著作权法学家迪茨也认为，德国著作权法的出发点，是毫无例外地把作者均视为能够从事创作的自然人。❶

综上可以看出，多数国家的著作权法都承认著作权应当首先属于与创作作品有关的自然人，因此作品的作者几乎无一例外应是自然人，而法人或非法人组织则不能成为作品的作者。

2. 著作权归属的特殊原则

法人或者非法人组织可以成为著作权人，多数国家是没有争论的。因为著作权人既可能是作者，也可能是从作者手中受让著作权的其他人。所以著作权人既可以是自然人，也可以是法人。但法人是否能成为作者，则是有争论的。❷ 然而 1970 年颁布的《日本著作权法》第 15 条规定，在法人等雇主（在本条下称"法人等"）的发起下由从事该法人等的业务的人在职务上写成的作品，以法人等自己写作的名义发表者，只要在写作时的合同、职务规则等文件中没有另外的规定，其作者即应推定为该法人等。

除此之外，英美法系国家似乎也逐渐倾向作者可以是法人，如《美国版权法》就已经把雇佣状态下创作的作品的作者，统统认定为雇主。❸1988 年的《英国版权

---

❶ 盖勒主编《国际版权法》，纽约 M.Bender 出版公司，1994。
❷ 郑成思：《版权法》（上），社会科学文献出版社，2016，第 27-33 页。
❸ 十二国著作权法翻译组译：《十二国著作权法》，清华大学出版社，2011，第 785 页。

法》第 9 条中，还对作者的范围有如下列举：（1）对作品而言，作者指创作作品之人；（2）作品为录音制品的，作者为制作者；（3）作品为电影而言，作者为制片者和总导演；（4）作品为广播而言，作者为广播制作者；（5）作品为出版物的版式设计，作者为出版者；（6）作品为计算机生成的文字、戏剧、音乐或者艺术作品而言，作者应是对该作品创作进行必要安排的人。[1] 受 1988 年修订后的《英国版权法》影响，一些英美法系国家也纷纷效仿英国的版权法作出了相应规定。例如，1992 年修订的《南非版权法》第 1 条，即是如此。[2]

（二）我国的法律规定

我国现行《著作权法》第 11 条规定："著作权属于作者，本法另有规定的除外。创作作品的自然人是作者。"可见，我国关于著作权归属的原则性规定，首先是确立了著作权主体与作者之间的关系，即作者原则上是著作权主体，同时也肯定了"作者"是创作作品的"自然人"。但应注意的是，此意义上的"作者"不仅是指自然人，亦包括法人或非法人组织，即"由法人或者非法人组织主持，代表法人或者非法人组织意志创作，并由法人或者非法人组织承担责任的作品，法人或者非法人组织视为作者"。

第二节　域外影视作品著作权归属的比较

自现代著作权制度产生之日起，作者始终处于著作权主体的核心位置，作品源于作者，作者概念的法律意义是明确著作权的归属。[3] 与其他私权客体的形式不同，作为著作权客体的作品源于作者的创作。作者的创作使其作品具有一定的独创性，体现了作者的个性、思想、情感等，由此获得著作权法的保护，作者也得以成为著作权法保护的主体。以德国和法国为代表的大陆法系国家普遍规定，作者是创作作品的人。与大陆法系国家不同，英美法系国家在确定"作者"身份时，并没有实行

---

[1] 十二国著作权法翻译组译：《十二国著作权法》，清华大学出版社，2011，第 571 页。
[2] 郑成思：《版权法》（上），社会科学文献出版社，2016，第 30 页。
[3] 张春艳：《视作品著作权研究——以参与利益分配的主体为视角》，知识产权出版社，2015，第 55 页。

创作人原则，更多考虑的是经济利益原则。两种法系决定了影视作品的著作权归属制度构建的不同方向。

一、大陆法系影视作品著作权的归属

（一）影视作品著作权归属的一般规定

大陆法系秉承创作人原则，著作权属于作者，认为只有参加影视作品创作的自然人才能成为作者而享有影视作品著作权，故影视作品的作者是对影视作品制作进行创作性劳动的自然人。例如，《俄罗斯联邦民法典》第 1263 条规定，影视作品的作者包括导演、电影剧本作者和作曲者。《法国知识产权法典》第 L.113-7条规定："完成视听作品智力创作的一个或数个自然人为作者。如相反证明，以下所列被推定为合作完成视听作品的作者：剧本作者，改编作者，对白作者，专门为视听作品创作的配词或末配词的乐曲作者，导演。视听作品源自仍受保护的已有作品或剧本的，原作者视为新作作者。"[1] 可以看出，该法典对影视作品的作者是开放式列举，影视作品的作者除了已列举的五类作者之外，如果有相反证明，也包括其他完成影视作品智力创作的作者。该法典最引人注目的一点在于将原作者视为新作作者。[2]

与法国不同，《日本著作权法》第 16 条规定："电影作品中，除电影中被改编或者复制的小说、剧本、音乐或者其他作品的作者之外，负责制作、导演、演出、摄影、美术等工作、对电影作品整体制作作出了独创性贡献的人，都是电影作品的作者。"[3] 同时，不以所列举的作者为限，遵循创作人原则，只要对电影作品整体制作作出了独创性贡献，就可以成为电影作品的作者。此外，根据《日本著作权法》第15 条的规定，如果电影作品是以法人的名义发表，只要创作影视作品时的合同、工作章程没有特别规定，则该法人为影视作品的作者。[4]

《德国著作权法》则实行严格的创作人原则，该法第 7 条规定，著作的创作人是制作人，即只有创作作品的人，才能成为作品的作者。《韩国著作权法》也是类似规定，该法第 2 条第 2 项规定："作者是指创作作品的人"。这些国家都仅规定作

❶ 郑成思：《法国知识产权法典（法律部分）》，黄晖译，商务印书馆，1999，第 8 页。
❷ 张春艳：《视听作品著作权研究——以参与利益分配的主体为视角》，知识产权出版社，2015，第 64 页。
❸❹ 十二国著作权法翻译组译：《十二国著作权法》，清华大学出版社，2011，第 370 页。

者是指创作作品的人，但没有对影视作品的作者作明确规定，至于谁是影视作品的作者，只能交由法官自由裁量。

（二）影视作品著作权归属的特别规定

对于许多普通作品而言，仅凭作者一人的智力劳动或许可以创作完成。但影视作品是特殊的合作作品，在影视作品的创作过程中，仅凭一人之力，就难以创作完成。而且在影视作品制作中，制作者往往要投入巨额资金和承担巨大的商业风险，这些都是影视作品的其他作者（如编剧、导演、摄影等）无法做到的。例如，一部制作成本动辄上亿元的电影，如果没有制作者的资金投入，仅有编剧、导演、摄影师等作者的创作，一部影视作品也难以完成；反之亦然。因此，各国著作权法在确定影视作品著作权归属时都会兼顾制作者和其他作者之间的利益。

目前大陆法系国家建立了一套著作权法定转让或者许可使用的制度，将影视作品的最终使用权交由制作者行使。例如，《法国知识产权法典》第 L.132-24 条规定："在无相反约定及不影响相关条款赋予作者权利的情况下，制作者同配词和未配词的作曲者之外的视听作品作者签订合同，即导致视听作品独占使用权转让给制作者。"❶

在德国的著作权法规定中，影视作品的著作权人并不包括影视作品中被使用作品的作者，因此德国著作权法规定的影视作品使用权推定许可给制片者，并分为两种情形：一种情形是针对影视作品中被使用作品作者的推定许可；另一种情形是针对影视作品作者的推定许可。对于前者，主要体现在《德国著作权法》第 88 条，依据该条第 1 款规定，通过电影改编合同、电影剧本或者把音乐改编入电影的合同所授予的把作品改编成电影的许可权，在合同约定不明的情况下，被视为已经包括了某种综合性的排他性使用权的许可。同时，为了保证制片者顺利行使上述推定许可的权利，《德国著作权法》第 34 条关于使用权转让、第 35 条关于其他使用权的转让，以及第 41 条因不行使权利和第 42 条因观念改变而产生的收回权的限制，一旦电影拍摄工作开始，作者的这些权利即受到限制。不仅作者的经济权利受到限制，作者的人格权也受到一定程度的限制。《德国著作权法》第 93 条还规定，电影作品和为制作电影而使用的作品的作者只有其作品或者贡献遭受粗暴歪曲或者其他粗暴

---

❶ 郑成思：《法国知识产权法典（法律部分）》，黄晖译，商务印书馆，1999，第 32 页。

损害的情况下才可以行使禁止权。❶ 意大利、西班牙、比利时等国家的著作权法也都对电影作品的著作权归属作了类似规定。

在影视作品著作权归属于创作者的大陆法系国家中，这些国家在著作权归属于作者的立法规定的同时，立法又往往作特别规定，即从有利于制作者利益的角度来规定影视作品著作权的行使，以保障影视作品制作者的投资利益。

二、英美法系影视作品著作权的归属

与大陆法系国家规定相比，英美法系国家对于影视作品作者的确定显得简单得多，确定影视作品的作者范围都比较小。主要原因在于英美法系国家多从经济利益原则出发，投资者基于对影视作品创作的出资而成为著作权人。

例如，《英国版权法》第9条第1款规定，作者是创作作品的人，该条第2款第（a）（b）项规定，在作品为电影的情况下，制片者与总导演被认为是作者。与英国一样，《爱尔兰版权法》第21条规定，作者是指创作作品的人，就电影而言，作者是指导演和总导演。《美国版权法》明确肯定了雇主的作者身份，依据1976年《美国版权法》第201条第（b）项规定，雇佣作品的雇主可以被视为作者，当美国的电影制作属于雇佣作品的情形时，制作者可以凭借雇佣作品雇主的身份被视为作者。英国和美国是英美法系国家中较早发展电影工业的国家。特别是美国的好莱坞从一开始就没有忘记它的企业身份，自始至终都以商业运作的方式来完成它对电影的制作。可以这么说，电影的艺术性是在电影的商业利润的驱使下创造出来的。❷

可见，按照英美法系国家著作权法的规定，影视作品的制作是在雇佣关系的前提下进行的，制作者作为投资方不仅主持并指导参与影视作品创作者的工作，同时还负责影视作品的发行和利用。在这种情况下，无论是影视作品的导演、词曲作者、摄影、演员等，还是其他的参与人员，都只是影视作品制作者的雇员。因此，在雇佣关系下由制作者和雇员共同创作出来的影视作品，其著作权当然应归属于制作者。

---

❶ 张春艳:《视听作品著作权研究》，西南政法大学博士论文，2014。
❷ 张专:《西方电影艺术史略》，中国广播电视出版社，1999，第3页。

三、两大法系影视作品著作权归属比较

在了解两大法系主要国家的著作权法关于影视作品著作权归属的基础上，可以从两个方面进行比较分析：一是规范功能，即立法的目的和社会功能；二是受保护的利益，因为法律规定的主要目的在于保护利益，但利益的种类繁多，轻重不同，确实很难对一切的利益给予同等的保护。

（一）规范功能

其实各个国家著作权法在其发展的过程中都担负着不同的任务，尤其在各个国家著作权法对于影视作品著作权归属的规定方面，反映了现阶段不同国家的政治和社会政策。

一是保护制作者利益。"天下熙熙，皆为利来；天下攘攘，皆为利往。"法律的作用在于判断特定的利益是否应当得到承认而将其上升为权利的形式受到保护，得到国家法律承认的利益，就由一般的客观利益上升为受法律调整和保护的利益。著作权限制与反限制的实质，归根结底就是如何认识著作权法律关系的各种利益并加以分配的问题。[1] 因此，各国皆通过著作权法直接规定或以特定许可的方式将整体的著作权归属于制作者，其目的不言而喻。

二是促进影视产业的发展。任何一个产业的发展、壮大都需要投资与回报的有序、顺畅循环，影视产业也不例外。但前提是影视作品的著作权归属必须明确、清晰。依据科斯定理，"通常情况下，法律通过明晰权利来'润滑'市场交易，从而提高经济效益。这是权利界定的最基本方向，称为'规范的科斯定理'：应当构建明晰的法律，消除市场中私人谈判的障碍，从而使市场交易成本最小化"[2]。因此，从影视的诞生到影视作品进入著作权法的保护领域，各国从影视作品文化市场出发，根据影视作品市场的需要和发展趋势，通过立法规定影视作品的著作权归属。

---

[1] 胡开忠：《著作权限制与反限制的法哲学基础研究》，《法商研究》1996 年第 1 期，第 26 页。

[2] 高伟健、牛小凡译注：《科斯〈社会成本问题〉句读》，经济科学出版社，2019，第 102 页。

（二）利益保护

从大陆法系国家著作权法立法的规定看，显然是侧重对作品创作者的利益保护，而在之后的立法发展变化中，保护利益的天平逐渐倾向于制作者，但这种趋势并没有违背影视作品创作者的著作权地位。而在英美法系国家中，倾向于影视作品在使用或传播过程中的利益保护。可见，不同国家的立法对影视作品著作权的归属所体现的利益保护各有侧重。

由于各国文化历史传统及所处的经济发展阶段的差异都很大，西方国家的法治传统或相当一部分法律制度，基本上是在市场经济自然发生过程中逐渐演化变革形成的。因此，在了解和借鉴域外关于影视作品著作权归属制度时，我们一定要立足于本国国情，合理借鉴域外经验，并最终为我所用。

第三节　我国影视作品著作权归属

一、影视作品著作权的法定归属

我国 2010 年《著作权法》第 15 条规定，电影作品和以类似摄制电影的方法创作的作品的著作权由制片者享有。著作权法的这一规定只是抽象的、原则性的规定，具体到电影作品著作权的归属，根据《电影管理条例》第 15 条规定，电影制片单位对其摄制的电影片，依法享有著作权。而现行《著作权法》第 17 条规定，视听作品中的电影作品、电视剧作品的著作权由制作者享有。根据以上的规定，在法律规定的层面，影视作品的制作者对影视作品享有著作权。

根据创作产生著作权的原则，影视作品作为一种特殊的合作作品，应当承认影视作品是由编剧、导演、作词作曲、摄影师等作者共同创作完成的。虽然如此，但考虑到制作者负责对影视作品的投资和承担影视作品的商业风险，现行《著作权法》第 17 条将影视作品的著作权归属赋予了制作者，对此从理论上讲可视为将编剧、导演、作词、作曲、摄影等作者对影视作品的著作权法定转让给了制作者，故制作者对影视作品的著作权并不是根据独创性劳动而取得，而是根据其对影视作品的制作投资而依法取得。

此外，在我国有关其他法律规定以及司法实践当中，也是认可影视作品的著作权应归属于投资者。例如，《国产电影片字幕管理规定》第 4 条规定："电影制片单位以外的单位，其投资额度达到该影片总成本三分之一（合拍影片占国内投资额度三分之一）的，可署名为联合摄制单位。"据此，"联合摄制单位"作为一部电影作品的投资者，也可以成为电影作品的制作者并依法享有著作权。

二、影视作品著作权的约定归属

虽然我国现行《著作权法》第 17 条没有明确规定影视作品著作权的归属可以通过约定取得，但根据《民法典》第 129 条的规定，民事权利的取得可以依据民事法律行为、事实行为、法律规定的事件或者法律规定其他方式取得。著作权在性质上是私权，属于民事权利，与影视作品创作有关的民事主体之间，可以通过合同来约定影视作品著作权的归属。在司法实践中，法院对当事人之间关于影视作品著作权的约定归属是认可的。例如，在"北京天中映画文化艺术有限公司与上海全土豆科技公司著作财产权纠纷上诉案"❶ 中，法院认为电影作品和以类似电影的方法创作的作品的著作权由制片者享有。从涉案影视片署名来看，涉案电视剧由北京天中映画文化艺术有限公司、上海东上海国际文化影视公司、潇湘电影集团、广东星河传媒有限公司四家单位联合出品，虽然署名中有 29 家单位联合摄制，但根据北京天中映画文化艺术有限公司提供的其与上海东上海国际文化影视公司、广东欣欣向荣广告有限公司签订的《合约书》中的约定，上述三家公司投资拍摄涉案电视剧并共同享有著作权，如果提议其他机构投资的，只能在提议方认缴投资比例中分拆，署名只能列入联合摄制单位。以上约定表明，除《合约书》中的三方签约单位外，其他投资方并不享有涉案电视剧除署名权以外的著作权。

可见，影视作品著作权的归属，不仅需要依照法律规定，还须顺应影视作品的投资模式和商业市场的需要，影视作品的著作权归属并不完全是根据当事人对影视作品的独创性劳动取得，而往往是根据对影视作品制作的投资而取得。现行《著作权法》第 17 条只是对电影作品、电视剧作品之外的视听作品的著作权归属可以由

---

❶ 上海市第一中级人民法院（2010）沪一中民五（知）终字第 63 号民事判决书。

当事人约定，故建议今后在对著作权法修改时，也应明确规定影视作品著作权的约定归属，以便实践中影视作品著作权的归属由当事人约定能有法可依。

第四节　典型案例分析

一、浙江金钻影视文化有限公司与杭州文化广播电视集团著作权权属和著作权侵权纠纷案 ❶

（一）案件基本情况

原告浙江金钻影视文化有限公司诉称：2013 年 6 月起，原被告双方达成协议，约定联合投资拍摄制作 156 集法制系列微电影《田间地头说法律》，并约定双方分别对该片投资 30% 和 70%，各占 30% 和 70% 的股份。

原被告双方分别于 2013 年 10 月 8 日和 2014 年 4 月 29 日相继补签了《联合拍摄制作合同》和《备忘录》，约定双方每年投资拍摄制作 52 集，每年拍摄经费为 228 万元，合作期限为 3 年。该片拍摄制作完成后，将主要由被告负责通过全国各省市（县、区）级电视台和浙江省党建频道、党员远程教育网络，以及全国各地省委组织部党员远程教育网络平台等渠道播出，以取得双方的投资回报。其间，双方共同策划该片和创作了近 60 集的剧本，其中原告创作了 20 余集。

此后，原被告双方于 2013 年 12 月 23 日至 2014 年 1 月 16 日期间，共同对该片中的《村支书家的懊恼喜事》等共 15 集涉案微电影进行拍摄，其中 5 集剧本系由原告员工创作，其余 10 集剧本由被告员工创作。

除上述已拍摄完成的该 15 集涉案微电影作品外，原告还组织员工创作了《酒醉的丈夫》等共 13 集剧本。原告依法享有该 13 集未拍摄剧本的著作权，并与被告共同享有已拍摄成涉案微电影的前述 15 集涉案微电影剧本的著作权。

2014 年 1 月起，被告未经原告同意，擅自将双方共同享有著作权的 10 集涉案微电影，分别通过不同的途径，免费或有偿对外公开发布或发行，并独自进行获

---

❶ 杭州市滨江区人民法院（2015）杭滨知初字第 993 号民事判决书。

利，严重影响了已发行的该 10 集涉案微电影的日后有偿发行，且发布和发行的涉案微电影中，将本应署名原告为"出品单位"和"摄制单位"等，替换成与他人联合，或由其单独"出品"或"承制"，且在上述发布或发行的 DVD 包装盒装帧和 DVD 光盘封面，以及播放涉案微电影时出现的贴片或动画广告片头中，亦未署名原告为"出品单位"和"承制单位"，而仅署名为被告或被告与其他单位。

原告认为，被告的行为侵犯了自己的著作权，为此原告诉至法院。请求判令：（1）依法确认原告与被告共同享有《田间地头说法律》系列微电影《村支书的懊恼喜事》等 15 集微电影和微电影剧本的著作权；（2）依法确认原告享有《酒醉的丈夫》等 13 集未拍摄成微电影的文学剧本的著作权；（3）被告立即停止侵权（所有对外发布的涉诉作品中及相应片头广告和 DVD 包装装帧中均应署名原告为出品单位和承制单位，且应在片尾署名原告法定代表人为该影片的制片、总策划、总导演、出品人，以及其他所有演职人员等），并在《钱江晚报》等相关媒体上公开赔礼道歉；（4）被告承担本案诉讼费、律师费和公证费 7800 元。

被告杭州文化广播电视集团辩称：被告未侵犯原告的著作权，原被告之间合作拍摄涉案微电影是双方共同的行为，根据双方的合同，原被告双方共同拥有播出版权和各级评奖的权利，实际上各级评奖都以原告为参加主体之一，作品上表明了原告是出品单位之一，不存在侵犯原告权利的事实。原告诉讼请求（1）和诉讼请求（2）是要求确认著作权，应该根据拍摄合同来确认，如果是在合作范围内的，应该双方共同享有，而不是单独享有。关于原告诉讼请求（3），目前相关作品均未对外公开发行，在作品本身已经注明了原被告双方是联合出品单位，实现了原告署名权的要求，而原告要求其法定代表人作为制片总策划的要求，没有具体的法律依据，所谓的赔礼道歉也是没有事实和法律依据的。综上，请求法院驳回原告的全部诉讼请求。

（一）法院审理结果

浙江省杭州市滨江区人民法院经审理后查明的事实如下：

（1）原被告双方 2013 年 10 月 9 日签订的《联合拍摄制作合同》，合同第 1 条约定："系列微电影《田间地头说法律》每集片长 15 分钟，年拍摄制作 52 集、长度 780 分钟，项目初步计划 3 年。拍摄制作完成后，将分别通过浙江省各市（县、区）级电视台对农节目播出，通过浙江省党建频道、党员远程教育网络及各省组织部党员远程教育平台播出。全剧拍摄制作经费预算为 40 000 元 / 集，项目制作经费预算为 228 万元 / 年。"合同第 5 条约定："甲乙双方共同拥有该剧的播出著作权，拥有参加各级评奖的署名权。本合同自签字之日起生效，有效期为 3 年。乙方拥有播出与出版中获得各种收益的分配权（含衍生产品），分配比例为 30%。"

（2）原被告双方 2014 年 4 月 29 日签订的《备忘录》第 5 条第 4 款约定："双方对已完成拍摄的微电影成片和所有剧本均享有著作权，且前 15 集成片和拍摄素材等双方均各有备份。"《备忘录》第 2 条第 2 款约定："至今止，双方已共同完成该项目的整体立项、策划，并已完成该项目剧本创作 41 个（其中甲方 26 个，乙方 15 个）。目前已基本完成前 15 集（其中采用甲方剧本 10 个，乙方剧本 5 个）的样片制作。并计划于 2014 年 6—7 月开始拍摄制作余下 37 集。"

（3）2015 年 4 月 10 日，被告杭州文化广播电视集团向原告浙江金钻影视文化有限公司出具《报奖证明》中写道："《想生儿的来找我》《村支书家的懊恼喜事》《还我孩子》（由杭州市环保局选送）；《老甲鱼》《活路》《咱俩打个赌》《钱厂长的烦恼》（由杭州市环保局选送），《无效契约》《王老鼠要养鱼》《乡里乡亲》《除旧迎新》（由杭州市土管局选送），上述选送作品均已在浙江党员干部现代远程教育网（www.zjsdxf.cn）和'庆丰村'《乡村法制苑》栏目中，作为'农村党员干部现代远程教育期刊类电视课件'播出。该栏目主要由中央党校求索音像出版社杭州文广《庆丰村》编辑部即由本集团实际负责。上述各片署名中除本集团和金钻影视为实际投资出品单位和实际摄制单位外，其余均为名誉联合出品或名誉联合摄制单位。除了被告与原告两家实际投资出品单位外，其余均不具有著作权。"

（4）被告 2015 年 4 月 16 日出具的《证明》也载明首季 15 集微电影基本完成，上述选送作品均为在农村党员干部和现代远程教育课件系列微电影，均已分别署名各选送单位和中共中央党校求索音像出版社（庆丰村）编辑部（系联合出品），现同意由原告根据需要出面参加有关微电影大赛和申报各类奖项等。

根据以上事实，法院认为：原被告双方就共同完成的影视作品的著作权归属和行使有明确的约定，即依据《联合拍摄制作合同》《备忘录》中的约定，"双方对已完成拍摄的微电影成片和所有剧本均享有著作权"。因此，原被告共同享有已拍摄完成的 15 集涉案微电影及电影剧本的著作权。被告对未拍摄成微电影的 13 集剧本真实性无异议，且在庭后明确表示不再主张未拍摄剧本的著作权。据此，法院确认原告享有 13 集未拍摄成微电影的文学剧本的著作权。同时，根据合同约定，原被告双方共同拥有涉案微电影的播出版权和署名权，被告明知原告系涉案微电影的共同著作权人,却在上传至浙江党员干部现代远程教育网(www.zjsdxf.cn)上的 10 集涉案微电影片头片尾均未显示原告为出品人或制片人;在 DVD 光盘内包括涉案微电影《活路》也未对原告署名,故被告的行为侵犯了原告的署名权。

法院据此依法作出判决:(1)原告与被告共同享有《田间地头说法律》系列微电影《村支书家的懊恼喜事》等 15 集微电影和该 15 集微电影剧本的著作权。(2)被告立即停止侵权,将上传至浙江党员干部现代远程教育网(www.zjsdxf.cn)上的《村支书家的懊恼喜事》等 10 集涉案微电影下线;停止发行"农村党员干部现代远程教育期刊类电视课件·庆丰村(2014 年第 8 期)"含有涉案微电影《活路》的 DVD 光盘。(3)原告享有《酒醉的丈夫》等 13 集未拍摄成微电影的文学剧本的著作权。(4)被告赔偿原告合理支出 3900 元。(5)驳回原告的其他诉讼请求。

(三)对案件的法律分析

1. 本案中涉案微电影的著作权归属是否应依照当事人间的约定确定

本案是有关影视作品著作权归属和权利行使的纠纷。法院在认定被告的行为是否侵犯原告的著作权时,必须首先查明涉案影视作品的著作权人是谁,在诉讼过程中,原告提交了原被告之间关于涉案影视作品著作权归属的约定,根据原被告双方签订的《联合拍摄制作合同》和《备忘录》,法院确认涉案影视作品的制片者是原被告双方,即双方共同对涉案影视作品享有著作权。也就是说,法院在判断涉案影视作品的制片者时,要遵守署名原则。但是,如果当事人之间有约定的,且约定符合法律的规定,则应按照原被告之间的合法有效约定,确定影视作品的著作权归属。本案中,法院根据原被告双方的约定,确认了涉案影视作品著作权归属于原被告双方共同享有。

2. 本案被告是否有权对涉案微电影单独行使著作权

在本案中,影视作品的著作权依约归属于原被告双方共有,即涉案影视作品为合作作品。涉案影视作品作为合作作品,属于不可分割的合作作品。在本案中,如果被告欲行使涉案微电影的著作权时,与原告达不成一致意见,被告能否单独行使著作权?根据《著作权法实施条例》第 9 条的规定,合作作品不可以分割使用的,其著作权由各合作作者共同享有,通过协商一致行使;不能协商一致,又无正当理由的,任何一方不得阻止他方行使除转让以外的其他权利,但是所得收益应当合理分配给所有合作作者。本案中,被告作为影视作品的共有著作权人之一,在没有与原告协商一致，又无正当理由的情况下，是不能单方行使涉案影视作品的著作权，否则，构成对作为涉案影视作品共有权人原告的侵权。

二、段某与北京电视台侵犯著作权纠纷一案 ❶

（一）案件基本情况

原告段某诉称：其自 2001 年开始创作数字 3D 艺术电影《荷》（当时暂定名为《荷之随想》），2002 年完成文学剧本画面分镜、电脑完成分镜编辑版及部分高新技术片断试片，长度为 5 ~ 7 分钟。由于全数字 3D 电影制作成本很高，2002 年底其自北京电影学院（以下简称"电影学院"）与上海美术电影制片厂（以下简称"美影厂"）筹集到 35 万元资金用于该片创作和制作。由于美影厂是主要出资方，其作为该片制片和主创未取得任何酬金。双方于 2004 年 1 月 19 日签订了《关于〈荷〉片销售权的协议书》，约定双方同时拥有该片销售权；此片若由美影厂售出，销售额的 20% 归段某所有；如果由段某售出，销售额的 50% 归美影厂所有。2003 年 7 月至 2004 年 7 月，段某委托华龙电影数字技术有限公司（以下简称"华龙公司"）完成中期视频制作，之后由电影学院完成杜比声音部分。在此片创作过程中，段某兼编剧、导演、美术、艺术总监、编曲、制片人于一身，故《荷》片的著作权应归其所有。2005 年春节期间，发现被告播放了《荷》片，播放时未包含任何署名信息。经原告交涉，被告截至停播时已播放该片至少 40 次。被告擅自播放该片，具有不可推卸的过错。侵犯了段某对《荷》片享有的发表权、播放权、署名权和获得报酬权。故请求判令：（1）被告赔偿原告经济损失 100 万元（含律师费、取证费）；（2）被告向原告支付精神抚慰金 10 万元；（3）被告公开赔礼道歉，消除影响；（4）被告销毁《荷》片的任何复制件。

被告北京电视台辩称：（1）原告主张对《荷》片享有著作权，无事实和法律依据。我国对电影摄制、发行实行许可制度，段某无法证明其具有电影发行许可证等相关证明，故不能享有《荷》片著作权；电影作品著作权依法由制片人享有，原告的代理人在证据交换时也承认了涉案《荷》片的著作权归美影厂所有。（2）被告播放《荷》片无任何过错。原告完全知悉被告的购买行为，被告是通过正常协议许可

---

❶ 北京市海淀区人民法院（2005）海民初字第 11448 号民事判决书。

渠道购买《荷》片，被告播放《荷》片时已经在片头为原告以印章方式署名，被告在收到原告的通知后，立即停播，并无至少播放 40 次一事。（3）被告播放行为系为弘扬国产数字动画的行为，从商业角度看，《荷》片并无市场价值，并无造成销售损失一事，原告的巨额索赔无事实和法律依据。综上，请求驳回原告的诉讼请求。

（二）法院审理结果

北京市海淀区人民法院经审理查明：2000 年起，原告开始筹划创作三维动画片《荷》，其先后自电影学院和美影厂获得拍摄资金。2002 年 11 月 29 日，原告代表乙方电影学院与甲方美影厂就联合摄制《荷》（当时名为《荷之随想》）达成协议，协议第 1 条约定《荷之随想》由美影厂出品，电影学院联合摄制；第 2 条约定双方委托原告任本片编剧、导演、制片，负责整部影片的前期创作、中期制作、后期合成等全部创作及制作工作；第 3 条约定电影学院已投资 3 万元作为前期试片费用，另已补批准 5 万元作为后期制作费用；美影厂投资 20 万元制作中期视频部分。原告应于 2003 年 8 月 15 日前将 35mm 电影混录双片交予甲方，并负责完成甲方及广电总局电影局审查意见的修改工作。该片完成后所有版权归甲方所有，乙方拥有联合摄制的署名权，并获得电影拷贝一份作为国内外学术交流之用。该片一经售出，销售额甲乙双方按投资比例分配，暂定比例为甲方 70%、乙方 30%；原告由于从前期创作起终未获得编导稿酬、主创版权费、制片酬金等，此片若经售出，电影学院应按原支持教师创作合同，在收回投资后，其余部分销售额归主创原告所有；此片原告也可销售，若由原告售出，按其与美影厂有关协议执行；同年 11 月 20 日，美影厂曾委托一家公司制作，后于 2004 年 1 月 19 日终止。2004 年 1 月 19 日，美影厂与原告订立一份协议，约定原告为《荷》片编剧、导演、艺术总监及制片人，在影片完成后与美影厂同时拥有该片的销售权，双方约定该片若由美影厂售出，应将销售额的 20% 付予原告，若由原告售出，销售额的 50% 归美影厂所有。2004 年 2 月 11 日，美影厂与华龙电影数字制作公司订立合同，委托该公司进行数字特技制作。

2004 年 12 月 15 日，《荷》片获得电影公映许可证，出品单位及摄制单位均为美影厂。美影厂、电影学院和原告各有一份带子。在 2004 年中国国际广播影视博览会上的该片展板上，有原告亲自书写的 2004 中国电影华表奖字样，该展板的宣传文字为 "《荷花》：动画电影艺术短片，10 分钟（电视高清版），上海电影集团公司、上海美术电影制片厂出品；上海美术电影制片厂、北京电影学院联合摄制；华龙电影数字制作有限公司电脑制作、北京世纪梦文化艺术传播有限公司整合推广发行"，下有电话及传真号。原告认可展会的目的就是洽谈电视、电影的买卖，参展影片即可进行销售。被告在此次展会上收到了北京世纪梦文化艺术传播有限公司（以下简称"世纪梦公司"）的宣传材料。2005年1月7日，北京世纪梦文化艺术传播有限公司与被告订立著作权许可使用合同，将动画片《瑶玲啊瑶玲》和短片《荷花》授权被告在动画卫星频道播放，使用费总计132 000元，其中《荷》为2000元。被告支付了使用费。

2005年1月24日，被告在第10频道动画频道开始滚动播出《荷》，原告向被告提出异议后，被告停止播放。该播放带片头显示段某印章，结尾有中国电影集团华龙电影数字制作有限公司、北京世纪梦文化艺术传播有限公司联合推广字样，并无其他署名。最终完成的版本片尾显示华龙公司制作，原告为编剧、导演、艺术总监、美术、编曲、制片，上海美影厂和北京电影学院联合摄制。

法院经过审理后认为本案争议焦点有以下两点：一是原告段某是否对《荷》片享有著作权。段某身兼动画片《荷》的导演、制片、美术编剧、艺术总监等多种身份，其为该片付出的创造性劳动不容置疑，但上述劳动的付出并不等同于著作权人身份的获得。按照《著作权法》的规定，电影的著作权由制作者享有，而且合同中已将著作权约定为归属于美术厂，因此段某以电影的著作权人身份主张权利证据不足。二是被告北京电视台的播放行为是否经过了原告的许可。原告段某准予华龙公司参展即已准许该公司洽商影片出售，而原告段某在写有世纪梦公司字样的宣传板上亲自书写获得华表奖足以说明段某对世纪梦公司参与宣传推广发行涉案影片是明知而且认可，北京电视台据此与世纪梦公司签约播放，应视为获得了段某的许可。

一审法院依据所查明的事实和《著作权法》的规定，判决如下：驳回原告段某要求被告北京电视台停止侵权（销毁作品）、赔礼道歉、消除影响、赔偿损失的全部诉讼请求。

（三）对案件的法律分析

1.原告段某是否对涉案《荷》片享有著作权

本案中，原告段某身兼动画片《荷》的导演、制片、美术、编曲、艺术总监等多种身份，其为该片付出的创造性劳动不容置疑，但上述劳动的付出并不等同于就可以获得涉案影片的著作权人身份。按照《著作权法》的规定，影视作品的著作权由制作者享有。虽然原告作为自然人也能成为影视作品的制作人，但是依据案件中查明的美影厂与电影学院、美影厂与原告及美影厂与华龙公司的合同约定，涉案动画片《荷》的著作权归属于美影厂。虽然原告除依照合同约定享有导演等创作者身份和有权销售涉案电影，以及有权从涉案电影发行中获益，但原告的以上身份和权利并不能够证明其为涉案动画片的制作者，而享有涉案动画片《荷》的著作权。因此，在本案中，法院没有支持原告的诉求，原告不享有对涉案《荷》片的著作权。

2. 被告的播放行为是否构成对原告的侵权

在本案中，原告段某认为被告北京电视台未经许可，将尚未发表的电影作品予以播放，且未予署名，侵犯了其就涉案影片的著作权。法院从查明的案件事实后认为：2004 年中国国际广播影视博览会上《荷》片介绍的展板上，在写有世纪梦公司字样的宣传板上，原告亲自书写了获得华表奖，这足以说明原告对世纪梦公司参与《荷》片的宣传推广发行是明知而且认可。被告据此与世纪梦公司签约播放，应视为获得了原告的许可。

此外，对于原告提出的被告播放《荷》片中缺少主创人员署名一节和被告是否审查有误的主张，法院认为：首先，按广播电影电视部参加中外电影节展的管理规定，只有获得了电影公映许可证的影片才可以参展。按此行业要求，用户一般有理由相信参展影片应为获得许可证的影片，但被告北京电视台对此未作进一步的审查，虽然其实际播放涉案作品确系在影片获得电影发行许可证之后，但对发行许可证的审查义务仍存在风险。其次，涉案的动画电影有其特定的表现方式，如果涉案作品在片头以印章方式表现原告段某二字，但仍需符合电影制作的要求，被告确实存在对涉案动画片署名不完全未加注意的情况。但因世纪梦公司的销售《荷》片业经原告的许可，世纪梦公司提供给被告的版本应视为经过原告段某的许可。且最终完成版的片尾显示华龙公司制作，段某为编剧、导演、艺术总监、美术、编曲、制片，上海美影厂和北京电影学院联合摄制。由于原告之前允许该片参展现和销售，现又以被告未尽审查义务和播出带署名不全为由，其主张被告侵权并要求其承担包括巨额赔偿在内的侵权责任，没有得到法院的支持。

第七章　影视作品著作权限制

第一节　著作权限制概述

一、著作权限制的含义

任何法律对权利的保护都是有条件、有限制的，没有限制的权利保护将导致权利垄断。体现在著作权法上，即是对著作权的限制。所谓对著作权的限制，在理论上又称为"著作权的例外"，是指国家在建立著作权保护制度的同时，为了国家的经济、文化和科技事业的发展，以及社会公共利益的需要，著作权法对作者及其他著作权人所享有的著作权作出了某些限制性规定。在"著作权的例外"的情况下，他人对著作权人作品的使用不受其著作权的专有权利的限制，也不构成侵权。

著作权法之所以对著作权行使作出限制，主要是因为社会的发展、文化的进步、公民文化水平和素质的提高，都离不开作品广泛的传播和利用。著作权限制制度建立的理论基础是利益平衡，其主要的功能在于平衡作品创作者与社会公众的利益，确保公众能接触和使用作品，从而促进整个社会科学文化事业的进步。为了不使著作权法授予著作权人的某些专有权利（主要是财产权）导致社会公众难以获得知识和妨碍社会教育、科学和文化发展，有关国际公约、各国著作权法在规定对著作权人合法利益保护的同时，也规定对著作权人的权利限制条款。

二、著作权限制的主要情形

著作权法对著作权的限制主要包括四种情况。一是著作权的范围限制，是指著作权所保护的客体范围是由法律所确认的，如我国现行《著作权法》第 5 条就明确规定了不受著作权法保护的客体。二是著作权的地域限制，是指在一国境内获得的著作权，仅在该国境内有效，该国原则上没有保护外国人作品著作权的义务，除非该国法律另有规定。我国著作权的地域限制，主要体现在《著作权法》第 2 条的规定。三是著作权的权能限制，是指著作权人行使权利时所受到的限制，在我国著作权法中体现为著作权的合理使用与法定许可两种制度，对此现行《著作权法》第 24 条、第 25 条等条款有相应的规定。四是著作权保护期限的限制，各国根据本国情况对著作权的保护期作了不同的规定，著作权的保护期限届满，则作品进入公有领域不再受著作权法的保护。在我国，主要体现在现行《著作权法》的第 23 条的规定。本章只介绍著作权限制的第三种情形，即著作权的合理使用和法定许可。

第二节　对影视作品的合理使用

一、著作权的合理使用概述

（一）合理使用的概念

所谓著作权的合理使用，是一个各国通用的用语，是指在著作权法规定的具体条件下，允许他人使用享有著作权的作品，而不必征得著作权人的同意，也不必向著作权人支付报酬的制度。各国著作权立法对著作权合理使用制度都给予了肯定，我国著作权法也不例外。我国《著作权法》在第 24 条中作了具体的规定，即在法律规定的情况下，其他人在指明作者姓名、作品名称、作品出处和不侵犯著作权人依法所享有的其他权利的条件下，可以不经作者同意，不向其支付报酬，使用作者已经发表的作品。

在现代各国著作权法中，合理使用制度已被普遍采用，以此作为对著作权的一种必要限制。美国版权法对合理使用的目的和适用范围进行了系统的规定。多数著作权国际公约对此亦作了明确规定,《伯尔尼公约》对合理使用作了总的限定,允许以合理的目的使用他人作品,但必须符合公平惯例,从而使合理使用这一规则成为国际准则。❶

根据现行《著作权法》对合理使用的规定,著作权的合理使用一般应满足以下几个条件:(1)合理使用的作品必须是已经发表的,未发表的作品不属于合理使用的范围;(2)对作品的合理使用必须在一定范围内、一定条件下进行,其使用不得影响该作品的正常使用,也不得不合理地损害著作权人的合法权益;(3)合理使用是对著作权人财产权的限制,而不涉及著作权人的其他权利;(4)合理使用他人作品时,必须注明作者姓名或者名称、作品名称;(5)合理使用还必须符合法律规定的情形。

（二）《著作权法》规定的合理使用情形

合理使用是著作权法的一项基本制度,是指在特定条件下法律允许他人自由使用著作权作品而不必征得著作权人同意,也不必向著作权人支付报酬的制度。❷合理使用制度是被与知识产权相关的国际公约所确立并被各国普遍接受的一项制度。我国对此采用具体列举式立法模式,在现行《著作权法》第24条中明确列明了著作权合理使用的12种情形,在明确列举12种合理使用情形的同时,著作权法还作了兜底性的规定,即"法律、行政法规规定的其他情形"。

我国现行《著作权法》第24条对著作权合理使用的具体情形规定如下:

在下列情况下使用作品,可以不经著作权人许可,不向其支付报酬,但应当指明作者姓名或者名称、作品名称,并且不得影响该作品的正常使用,也不得不合理地损害著作权人的合法权益。

（一）为个人学习、研究或者欣赏,使用他人已经发表的作品;

（二）为介绍、评论某一作品或者说明某一问题,在作品中适当引用他人已经发表的作品;

（三）为报道新闻,在报纸、期刊、广播电台、电视台等媒体中不可避免地再现或者引用已经发表的作品;

（四）报纸、期刊、广播电台、电视台等媒体刊登或者播放其他报纸、期刊、

---

❶ 吴汉东等:《知识产权基本问题研究》,中国人民大学出版社,2005,第303页。
❷ 曲三强:《现代著作权法》,北京大学出版社,2011,第172页。

广播电台、电视台等媒体已经发表的关于政治、经济、宗教问题的时事性文章，但著作权人声明不许刊登、播放的除外；

（五）报纸、期刊、广播电台、电视台等媒体刊登或者播放在公众集会上发表的讲话，但作者声明不许刊登、播放的除外；

（六）为学校课堂教学或者科学研究，翻译、改编、汇编、播放或者少量复制已经发表的作品，供教学或者科研人员使用，但不得出版发行；

（七）国家机关为执行公务在合理范围内使用已经发表的作品；

（八）图书馆、档案馆、纪念馆、博物馆、美术馆、文化馆等为陈列或者保存版本的需要，复制本馆收藏的作品；

（九）免费表演已经发表的作品，该表演未向公众收取费用，也未向表演者支付报酬，且不以营利为目的；

（十）对设置或者陈列在公共场所的艺术作品进行临摹、绘画、摄影、录像；

（十一）将中国公民、法人或者非法人组织已经发表的以国家通用语言文字创作的作品翻译成少数民族语言文字作品在国内出版发行；

（十二）以阅读障碍者能够感知的无障碍方式向其提供已经发表的作品；

（十三）法律、行政法规规定的其他情形。

前款规定适用于对与著作权有关的权利的限制。

（三）《信息网络传播权保护条例》规定的合理使用情形

关于著作权的合理使用，除了《著作权法》有明确规定外，《信息网络传播权保护条例》中也有相应的规定，该条例第6条的规定：

通过信息网络提供他人作品，属于下列情形的，可以不经著作权人许可，不向其支付报酬：

（一）为介绍、评论某一作品或者说明某一问题，在向公众提供的作品中适当引用已经发表的作品；

（二）为报道时事新闻，在向公众提供的作品中不可避免地再现或者引用已经发表的作品；

（三）为学校课堂教学或者科学研究，向少数教学、科研人员提供少量已经发表的作品；

（四）国家机关为执行公务，在合理范围内向公众提供已经发表的作品；

（五）将中国公民、法人或者其他组织已经发表的、以汉语言文字创作的作品翻译成的少数民族语言文字作品，向中国境内少数民族提供；

（六）不以营利为目的，以盲人能够感知的独特方式向盲人提供已经发表的文字作品；

（七）向公众提供在信息网络上已经发表的关于政治、经济问题的时事性文章；

（八）向公众提供在公众集会上发表的讲话。

（四）合理使用的判断标准

在理论和实践中，如何衡量或界定"合理使用"的标准，是判断合理使用的关键。目前对合理使用的判断标准主要有两种国际通行的做法，即"三步检验法"和"四个标准检验法"。

"三步检验法"最早在《伯尔尼公约》第9条中首次出现，之后《伯尔尼公约》《与贸易有关的知识产权协定》《世界知识产权组织版权条约》和《世界知识产权组织表演和录音制品条约》从不同主体利益角度、不同方面和不同方式规定了"三步检验法"，内容并非完全一致，但基本框架和基本意思相似❶，即合理使用应当符合三个法定要件：（1）有关的使用是就具体的特殊情况而言；（2）该特殊情况下的使用没有影响著作权人对于作品的正常使用；（3）该特殊情况下的使用也没有不合理地损害著作权人的合法利益。

"四个标准检验法"是美国著名的合理使用规则。《美国版权法》第107条和中国台湾地区在"著作权法"修订中都有相应的规定。"四个标准检验法"具体标准是：（1）使用的目的和特点，包括该使用是否具有商业特性，或是否为了非营利性教育目的；（2）享有版权作品的特性，即被使用的作品是事实性还是虚构性的，一般来说，对事实性作品的引用都可能是合理使用，对虚构性作品的引用构成侵权的可能性较大；（3）与享有版权作品的整体相比，使用的数量和质量；（4）对于享有版权作品的潜在市场或价值来说，使用所具有的影响。❷ 在美国判例中，必须综合权衡考虑这四个条件，并且重点考虑的因素通常是使用的目的和性质，以及使用后对版权作品的潜在市场或价值所造成的影响。

---

❶ 安凤英：《影视作品的合理使用问题探究》，浙江工商大学硕士论文，2012。
❷ 李明德、许超：《著作权法》，法律出版社，2003，第112–113页。

二、影视作品著作权合理使用的界定

（一）合理使用的适用情形

我国现行《著作权法》第 24 条列举了 13 种合理使用的情形，在实践中涉及影视作品著作权合理使用的具体情形主要如下。

1. 私人使用的合理使用情形

私人合理使用情形，即私人为个人学习、研究或者欣赏，使用他人已经上市公映的影视作品，还包括以阅读障碍者能够感知的方式而向其提供已经发表的影视作品。在私人合理使用情形下，必须符合以下三个条件：（1）使用影视作品的目的，仅限于为了个人的学习、研究或欣赏；（2）使用影视作品只限于满足个人实现上述目的，而不扩展至第三人或家庭、单位等；（3）所使用的影视作品仅限于已经上市公映的作品。只有在同时满足以上三个条件的情况下，才构成私人合理使用影视作品的情形。

2. 适当引用的合理使用情形

适当引用的合理使用情形，是指影视作品的使用者是出于"介绍、评论、说明问题"的目的，在其作品中适当引用已上市公映的影视作品，并且指明了其所引用的影视作品的出处来源等，便构成对影视作品的合理使用，否则有可能构成侵权。然而，法律规定"适当引用"含义比较模糊，容易导致实践中对"适当引用"的认定产生分歧，因此有必要在《著作权法实施条例》或相关的司法解释中，将"适当引用"进行具体的量化规定。

3. 涉及公共利益、行政执法的合理使用情形

根据现行《著作权法》第 24 条的规定，为了"在报纸、期刊、广播电台等媒体中报道新闻""学校课堂教学或者科学研究""图书馆、档案馆、博物馆的藏本复制""国家机关为执行公务"的社会公共利益或行政执法目的而使用影视作品，这属于涉及公共利益、行政执法而合理使用影视作品的情形，旨在鼓励新闻的传播、教育科研事业的发展和执行公务的便利。如果限制这种对影视作品的合理使用，就可能会阻碍新闻的传播、科学技术的发展与文化的传播、公共服务的有效执行。因此，许多国家的著作权法以及国际条约也有类似的规定，即为以上目的而翻译、改编、汇编、播放或者少量复制享有著作权的影视作品，属于合理使用的范围。

（二）合理使用中"适当引用"的判断标准

现行《著作权法》第 24 条规定了合理使用的情形之一，"为介绍、评论某一作品或者说明某一问题，在作品中适当引用他人已发表的作品"。在现实生活中，随着电影、电视节目的不断增多和互联网技术的发展，在电视和互联网上经常会出现以介绍或评论为名，未经影视作品著作权人许可，擅自使用大段影视作品中的片段制作电视、网络节目。这类电视或网络节目中对影视作品中片段的使用是否属于合理使用制度中的"适当引用"，往往会引发著作权人与使用者与之间的纠纷。因此，如何正确判断和认定"适当引用"，在理论上和司法实践中都有着重要意义。

1. 判断合理使用中"适当引用"的主要观点

如何判断在他人的作品或节目中大段引用影视作品片段的行为，是否属于著作权法上合理使用制度中的"适当引用"，我国业内专家、学者看法不一。吴汉东认为，关于合理使用判断的四要素应适用于作品引用的情形：（1）使用目的，使用目的是合理使用的第一要素，该要素要求使用他人作品的目的必须正当，引用行为必须符合著作权法促进知识传播、鼓励创作的目标；（2）被使用作品的性质，一般认为，对不同的作品应有不同的合理使用要求，对于未发表作品的合理使用要严于已发表作品；（3）使用作品的程度，即同整个有著作权作品相比，所使用部分的数量和内容的实质性应具有合理性；（4）对被使用作品的影响，即对有著作权作品的潜在市场或价值产生的影响，这一要素的设定目的在于维系使用者使用他人作品的利益（主要是非物质利益）与创作者控制作品使用的利益（主要是物质利益）之间的平衡。[1] 吴汉东还认为，目前最大的问题就是引用的尺度或者幅度问题，即不能引用实质和精华部分。但何为实质和精华部分，其中既有质的考量，又有量的测定。当务之急是制定引用的标准，可以由行业制定报主管部门，也可以通过判例来制定。如果超过了引用标准，则认为是侵权使用，构成了非法复制。[2]

王迁认为，如果对多个影视片段进行了汇编，增加了评论，的确可能构成新作品，但有侵权隐患。如何判断对电影片段的引用是否著作权法上的合理使用？适当引用一般是要求加入自己的新表达，即进行具体的介绍、评论、说明。如果在用他

---

[1] 吴汉东：《论著作权作品的"适当引用"》，《法学评论》1996 年第 3 期，第 17–18 页。
[2] 《影评节目如何合理使用电影片段？》，《中国知识产权报》，2014 年 4 月 11 日。

人作品时没有增加自己的表达，那么根据著作权法的规定则构成侵权。有些特殊情况不加入自己的表达也可以构成介绍、评论性作品，不构成侵权。例如，一些销售图书的电商平台，在推介图书时提供该书前几页的免费在线浏览，让用户大致了解作品的内容，就是为说明而使用的情形。王迁还认为播放片花属于这类使用，不构成侵权。此外，适当引用不能与原作品形成直接竞争关系，对原作品的市场产生影响。比如对电影片段进行引用，引用的片段时间很长，或者是引用了电影最为精华的内容，这就构成侵权。其与电影院票房、网络点播形成直接竞争，实质性损害了权利人的利益。❶有时候一部电影原本并不为人所知，但经过电视台把精彩片段抽出来进行播放，反而引起人们的兴趣，促进电影的知名度，这样并不能说不构成侵权。电影公司希望能有一个经授权许可的电视台利用其精华片段为影片做宣传，并且可以从中获取利益。若电视台以评论为名大段地播放电影作品，实际上侵占了权利人潜在的许可市场。王迁进一步认为，引用作品的量要与介绍或者说明的目的相适应。电视台若大段播放电影，而实际上所说明某个问题并不需要播放这么大段的内容，与要达到的评论目的不相适应的，则超出合理使用范围。虽然说强调引用的量要与评论的目的相适应，但是硬性地规定引用的长度不能超过某一特定的值是不合理的。《伯尔尼公约》第 10 条第 1 款的规定，已经合法公之于众的作品允许进行引用，包括以新闻摘要的形式引用报纸、期刊文章，只要这种引用符合公平惯例，且不超出必要的范围，这条规定适用于所有作品，包括电影。美国版权法中的开放式标准也可供参考。美国最高法院强调，尽管在判断一种行为是否为合理使用时，必须要考虑其使用了原作中多少长度的内容，以及这个长度所占的重要性，但是不存在一个绝对的标准，必须进行个案判断。❷

中国社会科学院知识产权中心主任李明德则认为，以几个电影作品为基础，加上自己的旁白介绍，以一个主线把多个电影作品串起来，可以构成一个演绎作品。但是，无论汇编作品还是演绎作品，在使用他人作品前，都需要获得著作权人的许可交付费用。❸

---

❶❷❸《影评节目如何合理使用电影片段？》，《中国知识产权报》，2014 年 4 月 11 日。

2. 构成合理使用中"适当引用"的条件

综合上述专家、学者的观点，结合我国著作权法的规定，实践中是否构成对影视作品著作权合理使用中的"适当引用"，应当从以下方面考虑。

（1）对影视作品适当引用的目的和性质。

首先，分析适当引用的目的。合理使用制度旨在鼓励信息的获得，在于鼓励创作和文化繁荣。任何作品的创作都必然存在对已有作品的参考和引用，只是该再创作需要达到一定的创作高度，即符合构成作品独创性的标准。虽然引用本身不是创作行为，但引用一定是为了创作活动所必需的，是构成新作品的有机组成部分。如果引用是为了创作目的，且创作达到独创性的程度，该类引用行为应属于合理使用而非侵权。具体到影视作品也是这样，判断适当地引用影视作品内容的目的，关键在于对影视作品的使用目的是否以创作为目的，并构成了新的作品创作，是否达到了推进文学艺术的繁荣和科学的进步，并维护了公共利益的目标。

其次，分析适当引用的性质。适当引用应当符合著作权法规定的正当合理使用的范围。不正当使用包括商业性质、营利目的和其他损害著作权人权益的非法使用。为进一步理解适当引用的性质，有必要对以下三种关系进行对比分析。

第一，厘清商业性质的使用、非营利使用与合理使用的关系。《美国版权法》第107条规定，将"具有商业性质或是为了非营利的教育目的"作为识别使用目的"合理性"的标准。我们可以借鉴这种标准，运用逻辑语言判断——凡商业性质的使用肯定不是合理使用，但非营利的使用则未必是合理使用。如果将所有非营利目的的使用，都推定为合理使用，显然在逻辑上无法周延，在实践中也难以执行。因此不具有营利目的，只是合理使用的一个必要而非充分条件。

第二，厘清合理使用与使用者的社会组织性质的关系。通常情况下社会组织的性质与其使用作品的性质并无必然关联。具有商业性质的组织使用他人影视作品，可能符合理使用的范围；而非营利性质的组织可能从事营利性目的使用，可能超出合理使用的范围。因此，在判断使用者的行为是否属于合理使用与使用者的社会组织性质并无必然关联。

第三，厘清使用结果的公益性与合理使用的关系。在大多数情况下，作品使用和传播的后果往往涉及社会公众。如果将是否给社会公众带来知识和信息作为判断合理使用的目的标准，显然也不具有合理性。也就是说，对影视作品的使用，可能会使社会公众受益，但未必能表明其使用目的的合法性。因此，在判断合理使用时，使用者是否具有商业动机，社会公众是否从这种使用中受益，与是否构成合理使用没有直接的关系。

（2）对影视作品适当引用的使用程度。

对影视作品适当引用的使用程度，是从技术上判断其是否构成适当引用的关键因素。通常将适当引用中的使用程度分为数量和实质两个方面。

第一看数量。一般来说，所引用的篇幅和内容愈多数量就越大，就越有可能会侵犯著作权人的利益，这种引用不构成合理使用的可能性也越大。早在1984年原文化部颁布的《图书、期刊版权保护试行条例实施细则》中就规定，"适当引用"指作者在一部作品中引用他人作品的片断。引用非诗词类作品不得超过2500字或被引用作品的1/10，如果多次引用同一部长篇非诗词类作品，总字数不得超过1万字；引用诗词类作品不得超过40行或全诗的1/4，但古体诗词除外。凡引用一人或多人的作品，所引用的总量不得超过本人创作作品总量的1/10，但专题评论文章和古体诗词除外。参照该实施细则对文字作品适当引用的规定，在实践中有的影视评论类节目在介绍影片时长达20分钟，相当于引用了一部普通长度电影的1/4，这种引用显然因引用数量过大而不符合合理使用的标准。还有的在引用影视作品时，本意是为了说明某个问题或评论某个现象，然而其引用影视作品的时间较长或画面数量较多且远非必要，因而也不符合合理使用中的适当引用。此外，在电视节目或新闻纪录影片中引用已发表作品的片断，画面不超过30秒[1]，否则也不构成合理使用。然而我国目前尚无对影视作品适当引用的量化规定，这就需要国家通过立法或司法解释加以明确，或确立影视作品合理使用的行业标准。

第二看实质。影视作品的实质部分应是整个作品中最具核心地位和最精彩的部分，是整个作品的灵魂和精华所在[2]，对该作品具有重要价值。比如一部侦探电影，前面布设重重悬念，全为最后凶手的水落石出作铺垫。如果在介绍或评论该部侦探电影时，将最后结局引用了，那么整部影视作品最实质部分也就提前暴露了，使作品中精心策划的迷局情节失去了神秘感，也使得原本准备买票观影的观众失去了观影的愿望。如果仅是单纯的引用数量大还不一定必然导致违法使用，那么将影视作品的实质部分进行引用，就极大可能损害著作权人的利益，从而导致违法使用，构

---

[1] 吴汉东:《美国著作权法中合理使用的"合理性"判断标准》,《外国法评译》1997年第3期，第51页。
[2] 吴汉东:《美国著作权法中合理使用的"合理性"判断标准》,《外国法评译》1997年第3期，第51页。

成侵权。我国现行著作权法对何为影视作品的实质部分未作明确规定，司法实践中也未概括出可供适用的具体标准。因影视作品本身的特殊性，其实质部分的判断标准确实很难在法律上予以界定和概括，因而在实践中涉及此问题时，需结合具体的影视作品个案进行综合分析和判断。

（3）对影视作品适当引用的市场影响。

合理使用的条件之一就是对影视作品的适当引用，不得损害著作权人已有作品的潜在的商业利益和市场价值，不得与原作品的使用形成竞争关系。对于一部影视作品的创作完成而言，因其从构思、创作、制作、发行到上映都需要花费大量的人力和财力，且影视作品制作者作为著作权人大多是只负责投资而不参与影视作品的实际拍摄工作，其投入资金的目的就是希望通过影视作品制作、发行获得收益，因此著作权法对影视著作权人经济利益的保护尤为重要。

实践中，在判断对影视作品的使用是否属于适当引用时，需要考量其使用行为对该影视作品的市场价值和潜在的商业利益的影响。对于影视作品适当引用产生的市场影响这一条件，相对于前两个条件而言，更加客观，易于量化。例如，通过市场调查、票房数据统计等客观指标或对潜在影视市场的评估，可确定对被引用的影视作品是否产生了影响及影响的程度，从而判断对影视作品的使用行为是否符合适当引用的条件。

第三节　影视作品著作权的法定许可

一、著作权的法定许可概述

（一）法定许可的含义

法定许可，又称"非自愿许可"，是相对于自愿许可而言的。法定许可是著作权法上给予作品使用者的一种特别许可，即使用者可以不经作者或其他著作权人同意而使用其已发表的作品。依据法定许可而使用他人作品时，应当按照规定，向作者或其他著作权人支付报酬，并应当注明作者姓名或名称、作品名称和出处。《韩国著作权法》第51条规定，如果以公有公益为目的，广播组织与已公开发表作品的著作权人经过协商而无法达成协议时，可以经文化体育观光部长官批准后，并根据长官所决定的标准，向著作权人支付或交存一定补偿金后利用作品。❶

　　著作权法上法定许可制度的优点就在于既可以使社会公众广泛利用作品的愿望成为现实，又可以使著作权人的经济利益得到有效保障，鼓励其创作和投资的积极性，从而在一定程度上合理地平衡著作权人与社会公众的利益。此外，法定许可使用方式具有效率高和便捷易行的特点，通过法定许可使用不仅可大幅降低使用和传播作品的成本，还可提高著作权人和作品使用者的经济效益。总之，相对于著作权人而言，由于省去了签约的手续和时间成本，其有更多的时间和精力投入新作品的创作中。因此，法定许可的性质就是依据法律的直接规定限制著作权人的许可权，但保护其财产权，从而实现著作权人与社会公众之间的利益平衡。

　　法定许可与合理使用都属于著作权限制的制度。与著作权的合理使用一样，著作权的法定许可一般也需要符合以下三个条件：第一，使用的作品是已经发表的作品；第二，在使用作品时都无须经过著作权人许可，但要指明作者的姓名或者名称、作品的名称；第三，使用的过程中不得侵犯著作权人的著作人身权，也不得影响作品的正常使用。

　　合理使用与法定许可具有以下不同之处。第一，两种制度立法目的不同。合理使用设立的目的主要是从教育、信息和文化传播方面的考虑出发，而法定许可设立的目的是使人们能够适当的获得使用作品的机会，满足社会公众的需求。第二，是否需要支付报酬不同。合理使用不需要向著作权人支付报酬，法定许可则必须向著作权人支付报酬。第三，使用的主体不同。合理使用的主体是不特定的社会公众，法定许可的主体是特定的，限于法律规定的特定主体。第四，使用的目的不同。合理使用的目的一般是非营利性的，而法定许可使用的目的多是营利性的。第五，使用的限制要求不同。在合理使用的情形下，著作权人一般不得以事先声明的方式限制他人的合理使用；而法定许可情形下，如果著作权人事先声明不得使用其作品时，他人则不得使用，否则构成侵权。

---

❶ 十二国著作权法翻译组译：《十二国著作权法》，清华大学出版社，2011，第521页。

（二）《著作权法》规定的法定许可情形

1. 教科书的法定许可

《著作权法》第 25 条规定，为实施义务教育和国家教育规划而编写出版教科书，可以不经著作权人许可，在教科书中汇编已经发表的作品片段或者短小的文字作品、音乐作品或者单幅的美术作品、摄影作品、图形作品，但应当按照规定向著作权人支付报酬，指明作者姓名或者名称、作品名称，并且不得侵犯著作权人依照《著作权法》享有的其他权利。

2. 报刊转载的法定许可

《著作权法》第 35 条规定，作品刊登后，除著作权人声明不得转载、摘编的外，其他报刊可以转载或者作为文摘、资料刊登，但应当按照规定向著作权人支付报酬。

3. 录音制品的法定许可

《著作权法》第 42 条规定，录音制作者使用他人已经合法录制为录音制品的音乐作品制作录音制品，可以不经著作权人许可，但应当按照规定支付报酬；著作权人声明不许使用的不得使用。

4. 广播播放的法定许可

《著作权法》第 46 条规定，广播电台、电视台播放他人已发表的作品，可以不经著作权人许可，但应当支付报酬。但应注意的是，根据《著作权法》第 48 条的规定，电视台播放他人的视听作品（包括电影、电视剧）、录像制品，应当取得视听作品著作权人或者录像制作者许可，并支付报酬；播放他人的录像制品，还应当取得著作权人许可，并支付报酬。

（三）《信息网络传播权保护条例》规定的法定许可情形

1. 远程教育的法定许可

《信息网络传播权保护条例》第 8 条规定："为通过信息网络实施九年制义务教育或者国家教育规划，可以不经著作权人许可，使用其已经发表作品的片断或者短小的文字作品、音乐作品或者单幅的美术作品、摄影作品制作课件，由制作课件或者依法取得课件的远程教育机构通过信息网络向注册学生提供，但应当向著作权人支付报酬。"

2.扶助贫困的法定许可

《信息网络传播权保护条例》第9条规定:"为扶助贫困,通过信息网络向农村地区的公众免费提供中国公民、法人或者其他组织已经发表的种植养殖、防病治病、防灾减灾等与扶助贫困有关的作品和适应基本文化需求的作品,网络服务提供者应当在提供前公告拟提供的作品及其作者、拟支付报酬的标准。自公告之日起30日内,著作权人不同意提供的,网络服务提供者不得提供其作品;自公告之日起满30日,著作权人没有异议的,网络服务提供者可以提供其作品,并按照公告的标准向著作权人支付提供作品期间的报酬。"

二、影视作品著作权的法定许可

《著作权法》第46条和第48条规定,对于影视作品而言,涉及的法定许可主要针对是"广播电台"播放他人已发表作品,包括影视作品,适用法定许可,可不经著作权人的许可,只需向著作权人支付报酬;但对于"电视台"而言,则不适用法定许可,即电视台不可以在未得到著作权人同意的情况下,使用他人的视听作品(包括影视作品)。根据著作权法的规定,电视台若要播放他人的视听作品包括影视作品时,应取得著作权人的许可,并支付报酬。

著作权法规定之所以排除电视台对影视作品的法定许可,主要是因为影视作品通常制作成本大,著作权人制作一部电影或电视剧将投入大量的人力、物力和财力,为了保护影视作品著作权人或制作者的利益,因此电视台若播放他人的影视作品,必须得到著作权人的许可。从影视作品的性质来说,制作者为了经济效益的考量,一般都对影视作品的播放权有特殊要求。例如,电影作品如果电视台不经著作权人许可就在电视台播放,观众在家就能通过电视观看影片,而不去电影院,那么制作者将难以获得电影市场票房收益。一般来说,电视台向电影的制作者支付的播放报酬远远不及电影在电影院上映时获得的票房收入,如果允许电视台通过法定许可法方式播放电影作品,这将给著作权人造成巨大的经济损失。再比如电视剧,电视台也不能不经著作权人许可就直接播放。现在的电视剧存在一个首播权的问题,首播权给哪个电视台,都是直接与经济利益挂钩的。因此如果不经影视作品著作权人的许可,由电视台任意播放,将严重影响影视作品著作权人的经济利益,不利于鼓励影视作品的创作和我国影视文化市场的健康发展。

第四节 典型案例分析

一、电影卫星频道节目制作中心与中国教育电视台侵犯著作权纠纷案 ❶

（一）案件基本情况

原告电影卫星频道节目制作中心（以下简称"电影频道中心"）诉称：2001 年，原告与案外人中国人民解放军八一电影制片厂（以下简称"八一厂"）共同投资摄制了电影作品《冲出亚马逊》（以下简称"《冲》片"），双方通过《合作协议书》约定，原告独家享有该作品的电视播映权及由此产生的发行收益权。《冲》片放映后获得了社会公众的广泛好评。后原告发现，被告中国教育电视台未经许可于 2005 年 9 月 10 日在该台第一套的周末影院栏目中，播放了《冲》片，且在片前及播出过程中插播了广告。原告在发现被告的上述行为后，为避免扩大损失，及时委托律师向被告发出专函主张权利，希望能够协商解决上述纠纷。但是，虽经原告多次努力，由于被告拒绝配合，致使纠纷没能解决。原告认为：原告根据《合作协议书》独家享有的电影作品《冲》片的电视播映权及由此产生的发行收益权，受法律保护。被告事先未取得原告许可即在电视中播放《冲》片，已经侵犯了原告对《冲》片独家享有的电视播映权及由此产生的发行收益权。同时由于被告是国家级电视台，其收视率高、覆盖面广，周末影院栏目的播出时间又是在黄金时段，被告在该时段播放《冲》片的行为，严重降低了作品新颖性，被告的行为已经给原告造成了巨大损失，应当承担侵权赔偿责任。为维护自身合法利益，特提起诉讼，请求法院：（1）判令被告未经原告授权不得播出《冲》片；（2）判令被告偿付原告经济损失 100 000 元；（3）判令被告支付原告为制止侵权行为的合理支出 20 213 元；（4）判令被告负担本案诉讼费用。

被告中国教育电视台辩称：（1）播出涉案影片是遵照中央有关精神和领导指示为青少年教育宣传使用，是合理使用；（2）被告是公益性事业单位法人，根据有关

---

❶ 北京市第一中级人民法院（2006）一中民终字第 13332 号民事判决书。

中央文件精神，播出行为的目的是让更多的未成年人接受更好的爱国主义教育，播出后社会反响强烈；（3）播出行为是为贯彻领导指示，是课堂之外的教育教学使用，且收到了明显的社会效果，相应行为应通过相关部门协商解决，原告起诉造成被告播出计划被打乱，给被告造成了损失；（4）原告称被告因此获利无事实依据，广告价格表与实际广告价格无关，广告播放与涉案作品的播放无关，即使不播放涉案影片，也同样需要播出广告，同时广告收入也需要扣除广告的相应成本；（5）国外对公益影片都采取专款购买的方式普及公益教育，我国转轨时期应采取合理的方式确定各方的利益关系，原告应注意负担起自己应负的媒体责任。因此，被告不同意原告的诉讼请求。

（二）法院审理结果

法院经审理后查明：2001年4月，原告与八一厂签订《合作协议书》，约定双方出品、拍摄《冲》片，双方共同投资855万元。《冲》片国内外永久电视播映权及网络传输权归原告独家享有，该影片自电影局影片通过令之日起8个月后即可播出，影片带来的其他所有利益双方按投资比例5：5共同享有。《冲》片拍摄完成后，2002年4月，国家广播电影电视总局电影事业管理局颁布了电影片公映许可证（电审故字〔2002〕第013号），许可《冲》片在国内外发行，该片由中国三环音像社出版了DVD影碟。本案审理过程中，原告称其已播放过《冲》片，且没有授权其他电视台播放该片，但未能提供播放《冲》片的时间。

2005年9月10日，被告在第一套节目中播放了《冲》片，原告委托央视市场研究股份有限公司对播放情况进行了监测。2005年11月3日，该公司出具了订单确认书及监测录像带。根据录像带记录情况，10：18：59—10：19：59出现广告，画面右上角显示"广告之后更精彩"字样；10：20出现周末影院栏目名称后，直接开始播放《冲》片剧情，没有播放原片片头中的八一厂厂标、著作权人署名和影片文字介绍，在片尾处有著作权人署名；画面右下角显示"北京新兴医院"字样，播放过程中两次插播广告，时间分别为：10：39：56—10：42：26、11：19：26—11：21：56，广告内容分别为：轩尼诗、铃声下载、轩尼诗、铃声下载、肯德基、诺基亚，两次插播广告内容相同；录像画面左上角在播放全过程均伴有被告名称的台标；片后即播放每周一歌节目，无广告。被告认可曾于2005年9月10日在第一套节目中播放了《冲》片，但对原告提交的确认单及录像带有异议，被告未在举证期限内提交该台播放《冲》片情况的证据。原告向受托负责监测的公司支付了监测费用200元。

被告在其网站广告服务栏目中公布了该台第一套节目广告价目表，在《冲》片播出的时间段内，周一至周日 10：17—10：20 节目前广告价格为 5 秒 2800 元、15 秒 4800 元、30 秒 8000 元；11：55—12：00 国视新闻前，12：12—12：15 青春 100 分片场前广告价格为 5 秒 4300 元、15 秒 7200 元、30 秒 12 000 元。在广告服务说明中，栏目插播广告价格在相应的段位价格基础上加收 30%，各段广告指定正一和倒一加收 10%。被告辩称周末影院并非固定栏目，该时间段的正常节目确有广告播出，播放《冲》片时保留了原节目的广告，但未向法院提交该时间段内原有节目广告播出情况的证据。

2005 年 9 月 19 日，原告委托律师向被告邮寄送达了律师函，称被告播出《冲》片构成侵权，要求被告停止播映《冲》片并向原告道歉、支付赔偿金及合理的费用。

另查，1993 年 9 月，中宣部、国家教委、广播电影电视部、文化部等联合发出《关于运用优秀影视片在全国中小学开展爱国主义教育的通知》（教基〔1993〕17 号），决定运用优秀影视片在全国中小学开展爱国主义教育，并推荐优秀爱国主义教育影视片 100 部供各地中小学选用。后有关部门多次强调加强和改进未成年人思想道德建设，并多次推荐优秀爱国主义教育影视片，2004 年，《冲》片亦被列入推荐影片名单。

一审法院经审理后认为，电影频道中心与八一厂联合摄制了《冲》片，系《冲》片的著作权人，其著作权受法律保护。根据电影频道中心与八一厂的约定，《冲》片的国内外电视播映权归电影频道中心享有，故电影频道中心是本案适格的原告，可以单独提起诉讼。根据著作权法规定，电视台播放他人的电影作品，应当取得著作权人许可并支付报酬。

被告中国教育电视台承认未经原告电影频道中心许可播放了《冲》片，且未支付报酬，但其辩称其播放行为属于合理使用。法院认为，被告称其播放《冲》片是进行爱国主义教育的公益行为，但在本案中，被告在播放过程中插播了多处广告内容，显然与公共利益无关，其播放行为带有一定的商业目的。同时，被告作为一家面向全国的公共电视台，其观众群体除了广大中小学生外，还包括社会各阶层，其播放《冲》片并附带播放广告的行为，显然降低了原告利用《冲》片获取经济收入的可能，给原告的经济利益造成了影响。综上，被告的行为不属于合理使用的范围，其播放行为应该取得原告的许可，并向其支付报酬。

一审法院根据案件的事实和法律的规定，作出如下判决：（1）被告未经原告许可，不得再行播放电影作品《冲出亚马逊》；（2）被告给付原告经济损失及诉讼合理支出共计5万元；（3）驳回原告其他诉讼请求。一审判决后，被告不服一审判决提出上诉。二审法院审理后，驳回上诉，维持原判。

（三）对案件的法律分析

根据案件裁判时依据的2001年《著作权法》第45条的规定，电视台播放他人的电影作品，应当取得著作权人许可并支付报酬（现行《著作权法》第48条也有相应的规定）。本案中，被告承认未经原告许可播放了《冲》片，且未支付报酬，但其辩称其播放行为属于合理使用。那么被告的播放行为究竟是否构成合理使用，是解决本案的关键问题。

一般来说，使用他人作品应当取得著作权人的许可，但考虑公众利益及社会发展水平，著作权法规定某些情况下使用他人已经发表的作品，可以不经著作权人许可，不向其支付报酬，但应当指明作者姓名、作品名称，并且不得侵犯著作权人的其他权利，此即著作权法中的合理使用规定。

合理使用制度作为著作权法律制度的一项重要内容，既有长期稳定存在的必要，又将随着社会发展不断变化，被告辩称其播放《冲》片的行为系进行爱国主义教育，系一种新的合理使用形式。那么被告的播放《冲》片的行为是否属于合理使用，可以从以下几个方面来分析和判断。

1.被告播放《冲》片的目的

被告称其播放涉案的《冲》片是进行爱国主义教育的公益行为，涉案作品《冲》片确实属于有关部门推荐的爱国主义教育影片，但在实践中，并不能一概而论，即任何播放爱国主义教育性质影片的行为都是出于公益目的，均属于著作权的合理使用。就本案来说，被告在播放该片过程中多处插播了收费性质的广告内容，显然插播广告的行为与公众利益无关，故法院认定其播放行为带有一定的商业目的，而不是著作权法上的合理使用行为。

2.被告播放《冲》片对原告的经济利益影响

认定著作权合理使用的前提条件之一，是使用行为不能损害权利人的经济利益，既包括不能造成权利人实际的经济损失，还包括不能影响权利人在潜在的市场获得的经济利益。根据原告与八一厂的约定，原告享有《冲》片的电视播映权，通过播放《冲》片，原告既可以通过安排播放广告等形式获取一定的经济收益，又可以通过播放《冲》片这类优秀的影片获得良好的口碑，为今后的市场开拓打下基础。被告作为一家面向全国的公共电视台，其观众群体除了广大中小学生外，还包括社会各个阶层，其播放《冲》片并附带播放广告的行为，显然降低了原告利用《冲》片获取经营收入的可能，给原告的经济利益造成了不利影响。

综上，被告播放《冲》片的行为构成了对原告的著作权侵权，不属于著作权法规定的合理使用情形，其播放《冲》片应当取得原告的许可，并向原告支付报酬。

二、华视网聚（常州）文化传媒有限公司与天脉聚源（北京）传媒科技有限公司著作权纠纷案 ❶

（一）案件基本情况

原告华视网聚（常州）文化传媒有限公司诉称：原告是影视作品《石敢当之雄峙天东》（以下简称"涉案电视剧"）在中国大陆地区的独占性信息网络传播权的权利人，并享有对于侵权行为依法维权的权利。原告发现被告未经授权，通过其经营的微信公众号"天脉聚源阳光微电视"（以下简称"涉案微信公众号"）提供涉案电视剧的在线播放服务。原告认为被告未经许可，非法提供涉案电视剧在线播放的行为侵害了原告对涉案电视剧享有的专有独占性信息网络传播权，给原告造成极大的经济损失，故诉至法院，请求判令：（1）被告立即停止通过其所经营的"天脉聚源阳光微电视"微信公众号提供涉案电视剧的在线播放服务；（2）被告赔偿原告经济损失人民币5万元；（3）被告承担本案诉讼费用。

被告天脉聚源（北京）传媒科技有限公司辩称：不同意原告的全部诉讼请求，其理由是：（1）涉案微信公众号系旨在向海内外宣传中国电视作品的技术平台，具有一定的政治性和公益性，且被告并未在涉案微信公众号上发布广告或从事其他获取商业利益的行为，故被告对涉案电视剧并非商业性使用，不构成侵权；（2）被告在涉案微信公众号上播放涉案电视剧的技术测试行为，属于《著作权法》规定的"为科学研究，少量复制已经发表的作品，供科研人员使用"的情况，属于合理使

---

❶ 北京市东城区人民法院（2015）东民（知）初字第15582号民事判决书。

用；（3）涉案微信公众号上的涉案电视剧点击次数极少，被告在接到通知之日即将涉案电视剧链接在涉案微信公众号上删除，未给原告造成经济损失，且原告亦无证据证明其经济损失，故原告主张的经济赔偿缺乏依据。

（二）案件审理结果

一审法院经审理后查明：涉案的《石敢当之雄崎天东》正版光盘内含电视剧 50 集，电视剧片尾播放画面显示"本剧信息网络传播权由华视网聚（常州）文化传播有限公司独家享有，山东卫视传媒有限公司、北京完美影视传媒有限公司、天津完美文化传媒有限公司出品"。2014 年 12 月 26 日，山东省新闻出版广电局颁发编号为（鲁）剧审字（2014）第 011 号的国产电视剧发行许可证，载明"剧目名称：石敢当之雄崎天东，长度 50 集，申报机构为山东卫视传媒有限公司"。2015 年 1 月 23 日，山东卫视传媒有限公司出具著作权声明函，声明其作为电视剧《石敢当之雄崎天东》的联合出品方及署名单位，享有该片出品方署名权及该片投资收益的分配权，并有权按电视剧联合投资摄制合同的约定，分享由此产生的全部总收入，其不享有该片其他任何著作权。该片之所有著作权及其他衍生权利归北京完美影视传媒有限公司。2015 年 1 月 26 日，北京完美影视传媒有限公司出具授权书，将影视节目《石敢当之雄崎天东》的信息网络传播权，以独占专有的形式授予华视网聚（常州）文化传媒有限公司，授权范围包括信息网络传播权、制止侵权的权利，以及以上两项权利的转授权权利，授权期限为 8 年，起始日期为首轮卫视首集首播日，独占专有维权的权利期限为自授权影视节目创作完成之日起至授权期限结束止，授权地域为全球范围内。

庭审过程中，原被告双方均认可涉案电视剧首轮卫视首集首播日为 2015 年 2 月 15 日。被告认可涉案微信公众号"天脉聚源阳光微电视"系其经营管理。被告当庭表示，涉案电视剧系其通过技术手段从贵州卫视播出信号中碎片化截取而来，截取后储存于其管理的私有化云端，网络用户通过微信公众号在线观看涉案电视剧时，就是访问其私有化云端所保存的截取的电视节目片段。

一审法院经审理后认为，影视作品著作权由制片者享有，根据涉案电视剧署名情况及权利人的声明、授权，原告享有涉案电视剧独家信息网络传播权，故原告是本案适格主体，有权就侵害涉案电视剧的信息网络传播权的行为主张权利。被告利用其注册的微信公众号播放涉案作品，是一种信息网络传播行为，且其传播行为未经过原告的许可，侵犯了原告的信息网络传播权。

随后法院作出如下判决：（1）被告赔偿原告经济损失人民币 3000 元；（2）驳回原告其他诉讼请求。一审判决后，被告不服提起上诉。二审法院审理后维持了一审判决。

（三）对案件的法律分析

1. 被告利用其微信公众号传播涉案作品行为的性质

本案中，被告播放涉案作品是通过微信公众号的方式，该方式是深圳市腾讯计算机系统有限公司针对个人或企业用户推出的合作推广业务，用户注册微信公众账号后可以通过微信公众平台进行品牌推广。不特定的微信用户关注微信公众账号后将成为该账号的订阅用户，微信公众账号可以通过微信公众平台发送文字、图片、语音、视频等内容与订阅用户这一相对特定的群体进行沟通互动。虽然微信公众号在发布信息的渠道、阅读终端等方面与传统的互联网传播方式有所区别，但其实质仍然是通过互联网络向不特定的微信用户发送文字、图片、语音、视频等相关内容。微信用户关注相关微信公众号后，即可根据个人选定的时间和地点，通过信息网络获取该微信公众号上发布的相关信息，通过微信公众号传播相关内容的行为属于我国《著作权法》规定的信息网络传播行为。本案中，被告在其微信公众号"天脉聚源阳光微电视"中播放涉案电视剧第 1 集、第 2 集，其行为属于通过信息网络向微信公众号订阅用户提供作品播放的行为，因此被告的行为在性质上属于信息网络传播行为，应受到著作权法的调整。

2. 被告利用其微信公众号传播涉案作品的行为是否属于合理使用

根据本案查明的事实，在本案中原告对涉案电视剧享有独家信息网络传播权，被告未经原告的许可，在其经营的涉案微信公众号上提供涉案电视剧的播放服务，且播放过程中并无界面跳转，亦未显示涉案电视剧的其他来源，因此可以认定被告的擅自播放行为构成对原告信息网络传播权的侵犯。被告主张其在涉案微信公众号播放涉案电视剧并非出于商业目的，未发布任何广告，仅是进行技术测试，其行为属于我国《著作权法》规定的合理使用行为，但是被告在其涉案微信公众号中介绍其功能时并无任何有关技术测试或测试版本的表述和说明，在庭审中被告也未就主张的合理使用进一步举证证明。且在原告的公证证据保全过程中能够完整播放涉案电视剧第 1 集、第 2 集，可以证明被告的播放并非临时性存储和使用，超出了著作权法规定的合理使用的范围。被告还辩称其在涉案微信公众号上播放涉案电视剧是技术测试行为，且其私有化云端存储涉案电视剧是临时的，属于合理使用，但根据在案证据可见其完整播放了两集涉案电视剧，并非临时性存储和使用，被告涉案行为导致网络用户不需要通过合法授权的渠道即可观看部分涉案电视剧，对原告的经济利益造成不合理的损害，也超出了合理使用的范围，故法院对被告的抗辩意见未予采纳。因此，被告利用其微信公众号传播涉案作品的行为不属于著作权法上的合理使用，其行为构成侵权，侵犯了原告享有的信息网络传播权。

第八章 影视作品著作权保护期限

第一节 著作权保护期限概述

一、著作权保护期限概述

著作权的保护期限是指著作权受法律保护的时间限制，或者称为著作权的有效期限。在这一期限内，著作权人的各项著作权受法律保护，超过这个期限，作品进入公有领域，相应的权利不再受法律保护，任何人都可以在无须征得原著作权人同意或许可，也无须向原著作权人支付报酬的情况下使用作品。著作权的保护期限实质上也是著作权法规定的对著作权在时间上的一种限制情形。

著作权法对各种作品设定保护期限，是各国著作权法及相关国际条约规定的通行做法。世界上第一部著作权法是英国于 1709 年颁布的《安娜女王法令》，该法在第 11 条明确规定，一般作品的保护期自作品出版之日起 14 年，若期满而作者仍在世，则保护期延长 14 年。到期后，该作品可以自由使用。对于该法生效日（1710年 4 月 1 日）前已出版的作品，一律保护 21 年，自法律生效日计算。《伯尔尼公约》第 7 条规定，该公约给予保护的期限为作者有生之年及其死后 50 年内。

对著作权设定保护期限，从根本上说是对著作权人利益和公众利益的一种平衡。著作权法律制度一方面要保护著作权人，让著作权人独占享受其独创性智力成果带来的利益，从而充分鼓励和调动其创作的积极性；另一方面，又不能无限制地保护作者的著作权，否则不利于社会的发展与进步。著作权保护制度的目的之一是既要保护著作权人的专有权利，又要防止知识垄断，避免因为保护知识专有而妨碍知识的创新与传播。对著作权的保护期限进行限制是实现著作权法目的的一种手段，为了满足社会公众的文化需求，促进作品的广泛传播和利用，有必要对著作权保护期限进行一定的限制。

二、著作人身权的保护期限

著作人身权也称为"著作精神权利"，是著作权法中的重要内容，它是指作者对其作品所享有的与人身属性密切相关而又不直接涉及财产性内容的权利。我国现行的《著作权法》对著作人身权（包括发表权、署名权、修改权与保护作品完整权）都规定了相应的保护期限。

（一）发表权的保护期限

1. 保护期限的一般原则

作者发表权的保护期限不是永恒的，我国著作权法对发表权的保护是有期限的限制，采取了与著作财产权相同的规定。当发表权超过法律规定的保护期，作品就进入公共领域，在公共领域的作品属于社会的公共作品，除了作者的署名权、修改权、保护作品完整权永久受到保护外，其他权利不再予以保护，任何人使用该作品不需要经权利人许可，也无须支付报酬。

通常来讲，作品的发表是作品传播的开始，而著作权的一系列人身权和财产性权利正是由于作品的发表与传播才得以体现，作品所具有的财产性价值才得以彰显。发表权本身具有其特殊性，属于一次性权利，即行使一次就穷尽的权利，一旦作者自己或者委托他人以符合法律规定的方式将其作品公之于众，发表权就用尽。若赋予作者以永恒的发表权，有可能导致作者怠慢行使发表权，不利于作品向社会的公开与传播，这是有违著作权法保障文学、艺术与科学领域作品有效传播的立法初衷。因此，将发表权与著作财产权规定相同的保护期限，能够在保障作者相关权益的同时，有效促进作品的发表与传播，体现公共利益与作者个人权益的平衡。

从目前世界各国著作权保护的立法实践来看，著作权保护期限的起算方法不尽相同。第一种从作者死亡之年的年初起算；第二种从作者死亡之年的 12 月 31 日开始计算；第三种从作者死亡之年的第二年 1 月 1 日起算。❶ 我国现行《著作权法》第 23 条规定，发表权的保护期限为作者终生及其死亡后 50 年。如果是合作作品，发表权的保护期限为最后去世作者终生及其死亡后 50 年。如果是法人或者非法人组织的作品，其发表权的保护期限则是自作品完成创作后 50 年。

2. 不同作者作品发表权的保护期限

（1）自然人作品的发表权保护期限。关于著作权中发表权保护期限，各国规定不尽相同，但通过国际公约使得各国的保护期限规定趋于一致。例如《伯尔尼公约》规定，公约对著作权予以保护的期限为作者终生及其死后 50 年。《伯尔尼公约》的成员方纷纷效仿，在其国内法中也都作出了类似的规定，即以作者终生及其死后 50 年作为著作权的保护期限。这种趋同性的规定，能够在一定程度上缓解各国著作权保护期限的差异，有效促进版权的国际交易。我国也是《伯尔尼公约》的成员方。我国《著作权法》第 23 条规定，自然人作品的发表权保护期限从自然人终生至其死亡后 50 年，截止于自然人作者死亡后第 50 年的 12 月 31 日。

（2）法人或非法人组织作品或职务作品的发表权保护期限。我国现行《著作权法》第 23 条规定，法人或者非法人组织作品或职务作品的发表权的保护期限为 50 年，截止于作品创作完成后第 50 年的 12 月 31 日。但是，作品自创作完成后 50 年内未发表的，将不再受著作权法的保护。

（3）合作作品的发表权保护期限。关于合作作品的发表权保护期限，存在三种情况：一是合作作者全部为自然人的情形；二是合作作者全部为法人或者其他组织的情形；三是合作作者为自然人和法人或者其他组织的情形。

我国现行《著作权法》第 23 条规定，合作作品发表权保护期限的计算以最后死亡作者的时间为准，该规定仅适用于合作作者全部为自然人的情形。由于法人或者其他组织并没有与自然人一样的死亡情形，因此由法人或者其他组织与自然人完成的合作作品及数个法人或者其他组织完成的合作作品不能适用该条规定。

对于这两种合作作品，由于数个法人或者其他组织共同创作的合作作品仍然只有一个首次发表时间，因此以该首次发表时间向后推算 50 年的保护期限不存在争议，故均由法人或者其他组织完成的合作作品保护期限仍然是自该作品首次发表起算，并截止于首次发表后第 50 年的 12 月 31 日。

---

❶ 姚红：《中华人民共和国著作权法解释》，群众出版社，2001，第 146 页。

对于自然人与法人或者其他组织共同完成的合作作品，由于存在自然人作者死亡及作品首次发表两个著作权保护期的起算点问题，究竟适用自然人作者著作权的保护期限还是适用法人或者其他组织作者的著作权保护期限，可能在计算著作权保护期限的过程中会出现争议。出于保护著作权人的考虑，应参照自然人作者的著作权保护期限与法人或者其他组织作者的著作权保护期限，以二者中相对较长的期限为准，明确该类合作作品的发表权与财产性权利保护期限。

（4）遗作的发表权保护期限。我国《著作权法实施条例》第17条规定，作者生前未发表的作品，如果作者未明确表示不发表，作者死亡后可以由继承人或受遗赠人行使发表权。如果既没有继承人又无人受遗赠，则由作品的原件所有人行使发表权。因此，对于遗作要行使发表权需要明确以下三点。首先，作者已经死亡，且作者死亡前未明确表示不发表其作品。可见，行使遗作的发表权要尊重作者的意愿，若作者生前表示不愿发表，则死后也不能发表。只有作者未明确表示不发表的情况下，为了让优秀的作品能够公开面世，则推定作者许可发表。其次，有权行使发表权的人限于"继承人或受遗赠人，或作品原件所有人"。如果作品原件的所有人与继承人是同一人，只需得到其同意即可；如果原件所有人与继承人不是同一人，作者的继承人或受遗赠人在决定作品许可使用上的权利要高于原件所有人。出版社要想出版发行遗作则又必须得到原件，就必须取得继承人或受遗赠人和原件所有权人的双重授权，才可以出版。最后，对遗作有权行使发表权的人必须在作者死后的50年内行使。

（二）署名权、修改权和保护作品完整权的保护期限

世界各国著作权法对于著作人身权保护的规定，大体上有两种不同的立法模式：其一，大多数国家通过立法明确规定著作人身权的保护是无期限的，应当是永久的；其二，有部分国家法律规定著作人身权的保护是有期限的，著作人身权的保护与著作财产权的保护期一致。例如，《法国著作权法》规定，对于作者精神权利的保护没有时间限制，可以无限期地保护下去。而德国则规定作者精神权利的保护期限与经济权利的保护期限相同，都是作者的有生之年加死亡后70年。但这并不意味着精神权利的保护期限届满以后，他人就可以任意更改作者的署名，或者任意歪曲、篡改或肢解作品。根据有关的规定，德国的文化部将担负起保护作者署名和保证作品

完整的义务。❶

我国《著作权法》对著作人身权保护期限的规定与法国类似。现行《著作权法》第 22 条规定的"作者的署名权、修改权、保护作品完整权的保护期不受限制"。对于上述三项著作人身权不加时间限制，体现了对社会公共利益的维护和作者声誉的保护，主要考虑到每一部作品的完成都是作者的智慧结晶，作者在其作品上署名，作品不被歪曲、篡改，永久地受到保护，是对作者劳动成果的尊重。中国台湾地区学者刘得宽先生也认为："著作人格权随着著作人的死亡而消灭时，会影响著作物之完全无伤性的维持，故非妥当。"❷ 根据我国《著作权法》的规定，虽然这三项著作人身权受到永久性保护，但在作者死亡后，这些权利还将面临应该如何行使的问题。对此，我国《著作权法实施条例》第 15 条规定，作者死亡后，其著作权中的署名权、修改权和保护作品完整权由作者的继承人或者受遗赠人保护。著作权无人继承又无人受遗赠的，其署名权、修改权和保护作品完整权由著作权行政管理部门保护。需要明确的是，这里的作者继承人或受遗赠人是代为保护作者的权利，而不是因为继承或受遗赠而成为著作人身权的享有者。

三、著作财产权的保护期限

（一）保护期限的一般原则

著作财产权作为著作权人所拥有的一项重要权利，其内容非常广泛，主要包括著作权人对作品的复制、发行、出租、展览、放映、广播、网络传播、摄制、改编、翻译、汇编等权利。一直以来，著作财产权都是著作权人的重要权益，随着近年来我国对著作权保护力度的不断加大，著作权人的财产性权利得以源源不断地为他们带来财产性利益。著作权人能够通过行使相关财产性权利获得著作权上的财产权益，但是著作权法对其财产性权利的保护也不是无限制的，而是有期限的。对著作财产权最为普遍的限制，就是来自著作权法规定的对著作财产权的保护期限，一旦著作财产权超过了法律规定的保护期限，著作权人的相关权利将不再受到保护。这是各国著作权法对于著作财产权保护期限的一般原则，但是根据著作权主体的不同，其保护的具体期限也不相同。

---

❶ 李明德、许超：《著作权法》，法律出版社，2003，第 130-131 页。
❷ 刘得宽："论著作人格权"，《民法诸问题与新展望》，台湾三民书局，1980，第 301 页。

（二）不同作者作品的财产权保护期限

1. 自然人作品的财产权保护期限

我国现行《著作权法》第 23 条规定，自然人的作品，其著作财产权利的保护期为作者终身及其死亡后 50 年，截止于作者死亡后第 50 年的 12 月 31 日；如果是合作作品，截止于最后死亡的作者死亡后第 50 年的 12 月 31 日。这里需要注意的是，根据该法第 2 条的规定，自然人应该包括中国公民、外国人和无国籍人。也就是说，外国人或无国籍人作品的财产权保护期限也适用这一规定。

2. 法人或者非法人组织作品的财产权保护期限

各国著作权法对法人或者非法人组织能否成为作者的规定并不完全相同，如大多数国家的著作权法并不承认法人或者非法人组织能够成为作者，而《美国版权法》《日本著作权法》中就有法人或者非法人组织作者的相关规定。我国著作权法也规定了法人或者非法人组织在特定情况下可以成为作者，但是法人或者非法人组织不同于自然人，不存在死亡的问题，很难用"作者有生之年"或者"死亡后"的时间点来确定著作财产权的保护期限的起算时间点，所以法律只能以法人或者非法人组织作品的发表或者完成时间来作为保护期限的起算点。现行《著作权法》第 23 条规定，法人或者非法人组织的作品、著作权由法人或者非法人组织享有的职务作品，其著作财产权利的保护期限为 50 年，截止于作品首次发表后第 50 年的 12 月 31 日，但作品自创作完成后 50 年内未发表的，其著作财产权利不再受著作权法的保护。

3. 身份不明作者作品的财产权保护期限

作者身份不明的作品往往是由于作者不署名或者署假名、笔名等原因造成的。对于此类作品其作者是自然人还是法人或者非法人组织，无法确定；如果是自然人，是否在世、何时去世也都无法确定。对此，《著作权法实施条例》第 18 条作了具体规定，即作者身份不明的作品，其著作财产权利的保护期截止于作品首次发表后第 50 年的 12 月 31 日。作者身份确定后，则具体适用著作权法规定的自然人作品的财产权保护期限或法人或者非法人组织作品的财产权保护期限的相关规定。

第二节　影视作品著作权的保护期限

一、影视作品著作人身权的保护期限

（一）影视作品发表权的保护期限

由于影视作品的创作是一个极其复杂的过程，且是一种融合了小说、音乐、戏剧、舞蹈、绘画、雕塑等各种艺术形式的综合艺术，一般是通过在他人作品或者原作的基础上经过再创作或改编而产生的，因而影视作品是一种演绎作品。正是因为影视作品的这一特殊性，许多国家对于影视作品著作权的保护期限作了特别规定。我国现行《著作权法》第 23 条规定，视听作品发表权的保护期限为 50 年，截止于作品创作完成后第 50 年的 12 月 31 日，但作品自创作完成后 50 年内未发表的，不再受著作权法保护。

从该条规定来看，对影视作品著作权的保护期限要短于自然人著作权的保护期限。如影视作品的制作者为法人或者非法人组织，那么其发表权的保护期限与法人或者非法人组织作品的发表权保护期限一致；如影视作品的作者为自然人，那么其发表权的保护期要短于自然人作者作品的发表权保护期限，即自然人创作的一般作品著作发表权的保护期是从作者终生到死后第 50 年的 12 月 31 日止，而自然人完成的影视作品，其著作发表权的保护期限则是影视作品创作完成后第 50 年的 12 月 31 日。显然，对影视作品发表权的保护期限规定，并不是依据影视作品作者类别的不同，而是依据影视作品本身的特殊性。也就是说，影视作品的制作者不管是自然人还是法人或者非法人组织，影视作品发表权的保护期限都是一致的。

需要注意的是，我国《著作权法》在 2020 年修正之前，对影视作品发表权保护期限的起算有两个时间点：即"作品首次发表"和"作品创作完成"。但是在 2020 年修正后的《著作权法》中，对影视作品发表权保护期限的起算时间修改为仅有一个时间点即"作品创作完成"，并不考虑影视作品是否发表。

（二）影视作品署名权、修改权和保护作品完整权的保护期限

对于影视作品著作权人的署名权、修改权和保护作品完整权的保护期限适用著作权保护期限的一般原则，即无期限限制。

这体现了著作权法对影视作品与一般作品著作权保护期限规定的一致性。一致性的意义在于为作品著作权的保护期提供了一定的确定性，降低作品的著作权与所有权流转关系中的交易成本，降低交易风险，同时能够有效减少在不同国家的著作权法管辖地域的作品流转中，因保护期限计算可能产生的诉讼风险，能够促进版权市场交易。

二、影视作品著作财产权的保护期限

我国现行《著作权法》第 23 条规定，视听作品包括影视作品著作财产权的保护期限为 50 年，截止于作品首次发表后第 50 年的 12 月 31 日，但作品自创作完成后 50 年内未发表的，不再受著作权法保护。

需要注意的是，由于影视作品的特殊性，在其对著作权保护时，还需要考虑影视作品作为合作作品中其他可以单独使用的剧本、音乐等作品的作者的著作权保护期限的问题。由于影视作品的制作是一个十分复杂的过程，因此在影视作品的制作过程中不可避免地会涉及对其他作品的使用，如影视剧本、影视歌曲等。《最高人民法院关于审理著作权民事纠纷案件适用法律若干问题的解释》第 10 条规定，影视作品中的剧本、音乐等可以单独使用的作品的，作者的著作权保护应按照著作权人是自然人的，其保护期为作者终生到死亡后第 50 年的 12 月 31 日；著作权人是法人或其他组织的，其保护期为作品首次发表后第 50 年的 12 月 31 日。

影视作品的著作权一旦超过了著作权法规定的保护期限，著作权人所享有的著作财产权便归于消灭或终止，作品的著作财产权则进入公有领域成为社会共同资源，任何人都可以无须再经著作权人许可，也无须向著作权人支付报酬，便可以使用著作财产权保护期限届满的作品。

第三节　典型案例分析

一、朱某、袁某女等与华某实、北京东方影视乐园、山东电影制片厂、成都温江国威开发总公司侵犯著作权纠纷案 ❶

（一）案件基本情况

原告朱某、袁某女等诉称：电影《马路天使》是由袁某之自编自导、明星电影公司 1937 年出版发行的著名影片，袁某之对《马路天使》剧本享有著作权。1978年 6 月 30 日袁某之去世后，其著作权由袁某之配偶朱某、子女袁某女、袁某牧、袁某男等原告继承。被告华某实擅自对《马路天使》进行改编，写成《天涯歌女》剧本，并将其有偿转让；被告北京东方影视乐园（以下简称"东方乐园"）擅自对《天涯歌女》剧本进行了拍卖，将其摄制影视权转让给被告山东电影制片厂（以下简称"山东厂"），并获得非法利益人民币 300 余万元；被告成都温江国威开发总公司（以下简称"国威公司"）在未征得原告许可的情况下，确认自己拥有《马路天使》的改编权及《天涯歌女》的著作权，并与山东厂签订了合作拍摄故事片《天涯歌女》协议书；山东厂在明知《马路天使》的改编未得到原告同意的情况下，对该片进行了拍摄、发行。原告认为四被告的行为已严重侵犯了原告对《马路天使》剧本享有的改编权、保护作品完整权、署名权和使用及获得报酬权。遂诉至法院，请求法院判令：（1）被告立即停止侵害，停止以各种方式对《天涯歌女》的使用；（2）被告向原告公开赔礼道歉；（3）被告赔偿原告人民 600 万元；（4）被告承担诉讼费及为本案支出的一切费用。

被告华某实辩称：其是接受案外人刘某权的委托，将电影《马路天使》改编为《天涯歌女》的，被告并不是该剧本法律意义上的作者。《天涯歌女》剧本的真正著作权人为刘某权所代表的公司，《天涯歌女》剧本所引起的一切法律后果应由刘某权所代表的公司承担。因此，本人不具备成为被告的诉讼主体资格。袁某之不是电影

---

❶ 北京市第一中级人民法院（1997）一中知初字第 47 号民事判决书。

《马路天使》的著作权人，在我的改编本上未侵犯袁某之署名权。我是在看完电影《马路天使》录像后，根据导演意图，形成《天涯歌女》剧本框架的。而根据著作权法的规定，电影作品的保护期为 50 年，电影《马路天使》已进入公有领域。因此，我的改编行为不构成侵权，故请求法院驳原告的诉讼请求。

被告东方乐园辩称：《天涯歌女》从剧本创作、影片拍摄、制作发行等整个过程均与我公司无任何关系，我公司仅为该片的宣传活动出了一个"投资招标"的点子，并为"投资招标"会支付了 3000 元场地费。本公司与剧本的创作者及拍摄单位无其他任何关系，也未获得任何经济利益。我公司未侵犯他人的著作权。

被告国威公司辩称：电影《天涯歌女》是其主创人员受袁某之编导的电影《马路天使》的插曲《四季歌》启发而独立创作的作品。原告未能出示其主张权利的《马路天使》的剧本。原告依据完成台本主张剧本的著作权显然不妥，且该完成台本是杨某喜根据电影《马路天使》整理而成的，依据我国著作权法的规定，其著作仅应归杨某喜享有。电影《马路天使》的著作权人为原上海明星公司，导演袁某之仅享有署名权，依据我国著作权法，电影《马路天使》发表于 1937 年，明显超出了作品的保护期。涉案电影《天涯歌女》与电影《马路天使》的表现形式、用途相同，二者不存在著作权法意义上的改编。且我公司已与原告之一袁某女签订了使用许可协议，故我方不构成侵权。请求依法判决驳回原告的诉讼请求。

被告山东厂辩称：袁某之不是电影《马路天使》的著作权人。电影《天涯歌女》对电影《马路天使》题材的参照，是否构成侵权与原告无关，原告无权起诉。该影片摄制完成后，电影局颁发了"影片上映许可证"，得到了发行的许可，说明该影片不是侵权作品。因我厂与国威公司签有合作拍摄协议书，即使《天涯歌女》剧本侵犯了他人权利，山东厂也不应承担责任。原告所主张的赔偿数额没有事实依据，应予驳回。

（二）案件审理结果

北京市第一中级人民法院一审经审理后查明：电影《马路天使》1937 年由明星影片公司摄制、发行，该片的编剧、导演为袁某之。袁某之于 1978 年 6 月 30 日去世，四原告为其全部继承人。《五四以来电影剧本选集》（中国电影出版社 1979 年出版）收录了《马路天使》剧本，作者署名为袁某之；《袁某之文集》（中国电影出版社 1984 出版）收录了《马路天使》剧本。上述两部作品收录的《马路天使》剧本，皆注明由杨某喜根据影片整理。1995 年 4 月，华某实受刘某权的委托，将《马路天使》改编为《天涯歌女》剧本。该剧本的封面上载明"根据袁某之同志《马路天使》改编"。1995 年 5 月 2 日，华某实通过他人将该剧本转交刘某权，并获得稿酬 20 000 元。1995 年 5 月 14 日，国威公司（甲方）与山东厂（乙方）签订了"合作拍摄故事片《天涯歌女》协议书"。该协议第 1 款约定："甲方确认拥有《马路天使》的改编权及《天涯歌女》的著作权。如有著作权纠纷，由甲方承担一切经济和法律责任"；协议第 3 条约定："本次合作总投资叁百贰拾万元整，甲方投资捌拾万元，乙方投资贰百肆拾万元。……"协议第 8 条约定："《天涯歌女》一切著作权及商业权利归乙方所有。"协议第 9 条约定；"该片一切发行权归乙方所有……"1995 年 5 月 24 日，国威公司与山东厂联合举行了电影《天涯歌女》的投资招标会，东方乐园在投资招标会现场打出了自己的名称。

1995 年 7 月影片《天涯歌女》拍摄完成。1995 年 11 月 20 日获得广播电影电视部电影事业管理局颁发的影片公映许可证（电审故丙字第 062 号），并于 1996 年 1 月发行。

另查，电影《天涯歌女》的片头显示："本片取材于电影《马路天使》。"编剧为华某实，山东厂摄制，总导演为刘某权，总制片为姜某华。

一审法院经过审理后认为：电影《马路天使》的片头明确表明该片的编剧为袁某之，被告未提交相反证据证明袁某之不是该片编剧，故认定袁某之是电影《马路天使》的剧本的作者。《袁某之文集》和《五四以来电影剧本选集》所收录的《马路天使》剧本，虽表明系杨某喜根据电影《马路天使》整理而成的，但该整理行为不是著作权法意义上的整理，它不是具有独创性的智力创作活动，不会导致新的作品产生。被告国威公司认为，杨某喜根据影片《马路天使》整理而成的剧本的著作权归杨某喜享有的主张没有法律依据，故不能成立。根据 1991 年《著作权法》第 20 条的规定，袁某之对该剧本作品享有的署名权、修改权及保护作品完整权的保护期不受时间限制。在袁某之去世后，该作品的使用权和获得报酬权在保护期内，依法由本案原告继承。本案原告明确对《马路天使》剧本，而非对电影《马路天使》主张著作权，其具备原告的诉讼主体资格，故被告华某实认为本案原告不具备合格主体资格的抗辩理由不能成立。

依据我国著作权法的规定，电影《马路天使》的发表权、使用权和获得报酬权的保护期限截止于该作品首次发表后第 50 年的 12 月 31 日，即 1987 年 12 月 31 日。

《马路天使》剧本发表权、使用权和获得报酬权的保护期限，截至其作者去世后第50年的12月31日，即2028年12月31日。1995年4月，在《马路天使》剧本著作权的保护期内，被告华某实未经原告许可，接受刘某权委托，将《马路天使》改编成《天涯歌女》剧本。不论华某实是根据《马路天使》电影，还是剧本进行的改编，其行为均侵害了袁某之对《马路天使》剧本享有的保护作品完整权及原告享有的改编权和获得报酬权，依法应承担相应的法律责任。

被告国威公司未经原告许可，擅自"确认"自己拥有《马路天使》的改编权和《天涯歌女》的著作权，与山东厂合作拍摄了《天涯歌女》，其行为构成侵权。被告山东厂在明知《马路天使》剧本的使用权和获得报酬权归原告享有的情况下，对被告国威公司所确认拥有的著作权未做审查，便与其签订了合作拍摄协议书，并进行了拍摄及发行，其行为亦构成了侵权。国威公司及山东厂均侵害了袁某之对《马路天使》剧本享有的署名权、保护作品完整权及原告享有的改编权和获得报酬权，依法应共同承担侵权的法律责任。对于被告东方乐园，原告提交的证据不能证明其对侵权作品《天涯歌女》剧本的电影拍摄权进行了拍卖，原告对其侵权指控，本院不予支持。

一审法院根据所查明的事实和《著作权法》的相关规定，作出如下判决：（1）被告山东厂立即停止《天涯歌女》一片的发行；（2）被告国威公司、山东厂在《北京日报》《光明日报》上就其侵权行为公开向原告赔礼道歉；（3）被告华某实赔偿原告经济损失人民币21 600元；（4）被告山东厂与国威公司连带赔偿原告经济损失人民币232 750元；（5）驳回原告的其他诉讼请求。

一审判决后，被告华某实不服一审判决，提出上诉。在二审法院审理案件过程中，被告华某实与原告朱某、袁某女、袁某牧、袁某男当庭达成和解协议，华某实撤回了其上诉。

（三）对案件的法律分析

1. 涉案电影《马路天使》和剧本的著作权是否仍在保护期内

根据我国1991年《著作权法》第21条第3款的规定，电影《马路天使》的发表权、使用权和获得报酬的保护期限截止于该作品首次发表后的第50年的12月31日，该电影作品《马路天使》公映于1937年，其保护期限到1987年12月31日止。截至1995年涉案时，电影《马路天使》的著作权已超过了50年的保护期，因此电影《马路天使》的著作权不再受著作权法的保护。

但电影《马路天使》剧本的著作权人是自然人袁某之先生，根据我国1991年《著作权法》第21条第1款的规定，公民的作品，其发表权和财产权的保护期限是作者终生及其死亡后50年，截止于作者死亡后第50年的12月31日。电影《马路天使》剧本的作者袁某之于1978年去世，因此该剧本的著作权保护期限应截止于2028年12月31日止。而根据1991年《著作权法》第19条的规定，公民死亡后，作品的著作权在保护期内的，根据《继承法》的规定，该作品著作权中的财产权内容转移由继承人享有。从本案来看，电影《马路天使》剧本的作者袁某之虽然于1978年去世，但其著作权仍然在法律的保护期内，依法应由袁某之先生的继承人即本案的四原告继承享有。

2. 原告是否享有涉案的《马路天使》剧本的诉讼主体资格

依据1991年《著作权法》第15条的规定，电影作品的导演、编剧等作者享有署名权，著作权的其他权利由电影的制片者享有，电影作品中剧本、音乐等可以单独使用的作品的作者有权单独行使其著作权。本案中，明星影片公司作为电影《马路天使》的制片者，其对该电影作品享有著作权。袁某之作为电影《马路天使》的编剧，对该电影的剧本单独享有著作权。在袁某之于1978年去世后，该作品的使用权和获得报酬权仍在法律规定的保护期内，根据1991年《著作权法》第19条和《继承法》的相关规定，袁某之生前对电影《马路天使》剧本享有的著作财产权依法由本案原告继承。在本案中，原告仅是对《马路天使》剧本而非对电影《马路天使》主张著作权因此，原告享有《马路天使》剧本的著作权，具备本案的诉讼主体资格。

3. 被告华某实是否侵犯了《马路天使》剧本的著作权

涉案的电影作品《马路天使》是根据袁某之的《马路天使》剧本拍摄的，因此，相对于电影剧本而言，电影《马路天使》是演绎作品。虽然电影《马路天使》的著作权保护期限届满，已进入公有领域，但电影《马路天使》的剧本仍然在著作权保护期内，因此他人根据电影《马路天使》的剧本再创作时，虽然不需要得到电影《马路天使》著作权人的同意，但是应得到电影《马路天使》剧本著作权人袁某之的继承人即本案四原告的同意。本案中被告华某实在未经《马路天使》剧本著作权人许可的情况下使用其作品进行再创作，其行为侵犯了《马路天使》剧本的著作权，依法应承担相应的侵权责任。

4.被告国威公司和山东厂是否侵犯了《马路天使》剧本的著作权

本案中，被告国威公司未经四原告许可，擅自"确认"自己拥有《马路天使》剧本的改编权和《天涯歌女》的著作权，与被告山东厂合作拍摄了《天涯歌女》，其行为构成侵权；被告山东厂在明知《马路天使》剧本的使用权和获得报酬权归原告享有的情况下，对被告国威公司所确认拥有的著作权未作审查，便与其签订了合作拍摄协议书，并进行了拍摄及发行，其行为亦构成了侵权。被告国威公司和山东厂均侵害了袁某之对《马路天使》剧本享有的署名权、保护作品完整权及原告享有的改编权和获得报酬权，依法应共同承担侵权的法律责任。被告国威公司主张电影《马路天使》与电影《天涯歌女》的表现形式相同、用途相同，不存在改编问题，是对法律的错误理解，该抗辩理由没有得到法院的支持。虽然被告山东厂以其影片《天涯歌女》获得了公映许可证，认为不构成侵权，但因电影主管部门发放许可证的行为并不是对影片是否侵犯他人著作权作出的判定，因此，两被告的抗辩理由不成立。

二、上海美术电影制片厂有限公司与武汉新金珠宝首饰有限公司著作权纠纷案 ❶

（一）案件基本情况

原告上海美术电影制片厂有限公司诉称，原告系美术电影作品《大闹天宫》著作权人，依法享有"孙悟空"美术作品形象的著作权。2016年2月，原告发现被告武汉新金珠宝首饰有限公司经营和管理的天猫新金旗舰店销售印有上述原告享有著作权的美术作品形象的金钞。被告未经原告许可且未支付任何报酬即将上述卡通形象用于商业宣传进而谋取不正当的利益。为此原告诉诸法院，请求判令：（1）被告立即停止侵权行为、停止销售印有"孙悟空"美术作品形象的纪念钞，将印有上述美术形象的纪念金钞予以销毁；（2）被告在《法制日报》发表声明，澄清事实，消除影响；（3）被告赔偿原告经济损失及为制止侵权行为所支付的合理费用共计300 000元；（4）本案诉讼费由被告承担。

---

❶ 湖北省高级人民法院（2017）鄂民终71号民事判决书；最高人民法院（2017）最高法民申4621号民事裁定书。

被告武汉新金珠宝首饰有限公司辩称：（1）美术电影《大闹天宫》及其动画形象"孙悟空"系原告于1961年创作完成并于同年首次公开放映，原告主张的孙悟空形象的著作权保护期限在2011年已经截止，被告于2015年12月开始销售印有"孙悟空"形象的"猴年金钞"纪念钞，此时已经超过了著作权法规定的动画形象"孙悟空"的保护期限；（2）被告销售的纪念钞进货来源是深圳明丰珠宝首饰有限公司，即使存在侵权事实，法律责任也应由深圳明丰珠宝首饰有限公司承担；（3）侵犯著作权和反不正当竞争是两个不同的案由，原告诉状中没有提及反不正当竞争的行为，无权基于同一事实主张两种性质的诉讼请求。综上，被告请求法院驳回原告的诉讼请求。

（二）案件审理结果

湖北省武汉市中级人民法院一审经审理后查明：原告组织人员分别于1961年、1964年创作完成动画片《大闹天宫》上、下集，该动画片的美术设计署名为"张光某""张正某"，动画设计署名包括"严定某"等人。该动画片分别于1962年、1963年和1978年获得捷克斯洛伐克第十三届卡罗维发利国际电影节的"短片特别奖"、中国第二届大众电影"百花奖"的"最佳美术奖"和英国伦敦国际电影节"本年度杰出电影"等荣誉。该动画片中出现了大量的"孙悟空"美术形象。2016年2月1日，原告委托的律师事务所到公证处保全证据。公证过程显示：在"天猫"互联网网站内存在名称为"新金旗舰店"的网店，该网店的网页上有"2016猴年贺岁金钞"的商品广告，广告中使用了"美猴王贺岁金""源自经典动画《大闹天宫》美猴王形象""深入脑海的荧屏形象，传递几代人美好回忆与祝福""美猴王经典作揖形象寓意喜庆祥瑞五只小猴环绕周围欢乐气氛跃然金钞之上""美猴王经典形象寓意喜庆祥瑞怀抱寿桃象征万寿无疆""美猴王经典形象手拿水果与小猴子们嬉戏象征家和万事兴"，并配有"孙悟空"形象摆出数种动作的美术图案。

2016年2月5日，原告委托的律师事务所在公证人员监督下，对之前已从"天猫"网站上的"新金旗舰店"购买的商品"2016猴年贺岁金钞"进行了公证，公证结果显示，被告系商品"2016猴年贺岁金钞"的销售者。另查明，被告销售的"2016猴年贺岁金钞"系向深圳明丰珠宝首饰有限公司订制、采购。上述两公司签订的《加工购销合同》从2014年10月1日起生效，有效期3年。

一审法院经审理后认为：被告在经营活动中使用"美猴王"美术图案时，原告对动画片《大闹天宫》上集及其中的"孙悟空"美术形象享有的复制权、发行权、信息网络传播权等权利已超过法律保护期限，且原告与被告既不具备市场竞争关系，被告的行为也未损害原告的合法权益。因此，原告主张被告的行为侵害其著作权并构成不正当竞争缺乏事实和法律根据。对原告的诉讼请求，法院不予支持。遂依据查明的案件事实和《著作权法》《反不正当竞争法》《民事诉讼法》的相关规定，判决驳回了原告的诉讼请求。

原告不服一审判决，提起上诉，其上诉请求为：（1）撤销一审判决；（2）改判被告赔偿原告经济损失及为制止侵权行为所支出的合理费用共计 300 000 元；（3）诉讼费用由被告承担。湖北省高级人民法院经二审审理后认为，一审判决认定事实清楚，适用法律虽部分有误，但实体处理正确，应予以维持。遂判决驳回原告的上诉，维持原判。

原告仍不服二审法院作出的终审判决，又向最高人民法院提出再审申请。最高人民法院经再审审理后，驳回了原告的再审申请。

（三）对案件的法律分析

1. 涉案电影《大闹天宫》中的"孙悟空"动画形象的著作权归属

2001 年《著作权法》第 15 条第 1 款规定，电影作品和类似摄制电影的方法创作的作品的著作权由制片者享有。本案中，电影作品《大闹天宫》正版碟片正反面未显示制片人，而是记载由原告出品，美术设计为张光某、张正某，动画设计为严定某、段某、浦家某等 8 人。因此，依据《著作权法》对电影作品和类似摄制电影方法创作的作品著作权属的相关规定，电影作品《大闹天宫》的著作权人应为原告。

依据 2001 年《著作权法》第 15 条第 2 款规定，电影作品和以类似摄制电影的方法创作的作品中的剧本、音乐等可以单独使用的作品的作者有权单独行使其著作权。虽然该条仅例举了剧本、音乐两类作品，但由于涉案动画形象先于电影形成，作为美术作品，具有独立的审美价值，且可以从涉案电影中抽离出来使用，故其构成电影作品中单独使用的作品。涉案电影作品中大量使用的"孙悟空"美术形象既是电影作品的组成部分，又可单独作为美术作品使用。

在本案中，电影作品《大闹天宫》上集及"孙悟空"动画形象早于 1962 年就已经完成创作并公开发表，当时我国并没有确立著作权法律制度，社会公众缺乏著作权保护意识，原告也没有对涉案电影作品的著作权归属明确约定。事实上，"孙悟空"动画形象系紧密围绕原告拍摄影片《大闹天宫》的需要而设计，根据职责所在创作的成果归属于单位即原告，符合当时人们的普遍认知和预期。同时，结合本案的相关证据，没有证据证明原告曾经认可张光某、张正某、严定某是"孙悟空"动画形象的著作权人，而且张光某等三人也未曾就该动画形象主张过著作权的权属。因此，法院认定涉案电影中"孙悟空"动画形象的著作权归属于原告并无不当。

2. 涉案电影中"孙悟空"动画形象的著作财产权是否仍在保护期限内

如前所述，本案中原告是电影作品《大闹天宫》的著作权人，结合该电影作品创作时的时代背景、历史条件，以及原告提供的证据等，可以认定原告是"孙悟空"美术作品的作者。2002年《最高人民法院关于审理著作权民事纠纷案件适用法律若干问题的解释》第10条规定："著作权法第15条第2款所指的作品，著作权人是自然人的，其保护期适用著作权法第21条第1款的规定；著作权人是法人或其他组织的，其保护期适用著作权法第21条第2款的规定。"2001年《著作权法》第21条第2款规定："法人或者其他组织的作品、著作权（署名权除外）由法人或者其他组织享有的职务作品，其发表权、本法第10条第1款第（五）项至第（十七）项规定的权利的保护期为50年，截止于作品首次发表后第50年的12月31日，但作品自创作完成后50年内未发表的，本法不再保护。"因此，在认定原告为"孙悟空"美术作品作者的前提下，本案确定该作品著作权权利保护期还需确定其首次发表时间。《著作权法》第10条第1款第（一）项规定"发表权，即决定作品是否公之于众的权利"，以及《最高人民法院关于审理著作权民事纠纷案件适用法律若干问题的解释》第9条规定："著作权法第10条第1款第（一）项规定的'公之于众'，是指著作权人自行或者经著作权人许可将作品向不特定的人公开，但不以公众知晓为构成条件。"本案中，电影作品《大闹天宫》于1962年获捷克斯洛伐克第十三届卡罗维发利国际电影节短片特别奖，原告认为1962年该奖项的获取事实不构成"公之于众"，影片仅针对特定的人群即评委观看。但法院认为，尽管电影节的评委在评选时可能是特定人群，但原告并未举证证明电影作品《大闹天宫》参选后，公众不能通过其他方式观看到此电影作品；根据在案原告提交的证据，即《北方新报》"1961年版《大闹天宫》为什么被禁？"一文中载明的"1961年，《大闹天宫》上集问世，获奖无数，好评如潮"，该证据恰好印证了电影作品《大闹天宫》上集于1961年公开发表的事实。因此，法院将涉案电影《大闹天宫》在国际上获奖的年份即1962年作为其首次发表时间并无不当。"孙悟空"美术作品作为涉案电影《大闹天宫》里的一部分，也随之公之于众，根据 2001 年《著作权法》第 21 条第 2 款的规定，"孙悟空"美术作品的复制权、发行权等著作财产权保护期最迟于 2012 年 12 月 31 日止。本案中，被告的被控侵权行为发生在 2016 年 2 月，因此在本案的被告被控侵权行为发生时，涉案的"孙悟空"美术作品的著作财产权已经超过了著作权法规定的保护期。由于原告的著作权超过了著作权法规定的保护期限，其诉讼请求未能得到法院的支持。2020 年修正后的《著作权法》相关规定与 2001 年《著作权法》的上述规定一致。

3. 涉案电影《大闹天宫》和"孙悟空"动画形象是否构成知名商品

原告在二审中主张涉案电影作品《大闹天宫》和"孙悟空"动画形象构成知名商品。一般而言，知识产权专门法已在特别规定中作穷尽保护的行为，原则上不再按照《反不正当竞争法》扩展保护，避免抵触特别规定的立法政策。在本案中，涉案电影《大闹天宫》及其"孙悟空"美术作品已过著作权法保护的期限，根据著作权法的规定，如果作品已过著作权保护期的，该作品即进入公有领域，他人可以自由使用该作品中的构成元素。对于已过保护期的作品，不能再以反不正当竞争法有关保护知名商品特有名称等为名，进行保护该作品及其构成元素，否则即构成变相延长作品著作权的保护期限。本案中，涉案电影作品《大闹天宫》已过著作权保护期，该作品名称以及作品中可以单独使用的"孙悟空"美术形象均已进入公有领域，如果依照反不正当竞争法有关规定以知名商品特有名称等方式进行保护，必然会妨碍他人使用该作品构成元素等的自由，与著作权法规定相悖。因此，法院没有支持原告的主张和诉求。

第九章 影视作品著作权利用

第一节　影视作品著作权许可使用

一、著作权许可使用概述

（一）著作权许可使用的含义及特征

著作权许可使用是指著作权人授予他人对自己的作品以一定的方式、在一定的地域和时间内进行使用并收取报酬的行为。著作权的许可使用在各国著作权法中称谓不大相同，如《日本著作权法》称为"许诺"，《德国著作权法》称为"用益权授予"，等等。❶ 通过著作权的许可使用，可以在许可人和被许可人之间就著作权的使用产生一定的权利义务关系，可以更好地利用和传播作品。著作权许可使用有如下特征。

1.著作权许可使用的主体

著作权许可使用的双方当事人一方必然是著作权人，著作权的许可使用并不会改变著作权的归属，被许可使用的权利只是在一定期间内暂时的转移，被许可人只能获得在一定期间内，在约定范围内，依约以一定的方式享有对作品的使用权，许可使用的期限届满时，作者的著作权将恢复到许可前的完满状态。

被许可人的权利来源于与著作权人的合同约定，被许可人只能在合同约定的地

---

❶ 吴汉东、曹新明、王毅、胡开忠：《西方诸国著作权制度比较研究》，中国政法大学出版社，1998，第214页。

域和期限内行使著作权，同时被许可人不得擅自将自己享有的权利再许可第三人使用，也不能禁止著作权人将权利许可其他人使用，除非合同中约定被许可人享有专有许可权。著作权的使用许可由于著作权的权属并未发生任何变化，因此被许可人对第三人侵犯许可使用权益的行为，一般是不能以被许可人自己的名义向侵权人提起诉讼，因为被许可人并不是著作权的主体，除非被许可人获得的许可是著作专有使用权。

2. 著作权许可使用的时间、地域范围

法律对作品的著作权许可使用的时间和地域范围均没有特别的限制性规定，实践中一般是由当事人根据需要在合同中约定，著作权许可使用的时间一般以 5 ~ 10 年较为普遍。通常认为，著作权许可使用的时间不能长于或等于著作权法规定的保护期限。

3. 著作权许可使用的对象和类型

著作权法规定的许可使用的对象一般是著作财产权，但是在少数情况下也包括人身权利，● 我国现行《著作权法》第 10 条第 1 款第（三）项规定，作者可以将其修改权授予他人行使。

著作权许可使用分为著作权专有许可使用和一般许可使用两种。著作权专有许可使用是指著作权人授权使用者在一定的地域和时间内以特定的方式独占性的使用作品，被许可使用人享有排他的、独占的使用作品的权利，即使是著作权人自己也不能在合同期限内使用作品。著作权的一般许可使用，是指著作权人授权使用者在一定地域和时间内以特定的方式非独占性地使用作品，而著作权人则可以在相同的地域和时间内，以相同的方式许可多人使用同一作品，著作权人自己也可在上述范围内使用作品。

（二）著作权许可使用合同

1. 著作权许可使用合同的主要内容

因著作权许可使用而设立的合同称为著作权许可使用合同，主要由《著作权法》和《民法典》中的合同编加以调整。通过著作权许可使用合同，著作权人可以将其享有的著作财产权中的一项或多项内容许可他人使用，同时有权向被许可人收

● 王月：《股东著作权出资法律问题研究》，《电子知识产权》2011 年第 9 期，第 70 页。

取一定数额的著作权许可使用费。

我国现行《著作权法》第 26 条规定，使用他人作品应当同著作权人订立许可使用合同，该法规定可不经许可的除外。按照该条的规定，许可使用合同包括下列主要内容。

（1）许可使用的权利种类，也就是许可使用作品的方式。著作权许可使用合同必须明确约定著作权人授权被许可使用人，以何种方式使用其作品。比如授权被许可人改编作品，则应当明确被许可人将作品改编为何种形式；又比如授权被许可人复制作品，如复印、录音、录像、翻录等，则应当明确授权被许可人复制作品的具体形式和数量。当事人在著作权许可使用合同中，使用的方式可以是一种，也可以是多种。因为每一种许可使用的权利种类都可能产生巨大的经济效益，为避免当事人的权利不能实现或产生纠纷，首先应在许可使用合同中要明确许可使用的权利种类。

（2）许可使用的权利是专有使用权或非专有使用权。根据《著作权法》第 26 条的规定，被许可人在与著作权人签订许可使用合同时，必须明确许可使用的性质是专有使用权还是非专有使用权，如果在合同中未明确约定许可使用权的性质，通常只能认为被许可人取得的是非专有使用权。《著作权法》这样规定的目的，旨在保障被许可人的正当利益。

（3）许可使用的地域范围、时间，是指被许可的著作权在地域和时间上的限制，通常表现在对许可使用的作品进行复制、发行、播放等在地域范围和时间上的限制，如著作权人只许可某出版社在中国境内出版发行其作品，则该出版社就不能超出范围在美国、英国等国外出版发行，也不能将其在中国境内出版的作品出口到国外发行，否则就构成违约。

（4）付酬标准和办法。许可使用作品的付酬标准，一般按照当事人之间的约定执行。而付酬办法即支付报酬的具体方式，当事人之间也应在合同中明确约定，比如是银行转账还是现金支付，是一次性支付还是分期分批支付，是支付人民币还是支付某种外币等。

（5）违约责任。违约责任是指著作权人与被许可使用人在签订许可使用合同后，一方或双方没有履行或不适当履行合同约定的义务，则依照法律的规定或者按照合同的约定，应当承担的违约责任。违约责任的内容一般包括违约金、赔偿金以及赔偿金额的计算方法等。

（6）双方认为需要约定的其他内容。著作权许可使用合同除上述五个方面的合同内容之外，著作权人与被许可人还可以根据许可使用作品的具体情况，就双方认为必须列入的合同内容作出约定，作为许可使用合同履行的主要条款。

2. 著作权许可使用合同的主要特征

（1）著作权许可使用合同是诺成性合同。著作权许可使用合同的成立，不需要著作权的许可人实际将作品交付给被许可人，只要当事人各方就作品许可使用的意思表示一致，许可使用合同即告成立。

（2）著作权许可使用合同是双务合同。双方当事人互负对待给付义务，著作权人应按合同约定允许被许可人使用作品，被许可人应按合同的约定合理地使用作品并支付报酬。任何一方不全面、及时履行合同的义务，都将构成违约，需要承担相应的责任。

（3）著作权许可使用合同是有偿合同。作品的创作花费了作者大量的时间、精力，尤其是很多优秀的作品更是倾尽作者一生的精力和智慧，被许可人要使用作品，理应向著作权人支付一定的报酬。

（4）著作权专有许可使用合同是要式合同。根据《著作权法》第 26 条规定和《著作权法实施条例》第 23 条规定，使用他人作品应当同著作权人订立许可使用合同，许可使用的权利是专有使用权的，应当采取书面形式，但是报社、期刊社刊登作品除外。因此，如果被许可人要获得作品的专有使用权，则必须与许可人签订书面许可合同，但是报社、期刊社刊登作品除外。❶

3. 著作权许可使用合同的分类

根据著作财产权的种类、被许可人权利行使范围和作品的性质等不同，可以对著作权许可使用合同进行以下分类。

首先，根据许可使用权利种类的不同，著作权许可使用合同可分为出版权许可使用合同，表演权许可使用合同，汇编权、改编权、翻译权许可使用合同，等等。

其次，根据许可方式的不同以及权利范围的大小，著作权许可使用合同可分为专有许可和非专有许可。

再次，根据许可主体的不同可以分为职务作品的许可使用合同、委托作品的许可使用合同以及合作作品的许可使用合同等。

---

❶ 王亚莉：《试论版权的许可使用与许可使用合同》，《西北成人教育学报》1999 年第 4 期，第 50 页。

二、影视作品著作权的许可使用

（一）影视作品著作权许可使用概述

由于影视作品是一种特殊的演绎与合作作品，其制作的方式比较特别，不仅包含制作者的巨额投资，还包括了编剧、导演、摄影、作词、作曲、演员及灯光师等众多人的参与。同时，在我国对于影视作品的制作和发行，一直以来实行的是严格的行政审批或行政许可制度。对于影视作品而言，从申请设立影视制片单位到影视作品制作阶段，都要经过审批、备案等程序；在影视作品发行阶段，也要取得主管部门颁发的许可证才可以进行合法传播，如影视作品公映或发行需要获得广电总局核发的《电影公映许可证》或《电视剧发行许可证》。此外，对于引进境外的影视作品在境内传播，也必须办理影视作品进口审批手续，并应取得相关许可证。

影视作品在传统领域传播的主要途径是影院放映、电视台播放和音像制品出版。而随着网络和通信技术的发展，通过互联网传播影视作品成为新兴的影视作品传播途径。因此，对于影视作品的著作权许可使用而言，通常主要涉及电影放映权许可使用、电视播映权许可使用、录制权许可使用及信息网络传播权许可使用等。

（二）影视作品著作权许可使用的种类

1. 电影放映权许可使用

我国现行《著作权法》第 10 条规定，放映权是指著作权人通过放映机、幻灯机等技术设备公开再现美术、摄影、视听作品（包括影视作品）等的权利。可见，放映权的对象也是特定的，并不包括所有类型的作品。或者说，放映权仅是视听作品（包括影视作品）和美术、摄影著作权人特有的一种权利。

放映权是影视作品著作权人主要的著作财产权之一，影视作品的著作权人在获得主管部门颁发的影视作品公映许可证之后，著作权人可以自行通过电影院线等方式放映，也可以与他人签订影视作品许可使用合同，授权他人在一定的时间和地域范围内，以约定许可的方式发行放映影视作品，并获得报酬。

2. 电视剧播映权许可使用

现行《著作权法》第 10 条规定，广播权即以有线或无线方式公开传播或者转播作品，以及通过扩音器或者其他传送符号、声音、图像的类似工具向公众传播广播的作品的权利，但不包括信息网络传播权。影视作品涉及的广播权是影视作品的著作权人，利用有线、无线或其他方法让公众收听收看影视作品所包含的声音、图像的权利。电视播映权应该包含于广播权之内。

由于我国禁止私人创办广播台、电视台等，这就决定了著作权人不能直接行使影视作品的广播权，影视作品的著作权人往往只能通过授权许可广播台、电视台等来行使这项权利。电视台播放影视作品许可使用的是著作权人享有的影视作品的广播权，但是在实践中，影视作品的权利人在与他人签订影视作品的许可使用合同时，一般都直接注明许可使用的权利内容是"电视播映权"。

3. 影视作品复制权许可使用

复制权作为著作权财产中最基本和最重要的经济权利，是著作财产权体系的核心。这是因为作品在创作完成之后的发行、传播等后续的使用行为，都要以复制作为基础和前提。影视作品著作权人对复制权的行使是通过一定的复制方式来实现的，因此禁止非法复制对影视作品著作权的保护十分重要。

在复制方式方面，通常各国对于复制的技术手段、复制品的固定方式等都采用了一个比较宽泛的定义或以列举的形式规定，因此复制的方式多种多样，如我国现行《著作权法》规定的复制方式就有印刷、复印、拓印、录音、录像、翻录、翻拍、数字化等不同方式。在信息网络时代之前，传统的复制方式主要是通过印刷、拓印、录音、录像等方式进行，将作品制作成一份或数份，著作权人主要也是通过控制作品的有形复制件来获得利益。对于影视作品来说，则是以胶片或者数据光盘来作为载体，通过录音、录像、翻录、翻拍等方式来复制影视作品。但在信息网络时代，对作品的固定不再限制于特定的、有形的载体。使用作品和创作作品的方式发生了明显变化，产生了许多不依赖载体的使用行为，对于复制的定义不再仅仅局限于对于作品的拷贝，更倾向于以任何方式对于作品的"再现"❶，如将影视作品数字化，通过虚拟空间再现，也是一种复制的形式。

对于影视作品而言，复制是不变更其作品形态而再现其内容的行为，广义的复制还包括影视作品的放映和播放，并且随着科学技术的发展和进步，影视作品的载体发生了许多变化，从传统的胶片到磁带，进而到光碟和现在的数字化，不同载体之间也可以实现转换，这些仍属影视作品的复制。当影视作品的著作权人通过委

---

❶ 王迁:《著作权法学》，北京大学出版社，2007，第89—90页。

托、雇佣或承揽合同委托他人制作影视作品的拷贝或复制品时，复制品的制作人只能依照合同的约定，完成复制品的制作，而并不享有影视作品的发行、放映或播放的权利。❶

因此，在实践中如果制作复制品的人未能按照其与著作权人合同的约定将影视作品的拷贝、胶片等复制品全部交付给著作权人，私自截留一部分复制品并擅自出售、出租或公开播映，其行为除可能构成合同的违约以外，还会构成对影视作品著作权的侵权。

4. 影视作品信息网络传播权许可使用

现行《著作权法》第 10 条规定，信息网络传播权即以有线或者无线方式向公众提供，使公众可以在选定的时间和地点获得作品的权利。影视作品的信息网络传播权作为著作权人的一项独立的专有权利，是影视作品权利人在网络时代的一种权利扩张，其实质是著作权人享有的以网络方式向公众传播影视作品的权利，著作权人有权以网络方式使用影视作品或许可他人以网络方式使用影视作品，并获得相应报酬。

对于影视作品而言，传播方式已经不再局限于传统的影院、电视播映和音像制品的出版，如今网络视频、数字电视、手机等数字终端已成为影视作品的新兴传播途径。以往，影视作品的著作权人可以通过传统的方式发行播放影视作品，但在信息网络技术时代，著作权人还可以通过签订影视作品的信息网络传播权许可合同，许可他人对影视作品进行信息网络传播。

5. 影视作品改编权许可使用

现行《著作权法》第 10 条规定，改编权是指改变作品，创作出具有独创性的新作品的权利。影视作品的改编是在不改变原作品的基本思想内容的前提下，变换作品表现形式，创作出具有独创性的新作品，如将影视作品改编为话剧或舞剧等。影视作品的著作权人可以自己行使改编权，也可以许可他人改编其作品，这也是著作权人行使改编权的重要形式。具体而言，影视作品改编权的许可使用，是指著作权人许可他人以一定的形式在一定的时间内改编其作品的行为。改编权许可使用必须由著作权人与被许可人订立书面合同，通过改编权许可使用合同，明确双方的权利义务关系，以确保许可使用合同的顺利履行。

---

❶ 曲三强：《论影视作品的著作权》，《中外法学》2006 年第 2 期，第 192 页。

第二节　影视作品著作权转让

一、著作权转让的概述

（一）著作权转让的含义

著作权不同于普通民事权利，其具有人身权和财产权的双重属性，因此作品著作权能否转让，各国著作权法对此规定不尽相同。大体上有三种立法例：第一种是不置可否。例如，《俄罗斯联邦著作权法与邻接权法》中没有关于著作权转让的规定，也没有明确规定"不允许或禁止著作权转让"。第二种是明确规定著作权可以转让。例如，《法国知识产权法典》第 L131-4 条规定："作者之著作权既可以全部转让，也可以部分转让。"《英国版权法》第 36 条第 1 款规定："在符合本条规定的前提下，应通过转让、遗嘱安排或行使法律，将著作权作为私人财产或动产进行转移。"第三种是持否定的立场，认为著作权是包括人身权利和财产权利有机组合的一个不可分割的整体，由于著作人身权不可转让，所以其他著作权也不可转让。例如，《德国著作权法》就明确规定"著作权不得转让"，类似德国明令禁止著作权转让的国家尚不多见。❶

我国 1991 年《著作权法》对著作权的转让并未作明确规定，但随着我国先后加入《伯尔尼公约》《世界版权公约》等，在 2001 年第一次修正《著作权法》时，增加了有关著作权转让的规定，允许著作权人通过订立书面合同，全部或部分转让著作权中的财产权，并依照约定或法律规定获得报酬。2010 年第二次修正和 2020 年第三次修正的《著作权法》继续保留了著作权转让的规定。

所谓著作权转让是指著作权作为一项财产权，包括复制权、发行权、出租权、展览权、公开表演权、改编权、翻译权、汇编权、整理权和注释权等，其中的任何一项或几项权能或全部著作财产权，从一个民事主体合法地转移到另一个民事主体

---

❶ 吴汉东等：《知识产权基本问题研究》，中国人民大学出版社，2005，第 328 页。

支配下的行为。[1]需要注意的是，著作权中的人身权是不能转让的，著作财产权的转让必须是其权能完整的财产权的转让，即无论转让何种著作财产权，都必须将著作财产权的使用、收益、处分的权能一并转让，这种转让可以是无偿的或者有偿的。著作财产权的转让通常是以买卖、互易、赠与或遗赠等方式完成，让渡著作财产权的著作权人被称为"转让人"，接受著作财产权的他人被称为受让人。

（二）著作权转让的特征

1. 著作权转让的对象是著作财产权

著作权转让的对象是著作财产权中的一部分或全部，著作人身权因与作者的人格利益紧密相关，具有永久性、不可剥夺性，依法不能转让。我国著作权法规定著作权转让的对象只能是现行《著作权法》第 10 条第 1 款第（五）项至第（十七）项规定的相关著作财产权。

著作权转让的对象是针对著作财产权而不是作品本身，即著作权转让与作品的载体所有权无关，著作权的转让所涉及的是作品根据著作权法享有的著作权，并非作品原件物权的转让。[2]

2. 著作权转让的后果是权利主体变更

作品的著作财产权自权利人转让给受让人后，受让人即成为该作品的著作权人。但是，这种权利主体的变更不同于财产法中的权利主体变更。在财产法中，财产所有权的原始主体和继受主体不可能对同一标的物享有独立的权利，所有权人转让了其财产即丧失了权利主体资格，受让人成为财产的所有人。而在著作权法中则会有所不同，著作权的原始主体和继受主体可能对同一作品各自分享利益，也就是在同一作品中可以包括作者在内的多个著作权人。当然，如果著作权人转让的是作品的全部著作财产权，受让人则是全部著作财产权的主体；如果著作权人转让的只是作品的部分著作财产权，则受让人也只能是作品部分著作财产权的权利主体。

---

[1] 刘春田：《知识产权法》（第三版），高等教育出版社、北京大学出版社，2007，第 112 页。
[2] 陈明涛：《电影作品的作者身份确认及权利归属研究》，《知识产权》2014 年第 6 期，第 16 页。

（三）著作权转让的分类

1. 全部转让与部分转让

著作权的全部转让是著作权人在著作权的有效期限内将其著作财产权的全部一次性转让给受让人，也就是俗称的"绝卖"著作权。著作权的部分转让是指著作权人在著作权的有效期限内，将其著作财产权部分转让给受让人。我国著作权法没有明确限制规定著作财产权不得一次性全部转让，因此如果实践中当事人约定著作财产权一次性全部转让，也应允许并受到保护。

2. 无期限转让和有期限转让

无期限转让是指著作权人在著作权整个的有效期限内将其著作财产权的全部或部分权利转让给其他人，不再收回，一直到著作权保护期终止。有期限转让是指著作权人在著作权的有效期限内，按照约定的期限将著作财产权全部或部分转让给他人，转让约定的期限届满，被转让的著作财产权仍回归转让人。有期限的转让在某种意义上来说也可视为一种特殊的专有许可使用。

3. 著作财产权不同使用方式的转让

根据著作财产权不同的使用方式，著作财产权的转让还可以分为复制权的转让、发行权的转让、展览权的转让、表演权的转让、放映权的转让、广播权的转让、信息网络传播权的转让、摄制权的转让、改编权的转让、翻译权的转让等。

4. 著作财产权的赠与、继承或遗赠

在实践中，对影视作品著作权的赠与、继承或遗赠也会涉及著作财产权的转让。《民法典》第657条规定，著作权人可以将自己的著作财产权无偿赠与给他人。第1133条规定，自然人可以通过遗嘱的方式，将自己的著作财产权指定由法定继承人继承，或赠与法定继承人之外的组织、个人。同时，现行《著作权法》第21条规定，著作权属于自然人的，自然人死亡后，其著作财产权在法律规定的保护期内，依法转移；著作权属于法人或者非法人组织的，法人或者非法人组织变更、终止后，其著作财产权在法律规定的保护期内，由承受其权利义务的法人或者非法人组织享有；没有承受其权利义务的法人或者非法人组织的，由国家享有。据此，影视作品著作财产权可以通过赠与、继承或遗赠等方式转让。

二、影视作品著作权转让的要求

（一）影视作品著作权转让的形式和内容

大多数国家对著作权转让的形式、手续、程序等作了严格的规定，都要求著作权转让合同必须是书面的。例如，《英国版权法》第 36 条第 3 款规定，著作权的转让（不论全部或部分）必须以书面为主，并须经著作权让与人签名盖章。有一些国家著作权法规定著作权转让必须履行登记手续，主要目的是通过登记的方式从而起到对抗和证据的作用，如《日本著作权法》第 77 条就规定著作权转让若未登记，则不能与第三人对抗。❶我国《著作权法》第 27 条也规定，转让著作权中的财产权利，当事人应当订立书面合同，但对于著作权转让是否要进行登记或备案，我国《著作权法》没有规定，而在《著作权法实施条例》第 25 条中规定："与著作权人订立专有许可使用合同、转让合同的，可以向著作权行政管理部门备案。"

从以上我国著作权法的具体规定看，并没有针对影视作品的转让作出特别的规定。因此，有关影视作品的转让，也应遵守《著作权法》的相关规定，即影视作品著作权的转让，除应采用书面合同的形式之外，其著作权转让合同中还应当包括如下内容：（1）影视作品的名称；（2）影视作品著作权转让的权利种类、地域范围；（3）影视作品著作权转让的价金；（4）影视作品著作权交付转让价金的日期和方式；（5）影视作品著作权转让合同的违约责任；（6）影视作品著作权转让双方认为需要约定的其他内容。实践中，当事人双方还可根据转让影视作品本身和各方的具体情况，在转让合同中约定以上条款之外的其他条款内容。

（二）影视作品著作权转让与许可使用的区别

首先，影视作品著作财产权转让的后果导致著作财产权权利主体的变更，受让人在影视作品著作权转让完成之后成为新的影视作品著作权人，对影视作品享有相应的著作财产权，可以对其进行使用、处分并获得相应的收益。而影视作品著作财产权许可使用中，被许可人获得的只是在特定条件下使用影视作品的权利，仅是影视作品的使用者或是相关权利人，而不是影视作品的著作权人，其享有的权利受到严格限制。

---

❶ 王立武：《影视作品著作权担保融资的法律问题研究》，《山东社会科学》2010 年第 8 期，第 30 页。

其次，在绝大多数情况下，影视作品著作财产权的转让通常是无期限的转让，在整个著作权的保护期限内，著作权人将其影视作品著作财产权全部或者部分让渡给受让人。而影视作品著作财产权的许可使用通常有一定的时间限制，在著作权保护期未满而许可使用期届满的情况下，被许可的权利又回归到影视作品著作权人。

最后，因影视作品著作财产权的转让，受让人取得影视作品的著作权，原影视作品著作权人因权利的转移，则失去对已转移的影视作品著作财产权的侵权诉讼权，而受让人因取得影视作品的著作权，则享有因他人侵犯影视作品著作财产权向人民法院提起诉讼的权利。在一般情况下，影视作品著作权的许可使用人对他人侵犯影视作品著作权的行为无权提出侵权诉讼，侵权诉讼权仍由原影视作品著作权人行使。但若是影视作品著作权人将专用使用权授予他人时，对于发生在专有使用权范围内的侵权行为，影视作品的专有使用人和著作权人均可以单独起诉，也可以共同起诉。

（三）影视作品共有著作权转让的问题

实践中，一部影视作品的制作有时可能是两家或多家影视公司共同制作完成，在这种情况下，共同制作完成影视作品的影视公司都是该部影视作品的著作权人。根据《著作权法》第 14 条的规定，两人以上合作创作的作品，著作权由合作作者共同享有。合作作品可以分割使用的，作者对各自创作的部分，可以单独享有著作权，但行使著作权时不得侵犯合作作品整体的著作权。一般来说，合作完成的影视作品属于不可分割的合作作品，作为影视作品的合作者，在转让影视作品时，必须协商一致。否则，任何一方都不得将合作完成的影视作品的著作权转让给他人。

例如，"上海晋鑫影视发展有限公司诉北京金色里程文化艺术有限公司侵犯著作权纠纷"一案中，由于上海晋鑫影视发展有限公司认为北京金色里程文化艺术有限公司未经著作权共有人的许可，擅自将双方共有的电视剧《天晴》（原名《你是一条河》）著作权典当，并导致绝当，侵害了共有人上海晋鑫影视发展有限公司的著作权，为此诉诸法院。最高人民法院经再审后认为：根据《著作权法实施条例》规定，不可分割的合作作品，共有权利人应协商行使著作权。在不能协商一致的情况下，共有权利人有权单独行使除转让以外的其他权利。但是，所得收益应当合理分配给共有人，另一方有正当理由的除外。该案中双方合同亦约定，对涉案电视剧进行典当及质押，当事人应与对方协商并征得书面同意。据此，与通常情况下他人行使权利必须经过权利人同意不同，共有权利人可以有条件的单独行使权利，但这种单独行使只有在具备以下四个条件时方可以，即与对方协商不成、对方无正当理、行使的权利不含转让、与对方分享收益时方能成立。对涉案电视剧著作权进行质押和转让是对著作权权利的重大处分。被告对涉案电视剧著作权进行质押和转让均未与原告进行任何协商，违反了著作权法及双方的合同约定，该行为导致涉案电视剧著作权被转让的严重后果，使共有权人丧失了对涉案电视剧的控制，并进而失去与涉案电视剧的联系，无法参与涉案电视剧的发行、利用及由此的利益分享和亏损承担中来，属于未经共有权利人许可侵害其权利的行为。❶ 这是一起典型的影视作品的合作一方，未经合作的另一方同意擅自典当著作权，导致影视作品著作权转让而引发的诉讼纠纷。

第三节　影视作品著作权质押

一、著作权质押的概述

（一）著作权质押的含义

按照我国《民法典》的有关规定，质押作为债的担保方式之一，可分为动产质押和权利质押两种。著作权中的财产权是一种可让与的财产权，因此它可以成为权利质押的标的，属于担保方式中的权利质押。著作权人在其著作财产权上设定质押，也是著作财产权流转的一种方式。

国家版权局于 1996 年 9 月 23 日颁布实施了《著作权质押合同登记办法》，其中对著作权质押的概念、著作权质押合同登记的管理机关、著作权质押合同的内容、办理著作权质押合同登记的手续等内容作出了明确的规定。根据该办法，著作权质押是指债务人或者第三人依法将其著作权中的财产权出质，将该财产权作为债权的担保。债务人不履行债务时，债权人有权依法以该财产权折价或者以拍卖、变卖该财产权的价款优先受偿。其中债权人为质权人，债务人或者第三人为出质人。现行《著作权法》第 28 条规定，以著作权中的财产权出质的，由出质人和质权人

---

❶ 最高人民法院（2015）民申字第 131 号民事裁定书。

依法办理出质登记。此外我国《民法典》第 140 条也规定，可以转让的注册商标专用权、专利权、著作权等知识产权中的财产权可以出质。

（二）著作权质押的特征

与法律规定的其他权利质押相比，著作权质押有如下特征：（1）著作财产权具有期限性，而其他非知识产权的权利质押一般没有时间上的规定；（2）著作财产权价值变动具有不确定性，以图书为例，有的图书在出版后受到好评从而再版多次，有的图书仅会出版一次，因此两者的著作财产权价值并不能等量齐观；（3）著作财产权具有地域性，公民在本国享有的著作财产权在他国可能不受法律保护，若以该种著作财产权出质，其效力就成问题。❶

在现实中，知识产权的质押主要是专利权和商标权，由于著作权的无形性、多样性、不确定性等特点，使著作财产权价值本身很难确定，因此针对著作权的质押在实践中还不是很普遍。目前著作权的质押主要集中在影视作品著作权的融资担保方面，随着影视产业的发展和繁荣，影视作品著作权的质押将会逐渐成为一种新兴的重要融资担保方式。

二、影视作品著作权的质押

（一）影视作品著作权质押的含义和特点

影视产业，尤其是电影产业被公认为是一种集众人智慧和巨大资金的产业，它既是文化产业的重要表现形式，也是商业资金投入集中的产业；它戏是具有一定深度的文化产业，又是具有一定高度的经济行为；它既是一种艺术性的创作活动，也是一种有工业基础作根基的商业行为。电影产业作为一个高投入、高产出、高风险、高收益的产业，投资规模和融资方式是其持续发展的关键。❷

影视作品的著作权质押，是指利用影视作品著作权这种无形资产进行融资担保的一种形式。与文字作品、音乐作品等作品的著作权质押不同，影视作品著作权质押具有一定的特殊性。

---

❶ 邹其鸽：《著作权质押问题探析》，《山西省政法管理干部学院学报》，2002 年第 3 期（总第 48 期），第 1 页。

❷ 陈晓彦：《台湾电影投融资机制建立之研究》，《台湾电影产业的支持性策略》2015 年第 10 期，第 118 页。

1. 质押标的多是影视作品著作权的期待权

影视产业的融资本身不同于其他产业，虽然影视作品的著作权人可以用已制作完成的影片的著作权进行质押担保进行融资，但从实践操作中来看，对影视作品制作的资金需求，一般发生在影视作品制作过程中和完成前。因此，影视作品著作权的质押融资，在操作中通常以未完成的影视作品的著作权作为质押标的进行融资，以此获得资金来完成影视作品的制作，这被称为以影视作品著作权的期待权作为担保。在这一过程中，影视作品由制作到发行整个过程面临一定的风险，并非有实实在在的影视作品和相应的权利，一旦影视作品因某种原因无法如期顺利制作完成，就会使得质押标的价值无法实现，从而使影视作品著作财产权的质押权担保落空，给质权人造成经济利益损失。因此，影视作品著作权的质押若采用的是以期待权的质押担保融资，对质权人而言会存在一定的风险。

2. 出质人和质权人的多样性

在影视作品著作权质押中，出质人并不一定是影视作品的制作者，也有可能是影视作品著作权中财产权的合法享有者，如被许可人、受让人等，还有可能出质人包括一个或多个影视作品的发行公司等。此外作为影视作品著作权的出质人，不仅可以将影视作品著作财产权中的多项权利出质给同一个质权人，也可将著作财产权中的多项权利分别出质给多个质权人；甚至同一影视作品不同的出质人，为了融资的需要也可将其著作财产权利中的不同项权利分别出质给不同的质权人。因此，在影视作品著作权质押的实务中，出质人和质权人具有多样性，应根据具体情况选择合适的质押方式。

（二）影视作品著作权质押融资状况

在我国，著作权质押融资贷款的案例多数集中在影视著作权领域。2006 年华谊兄弟传媒股份有限公司以电影著作权质押方式获得招商银行 5000 万元贷款投资拍摄电影《集结号》，成为中国影视产业著作权质押贷款的第一例。为了控制风险，质权人招商银行提出了非常苛刻的要求：第一，华谊兄弟公司的自筹资金用完后招行的贷款才被允许支出；第二，每一笔贷款资金的使用及电影的拍摄进度都要接受招行的严格监控；第三，电影热映后，票房收入的回款陆续打入招行的专项账户，并且偿还招行贷款。随后，这一电影著作权质押融资模式得到进一步的推广，使影视作品著作权质押担保的融资模式逐步发展和完善。例如，2007 年 10 月，北京天星际影视文化传播公司将电视连续剧《宝莲灯前传》的著作权质押给交通银行，获得贷款 600 万元。2008 年 5 月 14 日，北京银行与华谊兄弟公司签署战略合作协议，以著作权质押方式向华谊兄弟公司提供 1 亿元打包贷款，用于其多个电视剧项目，开创了"著作权质押"打包的先河。随后，中国农业银行和华谊兄弟公司签下了 2009 年度 4 部电影的著作权质押贷款项目。2008 年 8 月，北京银行和光线传媒股份有限公司合作，贷款上限为 1 亿元，2009 年授信额度调至 2 亿元。2009 年中国工商银行为华谊兄弟公司提供 1.2 亿元两年期贷款。2009 年 6 月中旬，保利博纳影业集团获得了中国工商银行的贷款支持，首批项目贷款 5500 万元，用于三部影片《十月围城》《大兵小将》《一路有你》的制作发行费用。❶

2011 年 7 月 1 日起，中国资产评估协会颁布的《著作权资产评估指导意见》正式实施，对于影视作品的著作权融资起到了积极的推动作用。

尽管目前影视产业以著作权质押形式获得银行贷款的案例越来越多，《民法典》和《著作权法》也有相应的规定，但由于影视作品质押本身的特殊性，同时隐藏的高风险性、版权价值评估难与变现难等因素，使得影视作品著作权质押这种融资方式难以推广和发展。

（三）影视作品著作权质押融资中应注意的问题

1. 影视作品著作权质押合同的登记问题

《民法典》第 444 条规定，以注册商标专用权、专利权、著作权等知识产权中的财产权出质的，质权自办理出质登记时设立。《著作权法》第 28 条规定，以著作权中的财产权出质的，由出质人和质权人依法办理出质登记。因此，在实践中，影视作品的制作者在以影视作品的著作财产权进行质押融资时，作为提供融资的质权人，除应与出质人签订著作权质押合同外，还应特别注意，需办理质押合同登记。按照国家版权局颁布的《著作权质押合同登记办法》第 3 条和第 4 条的规定，以著作权中的财产权出质的，出质人与质权人应当订立书面合同，并到登记机关进行登记。著作权质押合同自《著作权质押合同登记证》颁发之日起生效。国家版权局是著作权质押合同登记的管理机关，国家版权局指定专门机构进行著作权质押合同登记。质押合同如果没有依法登记，则不发生法律效力。例如，"上海电影股份有限

---

❶ 王思：《电影投融资蒙太奇》，《中国民营科技与经济》2009 年第 6 期，第 37 页。

公司影视发行分公司诉广州华影佳影业有限公司合同纠纷"一案中❶，原告主张行使《夺命电话》和《铁甲战神》两部影片的著作权质押优先受偿权。但是，由于两部电影片没有向主管部门办理出质登记，被法院认为虽然合同约定合法有效，但依据有关法律规定，由于相关著作权未办理质押登记，导致质押权未设立，故法院依法认为原告主张行使优先受偿权缺乏事实和法律依据。

2. 影视作品著作权的价值评估问题

由于影视产业是一个高投入、高风险、高收益的产业，但用于影视作品质押的是其著作财产权，而著作财产权属于无形资产，与通常用于质押的动产和其他权利的价值评估，更具有不确定。因此，在以影视作品著作权进行质押融资时，对影视作品著作权进行科学合理的价值评估，对质权人和质押人的合法权益保护都很重要。

实践中对影视作品著作财产权用于融资质押时，对影视作品著作权的价值评估一般有两种方式：一是由当事人双方之间通过协商确定；二是可以委托第三方评估机构进行价值评估。

3. 影视作品的相关手续问题

影视作品作为一种特殊的文化产品，从其立项、制作拍摄到发行上映，都需要经过国家有关部门的相关审查，缺少其中任何一道手续，都将直接影响影视作品的制作完成、发行公映和投资收益。因此，在一方利用影视作品著作财产权进行质押融资时，不管该影视作品是否制作完成，另一方都需认真核实该影视作品的立项、制作拍摄、发行等是否履行了相关的手续，是否得到了影视主管部门的审查通过。否则，按照我国现行的相关规定，如果影视作品的立项、制作拍摄、发行公映等没有获得相关许可，比如备案立项公示、摄制许可证、公映许可证、发行经营许可证等手续不完备，都可能影响影视作品著作财产权质押合同的设立。

---

❶ 广东省广州市越秀区人民法院（2020）粤 0104 民初 17184 号民事判决书。

第四节　典型案例分析

一、北京君子缘公司与济南广播电视台著作权侵权纠纷案 ❶

（一）案件基本案情

原告北京君子缘公司诉称：2007 年 12 月 7 日，原告与广东巨星影业有限公司（以下简称"广东巨星公司"）签订《电视剧播映权转让合同书》，合同约定广东巨星公司将其拥有版权的电视剧《康熙微服私访记》（以下简称"《康》剧"）第 1 ~ 5 部有偿转让给原告，电视剧集数为 47 分钟 × 144 集，版权转让范围为独家全国版权（包括卫星及地面频道，不包括港澳台地区），其中第 1 ~ 4 部自签约之日起至 2017 年 12 月 31 日止；第 5 部自首轮版权到期之日起至 2017 年 12 月 31 日止，如果首轮播出后至 2017 年 12 月 31 日部分地区的二轮版权期不足五年，则顺延至五年。从合同签订之日起，原告有权开始发行、销售电视剧，电视剧播映权转让费总金额为 8 352 000 元，同时广东巨星公司向原告出具了涉案电视剧的《授权书》。

后原告发现，被告济南广播电视台未经其同意，自 2013 年 11 月 19 日起擅自通过网络电视播放《康》剧，已播放至第 3 部。原告立即与被告联系，告知其原告享有《康》剧独家播映权，并于 2014 年 2 月 18 日派出专门人员到被告处提交了权利证明，要求其立即停止播放该剧，但被告却拒绝停止播放该剧，给原告造成了巨额的经济损失，且侵权行为一直持续。

为此，原告提起诉讼，请求法院依法判令被告：（1）立即停止播出《康》剧；（2）在其官方网站首页显著位置及《山东日报》上，就其侵权行为向原告公开赔礼道歉，消除影响，道歉声明刊登时间为连续 1 个月；（3）赔偿原告经济损失及合理支出人民币 50 万元；（4）承担本案诉讼费。

被告济南广播电视台辩称，被告已取得《康》剧第 1 ~ 4 部共 114 集的合法授权，被告与北京骏马腾飞影视文化发展有限公司（以下简称"北京骏马公司"）签

---

❶ 山东省高级人民法院（2015）鲁民三终字第 139 号民事判决书。

订了转让合同书，北京骏马公司向其出具了著作权人的授权书证明其获得了《康》剧1~4部的著作发行权，故被告已取得《康》剧的播映权。原告虽然取得独家版权，但该合同不能约束第三人，该合同与我方无关，且我方已取得合法授权。请求法院驳回原告的诉讼请求。

（二）法院审理结果

济南市中级人民法院经一审审理查明：1997年6月，《康》剧获得电视剧制作临时许可证，制作单位是广东巨星公司，联合、合作单位是北京亚环影音公司。1998年5月，《康》剧续集剧获得电视剧制作临时许可证，制作单位是广东巨星公司。2000年2月29日，《康》剧第三部获得国产电视剧发行许可证，制作单位是太平洋影音公司，合作单位是广东巨星公司。2002年8月23日，《康》剧（四）获得国产电视剧发行许可证，制作单位广东巨星公司。2007年12月7日，广东巨星公司向北京君子缘公司出具一份授权书，载明："兹将我公司拥有版权的《康熙微服私访记》第1~5部的独家全国版权授权予北京君子缘文化发展有限公司，授权期限自2007年12月7日至2017年12月31日止。"2007年12月7日，君子缘公司与广东巨星公司签订电视剧播映权转让合同书，约定广东巨星公司将其拥有版权的电视剧《康》剧第1~5部有偿转让给北京君子缘公司，电视剧集数为144集，版权转让范围为独家全国版权（包括卫星及地面频道，不包括港澳台地区），其中第1~4部自签约之日起至2017年12月31日止；第5部自首轮版权到期之日起至2017年12月31日止，如果首轮播出后至2017年12月31日，部分地区的二轮版权期不足五年，则顺延至五年；合同签订之日起，北京君子缘公司有权开始发行销售，电视剧播映权转让费为总金额8 352 000元。

2012年9月15日，广东巨星公司将其拥有的电视剧《康熙微服私访记》第1~4部共114集在中华人民共和国大陆地区有线、无线电视播映权及发行权授予北京骏马腾飞影视文化发展有限公司，授权期限为5年，自2012年9月17日至2017年9月16日止。2013年11月25日，北京骏马公司将其拥有的电视剧《康熙微服私访记》第1~4部共114集在济南地区内的电视剧播映权（有线、无线、不含上星）独家授权予济南电视台，有效期限自2013年11月至2016年12月止。同日，双方签订了电视节目播放权转让合同书。2014年2月13日，山东广播电视报第七期刊登了济南电视台影视频道节目预报14：44剧场：康熙微服私访记三。2013年11月

19日至法院开庭时，济南电视台官网播出了电视剧《康》剧第1～4部一遍。

一审法院经审理后认为：（1）根据原告提交的广东巨星公司向原告出具的《授权书》内容及我国《著作权法》的规定，原告对涉案的第1～5部《康》剧享有独家全国版权。（2）广东巨星公司于2012年9月15日，将《康》剧在中国大陆地区有线、无线电视播映权及发行权，授权予北京骏马腾飞影视文化发展有限公司（简称"北京骏马公司"）。北京骏马公司又于2013年11月25日，将以上权利在山东济南地区的行使权，通过电视节目播放权转让合同，转让给了被告。由于被告是在其本地频道播放涉案影视作品，其行为未超出授权范围，不构成侵权。（3）被告在其官网上播放《康》剧，未取得原告的授权，其行为侵犯了原告对《康》剧的信息网络传播权，即被告通过播映权转让合同，仅取得《康》剧在济南地区的广播权，而未取得该剧的信息网络传播权。

据此，一审法院判决被告立即停止对涉案《康》剧的网络传播行为，并赔偿原告经济损失50 000元，驳回原告的其他诉讼请求。原、被告对一审判决结果均不服，向山东省高级人民法院提起上诉。

山东省高级人民法院二审审理后认定如下事实：（1）原告对《康》剧依法享有"独家播映权"，而非"独家全国版权"。根据合同条款中"电视剧播映权"字样，原告根据该份合同书，获取的是《康》剧在全国卫星及地面频道的独家电视剧播映权。该份合同性质为涉案作品播映权的独占使用许可合同。（2）本案中，原告主张被告播出《康》剧的行为侵害了其广播权，被告在网络电视定时播放《康》剧行为侵害了其享有的其他著作权，网络电视提供《康》剧点播回放行为侵害了其信息网络传播权。对此，二审法院认为，被告与北京骏马公司签订了转让合同，取得了《康》剧在济南地区的电视剧播映权。北京骏马公司有权再授权相关电视台播放《康》剧，故被告有权在授权地区范围和期限内对《康》剧行使广播权，不构成侵权；原告并未获得《康》剧除广播权以外的其他著作权权利。因此不论被告通过网络电视提供《康》剧定时播放、点播回放服务是否有合法授权，原告均无权对其主张著作权保护。由此，二审法院认为被告被诉的侵权行为，或有合法授权、或与原告无关，其对原告不构成著作权侵权。一审法院认定被告侵犯原告对《康》剧的信息网络传播权，该事实认定错误，应依法予以纠正。遂作出终审判决：撤销了一审判决，驳回了原告的诉讼请求。原告北京君子缘文化发展有限公司不服二审法院的终审判决，随后向最高人民法院提出再审申请。

最高人民法院审理后认为：（1）原告对《康》剧享有的是广播权专有使用权。从合同内容来看，原告与广东巨星公司签订《电视剧播映权转让合同书》中，版权转让范围上虽表述为"独家全国版权"，单从转让合同内容来看，原告获得的是《康》剧在全国卫星及地面频道（不包括港澳台地区）的广播权专有使用权，但该内容是限定在主文抬头所述"播映权"项下，应理解为是对《康》剧的广播权专有使用权，合同中未明确约定原告享有《康》剧除广播权之外的信息网络传播权等其他著作权，故原告不能对《康》剧行使信息网络传播权等专有使用权。（2）被告没有侵犯原告对《康》剧享有的广播权专有使用权。被告通过与北京骏马公司签订的转让合同，取得了《康》剧在济南地区的广播权许可使用权，有权在授权地区范围和期限内对《康》剧行使广播权。原告虽主张被告签订的上述合同无效，但未能举证证明无效的情形。原告获得的是《康》剧第1～5部的广播权专有使用权不能对抗被告在后取得的广播权使用权，且原告并未获得《康》剧第1～5部除广播权以外的其他著作权专有使用权。因此，被告通过互联网提供《康》剧定时播放、点播回放服务是否有合法授权，均不侵犯原告的权利。❶据此，最高人民法院裁定驳回了原告的再审申请。

（三）对案件的法律分析

1. 本案中涉案作品许可使用的认定

《著作权法》第10条规定，影视作品著作权人可以将著作权中的全部或部分财产权有偿或无偿许可他人使用，比如著作权人将作品的出版权许可出版社出版发行，将作品的播放权许可给广播电台电视台播放等。

在本案中，《康》剧的著作权人为该影视作品的制作单位广东巨星公司，该公司通过与原告签订转让合同（实为许可使用合同），将其涉案影视作品著作权中的播映权转让给原告。本案的焦点问题在于该转让合同转让的是何种著作财产权。从该案审理中认定的事实来看，一审、二审和再审法院的认定事实存在着一定的差异。一审法院认为原告获得的是《康》剧的独家全国版权，涵盖了全国范围内独占性地享有我国《著作权法》第10条规定的一系列著作财产权。而二审和再审法院则认为原告享有的仅是涉案影视作品的独家播映权，而播映权则仅属于《著作权法》第

---

❶ 最高人民法院（2016）民申174号民事裁定书。

10 条所规定的权利中的一项，也就是广播权。因此，原告享有涉案影视作品的何种著作权，直接影响着法院对被告的行为是否构成对涉案作品的著作权侵权的判定。

一审法院在审判时以《授权书》和《电视剧播映权转让合同》中条款明确指出广东巨星公司授予原告的是"独家全国版权"为依据，认定原告享有《康》剧的独家全国版权。但是，在考虑转让合同内容时，不能忽略转让合同的整体结构，要结合转让合同的条款和具体内容，来对合同转让的具体内容进行理解和判断。本案中，从合同名称、主文抬头以及合同对价中，均体现出原告与广东巨星公司此次转让是建立在涉案电视剧播映权基础上的，二审法院和再审法院均认为原告所享有的权利为独家播映权即广播权更为适当。

在现实生活中，著作权许可使用制度是影视作品著作权实现效益的重要途径。我国影视产业发展正处于快速成长的阶段，相关制度规范也在不断完善。虽然《著作权法》规定了著作权许可使用，规定了著作权许可使用合同的形式和主要内容，但著作权许可使用合同并不能归属于《民法典》中合同编规定的典型合同的任意一种。在实践中只能是按照《民法典》中合同编通则的规定，参照对买卖合同等典型合同的规定。由于《著作权法》对著作权许可合同的类型、著作权许可双方当事人的权利义务、许可期限等都缺乏明确的规范，也没有著作权许可使用合同的标准样式，以及著作权许可公示等制度的缺失，都难以面对和规范现实中日益多样化的著作权许可使用方式，容易出现重复授权、授权约定不明、无权处分等问题，导致影视作品著作权授权许可的矛盾和纠纷不断。因此，随着我国影视产业的不断繁荣和发展，迫切需要完善著作权许可使用制度。

2. 被告行使涉案作品广播权是否构成对原告的著作权侵权

本案中，原告通过签订合同获得了《康》剧的独家播映权。而案外人北京骏马公司通过与广东巨星公司签订的转让合同，取得了《康》剧在我国大陆地区的播映权，并且在该转让合同中约定，北京骏马公司可以将其取得的《康》剧的著作权转让给他方。因此，北京骏马公司将济南地区的播映权授予给被告，属于合法授权，被告对于广东巨星公司重复转让《康》剧广播权的行为并不知情，其也并非从广东巨星公司取得授权，此外被告是通过网络播放涉案电视剧，而原告并未获得信息网络传播权，因此被告行使《康》剧广播权的行为是合法正当的，不构成对原告的侵权。

对于广东巨星公司将《康》剧的独家播映权转让给原告后，又重复转让给北京骏马公司的行为，属于著作权重复转让或重复授权行为，原告可以根据相关法律规定，向广东巨星公司另案追究违约责任，但不能直接向本案的被告追究责任。

在实践操作中，当事人在签订著作权许可使用时，要对许可使用权利的种类、内容、地域范围、期间及付酬标准、办法和违约责任等进行明确约定，以此避免合同纠纷的发生。如果授权许可的权利人将著作财产权中的同一项权利、在同一时间和相同地域范围内重复专有许可的行为，从根本上讲违背了诚实信用的基本原则，涉嫌民事上的不诚信或欺诈行为，在法律上应予禁止，权利人应当对其欺诈行为承担相应的法律责任。

二、中基银河（北京）投资管理有限公司与新瑞影业（北京）有限公司等著作权转让合同纠纷案 ❶

（一）案件基本情况

原告中基银河（北京）投资管理有限公司（以下简称"中基银河公司"）诉称：原告于 2017 年 11 月 10 日与被告新瑞影业（北京）有限公司签订了《电影著作权转让协议》，约定被告将影片《来自墓里的你》作品著作权转让给原告，转计费 350 万元，原告依约向被告支付 105 万元首付款。后在 2018 年 5 月 16 日，原被告又签订了《协议书》，约定解除上述《电影著作权转让协议》，被告应于 2018 年 5 月 31 日前返还原告已支付的 105 万元并支付相关利息，但被告至起诉时仍未向原告返还首付款及利息。由于河南影视集团系被告的唯一股东，二公司的财务处于混同状态，故诉至法院，诉讼请求：（1）判令被告返还合同首付款 105 万元；（2）判令被告支付 2017 年 11 月 24 日至 2018 年 6 月 24 日 7 个月的利息 14.7 万元；（3）由河南影视集团对上述款项承担连带责任。

被告新瑞影业（北京）有限公司（以下简称"新瑞公司"）辩称：希望原告能给被告一些时间上的宽容。另外，被告与河南影视集团都是国有企业，法定代表人是同一个，股东也都是一样的。涉案电影是被告拍摄制作的，在北京地区也多由被告洽谈业务，但全国范围内使用河南影视集团比较多。财务上，被告公司的账目是由河南影视集团专门的会计、出纳来管理的，被告公司的账务也是通过河南影视集团才能对外支付款项。

---

❶ 北京知识产权法院（2019）京 73 民终 2574 号民事判决书。

河南影视集团未向法院提交书面答辩意见。

（二）法院审理结果

北京市朝阳区人民法院一审审理后查明：2017年11月10日，原告与被告签订《电影著作权转让协议》，约定被告将影片《来自墓里的你》作品著作权转让给原告，转让费350万元，具体支付方式为：自协议签订之日起3个工作日内，原告支付105万元；自被告取得《电影片公映许可证》《数字电影技术合格证》后5个工作日内支付剩余的245万元。2017年11月24日，原告向被告通过网上银行转账方式，支付105万元。2018年5月16日，被告与原告签订《协议书》，约定解除上述《电影著作权转让协议》，被告于2018年5月31日前返还原告已支付的首付款105万元及2018年3月19日起至2018年5月31日期间利息，如被告未在2018年6月15日前返还首付款并支付相关利息，则利息计算方式为从2017年11月24日开始按月利率2%计算，直至款项还清。

另查，被告成立于2011年7月15日，唯一股东为河南影视集团。

一审法院审理后认为：原告与被告签订的涉案《电影著作权转让协议》体现了双方的真实意思表示，其内容未违反法律、法规的强制性规定，属于合法有效的合同。双方均应按合同约定全面履行合同义务，否则应当承担相应的违约责任。根据在案证据，被告逾期未向原告返还105万元首付款，并按照协议的约定支付利息，故原告按照涉案协议书的约定，要求被告向其返还合同首付款105万元并按照月利率2%的主张具有合同依据。

同时法院认为：根据《中华人民共和国公司法》第3条规定，公司是企业法人，有独立的法人财产，享有法人财产权。公司以其全部财产对公司的债务承担责任。因此，被告与河南影视集团是在工商部门登记为彼此独立的企业法人。原告主张，河南影视集团系被告股东，二公司财务处于混同状态，故请求由河南影视集团对上述首付款及利息承担连带责任，但原告未向法院提交证明二公司财务高度混同、丧失独立人格的任何证据。因此，在案证据尚不足以证明被告与河南影视集团已违背法人制度设立的宗旨，相互之间构成法人财务混同及人格混同，故原告要求河南影视公司就被告的相关债务承担连带责任缺乏事实及法律依据。

据此，一审法院依照当时的《中华人民共和国合同法》第107条，《中华人民共和国公司法》第3条，《中华人民共和国民事诉讼法》第64条第1款、第144条的规定，判决如下：（1）被告向原告支付合同款 105 万元；（2）被告按月利率 2% 的标准向原告支付自 2017 年 11 月 24 日至 2018 年 6 月 24 日的逾期付款利息共 14.7 万元；（3）驳回原告其他诉讼请求。

被告不服一审判决，依法向北京知识产权法院提起上诉，其上诉理由是：被告新瑞公司与原告中基银河公司系合作伙伴关系。2017 年 11 月 10 日，双方签署《电影著作权转让协议》，后中基银河公司因为自身原因导致合同无法履行，故委托中间人说和，并承诺解除合同后的款项继续用于双方合作其他项目，不必着急返还，因此在 2018 年 5 月 31 日，中基银河公司欺骗新瑞公司与其签署《协议书》。事后中基银河公司反悔，向一审法院提起诉讼，一审法院作出一审判决，判决上诉人新瑞公司支付中基银河公司 105 万元及自 2017 年 11 月 24 日至 2018 年 6 月 24 日的利息 14.7 万元，但一审法院审理过程中并未查清中基银河公司承诺解除合同后款项继续合作其他项目的事实，中基银河公司出尔反尔导致本次争议出现。因此，新瑞公司恳请二审法院查明事实，维护新瑞公司的合法权益。

中基银河公司二审答辩称，一审判决认定事实清楚，适用法律正确，请求驳回新瑞公司的上诉请求。

二审法院经过审理后认为：新瑞公司虽提出中基银河公司存在欺骗行为，以及其在合同履行中无过错等上诉理由，但其所提交的证据不足以证明中基银河公司存在欺骗行为，且在双方已就解除合同签署《协议书》的情况下，其在合同履行中是否存在过错并不影响《协议书》成立的有效性，故新瑞公司的相关上诉主张均不能成立，法院不予支持。二审法院遂判决如下：驳回被告的上诉，维持原判。

（三）对案件的法律分析

1. 涉案影视作品著作权转让和解除合同的效力

在本案中，原被告因转让涉案影视作品《来自墓里的你》签订了《电影著作权转让协议》，之后双方签订了退款内容的《协议书》。如何认定双方签订的合同效力，对案件的审理至关重要。

首先，从著作权法角度看，著作权转让是著作权人在法律规定的范围内，按照自己的意愿，将其所拥有作品著作权的全部或者一部权利，转移给他人所有的法律行为。著作权的转让分为全部转让和部分转让两种，现行《著作权法》第 10 条第 3 款规定，著作权人可以全部或者部分转让的著作权只能是《著作权法》第 10 条第1款第（五）项至第（十七）项规定的权利，即著作权转让的对象只能是著作财产权。著作权人转让其依法享有的著作权，根据现行《著作权法》第27条的规定，著作权转让合同的订立应当采用书面的形式。这里所讲的订立著作权转让合同书面形式包含两层含义：第一，他人获得某一作品的某些著作权，必须取得著作权人的许可，并要明确授权；第二，要将著作权人转让给他人的著作权，用文字确定下来，即要签订权利转让书面合同。❶ 本案中，双方签订的《电影著作权转让协议》，符合著作权法规定，具有法律效力，对双方具有约束力。当然，双方也可以通过书面形式对《电影著作权转让协议》进行补充约定或者解除约定。

其次，从合同法角度看，本案中，原被告作为民事主体就转让影视作品著作权签订了《电影著作权转让协议》和解约的《协议书》。其签订合同的民事法律行为，符合法律的规定。我国《民法典》第143条规定，具备下列条件的民事法律行为有效：行为人具有相应的行为能力；意思表示真实；不违反法律、行政法规的强制性规定，不违背公序良俗。同时《民法典》第465条还规定，依法成立的合同，受法律保护。本案也正如法院在判决书中所认定的：原被告签订的涉案合同体现了双方的真实意思表示，其内容未违反法律、法规的强制性规定，属于合法有效的合同，双方均应按合同约定全面履行合同义务，否则应承担相应的违约责任。

2. 影视作品著作权转让时应注意的问题

本案是因著作权转让合同而产生的争议纠纷，原告与被告之间就涉案影视作品《来自墓里的你》所签订的著作权转让合同。根据现行《著作权法》的相关规定和司法实践，在转让著作权时，应特别注意以下问题：（1）根据《著作权法》第27条规定，著作权转让的对象仅限于著作财产权。这是由于著作人身权与作者的人格利益紧密相连，因此作品著作人身权不能与作者分割或被转让给他人，著作权可以被转让的仅是著作权中的财产权。（2）著作权转让与作品载体的所有权无关。作品载体实际上同时处在两个法律领域的调整之中，既涉及物权，又涉及著作权。因此，著作权的转让与作品载体无关，其所涉及的是作品著作权的转让，所转让的标的是作品的著作权，而不是作品的载体，即作品载体所有权的转让并不当然表明作品著作权的转移，反之亦然。（3）著作权的转让将导致著作权主体的变更，不论作品的著作财产权全部或部分转移到受让人手中，受让人都能成为该作品的著作权人。

---

❶ 法律出版社法规中心：《知识产权法典》，法律出版社，2015，第96页。

因此著作权转让的后果可能是，每转让一次著作财产权中一项权利，就会新增加一个著作权主体。即在一件作品上可以同时存在包括作者在内的多个著作权主体。（4）对著作权的转让标的可以做多种选择。著作权人可以将著作财产权中的不同权利，如复制权、发行权、出版权、放映权、信息网络传播权等分别转让给不同的受让主体，甚至还可将转让的权利，按地区分配和按年限划分。❶（5）著作权转让时依法应当采用书面合同形式。按照《著作权法》的规定，转让著作权需要当事人通过要约和承诺方式协商一致订立合同，并且这种合同应采用书面合同的形式，不承认著作权转让合同的口头形式和默示形式，这是法定的限定条件，也是立法者考虑到我国著作权转让实务中的具体情况而作出的选择，不允许当事人另行选择。

---

❶ 李建国主编《中华人民共和国著作权法条文释义》，人民法院出版社，2001，第170页。

第十章 影视作品的 IP 及演绎

第一节 影视作品 IP 的概述

一、影视作品 IP 的含义和特点

（一）影视作品 IP 的含义

与著作权有关的 IP 的概念自 2013 年诞生于游戏产业，2014 年进入影视文化产业。随着小说、网络文学 IP 改编成影视作品的兴起，影视作品的 IP 也成为影视界炙手可热的名词。然而，关于影视作品 IP 的含义，在理解上却莫衷一是。

但就 IP 的含义而言，在学界多有争议。一种观点认为 IP 是一种智力成果。例如，有人认为 IP 就是作品的改编源头；也有人认为有一定粉丝基础、可开发成电影的热门文学、歌曲、网剧等都可称为 IP。❶ 另一种观点认为 IP 是一种权利。例如，有人将 IP 的内涵做了广义的界定：IP 是权利人对其所创作的智力劳动成果（如发明、文学和艺术作品，与使用在商业中的各种标志、名称、图像及外观设计等）所享有的专有权利；也有人进一步缩小外延，认为 IP 仅指知识产权中的著作权；更有学者将 IP 限定为"知识财产权"，是权利人对其所创作的智力劳动成果所享有的财产权利。❷

---

❶ 何晶、郑周明：《网文 IP 开发：割草机还是孵化器？》，《文学报》2015 年 7 月 9 日第 4 版。
❷ 王传珍：《互联网时代的 IP 经济》，《互联网经济》2015 年第 12 期，第 62–69 页。

追本溯源，"IP"，是英文 intellectual property 即"知识产权"的缩写。那么，影视作品 IP 究竟是什么含义呢？结合我国国内具体情况，在影视行业赋予了其新的含义。从广义上讲，与影视作品有关的 IP，是指除对影视作品进行改编之外，还包括由热门文学作品、故事梗概、故事大纲、漫画、音乐、剧本等改编而成的影视作品或者以影视作品作为基础作品改编而成的小说、游戏、动漫形象等智力成果。狭义上讲，影视作品 IP 专指以影视作品作为基础作品改编而成的小说、戏剧、游戏、动漫形象等作品。因此，从狭义上讲，影视作品 IP 其实质上就是将已有的影视作品改编演绎后所形成的新作品。本章仅讨论狭义上的影视作品 IP 所涉及的相关问题。

（二）影视作品 IP 的特点

1. 影视作品 IP 具有独创性

通过基础影视作品改编演绎形成游戏、戏剧、动画片、漫画等作品，这些新的影视作品 IP 虽然是在原有基础影视作品上改编而来的，但相较于原有基础影视作品本身，改编演绎完成的游戏、戏剧、动画片、漫画等影视作品 IP，也必须属于创作而不是抄袭或简单的模仿形成的新作品，即改编后形成的影视作品 IP 也应该具有其自身的独创性，符合作品的条件。例如，将基础影视作品改编成游戏或者动画片，则改编后的游戏或者动画片等影视作品 IP，在表达形式上必须与原有基础影视作品有本质的区别，需具有独创性，才构成影视作品 IP。

2. 基础影视作品是影视作品 IP 的前提

影视作品的投资人或制作者在发现具有良好投资价值的文学作品时，通常会结合自己的想法和创意将该文学作品改编成影视作品后，还会根据影视作品的市场影响，将已完成的影视作品改编成游戏、戏剧、动画片、漫画等新的影视作品 IP 形式。这种再次改编成游戏、戏剧、动画片、漫画等新的智力成果，是在原有影视作品的基础上改编创作出来的，即如果没有已有的基础影视作品，也就没有之后的影视作品 IP。

3. 影视作品 IP 对基础影视作品的依赖

由于影视作品 IP 是对原有基础影视作品改编而来，因此其对基础影视作品具有依赖性，但这种依赖又不是简单的复制原作品，而是以新的表达形式来表现原基础影视作品，这就需要在对原基础影视作品改编时，必须正确理解和把握原基础影视作品，并通过创造性的劳动产生新作品即影视作品 IP。影视作品 IP 著作权人在行使著作权时，不得侵犯原基础影视作品的著作权。此外，著作权人之外的第三人如果要对影视作品 IP 再进行改编时，不仅应得到影视作品 IP 著作权人的许可，还应征得原基础影视作品著作权人的同意。

4. 影视作品 IP 的商业价值

一部优质的影视作品不仅是凝结了作者的创作心血的智力成果，也是制作者投入巨额资金的产物。那些已有的基础影视作品通常在被改编之前就已具有了一定的市场和知名度，其本身具有强大的影响力和票房率，因此这些基础影视作品仍然具有巨大的市场商业价值。也正是由于基础影视作品的市场商业价值，才会有影视制作者或投资者愿意再花费高成本取得基础影视作品著作权人的许可，将这些基础影视作品改编成新的影视作品 IP，既满足了人们对社会娱乐文化消费的需求，也可以此实现影视作品 IP 的市场商业价值。

二、影视作品 IP 的类型

从对影视作品改编的实践当中来看，将已有的影视作品改编演绎后所形成的新作品，即改编后的影视作品 IP 类型，主要有以下几类。

（一）电影改编成电视剧

从早年间人们将文学名著改编并摄制成影视作品，这是文学作品向影视作品转换的一种传统方式，如作家钱钟书的小说《围城》、杨沫的小说《青春之歌》、雨果的小说《巴黎圣母院》等文学作品被改编摄制成同名影视作品。随着影视业的发展，此后又出现了对热门影视作品进行改编成新的影视作品，这是影视作品转换为影视作品的一种方式。例如，拍摄于 1961 年的电影《洪湖赤卫队》曾影响了我国一代人，影片中赤卫队队长刘闯、党支部书记韩英等革命英雄形象也早已深入人心。之后在 2010 年上映的电视剧《洪湖赤卫队》，则是根据电影版《洪湖赤卫队》翻拍的，电视剧版《洪湖赤卫队》基本遵照了电影的故事框架，韩英、刘闯、彭霸天等经典人物都在剧中原样保留。

（二）动画片改编成电影

现实中，一些中外经典的影视动画片故事，不仅深受青少年的喜爱，同时也受到成年人的喜爱。例如，1994 年美国迪士尼出品的动画片《狮子王》，在中国上映后，就受到了广大观众的追捧。由于该动画片中的一些角色、情节深入人心，在影视市场上产生了巨大影响，随后 2019 年美国迪士尼又根据同名动画片改编成电影《狮子王》，并在中国上映，同样受到观众的好评。

（三）电影、电视剧改编成动画片

现今很多经典的影视作品还被改编成动漫故事或者动漫形象。这些经典影视作品的故事情节内容或者影片中的角色形象本身经过了市场考验和洗礼，得到了市场的认可，也极大地引起了公众的情感共鸣，由此聚集了稳定的观众群体，因此成为了影视作品投资方和制作方再次创作或改编的重点。例如，日本的 TV 动画《NIGHT HEAD2041》是根据 1992 年热播的深夜电视剧《暗夜第六感》（《NIGHT HEAD》）改编而成的；我国 2006 年热播的动画片《林海雪原》是根据 1960 年版黑白电影《林海雪原》改编而成的。

（四）电影、电视剧改编成网络游戏

网络游戏和影视作品的相互转换已经有了多年的历史。根据"艾瑞咨询"出具的《2017 中国网络游戏行业研究报告》，网络游戏市场不断扩大，2016 年营业收入达到 1789 亿元。❶2020 年，我国网络游戏行业继续保持较快发展势头。数据显示，2020 年，我国游戏市场实际销售收入 2786.87 亿元，较 2019 年增加了 478.1 亿元，同比增长 20.71%。一方面，在庞大的移动游戏市场带动下，我国移动游戏加快创新步伐，高人气新作不断涌现。另一方面，随着多款主机类游戏实现"出圈"，我国主机游戏的潜力有望得到进一步激发。❷中国首次超越美国，成为世界最大游戏市场。因此近些年很多影视作品在获得商业上的成功后，往往会被改编成游戏产品。例如，笔名为 Fresh 果果创作的同名小说被改编成电视剧《花千骨》，在此基础上 2015 年又被改编成《花千骨》网络游戏。作为电视剧《花千骨》的衍生品，《花千骨》网络游戏受到了网民的热捧，成为影视作品转换为网络游戏的成功案例。

---

❶ 艾瑞咨询：《2017 中国网络游戏行业研究报告》，网址链接：http://www.iresearch.com.cn/，访问时间：2021 年 11 月 20 日。

❷ 数据来源：CNNIC、中商产业研究院。

（五）电影、电视剧改编成戏剧舞蹈、小品等

在我国将影视作品改编成戏剧、舞蹈的例子也不少，如在 20 世纪，中央芭蕾舞团就将电影《红色娘子军》改编成同名芭蕾舞剧《红色娘子军》；又如在 2013 年上海艺响文化传播有限公司和上海君正文化艺术发展有限公司将电影《最后的贵族》改编成同名话剧《最后的贵族》。

此外，还有将影视作品改编成小品后，再次搬上舞台呈现给观众。例如，军旅题材的电视剧《我心飞翔》被改编成小品《我心飞翔》，再有 2011 年春晚的小品《美好时代》就是根据电视剧《媳妇的美好时代》改编而成的。

三、影视作品 IP 的产生和意义

早在 20 世纪二三十年代美国电影业就已经对 IP 改编电影作出了尝试，20 世纪 90 年代 IP 开始在美国动漫产业中兴起。❶ 国内对影视作品的改编亦早已有之，2013 年之后对影视作品的改编更是炙手可热，产生了大量的影视作品 IP，如《花千骨》《锦绣未央》《小时代》《琅琊榜》等影视作品在取得好口碑的同时，它们又被开发成了游戏、舞台剧、动漫等影视作品 IP。再比如，将原影视作品中的人物、趣事及心路历程写成文字作品出版，而《微微一笑很倾城》影视作品在完成之后，在此基础上又开发了同名网络游戏等。改编后的影视作品 IP 的不同类型，无论是对影视行业本身，还是对网络游戏、动漫等影视作品的衍生市场发展，都具有重要意义。

首先，从经济角度看，优质作品"IP"本身具有资本高转换率，它不但可以降低投资风险，而且可以在短时间内完成资本套现，因此受到大多数金融投资者的青睐。❷ 对基础作品改编的形成和发展主要靠市场观众来支撑，而成功的影视作品 IP 又进一步维护和壮大了影视文化市场观众群体。现实中，一部优秀影视作品的快速回报，使得 IP 作品越来越受到影视公司的追捧，并乘势利用 IP 作品本身开发出相关衍生产品或同名网络游戏等，于是一条以 IP 作品为源头的产业链形成。正是在这

---

❶ 王禹、宋佳、陆畅、王宇、万良帅：《当下 IP 影视发展形势及其前景研究》，《中国商论》2017 年第 23 期，第 140—141 页。

❷ 时昊苏、王新媛：《电影互联网 IP 在中国电影市场的发展及行业 IP 转化到电影产业现状》，《通讯世界》，2016 年第 6 期，第 285—286 页。

样的产业环境下，为影视作品 IP 提供了发展的机会，经过近年来的起步和发展，影视作品 IP 已经逐步进入了产业规范化、一体化的发展轨道，同时也促进了我国文化产业的繁荣和发展。

其次，从对著作权的保护而言，影视作品 IP 的出现和发展，必将提高和加强人们相关的著作权保护意识。随着对经典著作的影视改编和对影视作品 IP 的改编，在这一过程中不可避免地会产生与著作权相关的纠纷，如侵犯原影视作品著作权人的修改权、保护作品完整权、署名权等，以及涉及抄袭、过度改编等问题也越来越多。为了更好地服务和规范我国影视行业，在对影视作品改编的过程中，必须严格依照《著作权法》的相关规定进行，对改编中涉及的侵权行为予以相应的法律制裁。只有这样，才能既保护原影视作品著作权人的合法权益，又能促进我国影视作品 IP 的健康发展。

第二节　影视作品的演绎权

一、影视作品演绎权的含义

（一）演绎权和演绎作品的概念

我国现行的《著作权法》中没有规定演绎权和演绎作品的概念。但根据《著作权法》第 13 条的规定，理论上一般认为，演绎权是著作权人对其享有著作权的作品，由自己或者许可他人进行"改编、翻译、注释、整理"等的权利，由此可见，著作权人依法享有的改编权，实质上也是一种演绎权。演绎权控制的是在保留原有作品基本表达的情况下，在原作品基础之上创作新作品并加以后续利用的行为。❶

而演绎作品则是指在已有作品的基础上，经过改编、翻译等演绎者创造性劳动而派生出来的新作品。演绎作品虽然是由原作品改编、翻译等演绎派生的作品，但并不是简单的对原作品复制，而是以新的思想表达形式来表现原作品，这就需要演绎者在正确理解和把握原作品的基础上，通过创造性的劳动，才能产生新作品。演

---

❶ 王迁：《知识产权法教程》（第三版），中国人民大学出版社，2011，第 150 页。

绎作品的著作权由演绎作品的作者享有。

（二）影视作品的演绎和演绎权

实践中，对影视作品的演绎主要表现为对影视作品进行改编，如将影视作品改编为戏剧、动漫、网络游戏等。而对影视作品的演绎在著作权法上主要是通过著作权人依法享有的改编权来体现的，即影视作品著作权人通过改编的方式对影视作品进行演绎，行使演绎权。

影视作品本身虽是一种演绎作品，但是影视作品在制作完成后，制作者对影视作品享有独立的著作权。根据现行《著作权法》第 10 条的规定，著作权人的"改编权"是指改变作品，创作出具有独创性的新作品的权利。具体到影视作品的改编权，是指影视作品的制作者自己或者许可他人在其影视作品的基础上通过改编演绎的方式创作新作品的权利，同时，影视作品的制作者也有权禁止他人对其影视作品擅自进行改编演绎。反之，如果他人未经影视作品制作者的许可而擅自进行改编演绎的，则可能构成对影视作品制作者改编权的侵害。

二、影视作品演绎权的行使

（一）影视作品演绎权行使的方式

根据现行《著作权法》第 13 条的规定，著作权人的演绎权行使方式主要有改编、翻译、注释、整理等。实践中，著作权人对影视作品演绎权的行使，主要是通过对已有的影视作品进行改编的方式来行使的。

著作权法上的改编权，即著作权人改变作品，创作出具有独创性的新作品的权利。著作权人可以自己改编自己的作品，也可以依法许可他人改编自己的作品。改编作品有着很广泛的含义。无论是变更作品的表现形式、用途、内容还是其他，只要能创作出具有独创性的新作品，都是行使改编权的方式。❶ 就影视作品领域而言，根据已有影视作品改编而成新的影视作品或游戏、动漫等形式的作品，均属于对已有影视作品的改编。例如，英国女作家罗林著的畅销系列小说《哈利·波特》，被改编摄制成电影后，又被改编成了游戏。

---

❶ 张玲玲、张传磊：《改编权相关问题及其侵权判定方法》，《知识产权》2015 年第 8 期，第 28—35 页。

无论对哪种题材或者种类影视作品的改编，构成"改编作品"的关键要素有两点：一是改编者保留已有影视作品的原创性表达；二是改编者在已有影视作品的基础上附加了新的独创性表达。

在实践中需要注意的是，人们往往容易将著作权法上的改编权与修改权混淆。所谓修改权，即作者修改或者授权他人修改作品的权利。修改权和改编权虽然均是对作品进行"改变"，但两者并不相同。首先，在性质上，改编权属于著作财产权，修改权属于著作人身权。其次，在后果上，行使改编权可产生具有独创性的新作品，即演绎作品。而行使修改权，仅是对作品的内容或者表达进行修改，修改后的作品不是新作品，不具有独立的原创性，不构成演绎作品。第三，在权利行使上，改编权可以由原作著作权人自己行使，或授权他人行使，也可将改编权转让给他人。而修改权的行使，除著作权人自己行使，也可授权他人行使，但不能将修改权转让他人。第四，在保护期上，改编权是财产性权利，保护期为作者终生及其死亡后 50 年，截止于作者死亡后第 50 年的 12 月 31 日。而修改权是著作权中的人身权，不受保护期的限制。

（二）影视作品演绎权行使的限制

根据现行《著作权法》第 10 条的规定，对影视作品的改编权由影视作品的著作权人享有，著作权人可以自己对其影视作品进行改编，也可以许可他人改编。也就是说，影视作品的著作权人对自己的影视作品进行改编是没有限制的。但是，根据《著作权法》第 13 条的规定，实践中，影视作品演绎权行使的限制，主要是针对他人对已有影视作品进行改编时应受到的限制，具体限制主要体现在以下几点。

首先，他人对影视作品进行改编时，应获得该影视作品著作权人的许可。因为改编者是在已有影视作品的基础上进行改编，虽然改编是一种创作行为，但离不开已有的影视作品，因此，改编行为是一种"二度创作"。也正是由于改编行为依赖于已有的影视作品，根据现行《著作权法》第 52 条的规定，未经影视作品著作权人的许可而进行改编的行为，构成侵权。

但由于改编行为也是一种创作行为，实践中对未经许可完成的改编作品是否受到保护？主要存在两种观点：一种观点认为，非法演绎作品不应受法律保护，即"任何人在诉讼中有所主张时，行为人自身如有不当行为，则其亦无权主张他人行为之不当"，以美国为主要代表。另一种观点认为，非法演绎作品应该受法律保护，即侵权的归侵权，创作的归创作，侵权人对其演绎作品付出了一定的创造性劳动成果，也应享有著作权，以瑞士为主要代表。我国对于非法演绎作品是否受著作权保护没有明确规定，一直存有争议。在司法实践中，有判决认为非法演绎作品应该受法律保护。非法演绎作品本身具有独创性，消费市场区别于原创作品，且未为我国法律所明确不予保护，因此，应当对非法演绎作品予以法律保护。但其保护程度应不同于演绎作品，非法演绎作品不能主动行使相关权利，只有在被第三方侵权时才能被动行使权利，即要求第三方停止侵权并赔偿损失。❶

其次，根据现行《著作权法》第 10 条的规定，著作权人有保护作品完整权，即保护作品不受歪曲、篡改的权利。因此，他人在获得许可对影视作品进行改编演绎时，不仅要尊重原影视作品所表现的思想内涵，还要符合原影视作品的主题和精神，并不得歪曲、篡改原影视作品，否则有可能造成他人对原影视作品的误解，损害原影视作品的完整性。

最后，根据现行《著作权法》第 13 条的规定，他人对影视作品进行改编演绎后形成的新作品，虽然依法享有著作权，但是在行使该演绎作品著作权时，不得侵犯原影视作品的著作权。这是因为，改编演绎后形成的影视作品 IP 是在原影视作品的基础上演绎而成的，所以演绎者在对改编后的影视作品 IP 行使著作权时，必然会涉及原影视作品的著作权。如果改编演绎者转让或者许可第三人使用影视作品 IP 的著作权时，改编演绎者只能转让或许可使用影视作品 IP 中属于自己享有的那部分著作权，而不能转让或许可他人使用涉及原影视作品的著作权。因此，第三人要想获得演绎后的影视作品 IP 的全部著作权，不仅需要得到影视作品 IP 著作权人的许可，还必须获得原影视作品著作权人的许可即双重许可。否则，第三人仅获得影视作品 IP 著作权人的许可，或者仅获得原影视作品著作权人的许可，都不能合法地行使对影视作品 IP 的演绎权。

---

❶ 肖云成：《歌手翻唱歌曲算侵权吗？》，《北京日报》2017 年 3 月 15 日第 14 版。

第三节　典型案例分析

一、北京爱奇艺科技有限公司与芜湖乐哈哈网络科技有限公司、杭州妙聚网络科技有限公司侵犯著作权及不正当竞争纠纷案 ❶

（一）案件基本情况

原告北京爱奇艺科技有限公司诉称：原告是电视剧《延禧攻略》（以下简称"涉案电视剧"）的出品方，拥有该电视剧的独家游戏改编权。2018 年 7 月 19 日，涉案电视剧在爱奇艺网站上线并独家播出，取得较高播放量和收视率，屡获好评。璎珞是该剧女主人公姓名，也是该剧核心人物。涉案电视剧热播期间，被告芜湖乐哈哈网络科技有限公司（以下简称"芜湖乐哈哈公司"）于 2018 年 9 月 3 日注册上线微信小程序游戏"璎珞攻略"（以下简称"涉案游戏"），于 2018 年 9 月 10 日将其运营的微信公众号名称变更为"璎珞攻略"，并在其公众号内使用涉案电视剧女主角名称、形象发布游戏宣传推广文章，吸引用户关注。涉案游戏中的"璎珞""叶天士""锦绣""嘉嫔""愉贵人"等角色名称、形象，均与电视剧《延禧攻略》中角色名称、形象一致。同时，涉案游戏多处情节改编自电视剧《延禧攻略》，包括"过期药材事件""太监夹带事件""喷火艺人""璎珞为皇上种栀子花""闯祸的宫女"等。被告未经许可，擅自使用原告享有独家游戏改编权的电视剧《延禧攻略》中角色名称、角色形象、故事情节，改编发布涉案游戏，侵犯了原告的著作权。此外，涉案电视剧热播期内，被告上线的涉案游戏名称《璎珞攻略》使用了涉案电视剧的主角名称，与涉案电视剧名称《延禧攻略》高度近似，同时进行了游戏改编，足以使网络用户认为涉案游戏改编自涉案电视剧，造成市场混淆，给原告造成经济损失。被告的行为侵犯了原告著作权，构成不正当竞争。而被告杭州妙聚网络科技公司（以下简称"杭州妙聚公司"）作为被告芜湖乐哈哈公司的唯一股东，应承担连带赔偿责任。故原告诉至法院，提出诉讼请求：（1）判令被告芜湖乐哈哈

❶ 北京互联网法院（2019）京 0491 民初 13942 号民事判决书。

公司立即下线并停止运营微信小程序游戏《璎珞攻略》；（2）判令被告芜湖乐哈哈公司、被告杭州妙聚公司连带赔偿原告经济损失 500 万元。

被告芜湖乐哈哈网络科技有限公司辩称：第一，涉案游戏自 2018 年 9 月 3 日上线运营，是一款模拟宫斗养成类游戏，游戏中共有 97 个事件，前后并无关联，亦没有主线剧情对事件发展顺序予以串联，每个事件的发展结局均独立于其他事件。第二，涉案游戏未侵犯原告的游戏改编权。首先，原告虽为涉案电视剧名义出品方之一，但对涉案电视剧不享有著作权，其所主张的游戏改编权来源于其他著作权人授权。根据原告提交的《网络剧〈延禧攻略〉独家许可使用协议补充协议》约定，原告开发的首款游戏作品运营版本需在该影视作品上线或上星之日起 90 日内上线运营，如在该影视作品上线或上星之日起 90 日内未能上线运营的，双方需先行协商是否延期及延期时间，如协商不一致著作权人可书面通知后收回对原告的全部授权。而涉案电视剧自 2018 年 7 月 19 日上线至原告提起本案诉讼时远远超过 90 日，经检索未发现原告自己或授权他人将涉案电视剧改编成游戏并上线运营，原告无法证明其仍享有涉案电视剧改编权授权和相应诉权。其次，涉案游戏并未使用涉案电视剧的基本表达，二者不构成实质性相似：原告主张的角色名称独创性低，被告对"璎珞"这一主角名称的使用不属于表达的范畴；不同玩家通过触发事件赋予"璎珞"不同的游戏形象，而"叶天士""嘉嫔""愉贵人"等角色仅作为背景信息，并无形象刻画和情节安排；涉案游戏虽与涉案电视剧存在相似元素和事件名称，但具体表达不同，二者无法形成对应关系；游戏是由游戏场景、时间故事、人物名称、人物形象、文字介绍、背景音乐、美术设计、规则玩法等元素组合而成的复合作品，原告主张的相似部分在涉案游戏及涉案电视剧中所占数量和比例低，且其主张的事件名称均属于公有领域的常见表达。第三，涉案游戏的运营不构成不正当竞争。在不构成著作权侵权的情况下，不应再使用反不正当竞争法对被诉行为再次进行规制。涉案电视剧不属于"知名商品"，被告未利用涉案电视剧进行游戏宣传，没有混淆的恶意，未妨碍原告对涉案电视剧的游戏改编、授权、广告招商及市场进入。此外，被告已将涉案游戏《璎珞攻略》改名为《初恋糖果》，并对原告主张的角色名称和事件名称进行修改，不应承担停止侵权的法律责任，即"下线并停止运营微信小程序游戏"。原告主张的赔偿数额过高，且无事实依据，故请求驳回原告的全部诉讼请求。

被告杭州妙聚网络科技有限公司辩称：第一，杭州妙聚公司与被控侵权行为无任何关系，并非本案适格被告；第二，杭州妙聚公司虽为芜湖乐哈哈公司的唯一股东，但二者相互独立，经营活动及财产并未发生混同，杭州妙聚公司无须承担连带责任，不同意原告的全部诉讼请求。

（二）法院审理结果

北京互联网法院经审理后查明：原告继受取得了涉案作品电视剧《延禧攻略》及其原著剧本的独占性移动端游戏作品改编权及维权权利，期限截至 2022 年 12 月 31 日止。原告有权基于涉案作品及其原著剧本，自行或委托他人研发、设计、制作、发行、运营游戏作品，有权依据涉案作品及其名称、剧情、大纲、桥段、剧本、角色、人物形象等元素进行游戏作品的改编。

法院还查明，虽然被告杭州妙聚公司为涉诉期间芜湖乐哈哈公司的唯一股东，但杭州妙聚公司为证明其公司财产与芜湖乐哈哈公司财产相互独立，提交了两公司经会计师事务所审计的 2018 年度审计报告及财务报表作为初步证据。原告虽持有异议，但未提交相反证据，据此法院认为，被告杭州妙聚公司无须与芜湖乐哈哈公司承担连带责任。

法院认为，电视剧《延禧攻略》作为电影作品，整体应受著作权法保护。原告对涉案作品依法享有的独占性游戏改编权受法律保护。涉案游戏《璎珞攻略》在作品名称、角色名称、形象特征、人物关系、事件设定上与涉案作品电视剧《延禧攻略》具有明显对应性，且相似数量较多，能够体现涉案作品中角色形象及性格特征、人物关系及情节设计，使相关公众在游戏过程中有理由认为上述人物或情节来源于涉案作品。因此，涉案游戏构成对涉案作品独创性表达的使用，只是这种使用不是一般意义上的整体性或局部性使用，而是将涉案作品中的独创性表达进行了截取式、组合式的使用，从而导致二者整体上的相似性。本案中，被告芜湖乐哈哈公司接触了涉案作品的内容，并实质性使用了涉案作品的作品名称、角色设置、人物关系以及故事情节进行改编和再创作，并通过移动端微信小程序发布并运营涉案游戏，被告的上述行为超越了合理借鉴的边界，构成对涉案作品的改编，侵害了原告基于涉案作品享有的独占性移动端游戏改编权。同时法院认为，本案已经认定涉案游戏构成对涉案作品游戏改编权的侵犯，对原告提出的侵犯著作权的主张予以支持，故本案不应再适用反不正当竞争法对涉案侵犯著作权行为进行处理和评价。

一审法院根据以上查明的案件事实，依照《著作权法》的相关规定，判决如

下：（1）被告芜湖乐哈哈网络科技有限公司赔偿原告经济损失 300000 元及合理支出
8000 元；（2）驳回原告的其他诉讼请求。本案一审判决后，被告不服一审判决提出
上诉。截至本书完稿，二审还未结案。

（三）对案件的法律分析

1. 涉案影视作品《延禧攻略》改编权的行使问题

（1）原告是否享有涉案影视作品《延禧攻略》的游戏改编权。根据我国《著作
权法》的规定，改编权即改变作品，创作出具有独创性的新作品的权利。改编权是
著作权人一项重要的财产权利，著作权人有权自行改编作品或授权他人改编作品，
除法律另有规定外，他人未经著作权人改编作品的行为构成侵权。根据法院所查明
的事实，可以认定案外人东方欢娱公司是涉案影视作品《延禧攻略》的著作权人，
因此其有权自行或授权第三方行使涉案作品著作权并进行维权。

本案中的原告通过与涉案作品《延禧攻略》的著作权人东方欢娱公司签订的
《补充协议》，原告继受取得了涉案作品《延禧攻略》及其原著剧本的独占性移动端
游戏作品改编权及维权权利。因此，根据著作权法的规定，本案中的原告依法享有
涉案作品的游戏改编权。

（2）原告依约继受取得对涉案作品《延禧攻略》的游戏改编权后，由于著作权
是专有性权利，原告有权禁止第三人未经许可实施对涉案作品《延禧攻略》的游戏
改编专有权利控制的行为，有权就涉案作品向被告主张改编权侵权。此外，作品的
财产权利益最终需要通过市场交易来实现，涉案游戏对涉案作品《延禧攻略》的具
体创作要素进行了截取式、组合式的使用，使得涉案游戏的相关用户能够获得欣赏
涉案作品《延禧攻略》的体验。如果对被告涉案游戏的改变行为不予以制止，将导
致原告继受所获得的移动端游戏作品改编权的授权及相关权益难以实现。由此，法
院认定被告运营的涉案游戏构成了对原告享有的改编权的侵权，应承担侵权责任。

2. 被告的行为是原创还是对涉案影视作品《延禧攻略》的 IP 改编

著作权法保护的是原创性劳动所形成的表达，而不保护表达所反映的思想或事
实。涉案作品《延禧攻略》作为电影作品，整体应受著作权法保护，但其中的作品
名称、角色名称、人物形象、故事情节等元素能否受到著作权法保护，需要结合具
体表达方式进行分析，排除思想层面和表达有限的情况，并对相关公有领域素材进
行辨别。本案中，经过比对，原告的涉案作品与被告的涉案游戏均围绕女主角"魏

璎珞"或"卫璎珞"在乾隆皇帝后宫生存、成长和升级的故事。涉案游戏包含的以下角色名称:璎珞、舒妃、纯妃、高贵妃、嘉嫔、慎郡王、叶天士、愉贵人、太后、皇上等,涉及涉案小说的全部核心人物;涉案游戏出现的璎珞、高贵妃、太后等卡通人物形象,在面部特征、姿态神情、服饰、发型、配饰等方面与涉案作品相关形象相似,且其角色属性、个性特征和人物关系等与涉案作品一一对应,二者所表达的思想和信息并无二致。

在司法实践中,在认定涉案游戏与涉案作品中人物名称、性格特征、故事情节等诸多内容存在相似性和对应性作出认定的基础上,判断涉案游戏是否侵犯涉案作品的游戏改编权,关键在于涉案游戏对涉案作品相关内容的使用是否属于以改编方式使用其独创性表达。本案中,涉案作品中的人物角色、人物特征、人物关系、故事情节等具体的创作要素,以特定形式相结合并相对完整地表达了创作者对特定人物塑造或情节设计的构思。对于上述要素的运用体现了创作者在作品表达中进行的取舍、安排和设计,因此属于涉案作品独创性表达的有机组成部分,具有不可分割的联系。而涉案游戏对涉案作品相关内容的使用,并非对涉案作品中相对独立元素的孤立使用,而是进行了截取式、组合式使用。根据各方当事人提交的侵权比对内容,涉案游戏在作品名称、角色名称、形象特征、人物关系、事件设定上与涉案作品具有明显对应性,且相似数量较多,能够体现涉案作品中角色形象及性格特征、人物关系及情节设计,使相关公众在游戏过程中有理由认为上述人物或情节来源于涉案作品。因此,涉案游戏构成对涉案作品独创性表达的使用,只是这种使用不是一般意义上的整体性或局部性使用,而是将涉案作品中的独创性表达进行了截取式、组合式的使用,从而导致二者整体上的相似性。

法院认为被告接触了涉案作品的内容,并实质性使用了涉案作品的作品名称、角色设置、人物关系以及故事情节进行改编和再创作,通过移动端微信小程序发布并运营涉案游戏,上述行为不是原创行为,超越了合理借鉴的边界,且未征得原告的许可对涉案作品进行改编,因此根据《著作权法》第52条规定,认定被告对涉案作品的改编,未征得原告的同意,侵害了原告基于涉案作品享有的独占性移动端游戏的改编权。

二、白先某与上海电影（集团）有限公司、上海艺响文化传播有限公司、上海君正文化艺术发展有限公司及第三人上海电影制片厂有限公司著作权权属、侵权纠纷案 ❶

（一）案件基本情况

原告白先某诉称：原告是中国台湾地区著名作家、小说《谪仙记》的作者，根据我国著作权法规定，原告依法享有对该作品的著作权。小说《谪仙记》于 1965 年 7 月发表在中国台湾地区《现代文学》第二十五期，后在大陆地区出版发行。1989 年，原上海电影制片厂（后更名为上海电影制片厂有限公司，以下简称"上影厂"）将小说《谪仙记》改编为电影《最后的贵族》，该电影由谢晋导演，并于同年上映。2013 年 8 月 31 日，被告上海艺响文化传播有限公司（以下简称"艺响公司"）在上海科学会堂举办了话剧《最后的贵族》的新闻发布会，新闻发布会还使用了原告的照片作为背景。此后，各大报纸、网站等媒体陆续对话剧《最后的贵族》进行了相关报道。2013 年 12 月上旬，话剧《最后的贵族》开始公演前的宣传，在其印发的宣传彩页上以及演出场所的大型宣传海报上，均公开宣称该话剧是根据谢晋导演的同名电影改编，主办单位为被告上海电影（集团）有限公司（以下简称"上影集团"），承办单位为被告艺响公司、被告上海君正文化艺术发展有限公司（以下简称"君正公司"）。2013 年 12 月 16 日，原告向媒体发表公开声明，同时委托律师发函给被告艺响公司并抄送给上海人民大舞台，要求立即停止侵权行为。但是，三被告对原告的要求置若罔闻，仍于 2013 年 12 月 17 日至 22 日，连续六天在上海人民大舞台公开演出话剧《最后的贵族》，该话剧演出取得巨大轰动，各大媒体纷纷报道。三被告也因此取得巨额收入，按其售票价格及演出场所的座位数计算，六场演出的票房总收入为人民币 1 849 320 元。原告认为，三被告在未取得原作品《谪仙记》的著作权人即原告的许可，也未向原告支付报酬的情况下，擅自使用电影作品《最后的贵族》进行话剧演出，侵犯了原告的著作权。上影集团在未经原告许可的情况下，擅自授权他人以改编方式使用经原告作品演绎的电影作品，也侵犯了原告的著作权。且在原告已发函要求停止侵权的情况下，三被告仍实施侵权，为此诉诸法院，请求判令：（1）三被告立即停止对原告享有的小说《谪仙记》著作权的侵害；

---

❶ 上海市第二中级人民法院（2014）沪二中民五（知）初字第 83 号民事判决书。

（2）三被告在《文汇报》《新民晚报》、新浪网、腾讯网、人民网等报刊和网站上刊登声明向原告公开赔礼道歉、消除影响；（3）三被告赔偿原告经济损失人民币 50 万元；（4）赔偿原告为制止侵权和因诉讼所支付的合理开支人民币 54 934 元。

被告上海电影（集团）有限公司辩称：（1）上影集团与上影厂为关联企业，上影集团授权被告艺响公司改编话剧得到了电影作品权利人上影厂的许可；（2）上影集团从未有过利用电影《最后的贵族》改编话剧的意图和行为，未参与过话剧的改编、演出和宣传行为；（3）话剧《最后的贵族》在宣传中将上影集团列为主办方未经上影集团许可；（4）上影集团许可将电影《最后的贵族》改编为话剧完全基于无偿的公益目的，上影集团未因许可改编而获得任何经济收益。综上，上影集团无侵权主观故意，也无客观侵权行为，原告将上影集团列为被告欠妥。

被告上海艺响文化传播有限公司、上海君正文化艺术发展有限公司共同辩称：（1）两被告将电影《最后的贵族》改编为话剧得到了中国文学艺术界联合会（以下简称"中国文联"）、上海市文学艺术界联合会（以下简称"上海文联"）的同意及上影集团授权，而且通过中间人与原告就授权事宜进行了联系；（2）改编并进行话剧演出的目的是纪念谢晋，出于公益目的；（3）演出票绝大部分以赠票送出，实际并未赢利反而亏本。

第三人上海电影制片厂有限公司述称：同意被告上影集团的答辩意见。

（二）法院审理结果

上海市第二中级人民法院经审理后查明：原告系小说《谪仙记》的作者，该小说刊于 1965 年中国台湾地区出版的《现代文学》第二十五期。在大陆地区，小说《谪仙记》最早于 2005 年 5 月收入于同心出版社出版的《首届北京文学节获奖作家作品精选集——白先勇（卷）》，后另被收入《白先勇经典作品》《一把青》《纽约客》《世纪文学·60 家：白先勇精选集》等书出版发行。1989 年，经原告许可，原上海电影制片厂将小说《谪仙记》改编为电影《最后的贵族》，该电影由谢晋导演，并于同年上映。2013 年初，被告艺响公司开始筹备将电影《最后的贵族》改编为同名话剧的工作。同年 8 月 31 日，被告艺响公司作为承办单位举办了纪念谢晋诞辰 90 周年暨话剧《最后的贵族》首演新闻发布会。2013 年 10 月 16 日，被告上影集团作为授权人向被授权人被告艺响公司出具一份《授权书》，其内容为：依据《著作权法》及有关法律规定，授权人授权艺响公司使用电影作品《最后的贵族》，授权条款为:(1)授权人同意被授权人在包括但不限于话剧《最后的贵族》剧情、台词、场景、音乐、舞美及其他被授权人认为适当的范围内使用电影《最后的贵族》。(2)授权人保证其授权被授权人使用电影《最后的贵族》的相关著作权等知识产权全部及肖像权属授权人所有,且保证其授权被授权人使用的电影《最后的贵族》不侵犯他人任何知识产权等权利及其他权利。(3)授权人保证被授权人在使用电影《最后的贵族》时不会卷入任何知识产权及其他纠纷,没有任何第三人、单位、政府机关向被授权人追究任何法律责任。(4)授权人根据本授权书所作出的授权不得撤销。(5)授权人声明放弃就作出本授权而向被授权人提出任何抗辩及提起任何诉讼的权利。(6)本授权书自授权人签署后生效。

2013 年 12 月 12 日,《文汇报》刊登信息:话剧《最后的贵族》昨晚进行第一次带妆彩排,将于 12 月 17 日起在上海人民大舞台首演。该剧是为纪念著名导演谢晋诞辰 90 周年而创排。同年 12 月 15 日,《新民晚报》也刊登内容类似的讯息。

2013 年 12 月 16 日,原告委托律师向被告艺响公司发出律师函并抄送上海人民大舞台,律师函主要内容为:原告系文学作品《谪仙记》的著作权人。原告授权谢晋导演将《谪仙记》改编为电影《最后的贵族》,原告同时也是电影《最后的贵族》的编剧。因此,原告享有《谪仙记》及《最后的贵族》的著作权。被告艺响公司召开媒体发布会,在各媒体上进行宣传,将原告作品改编成话剧《最后的贵族》,并于 12 月 17 日在上海人民大舞台进行公开表演,属于未经许可,严重侵犯了原告的著作权。要求被告艺响公司停止侵权行为、停止演出、消除影响、赔礼道歉、赔偿损失。

2013 年 12 月 17 日至 22 日,话剧《最后的贵族》在上海人民大舞台公开演出 6 场。根据票务代理资料,涉案话剧《最后的贵族》出票张数 4742 张,其中赠票 4363 张,总票房人民币 8360 元。经结算,东方票务公司应付主办方被告艺响公司票款人民币 7106 元。应收主办方被告艺响公司票张费、票板制作费、代理费共计 8796 元。

法院根据以上查明的事实,认为:被告艺响公司、君正公司对于其将电影《最后的贵族》改编为同名话剧并进行演出的事实并无异议。电影《最后的贵族》系根据原告的文字作品小说《谪仙记》改编而来,属于演绎作品。第三人上影厂经原告同意,通过对文字作品小说《谪仙记》的改编,制作了电影《最后的贵族》,享有对电影作品《最后的贵族》的著作权,有权对该作品正常利用。被告上影集团不是电影《最后的贵族》的制作者，但该电影的制作者即上影厂同意被告上影集团的授权行为。因此，可以认定被告艺响公司将该电影改编同名话剧，得到了电影作品著作权人的许可。但被告上影集团所作出的授权仅限于第三人上影厂所享有的对电影作品的使用许可，并未替代原告行使本应由原告行使的原作品著作权人享有的改编权，因此原告关于被告上影集团作出概括性授权的主张，无事实与法律依据。

而被告艺响公司和君正公司将电影《最后的贵族》改编为同名话剧时，只是取得了电影《最后的贵族》著作权人的同意，但未征得原告对小说《谪仙记》享有的改编权的许可，因此被告艺响公司和君正公司的行为构成对原告小说《谪仙记》著作权的侵害。

法院最终根据原《侵权责任法》《著作权法》的相关规定判决如下：（1）被告艺响公司、君正公司立即停止对原告小说《谪仙记》著作权的侵害；（2）被告艺响公司、君正公司在《新民晚报》及新浪网（www.sina.com.cn）上刊登声明，向原告赔礼道歉、消除影响；（3）被告艺响公司、君正公司连带赔偿原告经济损失人民币20万元；（4）被告艺响公司、君正公司连带赔偿原告合理费用人民币5万元。

一审判决后，各方当事人都未提出上诉。

（三）对案件的法律分析

1. 被告对电影《最后的贵族》改编成话剧的行为是否还应征得原告的同意

由于电影《最后的贵族》是根据原告的文字作品小说《谪仙记》改编而成，因此，电影《最后的贵族》属于演绎作品。被告将演绎作品《最后的贵族》改编为同名话剧，则不仅需要获得演绎作品《最后的贵族》著作权人上影厂的许可，同时还需要获得原作品小说《谪仙记》著作权人即原告的许可。这是因为，根据《著作权法》第16条的规定，作为影视作品的《最后的贵族》系根据原告的文字作品小说《谪仙记》改编而来，属于演绎作品。所谓演绎作品是指在保持原有作品基本表达的基础上，又增加了符合独创性要求的新表达而形成的作品，演绎作品包含了原作品作者和演绎者的智力成果，存在原作品作者和演绎者所享有的双重权利。

本案中，上影厂经原告同意，通过对原告文字作品小说《谪仙记》的改编，制作了电影《最后的贵族》，享有对《最后的贵族》电影作品的著作权，但电影《最后的贵族》是一种演绎作品，被告艺响公司、君正公司将该演绎作品改编为另一种作品形式即同名话剧，并进行公开演出，则需同时取得原文字作品小说《谪仙记》

作者原告的许可和演绎作品的电影作品《最后的贵族》制作者上影厂的许可。由于被告艺响公司、君正公司在对影视作品《最后的贵族》改编成同名话剧时，只是获得了影视作品《最后的贵族》著作权人的许可，但没有同时获得原告的许可。虽然被告获得了上影集团的授权，但上影集团的授权既不能替代原告作出的对原作品的授权许可，也不可能直接导致被告艺响公司、君正公司获得了原告的授权许可。正是由于被告艺响公司、君正公司的改编行为没有获得原告的授权许可，法院才认定两被告的改编行为侵犯了原告的著作权。

2. 影视作品 IP 改编中的双重许可

本案中的涉案电影《最后的贵族》系根据原告的文字作品小说《谪仙记》改编而来，属于演绎作品。根据我国《著作权法》第 16 条规定，改编、翻译、注释、整理已有作品而产生的作品进行出版、演出和制作录音录像制品，应当取得该作品的著作权人和原作品的著作权人许可，并支付报酬。由于对影视作品的 IP 改编体现为演绎权的行使，可见，一方面演绎者因其在原作品的基础上具有创作性的智力劳动，因而对演绎作品享有著作权；另一方面，由于演绎作品中还包含了部分原作品的基本表达，其中也存在原作品作者的著作权。本案中，演绎作品电影《最后的贵族》中既包含了原告白先某的原作品，也包含了作为演绎者上影厂的智力成果，该演绎作品电影《最后的贵族》存在原作品作者和演绎者所享有的双重权利，因此两被告在利用演绎作品电影《最后的贵族》再度 IP 改编创作新的演绎作品同名话剧时，不仅要获得演绎作品电影《最后的贵族》的著作权人许可，还要获得原文字作品《谪仙记》著作权人即原告的许可。

但是，影视作品作为一种特殊的演绎作品，不同于其他类型的演绎作品。按照《著作权法》第 17 条的规定，电影作品和电视剧作品的著作权由制作者享有，即影视作品的整体著作权确定由制作者享有。但是在影视作品与原作品的关系上，现行《著作权法》并没有作出明确的规定。在实践中，由此产生的问题是，如果他人意图将影视作品再次改编演绎为其他形式的作品，需要分别取得影视作品的著作权人和原基础作品的著作权人的双方授权许可。这就是著作权法理论上所说的使用演绎作品需要获得"双重许可"的问题。

关于使用演绎作品是否涉及"双重权利"的问题，一种观点认为，虽然现行《著作权法》第 13 条的规定体现了演绎作品存在"双重权利"的原则，但由于《著作权法》第 17 条没有像第 13 条那样规定，"但行使著作权时不得侵犯原作品的著作权"，故可以认为现行《著作权法》第 17 条的规定是对第 13 条规定的例外，也就是说，他人对影视作品的利用无须取得原基础作品著作权人的许可。但另一种观点认为，根据《伯尔尼公约》第 14 条第 2 款的规定，根据文学或艺术作品制作的电影作品，以任何其他艺术形式改编，在不损害电影作品作者授权的情况下，仍需经原作者授权。❶ 这说明，《伯尔尼公约》认为根据小说、戏剧等原作品拍摄而成的电影作品是存在双重权利的。我国是该公约的成员，在没有相关保留及《著作权法》没有明确规定的情况下，对我国现行《著作权法》的相关规定不应作违反国际公约义务的解释。因此，从体系解释方法出发，能够接受的结论是，他人对电影作品的 IP 改编需要经过原作品著作权人和电影作品著作权人的许可。❷

在本案中，法院的判决体现了上述第二种观点，即两被告对涉案影视作品的 IP 改编，既需要征得涉案影视作品著作权人许可，还要征得原作品著作权人的许可。

---

❶ 法律出版社法规中心编：《中华人民共和国知识产权法典》（第四版），法律出版社，2015，第 532 页。
❷ 蒋荣华主编《知识产权案例精选（2013—2014）》，知识产权出版社，2017，第 32 页。

第十一章　影视作品著作权侵权认定

第一节　影视作品著作权侵权行为的分类

一、影视作品著作权侵权行为的含义

（一）侵权行为的概念和构成条件

在民事法律上，侵权行为是指行为人侵害他人的人身财产或知识产权，依法应承担民事责任的行为。根据《民法典》1165 条的规定，行为人因过错侵害他人民事权益造成损害的，应当承担侵权责任。侵权行为通常必须具备一定的构成条件：（1）行为的违法性，是指自然人或法人及其他组织违反法律规定，从而给被侵权人及社会造成一定损害的行为。（2）客观上的损害事实，是指侵权人所实施的侵犯行为，客观上给被侵权人带了一定的损害结果，如侵权人给他人造成人身或财产的损害。（3）主观上有过错，是指侵权人对其侵权行为和侵权后果所持的一种心理状态，分为故意和过失两种形式。区分过错的形式，在确定侵权人的责任时具有一定的意义。（4）侵权行为与损害事实之间存在因果关系，是指侵权人的违法行为作为原因，损害事实作为结果，在二者之间存在联系，即前者是因，后者是果。

（二）影视作品著作权侵权行为的含义和构成要件

影视作品著作权侵权行为，是指除著作权法有特别规定的以外，未经影视作品著作权人或其他著作权权利人的许可，利用他人受著作权法保护的影视作品的行为。

影视作品著作权是一种民事权利，对其侵权行为在性质上也是一种民事侵权行为。但是影视作品的著作权侵权行为的构成条件在实际适用中有所特别，即在判定某一行为是否构成侵犯影视作品著作权时，一般不首先考虑侵权行为人主观上是否存在过错，这是因为如果要求权利人证明侵权行为人主观上是否存在过错十分困难。因此通常只考虑侵权行为人行为的违法性和损害事实，只有在涉及侵权人承担赔偿损害责任时，才考虑侵权人的主观过错。例如，《德国著作权法》第97条（1）规定，任何人侵害著作权或者该法保护的其他权利的，受害人可以起诉要求停止侵权，如果侵害是由于故意或者过失造成的，还可以起诉要求赔偿损失。《日本著作权法》第112条第1款和第114条第1款也规定，著作权人、邻接权人等，对侵害作者人格权、著作权、邻接权的人，或者有侵权之虞的人，可以请求其停止侵权或采取预防措施；著作权人、邻接权人对因故意或过失侵害其著作权、邻接权的人，可以请求赔偿因侵害所受到的损害。❶

二、影视作品著作权侵权行为的种类

　　随着我国影视市场的发展和繁荣，影视作品的数量与日俱增，同时侵犯影视作品著作权纠纷也越来越多。因此，有必要对侵犯影视作品著作权的行为进行合理划分，以便有利于保护影视作品著作权人的权利。

　　影视作品著作权侵权行为的种类，依据不同的标准有不同的分类。根据被侵犯的权利内容可分为侵犯著作人身权和著作财产权的侵权行为；根据侵权行为的情节和责任承担的形式，可以分为承担民事责任、行政责任、刑事责任的侵权行为；根据侵权行为的性质分为直接侵权和间接侵权。

（一）侵犯影视作品著作人身权与财产权

1.侵犯影视作品著作人身权

　　根据现行《著作权法》第10条第1款第（一）项至第（四）项规定，影视作品的著作权人享有的著作人身权内容包括发表权、署名权、修改权和保护作品完整权。

　　（1）侵犯发表权。由于影视作品具有合作性，影视作品的发表权与一般作品的

---

❶ 汤宗舜:《著作权法原理》，知识产权出版社2005年出版，第153页。

发表权在行使上有所不同。通常情况下，为了便于影视作品的发行和公映，并考虑制作者的利益，往往会对影视作品的发表权给予一定的限制，即影视作品的发表权通常由制作者享有和行使，他人未经影视作品制作者或著作权人的许可，擅自将影视作品公之于众，即构成对影视作品著作权人发表权的侵犯。

（2）侵犯署名权。影视作品是剧本、词曲等不同作品的综合，影视作品的著作权虽由制作者享有，但影视作品中的剧本、词曲又都是独立的作品，这些作品的相关权利人即编剧、导演、摄影、词曲作者等均享有署名权。若在影视作品中，未对上述人员未予署名的，或者他人在使用影视作品时，擅自改变影视作品中的署名，即构成对影视作品作者和制作者署名权的侵犯。

（3）侵犯修改权。理论上来讲，对于影视作品来说，虽然影视作品反映了制作者、编剧、导演、摄影等作者的思想及精神，但是影视作品所具有的合作作品的特性与特殊商品属性决定了作者的修改权应受到一定的限制，即影视作品一经在市场公开上映之后，如果作者行使其修改权不受限制，将会影响影视作品的传播与使用，不利于对制作者经济利益的保护。因此，尽管编剧、导演、摄影、词曲等也是影视作品的作者，但他们对影视作品修改权的行使应当受制于制作者的意志，且不得妨碍影视作品的传播与使用。影视作品制作完成之后，制作人可以根据影视市场和观众需求的变化，对影视作品进行修改。他人未经影视作品著作权人的许可，擅自对影视作品的内容进行改动，即构成对影视作品制作者或著作权人修改权的侵犯。

（4）侵犯保护作品完整权。保护影视作品完整权，即保护影视作品不受歪曲、篡改的权利。若擅自歪曲、篡改影视作品，即侵犯了影视作品的完整权。所谓的歪曲篡改，是指在未征得影视作品著作权人同意的情况下，对其作品作实质性的修改、删节，从而破坏作品的原创本义的行为。若对影视作品进行较大幅度修改后，导致作品所表达的思想内容被歪曲和篡改，则同时构成对影视作品制作者或著作权人的修改权和保护作品完整权的侵犯。

2. 侵犯影视作品著作财产权

根据现行《著作权法》第 10 条第 1 款第（五）项至第（十七）项规定，影视作品的著作权人享有的著作财产权内容很多，但根据影视作品的特点和实践中侵犯影视作品著作权的情况，重点介绍以下几类影视作品著作财产权的侵权行为。

（1）侵犯复制权。根据著作权法的规定，影视作品的复制权归制作者或著作权人享有。影视作品制作完成之后，他人未经著作权人的许可，将影视作品进行复制，制作成 CD 或者 VCD，或者将影视作品数字化等，即构成对影视作品复制权的侵犯。

（2）侵犯发行权。影视作品的发行，即以出售、出租或者赠与方式向公众提供影视作品的原件或者复制件。影视作品的发行是为了满足公众的合理需求，通过出售、出租等方式向公众提供一定数量的作品复制件。根据著作权法的规定，影视作品的发行权归制作者或著作权人享有，对影视作品发行权的侵权行为，通常表现为未经著作权人许可，擅自将影视作品的拷贝或复制件对外出售、出租或者赠与，即构成对影视作品发行权的侵犯。

（3）侵犯放映权。根据我国著作权法的规定，影视作品的放映权归制作者或著作权人享有。因此，一般来说他人实施对影视作品的放映，需要取得制作者的许可。当他人未经影视作品的制作者的许可，擅自向社会公众放映影视作品，即构成对影视作品放映权的侵犯。

（4）侵犯广播权。根据著作权法的规定，广播权的享有者是影视作品的制作者，他们除通过以放映的方式行使著作财产权外，还可以通过有线、无线或其他方式，让公众收听、收看影视作品所包含的声音和图像。他人未经影视作品制作者的许可，擅自利用广播电台、电视台等途径播放影视作品的行为，即构成对影视作品广播权的侵犯。

（5）侵犯改编权。根据著作权法的规定，影视作品的改编权由制作者或著作权人享有。一部影视作品在热映之后，可能会带来相应衍生品市场的开发和繁荣，如将热映后的影视作品改编为电视剧、动漫或者游戏，通常是影视行业内比较常见的衍生品开发方式。倘若这些衍生品的开发者未获影视作品的制作者的许可，擅自进行开发利用，则可能构成对影视作品改编权的侵犯。

（6）侵犯信息网络传播权。根据著作权法的规定，信息网络传播权，即以有线或者无线方式向公众提供、使公众可以在选定的时间和地点获得作品的权利。信息网络传播权由制作者享有，他人未经影视作品制作人的许可，擅自利用网络传播影视作品的行为，即可能构成对影视作品信息网络传播权的侵犯。以上相关内容还可详见本书第十二章"网络环境下影视作品著作权的保护"。

（二）影视作品的直接侵权与间接侵权

在影视作品的侵权行为中，如果他人未经著作权人的许可直接实施受著作权专有权利控制的行为，即构成对著作权的直接侵权。若教唆、引诱他人实施著作权侵

权行为，或明知他人实施侵权行为，仍对该行为提供实质性帮助的，则构成对著作权的间接侵权。❶

1.影视作品的直接侵权

所谓影视作品的直接侵权是指行为人未经影视作品著作权人许可，无论是否以营利为目的，只要是以任何方式对影视作品实施了复制、出版、发行、改编、放映、广播、信息网络传播等行为，即构成对影视作品的直接侵权。

构成对影视作品直接侵权的条件是：侵权人直接实施的行为是受著作权人控制的，同时并不存在对其实施行为法定的"合理使用、法定许可"等免责事由。简单而言，影视作品的著作权人享有的专有权利为其划定了一个特定的范围，他人未经著作权人或法律的许可而擅自闯入这一区域即构成"直接侵权"。❷实践中，判断对影视作品著作权的直接侵权时，无须考虑行为人的主观过错。但是，行为人的主观过错大小将会影响其承担的法律责任的大小；同时，如果侵权人确实没有主观过错，则无须承担损害赔偿的法律责任，但其因侵权行为所获得的利益应当予以返还或承担停止侵权的法律责任。例如，根据《最高人民法院关于审理著作权民事纠纷案件适用法律若干问题的解释》第20条的规定，出版者尽了合理注意义务，著作权人也无证据证明出版者应当知道其出版涉及侵权的，出版者只承担停止侵权、返还侵权所得利润的民事责任。

2.影视作品的间接侵权

所谓影视作品的间接侵权是指行为人以营利为目的，虽未直接侵犯影视作品的著作权，但是实施了故意帮助、教唆、诱导他人直接实施侵害影视作品著作权的行为，而且该行为损害了影视作品著作权人的合法权益。例如为他人提供放映侵权影视作品的场地、为他人提供传播侵权影视作品的网络服务，那么场地和网络服务的提供者，其行为就构成间接侵权。

虽然间接侵权的形式在我国现行的《著作权法》中并未明确规定，但在2013年1月实施的《最高人民法院关于审理侵害信息网络传播权民事纠纷案件适用法律若干问题的规定》第7条明确规定：网络服务提供者在提供网络服务时教唆或者帮助网络用户实施侵害信息网络传播权行为的，人民法院应当判令其承担侵权责任。

---

❶ 王迁：《著作权法》，中国人民大学出版社，2015，第404页。
❷ 王迁：《知识产权法教程》（第四版），中国人民大学出版社，2014，第244页。

该规定首次在著作权司法领域引入了"帮助侵权和教唆侵权"两种间接侵权形式。同时《民法典》第 1169 条也明确规定:"教唆、帮助他人实施侵权行为的,应当与行为人承担连带责任。"此外,《信息网络传播权保护条例》中也规定了网络服务提供者的间接侵权责任,如该条例第 23 条规定,网络服务提供者明知或者应知所链接的作品、表演、录音录像制品侵权的,应当承担共同侵权责任。因此,在影视作品著作权侵权案件中,除常见的直接侵权形式外,还存在间接侵权的形式。

著作权法上的影视作品的间接侵权必须以存在影视作品的直接侵权为前提,若直接侵权行为人对影视作品的使用属于合理使用、法定许可等免责事由的,则提供教唆、帮助行为的行为人也就不构成间接侵权。同时,影视作品的间接侵权行为人还需要有主观过错,即明知或应知他人存在直接侵权行为,仍然教唆、帮助他人实施直接侵权行为或为他人直接侵权行为提供实质性帮助。间接侵权行为人向直接侵权行为提供的诱因或者帮助必须在直接侵权行为的实施中发挥了实质性作用,即教唆、引诱或者帮助他人的行为必须与直接侵权行为有一定的、相当的因果关系。❶

实践中,针对影视作品所实施的间接侵权行为往往体现在侵害信息网络传播权纠纷的案件中。例如,网络用户将影视作品上传至从事视频分享服务的网站上,该视频在网站上获得了较大的点击量,视频网站遂将该视频列入排行榜或人气视频进行推荐。影视作品的著作权人知晓上述行为后向视频分享网站发出律师函,要求网站停止该视频的播放,但网站未予理会。该网络用户的行为因直接实施了侵害影视作品著作权人信息网络传播权的行为而构成直接侵权。而提供视频分享服务的网站在明知上传视频的网络用户涉嫌侵害他人影视作品著作权的情况下,仍将该视频在网站上播放,增加视频的点击量,扩大了侵权行为的传播范围,那么该视频网站的行为构成帮助形式的间接侵权。

三、影视作品侵权行为的情形

现行《著作权法》第 52 条、第 53 条规定了不同情形的著作权侵权行为。根据《著作权法》的规定,实践中侵犯影视作品著作权的行为依据其所承担责任的不同,主要有以下情形。

---

❶ 崔国斌:《著作权法原理与案例》,北京大学出版社,2014,第 725 页。

（一）承担影视作品侵权民事责任的行为

根据我国《著作权法》第 52 条规定，有下列涉及影视作品侵权行为的，应当根据情况，承担停止侵害、消除影响、赔礼道歉、赔偿损失等民事责任：（1）未经著作权人许可，发表其作品的；（2）未经合作作者许可，将与他人合作创作的作品当作自己单独创作的作品发表的；（3）没有参加创作，为谋取个人名利，在他人作品上署名的；（4）歪曲、篡改他人作品的；（5）剽窃他人作品的；（6）未经著作权人许可，以展览、摄制视听作品的方法使用作品，或者以改编、翻译、注释等方式使用作品的；（7）使用他人作品，应当支付报酬而未支付的；（8）未经视听作品的著作权人许可，出租其作品；（9）其他侵犯著作权以及与著作权有关的权利的行为。

（二）承担影视作品侵权民事责任、行政责任或刑事责任的行为

根据《著作权法》第 53 条规定，有下列涉及影视作品侵权行为的，应当根据情况，承担民事责任；侵权行为同时损害公共利益的，依法承担相应的行政责任；侵权行为构成犯罪的，依法追究刑事责任：（1）未经著作权人许可，复制、发行、表演、放映、广播、汇编、通过信息网络向公众传播其作品的；（2）未经许可，播放、复制或者通过信息网络向公众传播广播、电视的；（3）未经著作权人或者与著作权有关的权利人许可，故意避开或者破坏技术措施的，故意制造、进口或者向他人提供主要用于避开、破坏技术措施的装置或者部件的，或者故意为他人避开或者破坏技术措施提供技术服务的，法律、行政法规另有规定的除外；（4）未经著作权人或者与著作权有关的权利人许可，故意删除或者改变作品、或者广播、电视上的权利管理信息的，知道或者应当知道作品、或者广播、电视上的权利管理信息未经许可被删除或者改变，仍然向公众提供的。

第二节　影视作品著作权侵权的归责原则

归责，是指行为人因其行为和物件致他人损害的事实发生以后，因依何种根据使其承担责任。此种根据体现了法律的价值判断，即法律应以行为人的过错还是应

以已发生的损害结果为价值判断标准，而使行为人承担侵权责任。❶ 奥地利学者凯尔森在其法理学著作《法与国家的一般理论》中写道 "归责的概念指的是不法行为和制裁之间的特种关系"。❷ 归责不等于责任，归责是一个复杂的责任的判断过程，而责任是归责的结果。

一、侵权归责原则的含义

（一）归责原则的概念

由于侵权行为会导致侵权责任的承担，承担侵权责任是侵权行为实施的结果。那么侵权行为和侵权责任的连接法因是什么呢？这里就需要引入侵权责任法中一个重要的概念即归责原则。

"归责" 是不法行为和制裁之间的特种关系，是行为人因其行为和物件致他人损害的事实发生以后，应依何种根据使其负责。此种根据体现了法律的价值判断，即法律应以行为人的过错还是应以已发生的损害结果为价值判断标准，抑或以公平考虑等作为价值判断标准，而使行为人承担侵权责任。❸ 归责原则是确定侵权人承担侵权责任的一般准则，是侵权行为法的统帅和灵魂，是侵权行为法理论的核心。❹ 美国著名法学家霍姆斯大法官说过，"良好的政策应当让损失停留于其发生之处，除非有特别的理由存在"，而这个特别理由在学说上被称为 "损害归责事由" 或者 "归责原则"。"侵权法的归责原则，实际上是归责的规则，它是确定行为人的侵权民事责任的根据和标准，也是贯彻于整个侵权行为法之中，并对各个侵权法规范起着统帅作用的立法指导方针。一定的规则原则直接体现了统治阶级的侵权立法政策，同时又集中表现了侵权法的规范功能。"❺

（二）侵权归责原则的体系

归责原则的体系是指各归责原则所组成的具有内在的逻辑联系的系统结构。归责原则系统化的标志在于：各归责原则彼此间协力合作、相互补充，各归责原则的

---

❶ 杨立新：《〈中华人民共和国侵权责任〉精解》，知识产权出版社，2010，第 43 页。
❷ 凯尔森：《法与国家的一般理论》，沈宗灵译，中国大百科全书出版社，1996，第 104 页。
❸ 王利明：《侵权行为法归责原则研究》，中国政法大学出版社，1992，第 45 页。
❹ 杨立新：《侵权法判例与学说》，吉林人民出版社，2003，第 63 页。
❺ 王利明：《侵权行为法归责原则研究》，中国政法大学出版社，1992，第 18 页。

确定是合理的，并能指导各类侵权纠纷的规则、充分实现侵权法全部规范功能。❶
关于归责原则的体系，学界有不同的观点。一元论观点认为：侵权责任法只有一个
归责原则，即过错责任原则。二元论观点认为：侵权责任法的归责原则分为过错责
任和无过错责任原则。另外一些学者主张三元论，在三元论内部又存在三种分类方
法：第一种是将归责原则分为过错责任原则、无过错责任原则和过错推定责任原则；
第二种是将归责原则分为过错责任原则、过错推定原则和公平责任原则；第三种是
将归责原则分为过错责任原则、无过错责任原则和公平责任原则。❷

归责原则作为决定侵权责任构成要件的一般原则，其种类和体系应以法律规定
为限。我国《民法典》第1165条规定，行为人因过错侵害他人民事权益造成损害
的，应当承担侵权责任。依照法律规定推定行为人有过错，其不能证明自己没有过
错的，应当承担侵权责任。《民法典》第1166条同时还规定，行为人造成他人民事
权益损害，不论行为人有无过错，法律规定应当承担侵权责任的，依照其规定。由
此可见，我国《民法典》在侵权的归责原则上，分别规定了过错责任原则、过错推
定责任原则和无过错责任原则。其中，过错推定责任原则只是过错责任原则的适用
方法，在本质上还是属于过错原则。据此，《民法典》规定的侵权责任的归责原则体
系为过错原则和无过错原则并行的二元规则体系。

（三）不同归责原则下的侵权责任构成要件

归责原则之所以被称为"侵权责任法的统帅和灵魂"，是因为归责原则不仅决
定了侵权责任的成立和构成要件，还决定了举证责任的负担和免责事由的构成。它
既是认定侵权构成、处理侵权纠纷的基本依据，也是指导侵害损害赔偿的准则。❸

在对侵权行为进行归责的过程中，无论是适用过错责任、过错推定责任和无过
错责任，其违法行为、损害结果和因果关系三个构成要件都是相同的，但适用不同
的归责原则决定了侵权责任的不同构成要件。

1. 过错责任

过错责任是指行为人因为自身的过错而侵害他人权益时，应就所造成的损害承
担侵权责任，其构成要件如下：（1）侵权行为人实施了违法侵权行为；（2）侵权行

❶ 王利明：《侵权行为法归责原则研究》，中国政法大学出版社，1992，第24页。
❷ 奚晓明主编《中华人民共和国侵权责任法条文理解与适用》，人民法院出版社，2010，第46页。
❸ 钟秀勇：《钟秀勇讲民法之精讲卷》，北京日报出版社，2016，第504页。

为人对损害的发生具有过错；（3）被侵权人遭受了可以救济的损害；（4）侵权行为和损害之间有因果关系。

2. 过错推定责任

过错推定责任不是一种独立的归责原则，而是隶属于过错责任原则，是过错责任原则的适用方法，在本质上还是属于过错责任原则。过错推定责任的构成要件同过错责任完全一样，只不过在举证责任的分配上采取举证责任的倒置，即由侵权行为人举证证明自己没有过错。同时，过错推定原则仅适用于法律明文规定的特定情形，如《民法典》第 1165 条第 2 款规定，依照法律规定推定行为人有过错，其不能证明自己没有过错的，应当承担侵权责任。

3. 无过错责任

无过错责任是指根据法律明文规定，不论侵权行为人是否具有过错，均须为其侵权行为承担侵权责任的归责原则。无过错责任的构成要件如下：（1）法律明文规定的特定情形；（2）侵权行为人实施了侵权行为；（3）被侵权行为人遭受了可救济的损害；（4）侵权行为和损害之间有因果关系，如《民法典》第 1166 条规定，行为人造成他人民事权益损害，不论行为人有无过错，法律规定应当承担侵权责任的，依照其规定。

二、影视作品著作权侵权的归责原则

对影视作品著作权的侵权，其适用的侵权归责原则与其他种类作品的著作权侵权所适用的归责原则并无不同。因此，只要明确著作权侵权的归责原则，影视作品著作权侵权的归责原则也就不言自明了。

（一）著作权侵权的一般归责原则

知识产权是一种特殊的民事权利，具有无形性、时间性和地域性。知识产权还具有法定性的特征，这种特征以著作权最为明显。虽然著作权在作品完成时就自动产生，但著作权的权利内容却需由法律明确规定。如果法律没有明确规定属于著作权人的权利，即使他人利用著作权人的作品实施了牟利行为，也不能被认定为侵权。如我国著作权法中没有赋予文字作品著作权人享有出租权，若某人购进他人享有著作权的图书进行出租，就不能认为其侵犯了著作权人的著作权。

关于知识产权领域包括著作权在内，发生侵权行为时究竟应该适用何种归责原则，在我国理论界和实务界还没有形成统一的通说。在大陆法系的传统理论中，物权是权利人直接支配的权利，是绝对权，具有排他性。物权人在其物权受到侵害时，法律为其提供两种救济方法：物权救济方法和债权救济方法。

当物权遭受损害，或者遭受侵害之虞的，为使物权恢复到"不受侵害的圆满状态"，民法为其提供了物权救济方法，赋予物权人物权请求权。其特征为：（1）物权请求权的成立不以加害人的过错为要件；（2）仅要求物权遭受侵害，不要求物权人受有损失；（3）一般不适用诉讼时效。物权请求权包括返还原物请求权、排除妨害请求权、消除危险请求权。债权救济方法为，当物权遭受侵害，给物权造成损失的，为弥补该损失，在符合构成要件时，物权人可以主张违约赔偿责任、侵权损害赔偿或者不当得利返还。其特征为：除非法律另有规定，以加害人的过错为要件；损害赔偿的成立需要物权人遭受损失；适用诉讼时效。❶物权救济方法和债权救济方法所要实现的目的是不同的，物权请求权在于恢复物权不受侵害的圆满状态。债权救济方法是在损害既成的情况下，弥补受害人因损害而受到的财产损失。

知识产权又被称为准物权，其与物权在性质上极其相似，同属于绝对权、对世权。只是因为知识产权的客体不具有有体性，而不能成为物权。由于知识产权与物权的相似性，可以在知识产权包括著作权侵权责任的适用原则上与物权侵权责任的适用原则上类似，即将知识产权包括著作权遭受侵害后的请求权分为作为支配权的知识产权请求权和作为债权的知识产权请求权。作为支配权请求权，只要有侵权行为的发生，权利人就可以要求侵权人承担停止侵害的民事责任；作为债权的请求权，侵权行为的归责原则适用过错责任原则，权利人可以要求侵权人承担停止侵权、赔偿损失等民事责任。

（二）著作权侵权归责原则的适用

在了解和把握知识产权包括著作权侵权归责原则的同时，还应在前述知识产权侵权请求权分类的基础上进行探讨。著作权作为知识产权中的一类，著作权请求权是由物权的绝对权产生，其物权的支配请求权不在于弥补权利的损失，而重在使受到侵害的著作权恢复圆满状态。因此，通常在此情况下不用讨论其归责原则。但知识产权包括著作权侵权赔偿请求权属于债权，在涉及著作权侵权行为人侵权责任的

---

❶ 钟秀勇：《钟秀勇讲民法之精讲卷》，北京日报出版社，2016，第189页。

时候，应需要探讨应当适用的归责原则。

那么，著作权侵权赔偿请求权具体适用何种归责原则呢？笔者认为，分析和确定著作权侵权赔偿请求权的归责原则，应当以我国《民法典》和《著作权法》等法律为基础。我国《民法典》第 1165 条规定，行为人因过错侵害他人民事权益造成损害的，应当承担侵权责任。依照法律规定推定行为人有过错，其不能证明自己没有过错的，应当承担侵权责任。同时《民法典》第 1166 条还规定，行为人造成他人民事权益损害，不论行为人有无过错，法律规定应当承担侵权责任的，依照其规定。上述法条内容确定了侵权赔偿请求权的二元归责原则，即在适用著作权侵权赔偿的归则原则时，以过错责任原则为主，以过错推定责任原则作为过错责任原则的特殊适用方法，以无过错责任原则为补充。

综合以上分析，影视作品作为著作权中的一类作品，因相关法律没有对其侵权行为的归责原则作出专门或特殊的规定，因此在实务中发生对影视作品著作权侵权时，也应当适用上述的侵权归责原则。

第三节　影视作品著作权侵权的判定方法

一、侵犯著作权判定方法的含义

所谓侵犯著作权的判定方法，是指认定被控的侵权作品是否构成侵犯他人著作权的判断方法。理论和实务界所普遍认可的著作权侵权判定的方法是"接触 + 实质性相似"。一般而言，在实务中判断是否"接触"是一个客观性问题，较为容易判断。而判定是否构成"实质性相似"则是一个相对较为复杂的主观性问题，此判定方法的关键在于：对比被控侵权作品和权利作品的相关部分以判断二者是否构成实质性相似。如果构成实质性相似，同时又排除了巧合的可能性，则侵权成立。

但是，对于不同类型的著作权侵权案件，判定方法的具体实施会有所不同，特别是实质性相似的判断方法和技巧会根据不同类型的案件作出更贴合实际的调整。比如小说作品，主要包括人物、情节等的设计，因此法院一般要通过故事情节的人物设计比对、情节设计比对以及整体情节排布的比对，认定被控侵权作品与据以主张权利的作品是否构成实质性相似。再比如音乐作品，其核心在于旋律，因此实质性相似的比对主要是通过音乐作品的曲谱和节奏对比进行。

二、"实质相似性"判定的一般规则

对于著作权侵权中涉及的实质性相似判定，由于侵权作品和权利人的作品往往存在共通之处。因此，探究著作权侵权实质性相似判定的一般方法、标准和规则，是极其必要的。

（一）三步检验法

对于何为作品的实质性相似，国内外著作权法都没有作出具体的规定，司法实践中通常采纳的是美国第二巡回上诉法院 1966 年对其所做的一个解释：一般非专业的评判者认识到被告的作品抄袭了原告的版权作品。这里所说的"一般非专业者"就是指普通受众。1992 年，美国第二巡回上诉法院在阿尔泰案 [1] 中所采用的"三步检验法"得到了广泛的认可。"三步检验法"指的是在判定被控侵权作品的结构、顺序及组织是否真的侵犯了原告作品的版权时，应该分三步进行。第一步，抽象法。先将作品的思想与表达区分出来，即把原、被告作品中属于不受著作权法保护的思想和公共领域的表达层层抽象出来。第二步，过滤法。将作品中没有独创性的部分过滤掉，即把原、被告作品中不属于表达的思想部分和属于公共领域的表达部分过滤掉。第三步，对比法。比较原、被告作品中的独创性表达，即对剩下的作品中相似部分进行比较。如果被告作品中仍旧有实质性内容与原告作品相同，才有可能认定为被告的作品侵犯原告作品著作权。

"三步检验法"的要点在于将不受保护的思想、公有领域中的表达等不受著作权法保护的部分剔除出去，然后再将所剩下的部分进行比较，判定是否侵权。"三步检验法"的认定方法已被我国的司法实践所采纳。例如，在李某贤、王某祥与贾某华就《末代皇帝的后半生》著作权侵权纠纷案" [2] 中，法院明确指出，"原被告所著之书在记述人物、时间、事件等内容时，所反映的客观史实和利用的史料部分相

---

[1] See Computer associates International, Inc. v. Altai, Inc. , 982 F.2d 693（2d Cir. 1992）.

[2] 北京市西城区人民法院（1990）西民字第 2213 号民事判决书。

同，不能作为抄袭的依据，应该从侵权判定中过滤掉"。该案被认为是中国法院适用"三步检验法"的典型代表。尽管我国司法实践并未普遍都采用这一方法，但不可否认的是这一方法已逐渐被司法实践所采纳。

虽然"三步检验法"表面上给出了"实质性相似"的判断方法，但它并没有让"实质性相似"的判断规则真正清晰明朗，这是因为"实质性相似"判断具有一定的主观性，因此理论界和实务界对实质性相似的判断方法仍处于研究和探索阶段。总体来讲，"实质性相似"仅仅是一个"定性"时的参考，在涉及具体著作权侵权纠纷案件时，还是要结合具体的案情，进行个案分析，综合考量。

（二）整体比较法

作品实质性相似判断一直以来都是困扰著作权侵权认定的难点问题之一。在司法实践中除了常用的"三步检验法"外，在判断作品是否构成实质性相似时还采用"整体比较法"。

整体比较法是指在不区分和过滤涉诉作品思想与表达的基础上，将涉诉的权利作品和侵权作品进行整体对比，来确定两作品之间是否构成实质性相似。整体比较法在操作上相对简单，强调的是普通受众整体感受的比对。例如，在"琼瑶诉于正侵害著作权纠纷案"中，法院就采用的"主题比较法"来确认侵权作品是否与原告的作品构成实质性相似，即将原告主张的涉诉作品间相似的情节进行对比，认为被告的剧本《宫锁连城》相对于原告的作品小说及剧本《梅花烙》仅在部分情节推演及分布有差异，而在两者的整体上的情节排布及推演过程基本一致，但是部分情节的差异并不引起被告作品涉案情节间内在逻辑及情节推演的根本变化，被告作品与原告作品整体外观的相似性较高，导致受众在观赏感受上，产生较高的及具有相对共识的相似体验。❶

三、影视作品实质性相似的判定

任何作品的著作权侵权的判定都应以认识和剖析该作品类型与特征为前提，这

---

❶ 郑万青、丁媛:《作品"实质性相似"的判断与认定——从"琼瑶诉于正"谈起》,《中国出版》,2017年11月上第21期,第45页。

样才能使判定结果更准确。因此，结合"三步检验法"，影视作品实质性相似的判定应该包括以下几步：首先应该明确影视作品的主要构成要素；其次在此基础上对影视作品进行独创性分析，过滤掉其中不受著作权法保护的部分；最后就剩下的独创性构成要素与被控侵权作品和权利作品进行实质性相似的比对。

（一）影视作品的主要构成要素

根据现行的《著作权法实施条例》第 4 条对影视作品所做的定义可以得出，"画面"是影视作品的构成要素之一，也是受著作权法保护的核心所在。在欧美国家立法及司法实践中，对电影的称谓是"motion picture"，也即"活动图片"是电影作品的构成要素。可以说从本质上讲，影视作品是建立在剧本之上，由上下相关的一系列画面构成，再通过机器设备播放时，能够给观众以画面中的人或事物以运动的感觉。❶ 由此可见，画面是影视作品的主要构成要素。

（二）影视作品的独创性要求

在影视作品著作权侵权的判定过程中，明确了影视作品的主要构成要素之后，就应当对涉案影视作品的独创性进行分析和过滤。

1. 独创性判断主体

通常情况下，在影视作品著作权侵权案件的审理过程中，法官往往会直接对涉案影视作品的独创性进行分析，但并非从法官自身角度出发。在司法实践中，独创性判断的主体往往是抽象主体，譬如"常人""一般人""公众"等"普通受众"。这些判断主体要求具有"一般知识"和"一般能力"。所谓"一般能力"是指具有理解和分析诉争作品表达的一般能力。由于独创性评价是文化维度的法律价值评价，表达的独创性依赖于特定主体根据其社会文化背景对它的解读，因此独创性判断主体应该成长于特定的社会文化环境，因其接触特定类型的作品而获得了对相关作品的认知印象，即模糊概括的"一般知识"。另外，著作权制度促进文化多样性发展，满足最多样化的文化需求，服务于著作权制度的抽象主体应该尽可能地代表最普通的社会公众。❷ 所以，作为影视作品的独创性判断主体应该是普通的受众，

---

❶ 王迁：《著作权法》（第五版），中国人民大学出版社，2016，第 87 页。
❷ 何怀文：《著作权侵权的判定规则研究》，知识产权出版社，2012，第 38-39 页。

普通公众虽不一定具有创作作品的能力，但从常理、常识出发，其可以对影视作品产生特定的感受和认知印象。

2. 独创性分析

在影视作品著作权侵权判定过程中，对权利作品的独创性分析是极其必要的。被控侵权作品构成侵权的关键在于是否与权利作品构成实质性相似，而构成实质性相似的原因在于侵权人未经许可使用了权利作品的独创性部分。所以，在实质性相似比对之前，分析、明确和过滤权利作品的独创性部分十分重要。

不同类型作品独创性的表现会有很大差异，比如文学作品，其独创性主要体现在语言、结构、情节、场景、角色和人物形象等要素的设计上；再比如美术作品，其独创性体现在作者利用画布、颜料、石块等物质性材料，或通过特定的艺术表现、技巧来达成明暗、色彩、点、线、面的组合与分配。那么，影视作品的独创性又如何呢？著作权法意义上的影视作品的主要构成要素指"画面"或"活动图片"，影视作品作为一种特殊的作品种类，侵权中涉及的对影视作品抄袭、剽窃的认定，实践中除了一般应认定的要素外，还应当结合作品的性质、内容、相同的程度、具体表现形式等方面综合予以认定。因此，在侵权案件纠纷中，对涉嫌侵权的影视作品的创新程度和对原影视作品的继受或相似程度进行分析后，原影视作品中最具独创性的画面、画面组合、表述、表述过程及方法等，则是判定涉嫌侵权影视作品是否构成对原影视作品抄袭、剽窃的主要要素。

但在司法实践中，一般很难将受著作权权法保护的要素和不受著作权法保护的要素区完全分开来。因为在涉及具体的一部影视作品中，哪些情节属于思想，哪些情节属于表达，其界限一般很模糊。也就是说，在著作权法层面，并没有一个固定的或者放之四海而皆准的区别思想与表达的标准。因此，在判断影视作品的独创性时，还是要根据案件的具体情况做具体的分析。

（三）影视作品实质性相似的分析

1. 实质性相似部分比对

在对影视作品侵权案件进行实质性相似的审查过程中，首先应对被控侵权作品和权利作品的相关部分并列比对，综合判断，以确定各个部分在两个作品中是否传递"实质性相似的信息"，表现"实质性相似的意义"，构成"实质性相似的表达"。❶ 特别是对能够传达某种思想情感或意境的影视作品进行实质性相似的比对时，应当采取"综合判断"而非"部分判断"。虽然在对影视作品实质性相似比对之前，已将作品中不受著作权法保护的部分过滤出去，但这并不代表此部分在实质性相似的判断中不会发挥任何作用。过滤的目的在于通过确定权利作品中的独创性部分进而确定被控侵权作品中与之相似的、可能构成实质性相似的部分，而二者是否构成实质性相似则应该进行整体上的综合比较。美国法院曾通过判例法确定了"一般读者（听众、观众）测试法"（Ordinary Audience or Average Audience or Lay Observer）。❷ 即在判定实质性相似时，法院不允许读者信口开河，而是要读者遵守以下几条原则：（1）只比较两部作品之间的相似之处，而不能比较它们的不同之处；（2）只能把作品当作一个整体来感受，而不能把作品分解开来进行比较；（3）只能运用自己作为一般观察者的眼光独立判断，而不能在接受专家的证据，听取专家的意见后再下判断。❸

　　因此，在实践中对于影视作品的实质性相似判断，从整体上判断显得尤为重要，因为脱离影视作品的整体内容或语境，肢解作品情节的做法，就不能通过影视作品的整体对比来判断那些抽离部分的意思是否与之真正相似，这样就很容易造成误判。除此之外，在并列比对的过程中，还应结合影视作品自身的特点，判断被控侵权作品是否使用了权利作品中的独创性表达。

　　2. 实质性相似程度的判断

　　在对涉嫌侵权的影视作品进行实质性相似的相关部分比较之后，如果发现二者在表达上确实有很多相似之处，已经传达出了"实质性相似的信息"，表现了"实质性相似的意义"，那么接下来应该对实质性程度进行评价，以考察被控侵权作品诉争部分的总体效果相对于原告作品整体而言是否达到了著作权可责的"实质性程度"。❹

　　对实质性程度进行评价和判断时，一般会考虑到"转化性使用"的因素。这里再一次体现了语境的重要性，因为"转化性使用"要求将被使用的作品片段放入被控侵权作品的语境中，考察在这个语境下是否"转化"了来自权利作品的符号表

---

❶ 何怀文：《著作权侵权的判定规则研究》，知识产权出版社，2012，第 113 页。

❷ 李明德：《美国版权法中的侵权与救济》，郑成思主编《知识产权论丛》，中国政法大学出版社，1999，第 193 页。

❸ 刘汉波、钟冬庆：《实质性相似的判断及其存在的问题》，《新闻爱好者》2010 年 11 月（下半月），第 65 页。

❹ 何怀文：《著作权侵权的判定规则研究》，知识产权出版社，2012，第 113 页。

示，使之传递了"新信息"，表现了"新意义"。如果权利作品在被控作品中只是被用作"原始材料"，供侵权人用于创造性的表现了新的感悟、新的审美，则构成转化性使用，未达到著作权可责的实质性程度。

影响实质性程度还有一个很重要的因素，就是权利作品的创作空间大小的问题。如果权利作品可创作的空间狭窄，留给他人发挥创造的余地很小，那么后创作的作品与在先创作的作品存在相似就不应该受到法律的过多苛责。但在极端情况下，当作品的思想与表达发生混同时，著作权对表达一般不给予保护。即当思想观点与表述密不可分的时候，或者说当某种思想观念只有一种或者有限的几种表述时，则著作权法不仅不保护思想观念，而且也不保护表述。❶但思想与表达混同与否不属于非此即彼的情形，当可能没达到混同的程度，但新的表达确实受限的情况下，法律也理应给予一定的宽容，只是界限的把握需要法官根据具体个案进行衡量。

司法实践中，关于实质性相似的判定，法院通常采用两种方法：一种为"整体观感法"（整体对比法），另一种为"抽象分离法"（部分比较法）。所谓"整体观感法"，是指以普通观察者对作品整体上的内在感受来确定两部作品之间是否构成实质性相似；而所谓"抽象分离法"是指通过抽象的手段，将作品中的思想、事实或通用元素等不受保护部分予以分离，以作品中受保护的部分进行比对，从而判定两部作品是否构成实质性相似。❷"整体观感法"通常适用于影视作品人物动漫形象的改编类纠纷案件，可以形成更加全面的比对结果。而"抽象分离法"更多地适用于影视作品改编他人作品的案件，如在"琼瑶诉于正著作权纠纷案"中，法院就是采用该种比对方法。认为在文学作品中，情节的前后衔接、逻辑顺序将全部情节紧密贯穿为完整的个性化表达，这种足够具体的人物设置、情节结构、内在逻辑关系的有机结合体可以成为著作权法保护的表达。如果被控侵权作品中包含足够具体的表达，且这种紧密贯穿的情节设置在被控侵权作品中达到一定数量、比例，可以认定构成实质性相似；或者被控侵权作品中包含的紧密贯穿的情节设置已经占到了权利作品足够的比例，即使其在被控侵权作品中所占比例不大，也足以使受众感知到来源于特定作品时，可以认定构成实质性相似。❸

---

❶ 李明德、许超：《著作权法》，法律出版社，2003，第29页。

❷ 许波：《著作权保护范围的确定及实质性相似的判断——以历史剧本类文字作品为视角》，《知识产权》2012年第2期，第33—34页。

❸ 北京市高级人民法院（2015）高民（知）终字第1039号民事判决书。

总之，判断实质性相似的关键在于被控侵权作品是否采用了权利作品的独创性成果，而不在于被控侵权作品自身是否具有独创性。因此，侵权人关于被控侵权作品的独创性抗辩一般不会在实质性相似的判断中得到法院的支持。当然，如果侵权人能够举证证明，被控侵权作品的实质性相似部分并非由权利作品的作者独创，而是源于第三人，那么权利人的诉讼请求则不能成立。

第四节　典型案例分析

一、上海美术电影制片厂有限公司与北京搜狐互联网信息服务有限公司、北京四月星空网络技术有限公司、天津仙山文化传播有限公司等五被告著作权侵权纠纷案 ❶

（一）案件基本情况

原告上海美术电影制片厂诉称：原告于 1986 年至 1987 年出品了动画片《葫芦兄弟》（共 13 集），原告对《葫芦兄弟》动画片及葫芦娃动漫角色形象（包括角色造型、角色名称等）享有完整的著作权。被告北京四月星空网络技术有限公司（以下简称"四月星空公司"）制作出品了动画片《十万个冷笑话》第一季（以下简称"涉案动画片"），其中第四至六集为《福禄·篇》，被告天津仙山文化传播有限公司（以下简称"仙山公司"）系被告四月星空公司的全资子公司，其自 2014 年 1 月 1 日起取得涉案动画片的著作权使用权。原告发现，涉案的《福禄·篇》大量使用原告的《葫芦兄弟》动画片元素，严重侵犯了原告对《葫芦兄弟》动画片及葫芦娃动漫角色形象享有的复制权、改编权、信息网络传播权及保护作品完整权，给原告造成了极大的声誉影响及经济损失。为此，原告诉诸法院，请求法院判令：（1）被告四月星空公司、被告仙山公司立即停止侵犯原告《葫芦兄弟》动画片著作权的行为及不正当竞争行为；（2）被告四月星空公司、被告仙山公司连带赔偿原告经济损失 5 000 000 元；被告搜狐公司、被告卓悠公司、被告飞狐公司对其中的 500 000 元负

---

❶ 上海知识产权法院（2019）沪 73 民终 391 号民事判决书。

连带赔偿责任;(3)被告四月星空公司、被告仙山公司在《中国青年报》《新民晚报》及其官网首页刊登致歉声明,消除影响;(4)五被告赔偿原告合理费用 20 000 元。

被告北京搜狐互联网信息服务公司(以下简称"搜狐公司")和被告飞狐信息技术(天津)有限公司(以下简称"飞狐公司")辩称:(1)被告飞狐公司仅负责搜狐视频平台中影视剧、电影、综艺等视听内容的采购,搜狐视频平台的实际运营方是被告搜狐公司。在被告飞狐公司支付相应对价,取得涉案动画片的非独家信息网络传播权后,搜狐视频仅为该动画片的播放提供平台服务。(2)被告飞狐公司采购的影视作品数量较多,搜狐视频平台上的影视作品数量也较多,两被告无法对所有视频的全部内容均进行核实。本案中根据被告四月星空公司出具的《动画作品著作权使用权授权书》及被告仙山公司出具的《授权书》中的内容,两被告有理由相信被告仙山公司对涉案动画片享有行使著作权及转授权的权利,已经尽到合理的注意义务,无主观过错,不构成侵权。(3)根据被告仙山公司出具的《授权书》中的内容,若《福禄·篇》涉及侵权,则侵权责任应当由被告仙山公司承担。(4)被告主张不正当竞争依据的事实与主张著作权侵权依据的事实是相同的,对同一行为不能用两部法律进行评价,如若该行为已能为著作权法所规制,则无必要再适用反正当竞争法。

被告上海卓悠网络科技有限公司(以下简称"卓悠公司")辩称:(1)其仅是依据《卓易市场搜狐视频应用软件推广合同》为搜狐视频应用软件提供自动接入、链接的网络服务,对该软件中的内容不具有主动审查和事先审查的义务,且实际上其也无法控制该软件中的内容,被告飞狐公司亦承诺该软件中的产品信息及内容符合相关法律规定。被告卓悠公司在合作前已对该软件进行了版权形式审查,尽到了合理的注意义务,没有侵权故意,与其他被告不构成共同侵权。(2)其在得知搜狐视频涉嫌侵权的信息后,已经对搜狐视频应用软件进行了下架处理,及时阻止了损失的进一步扩大,不应当承担赔偿责任。

被告北京四月星空网络技术有限公司和天津仙山文化传播有限公司共同辩称:(1)《福禄·篇》及其中的福禄娃动漫形象,系由被告独立创作完成的具有独创性的全新作品,与原告的《葫芦兄弟》动画片及其中的葫芦娃动漫角色形象不构成实质性相似,进而不构成著作权侵权。(2)涉案动画片第四集《福禄·篇》前 45 秒的内容,属于为介绍作品适当引用的合理使用。(3)《福禄·篇》及其中的福禄娃动漫形象,并不存在改动原告作品的行为。(4)两部动画片受众人群不同、性质不同、领域不同,《福禄·篇》不会对原告《葫芦兄弟》动画片及原告的声誉造成损害,不构成不正当竞争行为。(5)两被告对原告及其作品不存在著作权侵权行为及不正当竞争行为,故两被告无须承担赔偿责任。

(二)法院审理结果

上海市杨浦区人民法院一审审理查明:1984年,原告员工杨某良根据民间故事《七兄弟》创作了《七兄弟》文学剧本大纲。1985年年底,原告正式立项《葫芦兄弟》成立摄制组进行拍摄。1986年1月至12月,原告成立单、双集摄制组进行动画片拍摄。1986年至1987年,原告创作完成《葫芦兄弟》动画片第一集至第十三集内容,并先后通过电视台播出和电影院公映。1996年原告将《葫芦兄弟》动画片制成VCD出版发行,1986年《葫芦兄弟》动画片获得优秀影片奖。涉案动画片第四至六集为《福禄·篇》,分别于2012年11月30日、2012年12月28日、2013年2月1日首次发行,片尾字幕均载明"原作寒武""原作改编自同名原创漫画《10万个冷笑话》""有妖气原创漫画梦工厂出品"等内容,被控侵权的十个动漫形象包含其中。2014年1月1日,被告四月星空公司与被告仙山公司签订《动画作品著作权使用权授权书》,该授权书约定被告四月星空公司作为包括涉案动画片在内的九部动画作品的著作权使用权持有人,授予被告仙山公司作品著作权的使用权。被告仙山公司有权将上述授权向任意第三人发放分许可或转授权,并有权自行决定对第三方发放的分许可或转授权为专有使用许可或一般使用许可,授权区域为不限,授权日期为2014年1月1日至2025年12月31日。2014年5月22日,被告仙山公司与被告飞狐公司签订《非独家信息网络传播权许可协议》,该协议约定被告仙山公司许可被告飞狐公司在被告飞狐公司或其关联公司被告搜狐公司拥有的客户端软件或网站上,以向用户提供视频点播、直播、定时播放、数据传输或下载等服务的方式,使用包括涉案动画片在内的节目的信息网络传播权。2014年5月22日,被告仙山公司与被告飞狐公司、被告搜狐公司签订《授权书》,约定涉案动画片的授权期限为5年。2017年6月1日,被告飞狐公司与被告卓悠公司签订《卓易市场搜狐视频软件推广合同》,该合同约定,被告飞狐公司将被告飞狐公司或其关联公司所有或运营的搜狐视频手机客户端通过被告卓悠公司的卓易市场进行推广。2016年7月28日,上海知识产权法院(2016)沪73民中68号民事判决书中认定:被告飞狐公司与被告搜狐公司为搜狐视频的共同运营方。

在审理中，被告仙山公司、被告飞狐公司自认该许可协议系针对包括涉案动画片在内的九部动画片进行打包授权，授权金额为 660 000 元。另外，原告确认搜狐视频网站和应用软件已于 2018 年 8 月 8 日删除《福禄·篇》。

法院委托中国版权保护中心对涉案动画片第四集第 49 秒开始至结束、第五集、第六集的内容与《葫芦兄弟》动画片第一集至第十三集内容，以及其中的六个福禄娃动漫形象和六个葫芦娃动漫角色形象的异同性进行鉴定，鉴定结论如下：涉案动画片第四至六集中，大娃、二娃，三娃、四娃、五娃、七娃六个美术作品与《葫芦兄弟》动画片中的大娃、二娃、三娃、四娃、五娃、七娃六个美术作品人物形象不相同，服装及饰品相似。双方作品的六个人物形象整体上是关联的，在服装及饰品的表达、色彩的选择和组合、人物对应的关系上看，都存在相同或者相似之处。因此，从总体上看，双方作品中的大娃、二娃、三娃、四娃、五娃、七娃的人物美术形象是相似的，而且双方作品中相同、相似的服装元素与被告四月星空公司提供的《中国传统神话人物绣像图点典》《封神演义》、百度词条"鸿蒙三灵根""先天林根"中的相关内容表达并不相同。《福禄·篇》与《葫芦兄弟》动画片的故事脉络中的开端、发展相似，但结尾不同；人物设置相似比例为 75%，人物关系相似比例为 50%，人物技能相似比例为 100%；在桥段设计上，《福禄·篇》30 个桥段中有 8 个桥段和《葫芦兄弟》动画片是相似的，相似比例为 26.7%。

一审法院经审理后认为：被控侵权的涉案作品《福禄·篇》中的福禄娃等 10 个动漫形象与原告的权利作品《葫芦兄弟》中的葫芦娃等 10 个动漫形象构成实质性相似。两被告四月星空公司与仙山公司侵害了原告对权利作品《葫芦兄弟》中的葫芦娃等美术作品享有的复制权、改编权。两被告的涉案动画片《福禄·篇》与原告的动画片《葫芦兄弟》在人物及人物关系、主角人物技能、故事脉络、桥段等方面高度相似，两者构成实质性相似，两被告侵害了原告对《葫芦兄弟》动画片享有的复制权、改编权、信息网络传播权和保护作品完整权。一审法院遂判决：（1）被告四月星空公司、被告仙山公司于判决生效之日起，立即停止《十万个冷笑话》第一季四至六集《福禄·篇》的复制、传播行为；（2）被告四月星空公司刊登道歉声明，向原告赔礼道歉；（3）被告四月星空公司、被告仙山公司连带赔偿原告经济损失 150 万元；（4）四被告连带赔偿原告合理费用 2 万元；（5）驳回原告的其他诉讼请求。

一审判决后，两被告四月星空公司与仙山公司不服一审判决提起上诉。上海知识产权法院二审审理后认为，上诉人的上诉请求不能成立，应予驳回。一审判决认定事实清楚，适用法律正确，应予维持。遂依法作出判决：驳回上诉，维持原判。

（三）对案件的法律分析

1. 涉案作品《福禄·篇》与原告的《葫芦兄弟》是否构成实质性相似

本案中，原告的《葫芦兄弟》动画片创作、发表于20世纪80年代，已处于公之于众的状态，并且拥有很高的知名度。被告四月星空公司在创作《福禄·篇》及其中的动漫形象时应当知晓原告的《葫芦兄弟》动画片及动画片中的人物形象，具备了接触权利作品的条件。

关于涉案作品《福禄·篇》与原告的《葫芦兄弟》是否构成实质性相似，法院在审理案件中通常采用"整体观感法"和"抽象分离法"。如在"琼瑶诉于正著作权纠纷案"中，法院就是采用该种比对方法。认为在文学作品中，情节的前后衔接、逻辑顺序将全部情节紧密贯穿为完整的个性化表达，这种足够具体的人物设置、情节结构、内在逻辑关系的有机结合体可以成为著作权法保护的表达。如果被控侵权作品中包含足够具体的表达，且这种紧密贯穿的情节设置在被控侵权作品中达到一定数量、比例，可以认定构成实质性相似；或者被控侵权作品中包含的紧密贯穿的情节设置已经占到了权利作品足够的比例，即使其在被控侵权作品中所占比例不大，也足以使受众感知到来源于特定作品时，可以认定为构成实质性相似。❶

因此，本案在进行实质性比对时需根据不同的比对内容采用不同的方法，在涉及动漫形象的比对时可以采用"整体观感法"，在涉及其余要素的比对时，则需要将"抽象分离法"和"整体观感法"两种方法共同结合适用。比对时应当将双方作品作为一个整体来比对和分析，而不应将作品分解之后分别比对，并且应当比对两者的相似之处，而不应比对两者的不同之处，在此基础上再判断这些相似之处是否构成权利作品的独创性表达，是否能够受到著作权法的保护。

本案中法院通过比对发现：首先，涉案作品《福禄·篇》中使用的爷爷、穿山甲、蛇精、蛤蟆精动漫形象与原告的《葫芦兄弟》动画片中对应动漫角色形象在线条上的细微差别并没有形成区别于后者美术作品的新表达，系对后者美术作品的重现。其次，《福禄·篇》中的六个福禄娃动漫形象与六个葫芦娃动漫角色形象相似之

---

❶ 北京市高级人民法院（2015）高民（知）终字第1039号民事判决书。

处在于头顶葫芦冠、身穿坎肩短裤、腰围葫芦叶围裙和赤脚的设计，以及六个形象的葫芦冠、坎肩、短裤颜色以赤、橙、黄、绿、青、紫加以区分的颜色选择。六个葫芦娃动漫角色形象头顶葫芦冠、腰围围裙、赤脚的设计及颜色的区分虽分别属于公有领域的内容，单独不能予以保护，但对上述元素的选择与结合，以及通过线条和颜色赋予上述元素的具体表现形式，则属于表达的范畴，可以成为著作权法保护的客体。其中服装、饰品特征是人物形象特征的重要组成部分，涉案作品中的六个福禄娃动漫形象与六个葫芦娃动漫角色形象的上述相似之处，可以认定两者构成实质性相似。最后，涉案作品《福禄·篇》的内容所呈现出的主线人物设置、人物关系、主角人物技能方面与原告的《葫芦兄弟》动画片具有高度的相似性。此外，在故事脉络、主线故事推进、情节逻辑关系方面亦与原告的《葫芦兄弟》动画片具有高度的相似性。因此，涉案作品《福禄·篇》与原告的《葫芦兄弟》动画片构成实质性相似。

2. 涉案作品《福禄·篇》侵犯原告《葫芦兄弟》相关著作权的认定

法院认定涉案作品《福禄·篇》与原告的《葫芦兄弟》动画片构成实质性相似，也就是认定被告的行为构成对原告著作权的侵犯。原告作为著作权人，依法享有著作权的内容包括著作人身权和著作财产权。而根据我国现行《著作权法》的规定，著作人身权和著作财产权内容又包括不同的具体权利。因此，认定被告的行为侵犯了原告在著作权法上享有的哪些具体的权利，也是本案中需要解决的问题。

在本案中，原告主张《葫芦兄弟》动画片著作权所涉及的侵权作品的内容包括动漫形象、故事主线、故事脉络、情节展开、故事桥段、人物技能等。法院经过审理后认定：

（1）被告在《福禄·篇》作品中使用的爷爷、穿山甲、蛇精、蛤蟆精动漫形象与原告的《葫芦兄弟》动画片中对应的动漫角色形象，虽然在线条上的有细微差别，但并没有形成区别于原告美术作品的新表达，系对原告美术作品的重现，故被告的上述四个动漫形象侵害了原告对《葫芦兄弟》动画片中对应的动漫角色形象所享有的复制权。

（2）被告《福禄·篇》中的6个福禄娃动漫形象与原告的6个葫芦娃动漫角色形象相似之处在于：都是头顶葫芦冠、身穿坎肩短裤、腰围葫芦叶围裙和赤脚的设计，都是以6个形象的葫芦冠、坎肩、短裤颜色以赤、橙、黄、绿、青、紫加以区分的颜色选择，故被告的6个福禄娃动漫形象与原告的6个葫芦娃动漫角色形象的上述相似之处，构成实质性相似，侵害了原告《葫芦兄弟》动画片中对 6 个葫芦娃动漫角色形象享有的改编权。

（3）被告《福禄·篇》的内容所呈现出的主线人物设置、人物关系、主角人物技能方面与《葫芦兄弟》动画片具有高度的相似性，在故事脉络、主线故事推进、情节逻辑关系方面亦与《葫芦兄弟》动画片具有高度的相似性。上述高度相似的故事框架及人物主线设定已经占到了《福禄·篇》故事内容足够充分的比例。故被告的行为侵害了原告对《葫芦兄弟》动画片享有的复制权、改编权。

（4）被告的《福禄·篇》系以原告《葫芦兄弟》动画片的基本故事框架为基础进行再创作的演绎作品，但是《福禄·篇》的改编已经达到了歪曲、篡改《葫芦兄弟》动画片的程度，实质性的改变了原告在《葫芦兄弟》动画片中原本要表达的思想和感情，故侵害了原告的保护作品完整权。

（5）根据著作权法的规定，信息网络传播权控制的行为是以有线或者无线方式向公众提供作品，使公众可以在其个人选定的时间和地点获得作品的行为，也即作品的交互式传播行为。本案中，被告的《福禄·篇》先后上传至 12 个视频网站，使《福禄·篇》及其中的 10 个系争动漫形象已经处于互联网交互式传播的状态，公众可以自主地选择接收上述作品的时间和地点。但鉴于被告的《福禄·篇》系以原告的《葫芦兄弟》动画片为基础的改编作品，以及《福禄·篇》中 10 个诉争动漫形象分别是对《葫芦兄弟》动画片中 10 个对应动漫角色形象的复制和改编，被告的上述信息网络传播行为亦应当取得原告的许可，但被告的行为并没有取得原告的同意，故被告的《福禄·篇》及其中的 10 个诉争动漫形象在网络中的传播侵害了原告享有的信息网络传播权。

二、江苏盛世影视文化有限公司与上海聚力传媒技术有限公司、合一信息技术（北京）有限公司侵犯著作财产权纠纷案 ❶

（一）案件基本情况

原告江苏盛世影视文化有限公司（以下简称"盛世公司"）诉称：原告系电视剧《结发夫妻》的著作权人，原告发现被告合一信息技术（北京）有限公司（以下

---

❶ 上海市浦东新区人民法院（2009）浦民三（知）初字第 13 号民事判决书。

简称"合一公司")未经授权擅自在其网站（www.youku.com）上提供上述作品的在线播放，被告上海聚力传媒技术有限公司（以下简称"聚力公司"）在其网站（www.pplive.com）上链接了被告合一公司的播放网页，使其网页的访问者可以直接点击进入被告聚力公司的网站在线观看上述原告的作品。原告认为，两被告的行为共同侵犯了原告对涉案电视剧《结发夫妻》享有的著作权。故起诉：要求两被告赔偿原告经济损失人民币 96 000 元及为调查两被告侵权行为和维权的合理费用 8000 元。

被告聚力公司辩称：本案中被告公司网站上提供的是深度链接搜索服务，属于著作权法上认定的搜索引擎服务。该种搜索模式没有复制或传播涉案作品，更没有直接侵犯涉案作品的信息网络传播权。同时，被告在主观上也没有明知或应知的过错，其已尽到了搜索引擎服务商应尽的合理义务，不应承担侵权赔偿责任。

被告合一公司辩称：涉案电视剧《结发夫妻》未在被告公司的网站上播放，其与被告聚力公司之间无合作关系，未向被告聚力公司提供过涉案电视剧。若法院认定涉案电视剧系在被告公司的网站上播放，因被告的"优酷网"仅向用户提供上传空间和技术服务，本身并不直接上传内容，该片系由用户名为"li196347"的用户上传，侵权责任应由上传作品的用户自行承担，被告合一公司不应承担本案赔偿责任。

（二）法院审理结果

上海市浦东新区人民法院一审审理后查明：涉案电视剧《结发夫妻》于 2008年 4 月 15 日取得国产电视剧发行许可证，许可证上载明该片长度 24 集，制作单位为盛世公司。从网上涉案电视剧播放的页面显示，该片由江苏省广播电视总台（集团）、盛世公司出品。2009 年 10 月 9 日，江苏省广播电视台出具证明，证明原告对涉案电视剧独家拥有著作权和信息网络传播权。原告有权独家行使该片的信息网络传播权并独立对侵权人提起诉讼。2008 年 12 月 21 日原告代理人向江苏省南京市南京公证处申请对相关网站播放的涉案电视剧视频及内容进行了证据保全，其中点击搜索被告的网站，涉案电视剧系在被告合一公司的网站上播放。被告合一公司也通过代理人北京市长安公证处提交了保全的证据，该证据显示被告网站上的涉案电视剧是由用户"li196347"上传的。

同时，根据被告聚力公司提供的上海辰星电子数据司法鉴定中心出具的司法鉴定意见书证明：www.pp.tv 中的视频搜索引擎采用的是常见的互联网文本搜索技术，该视频搜索未对 P2P 或 BT 视频进行搜索，只是提供搜索到的视频的链接列表，搜索结果所对应的具体内容仍存放于被链接网站的服务器上，搜索结果的内容在线播放，仍由被链接网站完成；该视频搜索是文本搜索，不对视频内容进行判断，因此搜索结果实质内容可能与其列明的标题不符；该视频搜索出的链接，其采用的搜索引擎不能确保该视频一定存在；该视频搜索由程序算法而非人为地对搜索得到的视频地址进行排序；该视频搜索没有对被搜索到的第三方网站进行修改，只是提供了到第三方网站视频的网络链接。

法院根据以上查明的事实认为：被告合一公司作为专业从事信息网络存储空间的网站，对于影视作品的权利审查应施加较高的注意义务。被告合一公司怠于审查，导致侵权行为的发生，理应承担帮助侵权的责任。从本案查证的事实来看，被告聚力公司只是在网站上提供了影视作品的搜索链接服务，未对涉案的电视剧作品进行编辑，亦未制作榜单予以推荐。现已删除了对涉案电视剧设置的链接，属于《信息网络传播权条例》第 23 条规定的可以免责的情形，不应承担责任。法院遂判决被告合一公司赔偿原告盛世公司损失人民币 16 000 元、合理费用人民币 4000 元，对于原告盛世公司的其余诉讼请求未予支持。一审判决后，原被告均未上诉。

（三）对案件的法律分析

本案涉及的法律问题主要在于涉案电视剧播放网站的法律事实的认定及两被告责任承担的认定。

1.被告网站播放涉案电视剧的法律事实认定

本案中，被告合一公司否认涉案电视剧《结发夫妻》系在其网站上播放，该情节事实的认定对于两被告侵权责任的承担具有关键作用。法院根据所查明的事实和证据，基于三个因素确定了涉案电视剧系在被告合一公司网站上播放的事实，为明确两被告的责任承担提供了事实依据。

（1）从原告盛世公司提供的证据分析来看。原告提供的侵权公证书中，在通过被告聚力公司的"pp.tv"搜索后显示的搜索结果视频截图及点击截图进入播放页面时，均显示视频来源于"优酷网"。电视剧播放时网页所在的网址虽为被告聚力公司的网址，但网址下方完整呈现了提供电视剧播放的另一个网站页面，页面右上方标明了该网站的网址。该页面布局和网址均与被告合一公司的"优酷网"相同，页面上显示的上传涉案电视剧的用户亦系"优酷网"的用户。

（2）从被告聚力公司提供的证据分析来看，被告聚力公司提供了上海辰星电子数据司法鉴定中心出具的司法鉴定意见书，该鉴定意见书证明被告聚力公司的"www.pp.tv"系视频搜索引擎，搜索结果所对应的具体内容仍存放于被链接网站的服务器上，搜索结果的内容在线播放，仍由被链接网站完成。

（3）从合理性角度分析，被告聚力公司的网站除了提供视频搜索链接外，自身亦提供影视作品的在线播放和定时播放服务。若涉案电视剧系由被告聚力公司的网站提供，其完全可以直接放在自己网站提供在线播放和定时播放服务的业务范围内，无须出资另行制作一酷似"优酷网"的网站进行播放。在用户通过其网站提供的搜索引擎搜索到相关影视作品后，对同一影视资源，会出现来源于不同网站的内容；制作多个"克隆"网站并在"克隆"网站中提供众多影视作品需花费大量的人力、物力和财力；且在用户通过这些"克隆"网站收看影视作品时，无形中亦可扩大被"克隆"网站的影响力。被告聚力公司作为专业从事影视作品播放的网站，与"优酷网""新浪播客""酷6网"等网站存在同业竞争关系。为避免诉讼，这些提供影视播放的网站本身会和相关影视权利人建立合作关系，在其网站中提供经过合法授权的影视作品。而用户的搜索具有不特定性，搜索后点播的作品系侵权作品的概率亦具有不特定性。被告聚力公司无须为了这较小的概率，为了逃避诉讼，而花费大量的人力、物力制造"克隆"网站，扩大同业竞争者在业内的影响力，此并不符合常理。

基于上述的事实和理由，涉案电视剧系由被告聚力公司网站的搜索引擎搜索后，通过被告聚力公司设置的链接地址链接到被告合一公司的"优酷网"进行播放。但因在"优酷网"上播放涉案电视剧时，网页显示的网址仍系被告聚力公司的网址，故被告聚力公司的搜索引擎采用的系深度链接技术。因此，涉案电视剧应认定是在被告合一公司"优酷网"上进行播放，其否认播放涉案电视剧的事实，没有事实和法律依据。

2. 本案中两被告的责任承担为何不同

本案中，法院依据所查明的事实，认为被告聚力公司在本案中提供的系搜索链接服务，对于搜索链接服务商的责任承担，在《信息网络传播权条例》第23条中规定了其可免责的条件，即网络服务提供者为服务对象提供搜索或者链接服务，在接到权利人的通知书后，断开与侵权的作品、表演、录音录像制品的链接的，不承担赔偿责任；但是，明知或者应知所链接的作品、表演、录音录像制品侵权的，应当承担共同侵权责任。本案原告在提起诉讼前并未向两被告发过通知，被告聚力公司在接到本案诉状后即及时删除了涉案电视剧。尽管如此，被告聚力公司是否应承担赔偿责任，还需从其是否明知或应知所链接的作品侵权来考量。被告聚力公司对涉案的电视剧并未制作榜单或予以推荐，通过被告聚力公司提供的搜索引擎搜索后，显示的搜索结果呈不规则排列，因此可以认定被告聚力公司没有对相关的搜索结果进行人工编辑。由于网络中存在的影视作品众多，搜索引擎所具有的特点使被告聚力公司无法预知用户在搜索框内输入的搜索内容。在被搜索的内容存在于被链接网站的情况下，对于被告聚力公司而言，面对网络中存在的海量内容，其无法事先屏蔽涉案电视剧关键字或断开与涉案电视剧《结发夫妻》播放内容有关的链接。此外，原告作为权利人亦有可能将涉案电视剧的信息网络传播权授予其他网络服务商，若被告聚力公司事先屏蔽关键字或断开链接后，被告聚力公司的用户就无法通过其搜索引擎搜索到已得到合法授权的服务商的播放内容。故在本案中，针对被告聚力公司提供的服务，不能简单认定被告聚力公司明知或应知"优酷网"提供的涉案电视剧系侵权作品仍为"优酷网"提供搜索链接服务。虽然原告认为，播放涉案电视剧时，网页上显示的网址仍为被告聚力公司的网址，且播放的页面中有部分内容显示的系被告聚力公司的内容，故被告聚力公司的行为构成帮助和利用侵权。但法院依据相关证据则认为，被告聚力公司的搜索引擎设置的系深度链接，因此用户在被链网站上收看影视作品时显示的网址仍系被告聚力公司的网址，但用户搜索后显示的搜索结果视频截图及点击截图进入播放页面时，均显示了视频来源于"优酷网"，在电视剧播放时网页完整呈现了"优酷网"的页面及网址。虽然在"优酷网"的左侧页面显示了"pp.tv"视频搜索框和相关视频截图，但这是视频搜索后的结果，且只占据页面较小的区域，并不影响用户认为该视频系在"优酷网"上播放的判断。因此原告认为被告聚力公司的行为构成利用和帮助侵权的主张没有被法院采纳。由于被告聚力公司因其仅提供了搜索链接服务，在提供服务时并不能明知或应知"优酷网"提供的涉案电视剧系侵权作品，且已及时断开了与"优酷网"就该剧的链接，因此，法院根据案件事实和法律规定，认为被告聚力公司无须承担原告主张的侵权赔偿责任。

至于被告合一公司的责任承担，虽然该公司为用户提供的是信息网络存储空间，而将电视剧《结发夫妻》上传至"优酷网"供公众在线播放的直接实施者是该网站的注册用户。但从被告合一公司对其网站上的内容编排看，分为有原创、电视、电影、音乐、体育等，并在网站上提供了视频搜索服务。这种设置不仅便于用户分类上传，也便于公众通过搜索功能有针对性地选择观看相关内容。同时也便于被告合一公司审核用户上传的内容，避免明显非法或侵权内容的存在，但也为侵权作品在网络的传播提供了方便。从被告合一公司明知和应知角度看，通常情况下影视作品的相关权利人一般不会将作品在互联网上免费发布供公众无偿下载或播放。本案中上传涉案影视作品的注册用户为个人，上传时间恰系涉案电视剧在各电视台播放的时节。被告合一公司作为专门从事影视、娱乐等的视频分享网站应该意识到在用户上传的作品中会存在作品的著作权问题，其应当能够尽到审查义务。但被告合一公司却怠于行使该义务，放任侵权行为的发生。因此，其作为提供网络存储空间的视频分享网站，虽然没有直接实施上传涉案电视剧的行为，却为他人实施侵犯原告对涉案电视剧享有的信息网络传播权的行为客观上提供了帮助，被告合一公司主观上存在过错。鉴于被告合一公司的行为不具备《信息网络传播权保护条例》第23条规定的可免责的条件，因此法院认为被告合一公司在本案中应当承担侵权的赔偿责任。

第十二章　网络环境下影视作品著作权的保护

第一节　影视作品网络著作权概述

一、信息网络传播权概述

（一）信息网络传播权的含义

著作权法上的信息网络传播权是专门为网络环境下作品的著作权保护创设的一项权利，属于著作权人所享有的权利之一。在我国现行《著作权法》第 10 条第 1 款第（十二）项中，它被定义为"以有线或者无线方式向公众提供，使公众可以在其选定的时间和地点获得作品的权利"。在国务院发布的《信息网络传播权保护条例》第 26 条将信息网络传播权进一步定义为"以有线或者无线方式向公众提供作品、表演或者录音录像制品，使公众可以在其个人选定的时间和地点获得作品、表演或者录音录像制品的权利"。

著作权法上设定的信息网络传播权，其重要功能就是使著作权人能够阻止他人未经许可将作品置于信息网络中以供公众自由获取的状态，除了法律规定的合理使用限制下，影视作品只有著作权人或者经著作权人许可的他人，才可以通过信息网络传播，从而使公众可以通过网络获得、观看或者浏览作品。此外，除了法律、法规规定的例外情况，信息网络传播权的许可使用需要使用人向权利人支付报酬。因此，信息网络传播权是著作权人的一项财产权。

（二）信息网络传播权的特点

著作权法上的信息网络传播权属于著作财产权之一，该著作财产权与其他的著作财产权相比，信息网络传播权具有以下几个特点。

1. 适用范围仅限于信息网络

著作权法上的信息网络传播权，离不开信息网络，根据 2012 年 12 月 17 日最高人民法院公布的《最高人民法院关于审理侵害信息网络传播权民事纠纷案件适用法律若干问题的规定》第 2 条的规定，在我国，信息网络包括以计算机、电视机、固定电话机、移动电话等电子设备为终端的计算机互联网、广播电视网、固定通信网、移动通信网等信息网络，以及向公众开放的局域网络。因此信息网络传播权的行使，必须是借助于互联网等信息网络来实现，这是《著作权法》上的其他著作财产权所不具备的。

2. 权利主体不限于著作权人

现行《著作权法》在第 10 条、第 39 条、第 44 条和第 47 条分别规定了著作权人、表演者、录音录像者和广播电台、电视台依法享有信息网络传播权。可见，信息网络传播权的权利主体不仅限于著作权人，还包括表演者、录音录像者和广播电台、电视台等邻接权人对其表演、录音录像制品等也享有信息网络传播权。除了法律规定的合理使用和法定许可情况外，其他人未经信息网络传播权的权利人的许可，不得将权利人的作品或表演、录音录像制品等，在网络环境下进行传播，否则，有可能构成侵权。

3. 权利内容具有复合性

我国《著作权法》在规定信息网络传播权时，使用的是"提供"一词。实质上，信息网络传播权还包含了传统著作权中复制的含义。从技术层面来说，公众通过信息网络获得影视作品，实质上是获得了影视作品在网络环境下的临时复制或者永久复制件。这是因为，影视作品只要被上传至网络服务器、设置为共享文件，那么影视作品在网络环境下传播的过程也就是被复制的过程。由于信息网络传播权针对的是持续性地使公众可以在其选定的时间和地点获得作品的状态，因此影视作品一旦被上传至网络完成后，只要被上传的作品保留在向公众开放的网络环境中，该作品实质上就一直处于被复制的状态中。

（三）信息网络传播行为的构成

现行《著作权法》第 10 条第 1 款第（十二）项和《信息网络传播权保护条例》第 26 条规定，信息网络传播权是通过信息网络传播行为来实现的，而信息网络传播行为应符合以下条件。

1. 通过有线或者无线网络传播作品

信息网络分为有线和无线网络两种。有线网络是指通过光纤、电缆线等缆线传输信息的网络；无线网络则是通过无线通信技术传输信息的网络。信息网络可以是广域网也可以是局域网。大到面向全世界开放的综合性网站，小到一个街区只对会员开放的网吧，甚至一个单位的内部局域网，只要它面对的用户是不特定的公众，即被视作公开的网络。

实践中，只要是通过有线或者无线的这两种信息网络途径，将影视作品传输至计算机或者类似计算机的设备，比如传输至 IPAD、手机等移动设备上，就是通过有线或者无线网络传播作品。在三网融合趋势下，通过电视机播放数字电视节目也被视作网络传播行为，因此影视作品的著作权人通过数字电视服务传播影视作品也属于信息网络传播行为。

2. 通过信息网络向公众"提供作品"

所谓通过信息网络向公众"提供作品"，并不要求公众已经实际通过信息网络获得了作品，而仅仅需要影视作品被权利人上传到网络服务器，或者是设置共享文件等多种方式，将影视作品放置于公开的信息网络中即可。这也就意味着，"提供作品"行为并不要求影视作品处在正在播放或者传输的状态，即使提供者只是将影视作品的有效获得路径放置于面向公众可以获得作品的信息网络中，也应该视作"提供作品"的行为。

3. 公众可以在其选定的时间和地点获得作品

随着近年来信息网络技术的发展，信息网络传播的便利性，使公众通过信息网络获得影视作品的自主性和自由性得到极大提升。只要影视作品被提供至网络环境中，采用的是交互式传播的行为，那么人们就可以在其选定的时间和地点浏览、欣赏、下载影视作品，甚至可以随时自由暂停、快进、取消播放一部影视作品，而不必像通过传统的广播电视台或者电影院观看欣赏影视作品时，受播出时间、播出地点、播出方式和播出速度等的限制。是否可以由公众选定时间和地点决定观看或者获得影视作品是信息网络传播权与传统放映权或者广播权的重要区别。

二、影视作品网络著作权的含义

（一）影视作品网络著作权的概念

尽管网络世界是一个虚拟世界，但随着社会的进步和网络通信技术的发展，网络世界已经俨然成为一个与现实世界同等重要的"平行世界"。为了维护自身利益，影视作品的著作权人当然希望自己在现实世界中所拥有的权利，也能在网络环境中得到延伸利用和保护。

从字面上理解，网络著作权是指著作权人对他的作品在网络环境中拥有的一切著作权权利。传统著作权则是著作权人在传统领域里所享有的权利，它是由一系列专有权利构成，既包括人身权又含有财产权。传统著作权中的人身权比如发表权、署名权、修改权、保护作品完整权在网络环境下同样适用；在网络环境下，传统著作财产权所涉及的影视作品的复制权、发行权、广播权、放映权等财产权，则也统一包含在信息网络传播权中。

为了解决互联网络环境下的著作权保护新问题，1996 年世界知识产权组织在瑞士召开了"关于著作权及邻接权问题的外交会议"，会议通过了《世界知识产权组织版权条约》，该条约第 8 条创设了作者在网络环境下向公众传播作品的权利。我国早在 2001 年 10 月修订后的《著作权法》第 10 条第 1 款第（十二）项中首次增加了"信息网络传播权"，作为著作权人在网络环境下应享有的一种著作财产权。2006 年 5 月，国务院颁布施行了《信息网络传播权保护条例》，进一步对信息网络传播权的保护进行了完善和细化。

信息网络传播权适用于在网络上传播的一切作品，包括文字作品、音乐作品、数字作品、影视作品等。由此可知，影视作品的网络著作权是指影视作品在网络环境下传播时所包含的以信息网络传播权为主的一系列著作权权利。

（二）影视作品网络著作权的特点

在这个"人人皆是创作者"的网络时代，与传统的著作权相比，网络环境下的影视作品的著作权有其明显的特点。

1. 权利主体的多元性

传统影视作品的著作权参与者主要包括影视作品的作者、制作者、发行者、传播者等。影视作品的传统创作者一般是影视制作公司、电视台或者包括制作者、导演、演员等参与影视作品制作的个人；发行者和传播者一般是发行公司、广播台、电视台、电影院等单位。在网络环境下"人人皆是创作者"，网络环境下的影视作品的创作不再局限于影视制作公司、电视台、专业导演等传统创作者，普通人也可以成为影视作品的创作者。影视作品的发布和传播也不再是单纯地依靠影院放映、广播电台和电视台的播放、音像制品出版三大传统途径，而是有了更多的选择，如通过视频分享网站、P2P软件等方式传播，特别是专业的视频播出平台比如爱奇艺、优酷等对影视作品进行的网络传播。

2. 传播地域的广泛性

传统著作权的传播范围有其明显的地域性范围的限制，在不同的地域传播作品需要分别获得许可。由于受传播技术所限，著作权的许可使用传播一般都没有域外效力，对著作权产生的侵权行为大多也都发生在域内。以传统渠道传播的影视作品要想进入域外传播，则必须以版权贸易的形式并通过海关或者得到其他国家政府控制下的版权机构的许可。

但在网络环境下，影视作品网络著作权的传播则不一样。网络技术使影视作品的传播可以摆脱传统有形的传播途径的限制，存在于一个无形而浩瀚的网络世界里，如果没有设置网络关卡，世界各地的人们可以通过网络看到来自域外的影视作品。网络环境下影视作品的传播方式打破了原有的传统地域限制，传播的地域范围更为广泛。影视作品一旦上传到网络环境中就可以被世界各地的人们轻易获取、收看、传播。这也同时意味着，侵犯影视作品网络著作权的行为可能来自世界各国，即远在南美的网民可能会非法下载中国的电影，而在中国的网民也可能会侵犯欧洲某国的影视作品的著作权。

3. 传播权利的交叉性

影视作品通过传统方式传播时，对于电影作品的著作权人而言，一般行使的是放映权；对于电视剧作品的著作权人而言，一般行使的是广播权。相对应的是在传统传播方式领域内，影视作品侵权行为对应的往往也是具体单一的权利内容，即侵害的往往是著作权人的复制权、发行权、广播权、放映权等，这些权利并不交叉重叠，都是独立存在的。但是在网络环境下传播影视作品时，影视作品著作权人的权利行使，往往是多项权利交织在一起。例如，在通过网络传播影视作品时，除涉及著作权人的人身权内容外，还可能同时涉及影视作品著作权人财产权中的信息网络传播权、复制权、广播权等。

三、影视作品网络著作权保护的例外

（一）影视作品网络著作权保护例外的含义

本书在 第七章"影视作品著作权的限制"中，曾论及任何法律对权利的保护都是有条件、有限制的，没有限制的保护将成为垄断。体现在著作权法上，即对著作权的限制。所谓对著作权的限制，理论上又称为"著作权的例外"，在"著作权的例外"的情况下，他人对著作权人作品的使用不受其专有权利的限制，也不构成侵权。

法律之所以对著作权（包括影视作品著作权）的行使和保护作出一定的限制，主要是考虑到，随着社会的发展和进步、公民文化水平素质的提高，都离不开作品特别是影视作品的广泛和及时的传播。对著作权（包括影视作品著作权）的限制是基于社会公共利益和著作权人利益的平衡，从而更好地促进整个社会科学文化事业的进步。为了不使著作权法授予著作权人的某些专有权利（主要是财产权）变成公众获得知识和整个社会教育、科学和文化发展的障碍，目前国际公约、各国著作权法和我国著作权法在规定了对著作权人合法利益保护的同时，均又规定了对著作权人的权利限制条款。

同样在网络环境下，对著作权中的信息网络传播权的保护也需要进行一定的限制性规定。在我国制定的《信息网络传播权保护条例》中，对网络环境下的著作权保护作出了一定的限制性规定。具体而言，影视作品网络著作权保护例外，是指通过信息网络提供他人影视作品，如果符合法律规定的情形，可以不经影视作品著作权人的许可，并不向影视作品著作权人支付报酬；或者可以不经影视作品著作权人的许可，但应向影视作品著作权人支付报酬。前者为影视作品著作权网络环境下的合理使用，后者为影视作品著作权网络环境下的法定许可。

（二）影视作品网络著作权保护例外的类型

1.合理使用的情形

我国《著作权法》第24条规定了著作权的合理使用制度，由于信息网络传播权的特殊性，根据《著作权法》的规定，国务院发布了《信息网络传播权保护条例》，该条例第6条、第7条规定了网络环境下著作权合理使用的情形，据此影视作品在网络环境下的合理使用有以下几种情形：（1）为介绍、评论某一作品或者说

明某一问题，在向公众提供的作品中适当引用已经发表的影视作品；（2）为报道时事新闻，在向公众提供的作品中不可避免地再现或者引用已经发表的影视作品；（3）为学校课堂教学或者科学研究，向少数教学、科研人员提供少量已经发表的影视作品；（4）国家机关为执行公务，在合理范围内向公众提供已经发表的影视作品；（5）将中国公民、法人或者其他组织已经发表的、以汉语言文字创作的影视作品，翻译成少数民族语言文字作品，向中国境内少数民族提供；（6）图书馆、档案馆、纪念馆、博物馆、美术馆等可以通过信息网络，向本馆馆舍内服务对象提供本馆收藏的合法出版的数字作品和依法为陈列或者保存版本的需要以数字化形式复制的影视作品。

此外，在通过信息网络传播合理使用他人影视作品时，还应该遵循以下规定：（1）要指明提供的影视作品的名称和作者的姓名或名称；（2）要采取技术措施，防止图书馆、档案馆等服务对象的复制行为对著作权人造成实质损害；（3）不得侵犯著作权人依法享有的其他权利；（4）不得影响他人影视作品的正常使用。

2. 法定许可的情形

根据《信息网络传播权保护条例》第 8 条、第 9 条、第 10 条规定，影视作品在网络环境下的法定许可使用，有以下两种情形：（1）为通过信息网络实施九年制义务教育或者国家教育规划，可以不经著作权人许可，使用其已经发表的影视作品的片断制作课件，由制作课件或者依法取得课件的远程教育机构通过信息网络向注册学生提供。（2）为扶助贫困，通过信息网络向农村地区的公众免费提供中国公民、法人或者其他组织已经发表的种植养殖、防病治病、防灾减灾等与扶助贫困有关的影视作品和适应基本文化需求的影视作品，网络服务提供者应当在提供前公告拟提供的作品及其作者、拟支付报酬的标准。但影视作品的著作权人不同意提供的，网络服务提供者不得提供其作品。

同样，在网络环境下的法定许可使用他人的影视作品时，也应遵守相应的规定：（1）不得提供影视作品著作权人事先声明不允许法定许可使用的影视作品。（2）网络服务提供者应当在提供前公告拟提供的作品及其作者、拟支付报酬的标准；网络服务提供者提供著作权人的影视作品后，著作权人不同意提供的，网络服务提供者应当立即删除著作权人的作品。（3）要指明提供的影视作品的名称和作者的姓名或名称。（4）采取技术措施，防止服务对象以外的其他人获得著作权人的影视作品。（5）依照规定向影视作品著作权人支付报酬。（6）不得侵犯影视作品著作权人依法享有的其他权利。

第二节　影视作品网络环境下的侵权

本书在第十一章中，就影视作品著作权侵权所涉及的"直接侵权和间接侵权"问题，已有论述。由于网络环境下所涉及的著作权侵权有其特殊性，本节在前述有关"直接侵权和间接侵权"的基础上，再针对网络环境下著作权侵权涉及的"直接侵权和间接侵权"进行论述。

一、网络环境下影视作品的直接侵权

（一）网络环境下直接侵权的概念

直接侵权行为，是一种直接非法行使著作权人的权利或者妨碍他人行使这一权利的行为。具体到网络环境下影视作品的直接侵权，是指行为人未经影视作品著作权人许可，直接实施了法律禁止的信息网络传播行为。我国现行《著作权法》在第53条列出了在网络环境下直接侵权行为的主要表现。我国对侵权责任的认定，是以过错为原则，即行为人要构成直接侵权，一般应具有主观的故意或者过失，在网络环境下对影视作品著作权侵权的认定也不例外。

（二）网络环境下直接侵权的情形

依据现行《著作权法》第53条规定，网络环境下的直接侵权，主要有以下表现。

1. 非法上传

上传是影视作品在信息网络中传播的起点，所谓非法上传是指网络用户未经过著作权人的授权或许可，将影视作品非法上传至信息网络中的行为。实践中，通过互联网传播影视作品的这种方式，不仅有网站直接以网络内容提供商的身份向用户提供影视作品，还有视频分享网站、P2P软件直播、FTP局域网资源分享等技术支持方式帮助用户上传影视作品。如果网络内容提供商、网站或者网络用户等未经任何授权，直接将著作权人的影视作品上传至网络环境中供他人观看或者下载，包括网站、论坛、微博、QQ空间，甚至微信朋友圈等，只要形成对不特定公众的公开传播均构成直接侵权行为。根据《著作权法》第 53 条规定，未经著作权人许可，通过信息网络向公众传播其作品的，属于侵权行为。例如在"网络互联（北京）科技有限公司诉北京赛金传媒科技有限公司侵犯著作权纠纷案"中，北京赛金传媒科技有限公司的网站编辑人员将电视剧《来电奇缘》上传到其网站服务器上，被法院认定为直接侵犯了著作权人的信息网络传播权。❶

2. 非法复制

复制权是影视作品著作权人最基本的一项权利，非法复制是最常见的影视作品侵权行为。对影视作品的非法复制，一般是指以营利为目的，擅自采用翻印、翻录、翻拍、伪造等手段复制他人享有著作权的影视作品的行为。在网络时代以前，对影视作品的复制一般以盗版录像带、盗版光盘的形式存在；在网络环境下，复制影视作品的手段则更为简单，侵权行为人只需要将鼠标轻轻一点，即可以轻易地按照原版影视作品精确复制。

实践中，信息网络传播行为必然包含复制行为，侵犯信息网络传播权必然会侵犯对作品的复制权。构成著作权法意义上的复制行为，必须满足以下几点：第一，复制作品能够基本呈现原作品所能呈现的内容；第二，复制的作品本身没有独创性；第三，复制作品具有相对的稳定性。在网络环境下，对作品的信息网络传播行为往往伴随着复制行为，两种行为交织在一起。尽管如此，两者也是可以区分的。"复制是一种一次性的、不可持续的行为，而信息网络传播权控制的是公众得以获得作品的持续性状态。"❷ 因此，一般来说，侵犯信息网络传播权的行为一定存在非法复制行为，但非法复制行为并不一定导致侵犯信息网络传播权。

3. 避开或破坏技术措施

《信息网络传播权保护条例》第 4 条规定，为了保护信息网络传播权，权利人可以采取技术措施。任何组织或者个人不得故意避开或者破坏技术措施，不得故意制造、进口或者向公众提供主要用于避开或者破坏技术措施的装置或者部件，不得故意为他人避开或者破坏技术措施提供技术服务。但是，法律、行政法规规定可以避开的除外。该条例第 26 条还对技术措施做了具体的规定，即技术措施是指用于防止、限制未经权利人许可浏览、欣赏作品、表演、录音录像制品的或者通过信息网络

---

❶ 北京市朝阳区人民法院（2009）朝民初字第 25574 号民事判决书。
❷ 王迁：《网络环境中版权直接侵权的认定》，《东方法学》2009 年第 2 期，第 17-18 页。

向公众提供作品、表演、录音录像制品的有效技术、装置或者部件。

由于对著作权的侵权一般都是采取事后的救济措施，往往对于著作权人利益的保护效果并不理想。为了更好地保护影视作品不被侵权，著作权人一般会前置性地采取一定的技术措施以控制作品在网络环境下的观看、下载或传播。同时，一些网络内容提供商为了保护自己在授权范围内的利益最大化，也会根据著作权人的授权，并通过技术措施设置影视作品可观看、下载的人群或者地域范围等。我国《著作权法》第 53 条明确规定，未经著作权人或者与著作权有关的权利人许可，故意避开或者破坏技术措施的，故意制造、进口或者向他人提供主要用于避开、破坏技术措施的装置或者部件的，或者故意为他人避开或者破坏技术措施提供技术服务的，均属于侵权行为。

只要避开或者破坏了影视作品的技术措施，均属于直接侵权行为。"避开是指绕过技术措施，使得技术措施对自己失去效用，但是对他人仍然能够发生效用；破坏是指毁损技术措施，使得技术措施对任何人都失去效用。"❶例如，在 2016 年北京市海淀区人民法院审理的《宫锁连城》信息网络传播权纠纷一案❷中，被告北京易联伟达公司在其影视聚合平台上通过盗链方式提供《宫锁连城》的播放行为，就被法院认为存在破坏他人技术措施，获取不正当利益的过错，被认定为构成直接侵权行为。

二、网络环境下影视作品的间接侵权

（一）网络环境下间接侵权的概念

在著作权法领域中，间接侵权是相对于直接侵权而言的，它是指行为人尽管没有直接侵害影视作品的著作权，但是为他人直接侵权行为提供诱因或者帮助的行为。间接侵权行为人自身并没有非法上传、复制或者传播影视作品，但却为侵权人提供了网络服务，并且积极促成侵权人直接上传、复制或者传播的行为。

间接侵权一般以直接侵权行为为前提，并且同样适用过错规则。我国《民法典》第 1194 条规定，网络用户、网络服务提供者利用网络侵权他人民事权益的，

---

❶ 张建华主编《信息网络传播权保护条例释义》，中国法制出版社，2006，第 16 页。
❷ 周侃：《盗链〈宫锁连城〉"快看影视"被判侵权》，《人民法院报》2016 年 2 月，第 6 版。

应当承担侵权责任。法律另有规定的，依照其规定。《民法典》第 1197 条还规定，网络服务提供者知道或者应当知道网络用户利用其网络服务侵害他人民事权益，未采取必要措施的，与该网络用户承担连带责任。

根据法律的规定，在网络环境下，针对影视作品实施间接侵权行为的人一般是网络服务提供者。在 2000 年以前，我国并没有针对网络服务提供者的间接侵权行为的规定，所有的间接侵权行为都只是被定义为"帮助、教唆侵权"。2006 年国务院发布了《信息网络传播权保护条例》，其中对网络服务提供者的间接侵权问题作出了详细的规定，2009 年的《侵权责任法》（已废止）和 2012 年的《最高人民法院关于审理侵害信息网络传播权民事纠纷案件适用法律若干问题的规定》中，进一步细化了网络服务提供者间接侵权的责任规则。2020 年通过的《民法典·侵权责任编》中，将原侵权责任法中的相关规定继续保留。

（二）网络环境下间接侵权的情形

1. 网络链接侵权

从互联网诞生起，网络链接就存在，没有网络链接就没有互联网。影视作品通过网络链接被侵权是指网络服务提供者通过技术为网络用户或者服务对象设置链接，从一个没有侵权内容的网页指向另一个提供影视作品浏览、观看甚至下载的侵权网页。《信息网络传播权保护条例》第 23 条对网络链接服务提供者的间接侵权责任作了明确规定：网络服务提供者为服务对象提供搜索或者链接服务，在接到权利人的通知书后，根据本条例规定断开与侵权的作品、表演、录音录像制品的链接的，不承担赔偿责任；但是明知或者应知所链接的作品、表演、录音录像制品侵权的，应当承担共同侵权责任。此外，2012 年《最高人民法院关于审理侵害信息网络传播权民事纠纷案件适用法律若干问题的规定》中也明确规定，网络服务提供者提供侵权链接未及时断开、删除或者屏蔽的，应当认定为帮助侵权行为。

2. 搜索引擎侵权

搜索引擎是指运用计算机技术对网络信息进行搜集、整理后，为网络用户提供信息检索服务的系统。搜索引擎向用户提供的也是通向网页的链接，但与网络链接服务不同的是：搜索引擎仅仅提供内容检索服务，它所提供的链接是源网页本身生成的内容，而不是由搜索引擎服务者直接设置。国际上通常认为，搜索引擎只是随机抓取信息进行组织，对搜索内容的合法性不具有预见性和识别性。但是，"搜索引擎的简短摘录、网络快照、缩略图以及一些拓展性的服务，涉及直接复制和传输作品的行为，与直接侵权有关"❶。

在网络环境中，除了普通的搜索引擎，还有专门针对影视作品检索的导视搜索引擎。导视搜索引擎与普通搜索引擎的区别在于它的搜索目标对象是特定的，是专门为特定的用户提供其已经选定、编排的各类视频网站提供的影视作品，从本质上来说，导视搜索引擎提供的是视频深层链接。根据《信息网络传播权保护条例》的规定和最高人民法院的司法解释，导视搜索引擎的网络服务提供者要证明自己未实施间接侵权行为，必须证明自己无过错，即不知道也没有合理的理由应当知道，其导视搜索引擎指向的网页或网站内容不存在侵权；反之，如果它指向的是侵权的网站或者网页，并且有证据证明其已知或应知，比如导视搜索引擎通过编排进行了网站或者网页侵权内容的优先推送，则构成侵权行为，应承担法律责任。

3. 网络存储侵权

所谓网络存储是数据存储的一种方式，随着网络用户在网络上使用的数据资料越来越多，网络存储服务提供者也成为一种常见的网络服务提供者。该网络服务提供者通过特殊的网络存储服务器将用户上传的文字、影像、视频等资料存储在网络空间里。一般而言，单纯提供网络存储空间的网络服务提供者，比如云存储、企业邮箱等的网络服务提供者，类似于传统的保管服务机构，它仅针对用户本人提供信息资料的上传、下载及存储，对于用户存储的内容是否构成侵权，其无权进行审查，因而对于其空间存储的侵权作品不应承担侵权责任。

但随着网络技术和娱乐文化的发展，许多网络用户开始利用网络存储服务提供者的网络云盘等存储网站，将影视作品非法上传至个人网盘，在其他用户付费后为其提供网络云盘密码以便进行影视作品的下载，类似这样的下载可以达到几十万人次。一些视频网站也为特定用户提供免费的大容量存储空间，网络存储服务提供者的本意是为用户自己创造的短视频存储以供网友娱乐，然而一些用户却非法上传他人的影视作品供网友娱乐，获取不当利益。在诸如此类的影视作品侵权中，网络存储服务提供者往往认为，其并不是直接侵权人，对他人存储的影视作品是否侵权也未知，对用户空间内存储的影视作品是否侵权不负有审核和注意的义务。但是2012年《最高人民法院关于审理侵害信息网络传播权民事纠纷案件适用法律若

---

❶ 崔国斌：《著作权法——原理与案例》，北京大学出版社，2015，第804页。

干问题的规定》第 12 条规定，有下列情形之一的，人民法院可以根据案件具体情况，认定提供信息存储空间服务的网络服务提供者应知网络用户侵害信息网络传播权：（1）将热播影视作品等置于首页或者其他主要页面等能够为网络服务提供者明显感知的位置的；（2）对热播影视作品等的主题、内容主动进行选择、编辑、整理、推荐，或者为其设立专门的排行榜的；（3）其他可以明显感知相关影视作品、表演、录音录像制品是未经许可提供，仍未采取合理措施的情形。即在符合上述情形之一的情况下，提供信息存储空间服务的网络服务提供者应该承担间接侵权的法律责任。

4.P2P 平台侵权

所谓 P2P 是英文 "peer to peer" 的缩写，也被称为 "点对点"，主要是指上网用户之间自由的进行信息交流不受主服务器控制的一种分享技术。P2P 分享技术为在信息网络用户间实现实时和快速分享，因而大量的是被网络用户用于文件资源的查找与下载。在 P2P 分享技术支持下，网络用户可以迅速地上传或者下载到自己想要的影视作品；网络服务提供者不再是利用自身的服务器对文件进行存储和传输，并不直接复制和传输用户分享的信息，它仅仅帮助网络用户建立起网络连接，因此作为 P2P 平台的网络服务提供者往往认为自身并未侵权，而是网络用户直接侵害了影视作品的著作权。

尽管在相关的法律中并未明确规定 P2P 平台网络服务提供者的侵权责任，但在实践中，根据《信息网络传播权保护条例》的相关规定，法院对 P2P 平台网络服务提供者的权行为的认定，一般采取 "明知或应知" 的标准，只要 P2P 平台网络服务提供者在其网站上呈现出系列下载文件目录或者提供热门下载榜单的情况，法院便会认定 P2P 平台网络服务提供者主观上存在过错，应承担侵权责任。

三．网络环境下影视作品侵权的免责

（一）"避风港" 规则的含义

网络环境下影视作品侵权的免责，是针对网络服务提供者在一定的条件下，可以免于承担法律的侵权责任。通常在网络环境下，对影视作品著作权人而言，在其作品受到侵害时，要想找到真正的直接侵权人，无疑是大海捞针；加之网络的全球性、匿名性，直接侵权人的真实身份又难以核实。在这种情况下，影视作品的著作权人只能选择向容易寻找且具有赔付能力的网络服务提供者追责。但是，在网络环境下，对这类侵权行为如果不加区分，或对网络服务提供者的追责不予以一定的限制，也必然会阻碍网络技术的创新和发展，进而影响经济的发展。因此，针对网络服务提供者的"侵权"，法律对其规定了在一定条件下的侵权的免责规则，即"通知加删除"的规则，理论上称为"避风港"规则。

"避风港"规则，最早出现在美国 1998 年制定的《美国千禧年数字版权法》（DMCA）。它设定的目的是在网络环境下发生著作权侵权行为时，明确认定网络服务提供者的侵权责任标准。所谓"避风港"规则是指在网络环境下发生著作权侵权纠纷时，当网络服务提供者只是提供网络空间服务，并未制作或提供侵权内容，也不知道网络空间的内容涉及侵权，如果网络服务提供者在接到权利人通知的侵权后，则有删除侵权内容的义务。只要网络服务提供者及时采取相应措施，删除侵权内容，就可不承担侵权责任。

（二）"避风港"规则的适用

《信息网络传播权保护条例》明确规定了"避风港"规则，其中第 21 条、22 条、23 条等规定了在一定的条件下，适用"避风港"规则。例如，第 22 条规定中，详细列举了网络服务提供者在为服务对象提供信息存储空间，供服务对象通过信息网络向公众提供作品、表演、录音录像制品过程中五种免责的情形：（1）明确标示该信息存储空间是为服务对象所提供，并公开网络服务提供者的名称、联系人、网络地址；（2）未改变服务对象所提供的作品、表演、录音录像制品；（3）不知道也没有合理的理由应当知道服务对象提供的作品、表演、录音录像制品侵权；（4）未从服务对象提供作品、表演、录音录像制品中直接获得经济利益；（5）在接到权利人的通知书后，根据本条例规定删除权利人认为侵权的作品、表演、录音录像制品。只有同时满足以上五种情形，网络服务提供者才可以免责，无须承担侵权责任。由此可见，"避风港"规则的适用是十分严格的。

根据以上规定，一般认为适用"避风港"规则至少应满足两个基本条件。第一，网络服务提供者必须是事先不知道影视作品侵权行为的存在，但凡有证据显示网络服务提供者明知或者应知侵权行为的存在，或者明知或应知其提供的网络技术服务是引向侵权行为的，则应承担侵权的赔偿责任。第二，网络服务提供者接到权利人的通知后，删除权利人认为侵权的影视作品、表演、录音录像制品，或者断开与涉嫌侵权的影视作品、表演、录音录像制品的链接。否则，网络服务提供者的行为构成间接侵权，依法应与直接侵权行为人承担侵权连带责任。

此外，"避风港"规则的核心包括"通知和删除"两部分内容，网络服务提供者在接到权利人的通知后，应立即删除涉嫌侵权的影视作品内容或者断开相应的链接，网络服务提供者只有在第一时间满足了"通知和删除"两个阶段的要求，才能驶入"避风港"，可免于承担侵权的赔偿责任。但是按照《信息网络传播权保护条例》第14条的规定，"通知和删除"的规则只适用于提供信息存储空间或者提供搜索、链接服务的网络服务提供者，而不适用于只提供网络主动接入、自动传输和自动缓存服务的网络服务提供者。

（三）"避风港"规则的例外

"避风港"规则的例外也就是在网络环境下某些对影视作品的侵权行为不适用"避风港"规则中的免责，这在某种意义上是对"避风港"规则的一种限制。《信息网络传播权保护条例》第23条的规定，网络服务提供者明知或者应知所链接的作品、表演、录音录像制品侵权的，应当承担共同侵权责任。《最高人民法院关于审理侵害信息网络传播权民事纠纷案件适用法律若干问题的规定》第12条也规定，有下列情形之一的，人民法院可以根据案件具体情况，认定提供信息存储空间服务的网络服务提供者应知网络用户侵害信息网络传播权：（1）将热播影视作品等置于首页或者其他主要页面等能够为网络服务提供者明显感知的位置的；（2）对热播影视作品等的主题、内容主动进行选择、编辑、整理、推荐，或者为其设立专门的排行榜的；（3）其他可以明显感知相关作品、表演、录音录像制品为未经许可提供，仍未采取合理措施的情形。根据以上规定，如果网络服务提供者平台上的影视作品侵权内容是显而易见的，就像红旗飘扬一样，但网络服务提供者仍然装作视而不见，没有采取合理的措施，或者以不知道侵权的理由来推脱责任。在这样的情况下，网络服务提供者如果不主动对侵权内容进行删除、屏蔽、断开链接等必要措施，尽管影视作品的权利人没有向其发出过通知，也应该认定网络服务提供者知道第三方侵权，并应与直接侵权的第三方共同承担侵权责任。这就是"避风港"规则中免责的例外，理论上一般也称之为"红旗规则"。

第三节　典型案例分析

一、新传在线（北京）信息技术有限公司与上海全土豆网络科技有限公司著作财产权纠纷案 ❶

（一）案件基本情况

原告新传在线（北京）信息技术有限公司诉称：原告依法享有电影作品《疯狂的石头》的信息网络传播权。原告经调查发现，被告上海全土豆网络科技有限公司在未经原告许可且未支付报酬的情况下，通过所运营的网站"土豆网"向用户提供电影《疯狂的石头》的在线播放，侵害了原告的合法权利。为此，原告曾发函要求被告停止侵权未果，故请求法院判令被告：（1）停止侵权行为；（2）赔偿原告经济损失人民币 15 万元；（3）赔偿原告为制止侵权行为支付的相关合理费用人民币 1500 元。

被告上海全土豆网络科技有限公司辩称：被告属于网络存储空间的提供者，其所运营的网站"土豆网"上所有的内容都是用户上传的，一旦有盗版或者侵权时就会予以删除；"土豆网"的审核是计算机按照特征码进行自动识别的，而《疯狂的石头》没有特征码，如果权利人没有发函通知，被告是不知道该作品涉嫌侵权的；被告从未收到过原告的通知，在接到原告的起诉状后立即对涉案作品进行了删除，故被告的行为符合《信息网络传播权保护条例》规定的免责条件，不应承担赔偿责任。

（二）法院审理结果

上海市第一中级人民法院经审理查明：由北京中录同方音像出版社出版的 VCD《疯狂的石头》彩封上记载"华纳正版""出品 四方源创国际影视文化传播（北京）有限公司、中影华纳横店影视有限公司、映艺娱乐有限公司"等字样。2006 年 7 月 11 日，中影华纳横店影视有限公司（以下简称"华纳横店"）出具《著作权授权书》1 份，授予原告在中国大陆区域内享有专有性使用电影作品《疯狂的石头》的信息

---

❶ 上海市高级人民法院（2008）沪高民三（知）终字第 62 号民事判决书。

网络传播权，授权期限为 3 年。2006 年 10 月 25 日、11 月 14 日，映艺娱乐有限公司（以下简称"映艺公司"）与四方源创国际影视文化传播（北京）有限公司（以下简称"源创公司"）先后出具书面文件确认：华纳横店拥有电影《疯狂的石头》在中国大陆地区的一切发行权，而免费电视需于电影上映后 15 个月才可发行。

　　同时，一审法院还查明：被告"土豆网"的节目管理后台页面设有"豆单""用户管理""评论管理""标签管理""群发短信""专题管理""页面内容""举报管理"以及"审批节目""推荐节目管理"等频道，并显示有所查找节目的信息、用户信息、抓图、频道、状态、操作等，其中设置的操作项包括"□删除、□不准、□不开、□推荐、□原创"和"删除原因：○一般、○彻底"。被告在后台对其网站内的视频"疯狂的石头笑"（时长：5 分 53 秒）和"疯狂石头 A"（时长：59 分 59 秒）进行了删除操作，节目信息内容显示该 2 个视频上传时间分别为 2007 年 1 月 18 日、2007 年 2 月 27 日。由此法院认为，虽然将涉案电影《疯狂的石头》上传至被告的"土豆网"供公众在线播放的直接实施者是该网站的注册用户，被告为用户提供的是信息存储空间，但被告明知会有盗版和非法转载作品被上传至"土豆网"的可能，却疏于管理和监控，导致一度热播的影片《疯狂的石头》被网络用户多次传播而未能得到及时删除，故被告主观上具有纵容和帮助他人实施侵犯原告所享有的信息网络传播权的过错，不完全具备《信息网络传播权保护条例》第 22 条所规定的可不承担赔偿责任的条件。鉴于原告未能举证证明其因被侵权所遭受的实际损失或者被告因侵权所获得的利益，法院将综合涉案作品的类型、知名度、在"土豆网"上被播放次数以及被告的主观过错程度、侵权行为的性质、期间等因素以及原告为制止本案侵权行为支付的合理费用酌情确定赔偿数额。

　　法院经审理后认为，源创公司、华纳横店和映艺公司是电影《疯狂的石头》的出品人，源创公司和映艺公司均确认华纳横店拥有该影片在中国大陆地区的包括网络视频点播权在内的一切发行权，华纳横店又授予原告为期 3 年专有性使用该作品的信息网络传播权，故在授权期限内原告对涉案电影《疯狂的石头》依法享有在中国大陆地区的信息网络传播权。任何人未经许可或授权通过信息网络向公众传播涉案电影作品的，均构成对原告信息网络传播权的侵犯，提供信息存储空间的网络服务提供者明知或者应当知道网络用户通过其网站发布之内容侵权而不及时采取删除等措施的，应承担相应法律责任。

　　据此，一审法院根据查明的案件实事，依照我国的相关法律规定，判决如下：

（1）被告立即删除"土豆网"（网址 www.tudou.com）上侵害原告享有信息网络传播权的电影《疯狂的石头》；（2）被告向原告赔偿经济损失及合理费用共计人民币 5 万元；（3）原告的其余诉讼请求不予支持。一审判决后，被告不服一审判决，提起上诉。上海市高级人民法院经过二审审理后，依法驳回了被告的上诉，维持原判。

（三）对案件的法律分析

1. 被告作为网络服务提供者对他人上传的侵权作品，是否应承担侵权责任

本案中，被告对其经营的土豆网上出现用户上传的涉案电影《疯狂的石头》，虽然被告没有实施直接上传侵权作品的行为，但其在应知网络用户实施了涉案侵权行为的情况下，而予以放任，属于通过网络帮助他人实施侵犯著作权的行为，主观上具有过错，应该承担相应的侵权责任。具体来说，一方面从技术角度分析，网络环境中任何侵犯著作权行为的发生，都必须以一定的网络平台为前提。换言之，离开了被告的网络存储空间和平台，直接实施上传行为的用户就无从上传涉案侵权作品。另一方面，基于网络技术的特殊性，不能仅因为网站存储或出现了侵权作品，就认定提供了存储空间的该网络服务提供者要承担侵权责任。本案的关键在于判断被告作为提供网络存储空间的视频分享网站，对其用户通过土豆网上传涉案作品的侵权行为是否具有主观过错，也就是说，本案中的被告只有在主观具有明知或应知状态下对用户的侵权行为才承担共同侵权的法律责任。

在本案中，法院认定被告存在过错的理由如下：

（1）被告是经营视频分享网站的网络服务提供者，其承担的注意义务应当与其具体服务可能带来的侵权风险相对应。被告在土豆网专门设立不同频道，供用户根据作品不同类别进行上传，方便了用户较容易地在上述分类频道中或通过"站内搜索"功能找到该部作品，并通过点击播放实现在线收看，从而大大方便了侵权作品在网络的传播。此外，被告在土豆网还特意将"原创"作品与其他"娱乐""影视""音乐"等作品分设不同频道的行为本身，也说明被告除了对广大网络用户将自拍的家庭生活或娱乐片断等原创作品上传之知晓外，网络用户还可能将其他未经许可的热门电影和电视剧等上传至被告的网站，从而招致可能的侵权风险的情况，被告是知晓的。

（2）从常理分析，目前还没有任何一家中外著名电影制片公司许可过任何网站或个人免费提供其摄制的热门电影供网络用户下载。被告作为专门从事包含影视、

音乐等在内的多媒体娱乐视频共享平台的专业网站，在日常网站维护中，应当知晓当时在国内热播的电影作品之一的《疯狂的石头》的上传是未经许可的。从被告制定的用户上传作品的流程介绍，土豆网实行的是上传视频的事前审查机制，即通过设置"审片组"由其工作人员负责对视频内容合法性进行判断，再决定是否准许在网站上传播，用户提供的视频的信息只有经过"审片组"审核后才会在 12 小时后得以向公众发布。由于涉案作品《疯狂的石头》在当时是国内热播的影片，被告在审片过程中不可能不注意到该影片的上传属于未经许可的侵权行为。

由此可见，被告在具备上述合理理由且应知晓侵权行为存在的情况下，不仅未采取合理措施防止侵权行为的发生，还采取了视而不见、予以放任的态度，其主观上具有过错，法院判决其应承担侵权的民事法律责任是正确的。

2. 被告的侵权行为是属于直接侵权，还是属于间接侵权

在我国著作权法上并没有关于直接侵权和间接侵权的概念，理论上一般认为，直接侵权是指他人未经著作权人的许可，以复制、发行、改编、表演、展览等方式，直接利用了有关的作品。❶ 间接侵权是相对于直接侵权而言，是指行为人尽管没有直接实施侵害著作权的行为，但为他人的直接侵权行为提供诱因、帮助，或与他人的直接侵权行为之间存在特定关系，应当由其承担一定的侵权责任。

我国《信息网络传播权保护条例》第 23 条规定，网络服务提供者为服务对象提供搜索或链接服务，明知或者应知所链接的作品、表演、录音录像制品侵权的，应当承担共同侵权责任。《民法典》第 1197 条也明确规定，网络服务提供者知道或者应当知道网络用户利用其网络服务侵害他人民事权益，未采取必要措施的，与该网络用户承担连带责任。在本案中，被告作为提供网络存储空间的视频分享网站，没有直接实施上传涉案侵权作品《疯狂的石头》的行为，涉案的侵权电影是由网络用户非法上传的。但在网络用户上传涉案电影作品至被告的网站后，被告作为网络服务提供者，从其在土豆网上将"原创"作品与其他"娱乐""影视""音乐"等作品分设不同频道的行为和涉案电影热播的情况来看，完全有合理的理由可以认为，被告在其应知网络用户实施了涉案侵权行为的情况下而予以放任，没有采取删除等措施，没有尽到合理的注意及协助防止侵权的法律义务，属于通过网络帮助他人实施侵犯著作权的行为，由此在本案中，被告的侵权行为属于网络环境下的间接侵权行为。

---

❶ 李明德、许超：《著作权法》，法律出版社，2003，第 223 页。

二、上海文化广播影视集团有限公司与广州市千钧网络科技有限公司信息网络传播权纠纷案 ●

（一）案件基本情况

原告上海文化广播影视集团有限公司诉称：原告为国内知名的文化传播集团，拥有《纪录片编辑室：我和我的犹太朋友》的独家信息网络传播权。经调查发现，被告广州市千钧网络科技有限公司在未经原告许可且未支付任何费用的情况下，在其所经营的 56 网（www.56.com）上非法传播涉案作品。原告认为被告的行为已经违反了《中华人民共和国著作权法》等相关法律法规的规定，侵犯了原告的信息网络传播权，给原告造成了重大的经济损失。据此，原告诉诸法院，请求法院判决：（1）被告立即停止播放节目《纪录片编辑室：我和我的犹太朋友》；（2）被告赔偿原告经济损失及原告为制止侵权行为所支出的取证费、差旅费、律师费等合理开支人民币 50 000 元；（3）被告承担本案全部诉讼费用。

被告广州市千钧网络科技有限公司辩称：涉案的视频系网络用户上传，被告在网站首页版权指引说明中声明其为信息存储空间提供者，被告已经尽到合理注意义务，且被告没有合理理由应当知道视频侵权，被告也没有对涉案作品进行选择、编辑、推荐等，被告没有过错。涉案作品是原告通过搜索关键词方式得到，被告也未获得任何经济利益，原告起诉前并未向被告发出书面告知，且被告收到起诉材料后已经将涉案作品删除。原告主张经济损失过高。综上，请求法院驳回原告的全部诉讼请求。

（二）法院审理结果

上海市普陀区人民法院经审理后查明，涉案纪录片《纪录片编辑室：我和我的犹太朋友》播放过程中显示制作者为真实传媒有限公司。2016 年 3 月 31 日，上海广播电视台以及原告出具证明函，证明 2009 年经制播分离改革后，原上海广播电视台纪实频道由真实传媒有限公司实际经营，真实传媒有限公司系原告全资子公司，具有独立法人资格。真实传媒有限公司出具情况说明："本公司为上海文化广播影视

● 上海市普陀区人民法院（2016）沪 0107 民初 12049 号民事判决书。

集团有限公司旗下全资子公司。根据集团统一安排，由本公司制作、参与制作、委托制作及购买的所有节目内容、编排等，所可能拥有或产生的各项知识产权及维权的各项权利均由上海文化广播影视集团有限公司完全享有。"2016 年 6 月 29 日，原告对作品《纪录片编辑室：我和我的犹太朋友》进行了作品登记。作品登记号为沪作登字 –2016–I–××××××××，作品类别为类似摄制电影方法创作的作品，作者和著作权人均为原告，创作完成日期为 2015 年 9 月 9 日，首次发表、出版、制作日期为 2015 年 9 月 9 日。上海市闵行区公证处出具（2015）沪闵证经字第 6281 号公证书，公证书记载：2015 年 12 月 23 日，原告申请保全证据公证。原告的代理人在公证处使用公证处计算机及网络接口接入互联网进行如下操作，点击 "www.56.com" 网站，进入首页有 "电视剧""电影""综艺""科技""教育" 等 18 个栏目；通过搜索 "纪录片编辑室 2015" 关键词搜索《纪录片编辑室》××××××××我和我的犹太朋友" 视频，待搜索结果显示后，对视频内容进行播放，对播放视频进行了截屏，视频播放前有广告，截屏照片内有纪实频道图标及真实传媒有限公司制作字样。原告同时还就其他纪录片进行了公证。

经比对，原告主张权利的涉案纪录片《纪录片编辑室：我和我的犹太朋友》与涉案证据保全公证的同名纪录片在片头、片尾、内容等方面均一致，可以确认为同一部纪录片。"www.56.com" 网站的经营者系被告，被告于 2014 年 12 月 30 日在北京市长安公证处，对其 56 网的《56 服务条款》《版权指引》《要求删除或断开连接侵权网络内容的通知》填写说明及 56 网注册及上传视频过程进行证据保全公证，北京市长安公证处出具了（2014）京长安内经证字第 27445 号公证书显示：56 服务条款载明：56 网提供的服务包括直接拥有或运营的服务器，为用户提供信息网络存储空间，根据用户指令，提供信息网络存储空间及相关平台服务。用户在此明确陈述并保证对所有上传到 56 网上的内容，拥有或取得了所有必要的权利并承担全部的法律责任。版权指引中载明 56 网用户提供存储空间，尊重每位用户上传内容的完整性，不进行任何非技术性的编辑或篡改。56 网内容的分类和标签由用户在上传时填写。其中，还列明通知程序，权利人认为 56 网提供的信息网络存储空间、搜索或链接服务存储、搜索或链接的内容所涉及的作品侵犯了其信息网络传播权等，可向 56 网删除该作品，或者断开该作品的链接，并附有邮寄地址、邮政编码、电话、传真及邮箱地址。网站协议项下，56 内容协议中载明："您应保证您录制、上传的内容不违反法律法规的规定，不包含暴力、色情、反动等一切违法或不良因素，同时不侵犯任何第三人的任何合法权利。"

法院另外查明，被告提供的用户上传涉案纪录片的后台记录以及上传者"侃侃而谈"的注册信息，该注册信息显示，涉案影片的上传者非实名注册。在庭审中，被告已经将涉案纪录片在 56 网删除。

根据查明的事实，法院认为：原告享有涉案纪录片的信息网络传播权。被告的 56 网上涉案纪录片系网络用户上传，56 网属于为网络用户提供信息网络存储空间的网站。故网络用户在 56 网上传播涉案纪录片的行为侵犯了原告的信息网络传播权。本案中，被告在其网址为 www.56.com 的网站上表明了其系为用户提供信息网络存储空间及相关平台服务的身份，同时公布了联系方式以及侵权投诉的处理流程，可以认定被告采取了合理措施预防侵权行为发生，并能接受侵权通知及时作出合理反应。原告在获取被告提供涉案纪录片视频的在线播放服务后，并未直接联系被告进行删除或者断开链接措施。被告在没有收到侵权通知的前提下，作为提供信息网络存储空间服务的网站经营者没有主动审查的义务。原告在起诉前，并未向被告发出通知，被告在收到本案起诉书后删除了侵权作品。同时，原告并未提供涉案作品存在较高知名度或者处于热播期等被告应当知晓其侵权作品的证据，故现有证据不足以确认被告知道或者应当知道其网站上登载的涉案作品侵权。由此，被告符合法律规定的网络服务提供者上述应当免责的条件，不应当承担赔偿损失的法律责任。综上，法院依照《信息网络传播权保护条例》和《最高人民法院关于审理侵害信息网络传播权民事纠纷案件适用法律若干问题的规定》作出了判决：驳回了原告的诉讼请求。

（三）对案件的法律分析

1. 被告作为网络服务提供者对用户非法上传侵权作品免责的条件

实践中，判断网络服务提供者对于网络用户利用其网络服务实施侵害他人信息网络传播权的行为是否应承担侵权责任，取决于网络服务提供者的行为是否符合适用"避风港"规则的条件，即是否满足《信息网络传播权保护条例》第 22 条规定的网络服务提供者免除损害赔偿责任的条件。

在本案中，虽然网络用户非法上传了涉案纪录片至被告的 www.56.com 网站，但是经过法院的审理，被告作为网络服务提供者，其行为符合《信息网络传播权保护条例》第 22 条规定的"避风港"规则适用的免责条件，主要理由如下：

（1）被告在其网站首页版权指引中，已明确表明其系为信息网络存储空间的提供者，同时公布了联系方式以及侵权投诉的处理流程，可以认为被告已经尽到了合理的注意义务。

（2）涉案纪录片是网络用户自主操作上传，且被告作为网络服务提供者没有对涉案纪录片进行选择、编辑、整理、推荐，即未改变服务对象所提供的涉案纪录片。

（3）原告未提供证据证明涉案作品存在较高知名度，或者处于热播期等被告应当知晓其是侵权作品的证据，即原告的现有证据不足以确认被告知道或者应当知道其网站上登载的涉案作品涉及侵权。

（4）被告网站上的涉案作品虽在播放开始时存在广告，尽管该广告投入也是被告视频分享网站赖以生存、经营的经济来源，但该广告并非专门针对涉案纪录片视频进行的广告投放，而是统一投放、自动加载网站在播放视频前的普投广告，属于被告提供信息网络存储空间服务而收取的一般性广告费、服务费等，不应认定为被告因此直接获得的经济利益。也就是说，被告未从网络用户非法上传的涉案纪录片中直接获得经济利益。

（5）原告在获取被告提供涉案纪录片视频的在线播放服务后，并未直接联系被告要求进行删除或者断开链接措施；原告在起诉前也未向被告发出要求删除涉案纪录片的通知，但被告在收到本案起诉书后已自行删除了涉案作品。

基于上述理由，法院认为被告的行为符合法律规定的免责条件，依法驳回了原告的诉讼请求。

2.被告作为网络服务提供者适用"避风港"规则的主观条件

《信息网络传播权保护条例》第22条第3款对"避风港"规则适用的主观条件进行了规定，要求网络服务提供者出于善意，对服务对象所提供的侵权作品或事实，不知或者没有合理应知。如果网络服务提供者在提供网络服务中违反此规定，即可认定在其主观上存在过错，应承担侵权责任，进而不能适用"避风港"规则。

"避风港"规则中的主观条件中的所谓"不知"，是一种侧重于主观状态的表述，它表明网络服务提供者在其主观上根本不知道所服务对象的侵权行为的存在。《最高人民法院关于审理侵害信息网络传播权民事纠纷案件适用法律若干问题的规定》第8条第2款明确规定，网络服务提供者未对网络用户侵害信息网络传播权的行为主动进行审查的，人民法院不应据此认定其具有过错。因此，在司法实践中，一般对"不知"采取无通知则默认不知的认定方法，即除非著作权人有证据证明其向网络服务提供者发出了告知侵权的事实和在其运行平台上发出的通知，否则由于其对上传资料不负有主动审查义务，因而就默认其主观状态为不知。《信息网络传播权保护条例》第22条第5款规定，网络服务提供者在接到权利人的通知后，根据本条例规定删除权利人认为侵权的作品，由此也可以看出，网络服务提供者只有经过权利人通知后，其主观状态才可被认定为由"不知"变为"明知"。

"避风港"规则中的主观条件中的所谓"没有合理理由应知"，是一种侧重于客观方面的推断。它表明，从一般理性人的角度对侵权行为存在的客观状态进行考察，推定网络服务提供者主观上不知服务对象侵权行为的存在。它强调的是网络服务提供者对上传的作品不负审查义务，仅负有注意的义务。在司法实践中，如何判断网络服务提供者在主观上是否构成应知，根据《最高人民法院关于审理侵害信息网络传播权民事纠纷案件适用法律若干问题的规定》第9条规定，针对一般的网络服务提供者可能构成主观上应知的七种情形：（1）基于网络服务提供者提供服务的性质、方式及其引发侵权的可能性大小，应当具备的管理信息的能力；（2）传播的作品、表演、录音录像制品的类型、知名度及侵权信息的明显程度；（3）网络服务提供者是否主动对作品、表演、录音录像制品进行了选择、编辑、修改、推荐等；（4）网络服务提供者是否积极采取了预防侵权的合理措施；（5）网络服务提供者是否设置便捷程序接收侵权通知并及时对侵权通知作出合理的反应；（6）网络服务提供者是否针对同一网络用户的重复侵权行为采取了相应的合理措施；（7）其他相关因素。同时，该规定第12条还针对提供信息存储空间服务的网络服务提供者可能构成主观上应知的三种情形：（1）将热播影视作品等置于首页或者其他主要页面等能够为网络服务提供者明显感知的位置的；（2）对热播影视作品等的主题、内容主动进行选择、编辑、整理、推荐，或者为其设立专门的排行榜的；（3）其他可以明显感知相关作品、表演、录音录像制品为未经许可提供，仍未采取合理措施的情形。

在本案中，基于法律的规定和查明的事实，法院认为被告作为网络服务提供者，在主观上属于不知，也没有合理的理由应知，不存在主观上的过错，适用"避风港"规则，应免于承担侵权责任。

第十三章 影视作品著作权侵权责任

第一节 影视作品著作权侵权的民事责任

一、侵犯影视作品著作权民事责任的概念及特征

（一）侵犯影视作品著作权民事责任的概念

民事责任是指作为民事主体的自然人、法人或非法人组织对其不履行民事义务所发生的后果，依照民事法律规定应承担的法律责任。侵犯著作权及相关权益的民事责任，是指自然人、法人或非法人组织因侵犯著作权而产生的后果，依法应承担的法律责任。影视作品著作权作为一种民事权利，因侵权行为或违约行为给影视作品著作权利人造成损害的，行为人应当承担民事责任。[1]针对影视作品著作权的侵权行为，法院对侵权者施加的民事责任应当达到三个基本目标：一是使侵权者停止侵权行为，防止损害后果的进一步扩大；二是使著作权人所蒙受的损失得到充分的补偿；三是防止侵权者今后继续从事侵权行为。[2]

---

[1] 罗昉宣:《著作权侵权行为及其法律责任》,《上海戏剧》2003 年第 2 期, 第 47 页。
[2] 王迁:《知识产权法教程（第四版）》, 中国人民大学出版社, 2014, 第 256 页。

（二）侵犯影视作品著作权民事责任的特征

1. 民事责任的强制性和任意性

自然人、法人或非法人组织因违约行为或侵权行为侵害他人的影视作品著作权，行为人应当按照法律规定承担相应的民事责任。民事责任属于公力救济，实践中通常由法院根据法律规定依法裁决，并最终由人民法院代表国家公权力强制行为人承担责任和履行相应义务，故对侵犯影视作品著作权民事责任的承担具有强制性。但根据《民法典》第 130 条的规定，民事主体按照自己的意愿依法行使民事权利不受干涉。由于影视作品著作权也是一种私权利，对于因影视作品著作权侵权或违约引起的民事责任，法律又允许当事人可以在法律规定的范围内通过意思自治的方式，自行处分其享有的民事权利或解决双方的争议。

2. 民事责任的补偿性和惩罚性

著作权的内容包括著作财产权，因此著作权具有财产性。侵犯影视作品著作权的民事责任，通常以赔偿损失为主，以此补偿权利人因侵权所遭受的损失，这时的民事责任体现为补偿性。但同时法律又特别规定，根据侵权人的主观故意和行为后果，侵权行为人依法应承担惩罚性的赔偿责任。如现行《著作权法》第 54 条规定，侵犯著作权或者与著作权有关的权利的，侵权人应当按照权利人因此受到的实际损失或者侵权人的违法所得给予赔偿；权利人的实际损失或者侵权人的违法所得难以计算的，可以参照该权利使用费给予赔偿。对故意侵犯著作权或者与著作权有关的权利，情节严重的，可以在按照上述方法确定数额的一倍以上五倍以下给予赔偿。同时《民法典》第 1185 条也规定，故意侵害他人知识产权，情节严重的，被侵权人有权请求相应的惩罚性赔偿。

3. 民事责任的优先性

《民法典》第 187 条规定，民事主体因同一行为应当承担民事责任、行政责任和刑事责任的，承担行政责任或者刑事责任不影响承担民事责任；民事主体的财产不足以支付的，优先用于承担民事责任。实践中，侵犯影视作品著作权的行为人，有可能因其同一行为在依法应当承担民事责任同时，还须依法承担行政责任或刑事责任，但依据《民法典》的以上规定，对影视作品著作权的侵权行为人在承担行政责任或者刑事责任时，不影响其所应承担的民事责任。如果侵权行为人的财产不足以同时承担损害赔偿的民事责任、罚款的行政责任或罚金的刑事责任，应以侵权行为人现有的财产额优先承担损害赔偿的民事责任，这种对民事责任的先行承担方式充分体现了法律对私权的优先保护原则。

二、侵犯影视作品著作权的民事责任方式

（一）侵犯影视作品著作权民事责任方式的概念

侵犯影视作品著作权民事责任的方式，是指作为民事主体的自然人、法人或非法人组织因其侵犯他人影视作品著作权依法应承担的民事责任的种类。我国《民法典》第179条规定的承担民事责任的方式主要有：（1）停止侵害；（2）排除妨碍；（3）消除危险；（4）返还财产；（5）恢复原状；（6）修理、重作、更换；（7）继续履行；（8）赔偿损失；（9）支付违约金；（10）消除影响、恢复名誉；（11）赔礼道歉。《民法典》的该条规定是针对一般侵权行为人应当承担的民事责任方式。由于著作权与一般民事权利相比有其一定的特殊性，在涉及侵犯影视作品著作权的民事责任方式时，应优先适用《著作权法》中的相关规定，即《著作权法》第52条和第53条规定的民事责任方式，主要包括停止侵害、消除影响、赔礼道歉、赔偿损失，来确定影视作品侵权人应承担的民事责任方式。

（二）侵犯影视作品著作权的民事责任方式

1. 停止侵害

停止侵害是指影视作品权利人发现他人正在实施侵害其著作权，要求侵权行为人停止正在实施的不法侵害行为。例如，要求侵权行为人停止未经允许的播放影视作品的行为、停止复制影视作品的行为等。在法律上，停止侵害通常表现为两种情况：一是影视作品的权利人对于侵害著作权的行为，有权请求其停止侵害，即享有除去侵害请求权；二是影视作品的权利人对于有侵害其著作权的可能的，有权请求防止其侵害，即享有防止侵害请求权。❶

在适用停止侵害这一民事责任时，实践中应注意以下两种情形：第一，侵犯影视作品著作权的行为人正在实施的必须是法律规定所禁止的侵权行为，如果行为人所实施的行为属于法律规定的法定许可或者属于合理使用的情形下，则不能将行为

---

❶ 叶柳东：《网络著作权侵权责任研究》，华南理工大学硕士论文，2011。

人的行为定性为著作权的侵权行为，自然也就谈不上要求行为人承担停止侵害的民事责任。第二，要求对影视作品著作权的侵权人停止侵害是为了进一步缩小损害的范围，防止损害的进一步扩大，以达到减少权利人受损失的目的，或为后期的妥善处理纠纷提供良好的基础。

2. 消除影响

消除影响是指侵权行为人在侵权行为所造成影响的范围内，为影视作品权利人消除不良后果的一种补救措施。当影视作品的权利人的合法权利受到非法侵害时，其有权要求侵权行为人在影响所及的范围内消除不利影响。

实践中，侵犯影视作品著作权中的财产权以及相关权利中的财产性权利，这些侵权行为一般不会导致社会对相关权利人社会评价的降低，或者造成相关权利人名誉感受损，故无须承担消除影响的民事责任。但当侵权行为侵犯了影视作品著作权人的人身权利时，如署名权、修改权、保护作品完整权，则会导致著作权人的声誉受到损害，社会的声望或评价降低，这时就无法单独通过经济赔偿的方式挽回对著作权人造成的损害。此种情形之下，影视作品的权利人除依法可以要求侵权人停止侵害外，还可要求侵权人承担消除影响的民事责任。

3. 赔礼道歉

赔礼道歉原属道德范畴，但引入法律中后，赔礼道歉就转为法律范畴的民事责任方式之一。法律范畴中的赔礼道歉具有一定的惩罚性质，虽然这种责任的承担方式不发生侵权行为人财产的损失，但会对其违法行为致以强烈的谴责。赔礼道歉是一种法律上独立的非财产民事责任方式，作为一种民事责任方式，它依靠的也是国家强制力保障实施，具有强制性。

在司法实践中，赔礼道歉一般适用于影视作品著作权人的人身权受到侵权损害的情形，即针对损害影视作品著作人身权的侵权行为而采用的一种责任承担方式。对于涉及侵犯影视作品著作权人的人身权的侵权行为，法院一般会支持权利人请求赔礼道歉的诉讼请求；而在单纯的侵害影视作品著作财产权案件中，权利人主张赔礼道歉的，法院一般不会支持。

4. 赔偿损失

赔偿损失是指影视作品的著作财产权，因受到他人的侵害而遭受财产损失时，影视作品的著作权人有权依法要求侵权人承担赔偿损失的民事责任。

在司法实践中，损害赔偿通常是按照影视作品权利人实际遭受的损失确定赔偿数额。所谓实际损失是指影视作品权利人在起诉时或者在判决前已实际遭受的损失，实际损失中包括直接损失和间接损失。直接损失是指侵权行为给影视作品权利人直接造成的损失，包括权利人因侵权行为而导致发行量减少、利润下降等损失，包括现有物质财产的减少和知识产权价值的降低或丧失，以及因侵权行为而导致可得利益减少的损失。《最高人民法院关于审理著作权民事纠纷案件适用法律若干问题的解释》第 24 条规定："权利人的实际损失，可以根据权利人因侵权造成的复制品发行减少量或者侵权复制品销售量与权利人发行该复制品单位利润乘积计算。发行量减少难以确定的，按照侵权复制品市场销售量确定。"

权利人的间接损失一般指影视作品的权利人为制止侵权行为以及进行诉讼所支出的合理费用。包括律师费、公证费及其他调查取证费、诉讼材料印制费、交通食宿费、审计费等。《最高人民法院关于审理著作权民事纠纷案件适用法律若干问题的解释》第 26 条规定："制止侵权行为所支付的合理开支，包括权利人或者委托代理人对侵权行为进行调查、取证的合理费用。人民法院根据当事人的诉讼请求和具体案情，可以将符合国家有关部门规定的律师费用计算在赔偿范围内。"

关于损害赔偿数额的确定原则，我国现行《著作权法》第 54 条针对不同的情况作了相应的规定：第一，侵犯著作权或者与著作权有关的权利的，侵权人应当按照权利人因此受到的实际损失或者侵权人的违法所得给予赔偿；第二，权利人的实际损失或者侵权人的违法所得难以计算的，可以参照该权利使用费给予赔偿；第三，对故意侵犯著作权或者与著作权有关的权利，情节严重的，可以在按照前述第一或第二的方法确定数额的一倍以上五倍以下给予赔偿；第四，权利人的实际损失、侵权人的违法所得、权利使用费难以计算的，由人民法院根据侵权行为的情节，判决给予 500 元以上 500 万元以下的赔偿。此外，《著作权法》第 54 条还对损害赔偿中的间接损失作了规定，即损害赔偿的数额中还应当包括权利人为制止侵权行为所支付的合理开支。

第二节　影视作品著作权侵权的行政责任

一、侵犯影视作品著作权行政责任的概念及特点

（一）行政责任的概念

对于侵犯影视作品著作权的行为人，除应依法承担相应的民事责任外，如果其侵权行为同时还损害了社会公共利益，则还需要依法承担相应的行政责任。

所谓行政责任，是指自然人、法人或者非法人组织违反有关行政管理的法律、法规所应承担的法律责任，行政责任包含行政处分和行政处罚两种。行政处分适用于行政机关的内部人员；行政处罚适用于行政行为的相对方。侵犯影视作品著作权的行政责任是指侵权行为人违反行政管理法规，实施了侵犯影视作品著作权的行为，但情节较轻，尚不构成犯罪的，由著作权行政管理机关运用法定行政权力给予侵权行为人相应的行政处罚。故对侵犯影视作品著作权的行为人，其依法承担的行政责任限于行政处罚。

（二）行政责任的特点

国家版权局和各地政府的著作权行政机关负责著作权管理以及著作权的行政执法工作，这些行政机关可以对行为人的侵权行为采取公开警告、禁止侵权作品生产和销售、没收违法所得、查封侵权作品及制造侵权作品的设备、罚款等处罚措施。[1]相比于影视作品的著作权人或权利人通过司法途径保护其著作权，通过行政权力手段处罚侵权人来保护影视作品的著作权，其行政责任处罚具有以下特点。

1. 行政权力保护著作权具有一定的主动性

我国大多数公民受传统思维影响，不擅长运用法律对自身权益进行保护。加之我国地域辽阔，侵权行为一般很难被发现，且实际中的维权成本过高，同时民事权利的司法保护采用的又是"不告不理"的原则，因此单纯的司法保护方式很难有效

---

[1] 刘晓勇：《论知识产权的行政保护》，华东政法学院硕士论文，2004，第28页。

地遏制侵犯著作权的行为。而根据《著作权行政处罚实施办法》的规定，著作权行政管理机关对著作权侵权行为的处理，既可以依照相关权利人或利害关系人的申请，也可以依照其职权予以主动监督管理，并对发现的著作权侵权行为人，采取相应的行政处罚措施，以维护影视作品权利人的合法权益。

2. 行政权力保护著作权更具专业性且简便快捷

作为著作权的行政管理部门，国家版权局和各级地方人民政府著作权行政管理部门的人员，往往具备相关的专业知识，在处理有关著作权侵权纠纷时更具专业性，且效率较高。作为影视作品著作权人或权利人，如果发现他人正在实施侵犯其影视作品著作权时，即可向有关著作权行政管理机关提出申请，要求行政管理机关责令侵权行为人停止侵权行为，同时著作权行政管理机关也可以对侵权人依法予以相应的行政处罚。这样对于影视作品的著作权人或权利人而言其维权更加简便快捷。

3. 行政权力保护著作权更具有威慑性

著作权行政管理机关在处理侵犯影视作品著作权行为时，如涉及网络视频软件侵权时，由于网络视频受众多、传播广的特点，往往成为社会公众关注的焦点，社会影响较大。作为代表国家对著作权进行行政管理的机关，在对那些社会关注、影响大的著作权侵权事件的行为人作出行政处罚时，则具有一定的权威性。著作权行政管理机关对侵权人的行政处罚，一方面可以使著作权侵权行为得到有效的控制和惩罚；另一方面也对将来有可能实施影视作品著作权侵权的行为人予以威慑，起到良好的警诫效果。

二、侵犯影视作品著作权行政责任的形式

我国现行《著作权法》第53条和《著作权行政处罚实施办法》第4条的规定，对侵犯影视作品著作权的行政责任形式，主要包括：责令停止侵权行为，予以警告，罚款，没收违法所得，没收、无害化销毁处理侵权复制品以及主要用于制作侵权复制品的材料、工具、设备，没收安装存储侵权制品的设备等。

（一）责令停止侵权行为

责令停止侵权行为是指著作权行政管理部门依据法律规定和职权，以行政命令的强制方式，责令侵犯影视作品著作权的行为人停止其侵权行为。责令停止侵权行

为的内容主要包括以责令侵权人停止制作或发行侵权复制品等违法侵权行为。

（二）予以警告

予以警告是指著作权行政管理部门对侵犯影视作品著作权行为人给予严肃告诫的一种行政处罚，是行政机关对侵权人行为的否定评价，是对侵犯影视作品著作权行为人提出的谴责和告诫，目的是让侵犯影视作品著作权的行为人认识到其自身行为的违法性和社会危害性，防止其继续实施违法行为。

（三）予以罚款

予以罚款是指由著作权行政管理部门对侵犯影视作品的侵权行为人强制其承担金钱给付义务的处罚方式。现行《著作权法》第53条规定，著作权行政主管部门依法可以对侵犯影视作品著作权的行为人处以罚款，即对侵权行为人在"违法经营额五万元以上的，可以并处违法经营额一倍以上五倍以下的罚款；没有违法经营额、违法经营额难以计算或者不足五万元的，可以并处二十五万元以下的罚款"。

（四）没收违法所得

没收违法所得，在性质上属于财产罚，是指行政管理部门依法对侵权行为人给予的剥夺财产权的处罚形式。在著作权法领域，没收违法所得是指著作权行政管理部门，运用国家法律法规赋予的强制措施，依法剥夺侵犯影视作品著作权行为人的违法所得财物所有权的一种行政处罚措施。

（五）没收、无害化销毁处理侵权复制品以及主要用于制作侵权复制品的材料、工具、设备

根据现行《著作权法》第53条和《著作权行政处罚实施办法》第4条第（四）项、第（六）项的规定，著作权行政主管部门针对侵犯影视作品著作权的行为人，有权采取没收侵权复制品以及主要用于制作侵权复制品的材料、工具、设备；有权对有害的侵权复制品以及主要用于制作侵权复制品的材料、工具、设备等，采取强制措施，进行无害化销毁处理。

同时，《著作权行政处罚实施办法》第39条还具体规定了销毁侵权物品的具体措施，即没收的侵权制品应当销毁，或者经被侵权人同意后以其他适当方式处理。

销毁侵权制品时，著作权行政管理部门应当指派两名以上执法人员监督销毁过程，核查销毁结果，并制作销毁记录。对没收的主要用于制作侵权制品的材料、工具、设备等，著作权行政管理部门应当依法公开拍卖或者依照国家有关规定处理。

（六）没收安装存储侵权制品的设备

随着互联网的普及，移动存储设备广泛运用。在实践中，一些侵犯影视作品著作权的行为人，往往通过安装存储设备，以有线或无线的方式传播侵权影视作品。为此，我国《著作权行政处罚实施办法》第 4 条第（五）项明确规定，著作权行政管理部门有权对侵犯影视作品著作权的行为人，采取没收其安装存储侵权制品的设备的行政处罚措施。

第三节　影视作品著作权侵权的刑事责任

在司法实践中，侵犯影视作品著作权的行为人除承担民事责任、行政责任外，如果其侵权行为情节严重、构成犯罪的，依法还需要承担刑事责任。侵犯影视作品著作权的刑事责任，是指侵犯影视作品著作权的行为人因其实施的侵权违法行为构成犯罪所承担的刑事法律后果。根据现行《中华人民共和国刑法》（以下简称《刑法》）第 217 条、第 218 条的规定，侵犯影视作品著作权的违法行为，情节严重的可以构成刑法上的侵犯著作权罪和销售侵权复制品罪。

一、侵犯影视作品著作权罪

（一）侵犯著作权罪的概念

《刑法》上规定的侵犯著作权罪，是指以营利为目的，违反著作权管理法规，未经著作权人许可，侵犯他人的著作权，违法所得数额较大或者有其他严重情节的行为。我国《刑法》第 217 条对侵犯著作权罪作了具体规定，即以营利为目的，有下列侵犯著作权或者与著作权有关的权利的情形之一，违法所得数额较大或者有其他严重情节的，处三年以下有期徒刑，并处或者单处罚金；违法所得数额巨大或者有其他特别严重情节的，处三年以上十年以下有期徒刑，并处罚金：（1）未经著作权人许可，复制发行、通过信息网络向公众传播其文字作品、音乐、美术、视听作品、计算机软件及法律、行政法规规定的其他作品的；（2）出版他人享有专有出版权的图书的；（3）未经录音录像制作者许可，复制发行、通过信息网络向公众传播其制作的录音录像的；（4）未经表演者许可，复制发行录有其表演的录音录像制品，或者通过信息网络向公众传播其表演的；（5）制作、出售假冒他人署名的美术作品的；（6）未经著作权人或者与著作权有关的权利人许可，故意避开或者破坏权利人为其作品、录音录像制品等采取的保护著作权或者与著作权有关的权利的技术措施的。影视作品属于著作权法所规定的作品类型之一，因而在涉及侵害影视作品著作权的犯罪时，也应依据《刑法》第217条的规定，追究侵权人的刑事责任以保护影视作品著作权人的合法权益。

（二）侵犯著作权罪的构成要件

《刑法》第217条规定，构成侵犯影视作品著作权罪，其犯罪的构成要件为：（1）本罪的客体是著作权或者与著作权有关的权利和国家关于著作权的管理制度；（2）本罪的客观方面是行为人实施了《刑法》第217条规定的侵犯他人著作权的犯罪行为，具体表现为《刑法》第217条规定的相关情形；（3）本罪的主体为一般主体，即任何的自然人和单位均可成为本罪的主体；（4）本罪的主观方面是侵权行为人实施本罪必须具有主观上的故意，并且是以营利为目的，如果主观上是过失则不构成本罪。

二、销售侵权影视作品复制品罪

（一）销售侵权复制品罪的概念

销售侵权复制品罪，是指以营利为目的，销售明知是侵犯他人著作权或与著作权有关的复制品，违法所得数额巨大的行为。我国《刑法》第218条对销售侵权复制品罪作了规定，即以营利为目的，销售明知是《刑法》第217条规定的侵权复制品，违法所得数额巨大或者有其他严重情节的，处五年以下有期徒刑，并处或者单处罚金。同样，在涉及销售侵权的影视作品的复制品时，如果其销售行为构成犯罪，应适用《刑法》第218条的规定，追究行为人的刑事责任以保护影视作品著作权人的合法权益。

（二）销售侵权复制品罪的构成要件

《刑法》第 218 条规定，构成销售侵权的影视作品复制品罪，其犯罪的构成要件为：（1）本罪的客体是著作权人的著作权和国家著作权管理制度；（2）本罪的客观方面是行为人实施了销售明知是侵犯他人著作权的复制品；（3）本罪的主体为一般主体，即任何的自然人和单位均可成为本罪的主体；（4）本罪的主观方面是行为人实施本罪必须具有主观故意，并具有以营利为目的，如果主观上是过失，则不构成本罪。

三、侵犯影视作品著作权罪涉及的刑法适用

（一）以营利为目的的认定

我国《刑法》第 217 条和第 218 条均规定了构成侵犯著作权罪的要件之一是行为人必须"以营利为目的"。因此，在认定侵犯著作权罪时，首先必须认定行为人是否是"以营利为目的"。司法实践中，关于侵犯著作权犯罪案件中"以营利为目的"的认定问题，可以根据 2011 年最高人民法院、最高人民检察院、公安部《关于办理侵犯知识产权刑事案件适用法律若干问题的意见》（法发〔2011〕3 号）第 10 条的规定来认定，即除销售外，具有下列情形之一的，可以认定以营利为目的：（1）以在他人作品中刊登收费广告、捆绑第三方作品等方式直接或者间接收取费用的；（2）通过信息网络传播他人作品，或者利用他人上传的侵权作品，在网站或者网页上提供刊登收费广告服务，直接或者间接收取费用的；（3）以会员制方式通过信息网络传播他人作品，收取会员注册费或者其他费用的；（4）其他利用他人作品牟利的情形。

具体在涉及侵犯影视作品著作权罪案件中，关于"以营利为目的"的认定，可以依据该意见中的具体规定来认定。

（二）违法所得额或其他严重情节的认定

1. 关于违法所得额

我国《刑法》第 217 条和第 218 条分别对侵犯著作权罪和销售侵权复制品罪量刑情节之一，即"违法所得数额较大"和"违法所得数额巨大"。如何认定"违法

所得数额较大或巨大"是涉及追究侵权人承担刑事责任的重要依据。根据 2004 年最高人民法院、最高人民检察院《关于办理侵犯知识产权刑事案件具体应用法律若干问题的解释》（法释〔2004〕19 号）第 5 条规定，违法所得数额在 3 万元以上的，属于"违法所得数额较大"；违法所得数额在 15 万元以上的，属于"违法所得数额巨大"。

2. 关于其他严重情节

涉及侵犯影视作品著作权罪和销售侵权影视作品复制品罪的犯罪行为情节的认定，上述《司法解释》第 5 条中，对此也做了具体的规定。

侵权人具有下列情形之一的，属于"有其他严重情节"：（1）非法经营数额在 5 万元以上的；（2）未经著作权人许可，复制发行其文字作品、音乐、电影、电视、录像作品、计算机软件及其他作品，复制品数量合计在 1000 张（份）以上的；（3）其他严重情节的情形。

侵权人具有下列情形之一的，属于"有其他特别严重情节"：（1）非法经营数额在 25 万元以上的；（2）未经著作权人许可，复制发行其文字作品、音乐、电影、电视、录像作品、计算机软件及其他作品，复制品数量合计在 5000 张（份）以上的；（3）其他特别严重情节的情形。

此外，2007 年最高人民法院、最高人民检察院《关于办理侵犯知识产权刑事案件具体应用法律若干问题的解释（二）》（法释〔2007〕6 号）第 1 条规定，以营利为目的，未经著作权人许可，复制发行其文字作品、音乐、电影、电视、录像作品、计算机软件及其他作品，复制品数量合计在 500 张（份）以上的，属于《刑法》第 217 条规定的有其他严重情节；复制品数量在 2500 张（份）以上的，属于《刑法》第 217 条规定的有其他特别严重情节，加大了对此犯罪行为的处罚力度。

2011 年最高人民法院、最高人民检察院、公安部《关于办理侵犯知识产权刑事案件适用法律若干问题的意见》第 13 条对通过信息网络传播侵权作品行为的定罪处罚标准给予特别规定，即以营利为目的，未经著作权人许可，通过信息网络向公众传播他人文字作品、音乐、电影、电视、美术、摄影、录像作品、录音录像制品、计算机软件及其他作品，具有下列情形之一的，属于《刑法》第 217 条规定的其他严重情节：（1）非法经营数额在 5 万元以上的；（2）传播他人作品的数量合计在 500 件（部）以上的；（3）传播他人作品的实际被点击数达到 5 万次以上的；（4）以会员制方式传播他人作品，注册会员达到 1000 人以上的；（5）数额或者数量虽未达到第

（一）项至第（四）项规定标准，但分别达到其中两项以上标准一半以上的；（6）其他严重情节的情形。实施上述规定的行为，数额或者数量达到前款第（一）项至第（五）项规定标准 5 倍以上的，属于《刑法》第 217 条规定的其他特别严重情节。

第四节　典型案例分析

一、深圳市市场监督管理局与深圳市快播科技有限公司行政处罚案 ❶

（一）案件基本情况

2014 年 3 月 18 日，深圳市腾讯计算机系统有限公司（以下简称"腾讯公司"）向深圳市市场监督管理局投诉称，深圳市快播科技有限公司（以下简称"快播公司"）侵害了腾讯公司享有涉案 24 部作品的信息网络传播权，请求其对快播公司的侵权行为予以查处。腾讯公司向市场监管局提交了涉案作品的权利证据及公证机构的公证书。腾讯公司依据前述证据，用以证明快播公司未经许可，通过网站对涉案作品主动进行采集、整理和编辑，具有明显的侵权过错，且侵权时间较长。另外，腾讯公司还向深圳市市场监管局提交了深圳市南山区人民法院（2012）深南法知民初字第 610 号、（2013）深南法知民初字第 355 号民事判决书，以此证明快播公司曾因同类行为被深圳市南山区人民法院认定侵权并被判令停止侵权、赔偿损失。

深圳市市场监督管理局（以下简称"市场监管局"）接到腾讯公司的投诉后，于 2014 年 3 月 18 日填写《深圳市市场监督管理局案件来源登记表》，并办理了行政处理案件立案审批程序。同日，市场监管局向深圳市盐田公证处申请证据保全公证。2014 年 3 月 25 日，市场监管局到快播公司的住所地进行执法检查，向快播公司送达了询问通知书、先行登记保存证据通知书，并依法提取了相关证据。2014 年 5 月 20 日，市场监管局向快播公司送达《行政处罚告知书》。快播公司于 2014 年 5 月 23 日提出听证申请。2014 年 6 月 17 日，市场监管局召开了听证会，快播公司、腾讯公司各自委托律师参加并陈述意见。

---

❶ 广东省高级人民法院（2016）粤行终 492 号行政判决书。

2014 年 6 月 26 日，市场监管局作出深市监稽罚字〔2014〕123 号《行政处罚决定书》，该《行政处罚决定书》认定，快播公司在应知和明知第三方网站侵犯涉案 24 部作品信息网络传播权的情形下，仍通过其经营的快播播放器及其内设的搜索网站进行链接，已构成侵权行为，且在行政机关作出处罚、限期整改后，仍继续实施侵权行为，严重侵犯了著作权人的合法权益，扰乱了网络视频版权秩序、损害了公共利益。依据 2010 年《著作权法》第 48 条第（一）项、《著作权法实施条例》第 36 条的规定，决定对快播公司作如下处理决定："（1）责令立即停止侵权行为；（2）处以非法经营额 3 倍的罚款 26 014.8 万元人民币，限当事人在收到本处罚决定书之日起 15 日内，将上述罚款缴交至深圳市财政委员会，到期不缴纳罚款的，每日按罚款数额的 3% 加处罚款。如对本处罚决定不服，可在收到本处罚决定书之日起 60 日内，向广东省新闻出版广电局或深圳市人民政府申请行政复议；也可以在收到本处罚决定之日起 3 个月内直接向人民法院起诉。"

快播公司不服上述行政处理决定，在法定期限内向广东省版权局申请行政复议。2014 年 9 月 11 日，广东省版权局作出了粤权〔2014〕59 号《行政复议决定书》，维持了市场监管局的行政处罚决定。快播公司不服上述复议决定，在法定期限内将市场监管局作为被告起诉至深圳市福田区人民法院，请求判令撤销其作出的深市监稽罚字〔2014〕123 号《行政处罚决定书》。

（二）法院审理结果

2014 年 11 月 6 日，深圳市福田区人民法院受理本案后，经审查认为，本案涉案罚款金额巨大，属于案情复杂、具有重大影响的案件，依照《行政诉讼法》第 14 条第（三）项、《最高人民法院关于执行行政诉讼法若干问题的解释》第 8 条第（四）项的规定，将案件移送至深圳市中级人民法院审理。

在本案的行政诉讼中，快播公司诉称：市场监督管理局不具备行政处罚的主体资格；行政处罚决定书认定的侵犯腾讯公司《北京爱情故事》等 24 部作品信息网络传播权的事实证据不充分；行政处罚的罚款数额不当等。

一审法院经过审理后查明：腾讯公司从权利人获取《北京爱情故事》《中国好歌曲》《中国达人秀》《AA 制生活》《笑傲江湖》等 24 部作品的独占性信息网络传播权。其中，腾讯公司又通过非独占信息网络传播权直接分销及版权等值置换的方式授权第三方播放《北京爱情故事》等 13 部涉案作品，授权平均价格总计为人民币 8671.6 万元。2013 年 12 月 27 日，国家版权局针对快播公司侵害乐视网信息技术（北京）股份有限公司作品信息网络传播权行为作出处罚，并向快播公司下发责令整改通知书，要求其删除侵权作品，包括了《AA 制生活》等 20 部涉案作品。2014 年 3 月 18 日，腾讯公司代理人向市场监管局投诉快播公司，并提交了涉案作品的权利证明，用以证明快播公司未经腾讯公司许可通过小网站对涉案作品主动进行采集、整理和编辑，具有明显的侵权过错，要求对其侵权行为予以查处。市场监督管理局接到腾讯公司的投诉后，于 2014 年 3 月 18 日填写《深圳市市场监督管理局案件来源登记表》，并办理了行政处理案件立案审批程序。2014 年 3 月 24 日，市场监管局向快播公司送达了检查通知书。2014 年 5 月 20 日，市场监管局向快播公司送达《行政处罚告知书》，快播公司于 2014 年 5 月 23 日提出听证申请。2014 年 6 月 17 日，市场监督管理局召开了听证会，快播公司、腾讯公司各自委托律师参加并陈述意见。2014 年 6 月 26 日，市场监管局向快播公司送达《行政处罚决定书》及《非税收罚款通知书》。快播公司不服上述处理决定，在法定期限内向广东省版权局申请行政复议。2014 年 9 月 11 日，广东省版权局作出了《行政复议决定书》，维持了市场监管局的行政处罚决定。快播公司不服上述复议决定，在法定期限内将市场监管局起诉至法院，请求撤销其作出的《行政处罚决定书》。

一审法院经过审理后认为，市场监管局具备合法的行政执法主体资格，其作出的深市监稽罚字〔2014〕123 号《行政处罚决定书》认定事实清楚，证据确凿，适用法律、法规正确，程序合法，处罚适当。快播公司的诉讼请求，缺乏事实和法律依据。一审法院依据《行政诉讼法》第 69 条的规定，作出判决：驳回深圳市快播科技有限公司的诉讼请求。

快播公司不服深圳市中级人民法院的一审判决，向广东省高级人民法院提起上诉，请求二审法院：（1）撤销原审判决；（2）撤销市场监管局作出的行政处罚决定。其理由是：（1）原审判决遗漏当事人，违反法定程序；（2）原审判决认定事实与适用法律错误。

市场监管局答辩称：（1）依法具有查处侵犯著作权违法行为的职责，是适格的执法主体；（2）快播公司违法事实清楚、证据确凿，依法应给予行政处罚；（3）对快播公司实施的侵权行为进行处罚，适用法律正确；（4）行政处罚决定书中的处罚金额和计算方法正确；（5）一审未遗漏当事人，立案和处罚程序未违反法定程序。同时市场监督管理局认为，一审判决认定事实清楚，适用法律正确，程序合法，依法应予以维持，请求二审法院驳回快播公司的请求。

二审法院经审理后认为：原审判决正确，依法应予以维持；快播公司上诉请求改判的理据不足。遂依照《行政诉讼法》第89条第1款第1项的规定，作出判决：驳回上诉，维持原判

（三）对案件的法律分析

1. 快播公司的链接行为是否属于技术中立性质，应当适用"避风港"规则，不构成侵权

《信息网络传播权保护条例》第23条规定，网络服务提供者在接到权利人的通知后应删除或断开与侵权作品的链接，免除其赔偿责任；如果网络服务提供者明知或应知所链接的作品侵权的，应当承担共同侵权责任。在本案中，快播公司明知和应知其实际控制运营的 www.yunfan.com 网站搜索链接的作品侵权，但仍将涉案侵权作品链接分别伪装成"乐视""优酷""电影网"正版链接，表明快播公司对链接侵权作品情形系明知的。而腾讯公司对涉案的24部作品享有权利，且部分作品已被列入国家版权局重点警示名单，因此快播公司应对相关作品的传播负有更高注意义务。此外，2013年12月27日，国家版权局曾经依法责令快播公司立即删除部分涉案侵权影视作品链接，2014年1月2日、1月26日、2月27日腾讯公司通知快播公司侵权的情况，至2014年3月18日市场监管局公证取证时快播公司仍未删除或断开侵权作品的链接，以上事实表明快播公司的侵权存在明显的故意。

据此，法院认定快播公司明知其所链接的作品侵权而提供搜索、链接服务，甚至伪造正版链接，具有明显的侵权故意，且在接到腾讯公司多次通知侵权后，仍未删除或断开侵权链接。因此，在该案中，快播公司的行为不属于"技术中立"性质的行为，对其行为的认定不应适用"避风港"规则，不存在免责的情形。市场监管局认定快播公司侵犯腾讯公司涉案作品的信息网络传播权，应该所事实清楚、证据确凿、于法有据。

2. 关于市场监管局认定的对快播公司的处罚金额是否合法、适当的问题

本案中，市场监管局经过查证后认定，快播公司的非法经营额为人民币8671.6万元。由于快播公司的行为属于故意侵权行为，依据2010年《著作权法》第48条及《著作权法实施条例》第36的规定，对快播公司处以非法经营额3倍的罚款26 014.8万元人民币。快播公司对此不服，认为市场监管局违反了"一事

不再罚"的原则；其没有非法经营额；非法经营额的计算方法存在错误，3 倍罚款的证据不足；处罚金额超越了其行政处罚裁量权的范围。快播公司的辩解是否成立呢？

首先，关于是否重复处罚的问题。根据《行政处罚法》第 24 条规定，对当事人的同一个违法行为，不得给予两次以上罚款的行政处罚。国家版权局在 2013 年12 月 27 日作出的（国版字〔2013〕17 号）行政处罚，针对的是快播公司侵害乐视网络信息技术（北京）股份有限公司《高举爱》等影视作品的信息网络传播权的违法行为所进行的行政处罚。而在本案中，快播公司被市场监管局处以罚款的违法行为系因其侵害了腾讯公司涉案 24 部作品的信息网络传播权。因此，市场监管局与国家版权局行政处罚针对的并非快播公司的同一违法行为，本次对快播公司的处罚不构成重复处罚。

其次，关于非法经营额的认定问题。《深圳经济特区加强知识产权保护工作若干规定》第 21 条规定，非法经营额是指在实施侵犯知识产权行为过程中，制造、存储、运输、销售侵权产品的价值。从该规定可知，实施侵犯知识产权行为且侵权产品有市场价值的，其经营者就具有非法经营额。本案中，快播公司帮助小网站侵害涉案 24 部影视作品信息网络传播权，且该 24 部作品客观上均具有相应的市场价值，因此显然具有非法经营额。因为非法经营额与非法获利是两个不同的概念，即使快播公司没有因本案侵权行为获得非法利益，亦不能否认其具有非法经营额。

最后，关于本案快播公司非法经营额与处罚金额的认定。《深圳经济特区加强知识产权保护工作若干规定》第 23 条规定，已销售的侵权产品的价值按照实际销售的价格计算。制造、存储、运输和未销售产品的价值，按照标价或者已经查清的侵权产品的实际销售平均价格计算。没有标价或者无法查清其实际销售价格的，按照被侵权产品的市场中间价计算。市场监管局认为本案属于没有标价或者无法查清其实际销售价格的情形，故以涉案的 24 部影视作品中有分销或者置换价格的 13 部影视作品的平均授权价为依据确定市场中间价，再以该 13 部影视作品的市场中间价为依据计算出非法经营额。同时参照《最高人民法院、最高人民检察院关于办理侵犯知识产权刑事案件具体应用法律若干问题的解释》第 12 条的规定，在无法直接查明快播公司非法获利情况和实际经营数额的情况下，最终以涉案 13 部影视作品的市场中间价为依据计算出非法经营额为 8671.6 万元。同时根据《著作权法实施条例》第 37 条"非法经营额 5 万元以上的，著作权行政管理部门可处非法经营额 1

倍以上 5 倍以下的罚款"的规定，表明著作权行政管理部门进行行政处罚时，对罚款数额的确定具有一定的自由裁量权，本案中，市场监督管理实际是按 3 倍予以的罚款。因此，市场监督管理局对快播公司的非法经营额的计算是有依据的，并无明显不当，其处罚金额也未超越其行政处罚裁量权的范围。

二、陈某、林某等侵犯著作权刑事案 ❶

（一）案件基本情况

公诉机关上海市人民检察院第三分院以沪检三分金融刑诉〔2019〕8 号起诉书指控被告人陈某、林某等 8 人犯侵犯著作权罪，于 2019 年 10 月 8 日向上海市第三中级人民法院提起公诉。法院于同日立案并依法组成合议庭，于同年 11 月 20 日公开开庭审理了该案。

上海市人民检察院第三分院起诉指控，2017 年 7 月至 2019 年 3 月，被告人陈某受境外人员"野草"委托，在国内先后招募被告人林某、赖某、严某、杨某某、黄某某、吴某某、伍某某等人，组建"鸡组工作室"QQ 聊天群，通过登录远程服务器，从人人影视、西瓜影视、OK 资源网等网站下载，或者从爱奇艺、优酷等网站下载后转化格式，或者从百度云盘分享等方式获取包括 2019 年春节档电影《流浪地球》《廉政风云》《疯狂外星人》等 8 部影片在内的各类影视作品片源，下载至远程服务器上，再将远程服务器上的片源上传至云转码服务器，在云转码服务器上实现切片、转码、添加赌博网站广告及水印、生成链接的功能，最后将转码生成的链接复制粘贴至"www.131zy.net""www.156zy.cc""www.caijizy.com""www.zuikzy.com"等盗版影视资源网站，从而维护、更新上述盗版影视资源网站不同板块内容。其间，陈某收到"野草"汇入的盗版影视资源网站运营费用共计人民币 12 509 643元，其个人获利 50 万元左右，林某、赖某、严某、杨某某、黄某某、吴某某、伍某某参与期间，涉及非法经营数额分别为 500 万余元至 1250 万余元不等，个人获利分别为 1.8 万余元至 16.6 万余元不等。案发后，公安机关从上述盗版网站内固定保全到陈某等人复制、上传的包括《流浪地球》《廉政风云》《疯狂外星人》等 2019年春节档电影在内的影视作品 2425 部。

---

❶ 上海市第三中级人民法院（2019）沪 03 刑初 127 号刑事判决书。

公诉机关认为，被告人陈某、林某等8人以营利为目的，未经著作权人许可，复制、发行他人影视作品，非法经营数额均超过25万元，具有其他特别严重情节，其行为均已构成侵犯著作权罪。该案系共同犯罪，被告人陈某系主犯；其他被告人均系从犯，应当从轻或减轻处罚。被告人陈某系累犯，依法应当从重处罚。8名被告人均系坦白，应依法从轻处罚。建议法院对各被告人分别判处有期徒刑十个月至四年六个月，并处罚金2万元至50万元不等之刑罚。

陈某的辩护人提出：（1）陈某个人获利中部分系租用加速服务器的佣金，与其侵犯著作权行为并非完全对应，建议量刑时酌情考虑；（2）陈某有检举王某义的情节，虽不构成立功，请求量刑时考虑。

林某的辩护人提出：（1）部分非法经营数额是否用于租用服务器尚不清楚，建议量刑时酌情从轻；（2）"野草"尚未到案，可能会对在案被告人刑事责任有影响，建议量刑时酌情从轻；（3）林某是从犯，认罪悔罪、预缴罚金，建议对其更大幅度减轻处罚。

其他被告的各辩护人对公诉机关指控的犯罪事实、罪名及量刑情节无异议，提出各被告人具有从犯（陈某除外）、坦白、认罪认罚、预缴罚金等情节，建议对各被告人从宽处罚。

（二）案件审理结果

上海市第三中级人民法院经审理后查明：2017年7月至2019年3月，被告人陈某受境外人员"野草"委托，先后招募被告人林某等8人，组建"鸡组工作室"QQ聊天群，为"野草"更新维护"www.131zy.net""www.156zy.cc""www.caijizy.com""www.zuikzy.com"等多个盗版影视资源网站。其中，被告人陈某负责发布任务并给"鸡组工作室"群内其他成员发放报酬；被告人林某负责招募部分人员、培训督促其他成员完成工作任务、统计工作量等；其他被告人负责登录远程服务器，通过从人人影视、西瓜影视、OK资源网等网站下载，或者从爱奇艺、优酷等网站下载后转化格式，以及通过百度云盘分享等方式获取片源，下载至远程服务器上，再将远程服务器上的片源上传至云转码服务器，通过云转码服务器进行切片、转码、添加赌博网站广告及水印、生成链接，最后将转码生成的链接复制粘贴至上述盗版影视资源网站，从而维护、更新上述盗版影视资源网站不同板块内容。期间，被告人陈某收到"野草"汇给其的盗版影视资源网站运营费用共计1250万余元，其中被告人陈某个人获利约 50 万元；被告人林某等 3 人于 2017 年 10 月至 2019 年 3 月参与上述犯罪，涉及非法经营数额均为 1200 万余元，个人获利分别为 16.605 万元、9.81 万元、9.08 万元；其他各被告人先后参与上述犯罪，涉及非法经营数额 530 万元至 1100 万元不等，个人获利 1.897 万元至 8.331 万元不等。

法院依据以上查明的事实认为：被告人陈某、林某、赖某、严某、杨某某、黄某某、吴某某、伍某某以营利为目的，未经著作权人许可，复制并通过信息网络传播他人影视作品，其行为已构成侵犯著作权罪，且具有其他特别严重情节，依法应予以惩处。本案系共同犯罪，被告人陈某系主犯，被告人林某、赖某、严某、杨某某、黄某某、吴某某、伍某某系从犯，对从犯应从轻或减轻处罚。被告人陈某系累犯，依法从重处罚。8 名被告人到案后均如实供述自己的罪行，自愿认罪认罚，且预缴了罚金，对各被告人均从轻处罚。综合各被告人犯罪的事实、性质、情节及对社会的危害程度，对被告人陈某从轻处罚。对被告人林某、赖某、严某、杨某某、黄某某、吴某某、伍某某减轻处罚。公诉机关指控的事实清楚，证据确实、充分，指控的罪名成立，量刑建议适当，本院予以采纳。辩护人与此相关的辩护意见，合法有据，本院予以采纳。

为保护知识产权制度不受侵犯，维护著作权人的合法权益，法院依照《刑法》的相关规定，最高人民法院、最高人民检察院《关于办理侵犯知识产权刑事案件具体应用法律若干问题的解释》和最高人民法院、最高人民检察院《关于办理侵犯知识产权刑事案件具体应用法律若干问题的解释（二）》及《刑事诉讼法》的相关规定，法院依法判决如下：被告人陈某犯侵犯著作权罪，判处有期徒刑四年六个月，并处罚金人民币五十万元；被告人林某犯侵犯著作权罪，判处有期徒刑二年十个月，并处罚金人民币十七万元。其他六被告分别判处有期徒刑二年至十个月不等，并处罚金人民币十万元至二万元不等。

一审判决后，被告人未提出上述，检察机关亦未抗诉。

（三）对案件的法律分析

1. 侵犯著作权罪的客观要件

本案中，法院最后是以被告人侵犯著作权罪而追究其刑事法律责任的，根据我国刑法的规定，在司法实践中，侵犯著作权罪的行为人在客观方面必须具备以下三

个要件。❶

第一，侵犯著作权罪的行为须符合以下情形之一。《刑法》第217条规定，侵犯著作权或者与著作权有关的权利的情形有六种，其中与影视作品著作权有关的侵权情形有：（1）未经著作权人许可，复制发行、通过信息网络向公众传播其影视作品；（2）未经著作权人或者与著作权有关的权利人许可，故意避开或者破坏权利人为其影视作品采取的保护著作权或者与著作权有关的权利的技术措施的。

第二，侵犯著作权罪的行为必须发生在著作权的有效保护期内。这是侵犯著作权罪的特定犯罪时间。如果行为发生在著作权保护期满以后，则不构成侵犯著作权罪。比如，现行《著作权法》第23条规定，影视作品著作权的发表权、使用权和获得报酬权的保护期限为50年，截止于作品首次发表后的第50年的12月31日，但作品自创作完成后50年内未发表的，著作权法不再保护。

第三，侵犯著作权的行为必须是违法所得数额较大或者有其他严重情节。所谓数额较大，根据2004年《最高人民法院、最高人民检察院关于办理侵犯知识产权刑事案件具体应用法律若干问题的解释》第5条的规定：违法所得数额在3万元以上的，属于"违法所得数额较大"。具有下列情形之一的，属于"有其他严重情节"，应当以侵犯著作权罪判处三年以下有期徒刑或者拘役，并处或者单处罚金：（1）非法经营数额在5万元以上的；（2）未经著作权人许可，复制发行其文字作品、音乐、电影、电视、录像作品、计算机软件及其他作品，复制品数量合计在1000张（份）以上的；（3）其他严重情节的情形。违法所得数额在15万元以上的，属于"违法所得数额巨大"。具有下列情形之一的，属于"有其他特别严重情节"，应当以侵犯著作权罪判处三年以上七年以下有期徒刑，并处罚金：（1）非法经营数额在25万元以上的；（2）未经著作权人许可，复制发行其文字作品、音乐、电影、电视、录像作品、计算机软件及其他作品，复制品数量合计在5000张（份）以上的；（3）其他特别严重情节的情形。

在本案中，陈某等八被告的犯罪行为和违法所得，符合《刑法》217条所规定的侵犯著作权罪的客观构成要件，人民法院认定其行为构成侵犯著作权罪，并依法对其作出的刑事处罚判决符合刑法的规定。

---

❶ 高铭暄、马克昌主编《刑法学》，北京大学出版社、高等教育出版社，2004，第452-453页。

2. 侵犯著作权罪与非罪的区别

司法实践中，正确区分侵犯著作权罪与一般著作权侵权行为，重点注意以下三个方面。❶

第一，要看著作权侵权行为是否属于《刑法》第 217 条明确规定的六种情形之一，凡是不属于《刑法》第 217 条明确规定的六种行为的，一律不得以侵犯著作权罪论处。

第二，要看行为人是否具有营利目的，凡是不以营利为目的的，即使实施了《刑法》第 217 条明确规定的四种行为，也不能构成侵犯著作权罪。

第三，要看行为人违法所得额是否符合法律规定的数额较大或者有无其他严重情节。如果行为人实施了侵害他人著作权的行为，但其违法所得额或者其侵权行为情节没有达到法律规定的条件，也不构成侵犯著作权罪。

本案中，陈某等八名被告以营利为目的，实施了《刑法》第 217 条规定的侵犯他人著作权的行为，即未经涉案影视作品著作权人的许可，非法复制并通过网络传播涉案电影，并且违法所得数额较大，因此构成侵犯著作权罪。

---

❶ 高铭暄、马克昌主编《刑法学》，北京大学出版社、高等教育出版社，2004，第 452-453 页。

第十四章 影视作品制作合同规制

第一节 影视作品制作合同概述

一、影视合同的概念和特征

（一）影视合同的概念

我国《民法典》第 464 条规定，合同是民事主体之间设立、变更、终止民事法律关系的协议。由于影视作品的制作是多人、多环节、多步骤的工作，影视作品在制作拍摄完成过程中，制作者、编剧、导演、演员等各方当事人之间会就影视作品制作中涉及的相关事宜，签订一系列与影视作品有关的合同。影视合同是指在电影、电视剧及其他电视节目的创作、摄制和发行等诸多环节中，所涉及的自然人、法人或其他组织之间设立、变更、终止民事权利义务关系的协议的总称。[1] 也就是说，影视合同并不是指某一特定的典型合同，而是指关于影视作品创作、摄制或者发行等需要签订的一系列合同的集合概念。影视作品制作中的合同关系属于民事法律关系，主要是由《民法典》《著作权法》等相关法律和有关司法解释来调整。

（二）影视合同的特征

民事合同是当事人在平等、自愿、公平、合法的基础上实施的民事法律行为。

---

[1] 魏永征、李丹林主编《影视法导论》，复旦大学出版社，2005，第 102 页。

民事合同是影视合同的上位概念，所以影视合同也具有一般民事合同所具备的基本特征：平等性，指影视合同是平等主体的自然人、法人或非法人组织之间意思表示一致而签订的协议，即合同当事人的法律地位平等；相对性，指影视合同的法律关系只能发生在特定的合同当事人之间，合同的权利义务只能对合同当事人产生拘束力；双务性，指影视合同的当事人双方互负对待给付义务，即合同双方当事人愿意负担履行影视合同设立的义务。换句话说，影视合同的一方当事人所享有的权利，即为合同另一方所负担的义务，反之亦然。影视合同除具备一般民事合同的基本特征外，还呈现出区别于一般民事合同的特征。

1. 影视合同种类的多样性

影视作品在制作过程中由于涉及的环节多，往往会与不同的当事人签订各种类型的合同。虽然在我国《民法典》规定的十九类典型合同中没有影视合同这一概念，但这并不影响影视合同的存在，因为影视合同本身就是一个集合的概念，其中包含了许多不同的合同种类，很难将其归为某一类典型合同。实践中为完成一部影视作品的制作，所签订的合同中往往涉及多类型的典型合同和非典型合同。例如，剧本委托创作合同、剧本委托改编合同、影视摄制委托合同、影视设备租赁合同、影视剪辑承揽合同等合同往往是属于典型合同；而作品许可使用合同、投资合作合同、聘请导演和演员合同、影视作品质押合同、影视作品放映合同等则属于非典型合同。

2. 影视合同主体的特殊性

在影视作品的创作、摄制、发行、放映等环节中，通常需要获得有关主管部门的行政许可，因此涉及行政许可的影视合同的一方当事人，一般须具有特殊的资格，所以签订这类影视合同时，当事人须具有相应的资格，否则就有可能因为一方当事人没有相应的资质而影响合同的履行。比如，《电影管理条例》第9条规定，电影制作企业的设立需要经过所在地省、自治区、直辖市人民政府电影行政部门的审核同意后，报国务院广播电影电视行政部门审批，取得相应的经营许可证后再通过工商部门注册登记。同时《电影管理条例》第19条规定，电影发行、放映企业的设立亦有特殊规定。如果其中涉及中外合作设立电影制作、发行、放映企业，还需要经过外资审批程序，即中外合作摄制电影片，应当由中方合作者事先向国务院广播电影电视行政部门提出立项申请。在国务院广播电影电视行政部门征求有关部门的意见后，经审查符合规定的，发给申请人一次性《中外合作摄制电影片许可证》。可见，作为影视合同的主体与一般民事合同的主体相比有其特殊性。

3. 影视合同彼此的衔接性

影视合同是一系列彼此相互关联的合同的集合体，如在一部影视作品的制作过程中，从影视投资合作合同的签订，到影视剧本的创作和许可使用合同；从导演、演员、工作人员的聘用合同，再到影视作品摄制合同，最后到影视作品后期的剪辑合同，以及影视作品的发行、放映合同等，以上每一个环节和步骤所签订的合同前后环环相扣，彼此之间上下衔接。任意一环节的合同衔接或履行出现差错，都会影响其他合同的履行，最终可能导致影视作品制作完成的目的无法实现。例如，在制作影视作品过程中，几种常见的合同有《作品许可使用合同》《剧本创作合同》《导演聘用合同》《演员聘用合同》《联合投资拍摄合同》《电影电视剧发行合同》《电影电视剧放映合同》等，这些合同之间都环环相连，具有衔接性，直接与影视作品的制作完成密切相关。

4. 影视合同履行的长期性

一部影视作品从剧本创作到影视作品的拍摄完成，再到影视作品的发行公映上市，其中每一个环节的时间跨度相对较长。例如，就影视剧本创作而言，从几个月到数年的时间都有可能。而影视制作开始后，从挑选演员、选外景、摄制到后期的剪辑制作的完成，涉及各个环节的衔接和多种不同人员的配合，通常也会耗时很长时间，因此与之相关的合同履行的期限往往很长。最后等到影视作品制作完成，可以公开发行放映时，一些放映公司或电视台依约获得的影视作品播映权的履行时间，往往也是从二三年到更长的时间。由此可见，影视合同的履行期间往往具有长期性。

二、影视合同的作用

美国娱乐法专家伯尔认为，合同是电影行业的生命线。[1] 通过总结影视制作的实践与经验，若想保证影视业的所有事项都能平稳正常的运转，实现影视作品的制作目的，影视合同的签订、履行与约束是必不可少的重要保障。

---

[1] Sherri L. Burr and William D. Hens lee, Entertainment Law: Cases And Materials On Film, Television, And Music(American casebook series), Thomson/West, 2004, p168.

（一）对影视参与人合法权益的保护作用

影视合同是有意从事或投资影视行业的双方当事人为了某部影视作品的制作完成，经过平等协商，达成一致意思后所订立的协议，主要内容包含相互之间必须履行的义务和应当享有的权利。所以，影视作品合同的作用首先是保护合同当事人双方的正当权利能顺利实现。

无论当事人订立影视合同旨在达到何种目的，只要当事人双方达成的协议依法成立并生效，就会对当事人产生法律效力，当事人必须依照影视合同的约定履行义务和享有权利。即影视合同一旦依法签订生效，就对双方当事人产生了法律的约束力，签约双方的权利、义务就受到了国家法律强制力的保护。如果一方不按影视合同的约定全面履行合同的义务，则将构成违约，守约方有权通过法律的方式维护自己的合法权益。因此，影视合同的签订对于保护当事人的合法权益有着重要的意义。

（二）对影视业的引导作用

影视合同的内容通常反映了影视业的特定的行规和做法，不仅为影视行业的参与者提供了相应的行业规则和约束依据，还可引导参与者在影视行业的工作中遵循行业规则。因为影视行业作为一个特殊的行业，在影视作品制作的每一环节中，都包含有多年来形成的专业细致的行业规则。这些行业规则通常是以影视合同的相关条款来体现，进而达到约束当事人的目的。其中，仅影视合同就可以包括如下常见的众多合同类型：文学作品影视拍摄与改编许可使用合同、影视剧本委托创作合同、影视剧本著作权转让合同、影视剧投资与制作合同、影视剧投资合作合同、影视剧委托承制合同、影视剧音乐许可使用合同、影视剧歌曲委托创作合同、影视剧场景搭建工作任务承包合同、影视剧赞助合同、影视剧拍摄场地租用合同、影视拍摄素材许可使用合同、影视剧导演聘用合同、影视剧演员聘用合同、影视剧发行委托合同等，以上这些合同相关条款的内容无不体现了影视业的相关规则。因此，在制作影视作品的具体工作过程中，如果缺少了与之相对应的合同，则无法有效、合理、规范的引导影视从业人员和参与者的工作，并可能影响影视行业规范、高效地运转。

因此，影视合同的订立除了约束影片拍摄过程中缔约方的各种权利和义务以外，其合同中的每一个术语、每一个句子、每一处表达都会引导影视行业的参与者在其具体的工作中如何规范其运作。影视合同条款中体现出的精确的意思表达和内容的全面有助于形成该行业的通行规则和秩序，为影视业之后的发展或重复性的工作提供引导或依据。

（三）对影视业的促进、发展与繁荣作用

一个发展成熟而又具有专业性的行业，往往其参与者都会自觉尊重行业的专业性和遵守行业的行规和惯例。影视合同的内容也应该处处遵守和体现出影视行业成熟的专业性和商业惯例，影视合同实际上体现了影视业的一项重要特征——专业性与规范性。此时，合同无时无刻不在进行这样一份工作，引导未来更专业的影视法律合同。总而言之，合同是影视业的根基，是生命线。❶ 因此，国家为了促进、发展和繁荣影视业，保障影视业参与者的合法权益，通过制定涉及影视业的法律法规来规范当事人在影视业中的各种行为。影视合同的参与者按照国家的法律规定，通过签订影视合同规范合同当事人的行为，不仅能促使影视合同的双方当事人切实地按照合同约定的履行权利义务，还能有效地组织制作和拍摄活动，合理地配制和使用影视资源，从而推动我国影视业的发展与繁荣，最终还能达到提升我国影视行业整体水平的目的。

第二节　影视作品制作合同的订立

一、影视合同的当事人

合同是民事主体之间设立、变更、终止民事法律关系的协议。《民法典》规定，民事主体分为自然人、法人或非法人组织。影视合同属于民事合同，因此作为影视合同主体的当事人也不外乎自然人、法人或非法人组织。

（一）自然人

《民法典》第 17 条、第 18 条、第 19 条和第 20 条规定，不满十八周岁的自然人为未成年人，十八周岁以上的自然人为成年人。成年人为完全民事行为能力人，可

---

❶ 刘承题:《中国影视娱乐法论纲》,《法学杂志》2016 年第 12 期，第 47 页。

以独立实施民事法律行为。八周岁以上的未成年人为限制民事行为能力人，实施民事法律行为由其法定代理人代理或者经其法定代理人同意、追认。不满八周岁的未成年人为无民事行为能力人，由其法定代理人代理实施民事法律行为。

根据《民法典》的以上规定，自然人中的成年人作为影视合同中的当事人可以独立签订相关的影视合同，并根据合同的约定参与策划、制作与完成影视作品，以及在某部影视作品中担任编剧、导演、摄制、演员、剧务等工作。作为自然人中的未成年人，如果影视公司或者剧组需要聘用不满八周岁的未成年人作为演员参与影视作品的制作担任其中角色，只能与未成年人的法定代理人进行协商和签订影视合同；如果影视公司需要聘用八周岁以上的未成年人作为演员，只能由其法定代理人代理签订影视合同，或对其已签订的合同还需由法定代理人同意、追认后才能生效。

（二）法人

《民法典》第 57 条规定，法人是具有民事权利能力和民事行为能力，依法独立享有民事权利和承担民事义务的组织。在我国从事影视制作的法人，实践中通常是以公司的名义参与影视作品的制作，并签订相关的影视合同。在我国从事影视制作的法人，在签订相关影视合同时，还必须具备一定的条件或资质。

根据《电影产业促进法》规定，对从事影视制作的法人，并未明确规定对其设立的行政审查，仅规定拟摄制电影的法人需要将电影剧本梗概向国务院电影主管部门或者省、自治区、直辖市人民政府电影主管部门备案；其中，涉及重大题材或者国家安全、外交、民族、宗教、军事等方面题材的，按照国家有关规定将电影剧本报送审查。因此，影视制作的法人在签订影视作品制作、发行等合同时，其摄制影视作品的剧本必须事先向主管部门报备或送审，否则将影响其签订的影视合同的履行。

（三）非法人组织

《民法典》第 102 条规定，非法人组织指不具有法人资格，但是能够依法以自己的名义从事民事活动的组织。实践中，非法人组织包括个人独资企业、合伙企业、不具有法人资格的专业服务机构等。《电影产业促进法》规定，国家允许并鼓励非法人组织参与影视作品的投资和制作，如果非法人组织有意向参与影视作品的制作，同时具有与所从事的电影发行活动相适应的人员、资金条件的，向国务院电影主管部门或者所在地省、自治区、直辖市人民政府电影主管部门申请，经批准，亦可以从事影视制作，签订相关的影视合同。

非法人组织参与影视制作最典型的形式是影视圈流行各类的工作室，例如导演工作室、编剧工作室、演员工作室、经纪人工作室、艺人工作室等。"工作室"不是一个法律术语，实践中"工作室"一般登记为个人独资企业或是合伙企业。如果"工作室"未在市场监管部门登记，"工作室"本身是不能作为影视合同的签约主体。如果在市场监管部门登记，"工作室"一般登记为个人独资企业或者合伙企业，属于不具有法人资格的专业服务机构，其可以"工作室"的名义对外签订影视合同。

二、影视合同的订立原则

（一）自愿原则

《民法典》第 5 条规定，民事主体从事民事活动，应当遵循自愿原则，按照自己的意思设立、变更、终止民事法律关系。影视合同当事人签订影视合同的行为属于民事活动，应遵循法律规定的自愿原则。具体来说，自愿原则主要表现在以下几个方面：第一，是否订立影视合同，由当事人自愿决定；第二，与谁订立影视合同，由当事人自愿决定；第三，影视合同的具体内容由当事人在不违反法律规定的情况下自愿约定；第四，影视合同订立后，当事人之间可以自愿对合同的内容进行补充、变更；第五，影视合同在订立后履行前，当事人也可以自愿协商后解除合同。

（二）公平原则

《民法典》第 6 条规定，民事主体从事民事活动，应当遵循公平原则，合理确定各方的权利和义务。在实践中，公平原则要求影视合同双方当事人在签订合同时，应该遵循公平原则，公平、合理地约定影视合同当事人之间的权利义务。该原则主要体现在以下几点：第一，影视合同当事人在订立合同时，要秉持公平理念，公平、平允、合理地确定各方的权利和义务；第二，影视合同当事人在订立合同时，要根据公平原则确定合同履行过程中风险的合理分担；第三，影视合同当事人在订立合同时，根据公平原则确定各方的违约责任，以保证合同的实际和全面履行。

（三）诚信原则

《民法典》第 7 条规定，民事主体从事民事活动，应当遵循诚信原则，秉持诚实，恪守承诺。诚信原则作为民法最重要的基本原则，被称为民法的"帝王条款"，是各国民法公认的基本原则。诚信原则要求所有参与影视合同的当事人，在签订影视合同、行使合同约定的权利、履行约定的义务以及承担违约责任时，都应该秉持诚实、善意，信守自己的承诺。

（四）守法与公序良俗原则

《民法典》第 8 条规定，民事主体从事民事活动，不得违反法律，不得违背公序良俗。一般来讲，民事主体在从事民事活动时，只要法律未明确规定，又不违背公序良俗，就可以根据自己的利益和需要，创设权利义务内容。对于影视合同的签订而言，合同所设立、变更或终止的是当事人之间的民事权利义务关系，只要当事人的意思表示真实、内容合法，不违反法律，不违背公序良俗，影视合同就具有法律效力。

三、影视合同的内容

影视合同的内容是双方当事人订立合同过程中意思表示的具体化和行业规则的体现。《民法典》第 470 条规定，合同的内容由当事人约定，一般包括下列条款：当事人的姓名或者名称和住所；标的；数量；质量；价款或者报酬；履行期限、地点和方式；违约责任；解决争议的方法。合同条款是表达合同当事人约定的合同内容的具体条款，《民法典》的以上规定，并不是任何合同都必须具备的条款，而只是一种指示性的条款，即影视合同当事人在订立合同时，除了应按照行业规则约定相关的内容外，应尽可能在合同中包括以上条款。如果影视合同不包括以上条款，并不当然导致合同的不成立。只有在影视合同中缺乏主要条款（必备条款）时，才会影响到影视合同的成立。

（一）合同当事人的姓名或者名称和住所

根据《民法典》的规定，合同的当事人可以是自然人、法人或非法人组织。如果影视合同的一方当事人是自然人，原则上应使用具有法律意义的姓名，而不能使用笔名或者艺名。在实践中，编剧、演员能否使用笔名或者艺名来签订影视合同呢？对此，法律没有禁止性规定，因此编剧或演员在签订影视合同时，也可以用自己的笔名或艺名。不过，在司法实践中，一旦出现影视合同纠纷起诉到法院，如果编剧或演员在合同中使用的是笔名或者艺名，则需要证明其本人身份证上的姓名是什么，并且需要证明其笔名或者艺名与其身份证的姓名为同一人。显然，这就增加了诉讼中的举证难度。所以，自然人在签订影视合同时应使用其真实姓名。

如果影视合同的当事人之一是法人或者非法人组织，应在合同中使用其全称，即注册登记的名称，否则有可能导致混淆和误解。比如，华谊兄弟（天津）实景娱乐有限公司与华谊兄弟互娱（天津）投资有限公司是两个完全不同、独立的公司，如果在合同中简写成"华谊兄弟有限公司"或者"华谊兄弟"，就会造成混淆和误解。因此，当事人如果是法人或非法人组织在签订影视合同时，应该使用其全称。

同时，不管影视合同的当事人是自然人或法人、非法人组织，都应在合同中写明当事人的住所。《民法典》第 25 条规定，自然人的住所为其户籍登记或者其他有效身份登记记载的居所为住所。经常居所与住所不一致的，经常居所视为住所。《民法典》第 63 条规定，法人以其主要办事机构所在地为住所。依法需要办理法人登记的，应当将主要办事机构所在地登记为住所。一般来说，非法人组织的住所以其依照法律的规定登记为准。

（二）合同的标的

合同标的是合同法律关系的客体，是合同当事人权利和义务共同指向的对象。标的是合同成立的必要条件，没有标的，合同不能成立。标的条款必须清楚地写明标的名称，以使标的特定化，从而能清晰地够界定权利义务。当然，在不同种类的合同中，标的的类型是不同的，如在买卖、租赁等转移财产的合同，标的通常与物相联系。在影视合同中，标的更多地体现为完成一定工作或服务的行为，如在"聘用演员合同"中，其标的体现为演员的"演出服务行为"；又如在"聘用导演合同"中，其标的体现为导演在整个影视作品制作中的"指导服务行为"。

（三）合同的数量

合同的数量是指合同标的的数量，是确定合同标的的具体条件。如在买卖合同、租赁合同等转移标的物的合同中，合同的数量条款体现为标的物的数量，如果数量条款不明确，合同将根本不能得到履行。但在影视合同中，由于影视合同类型的不同，合同的数量条款所表现的内容也不同。如在"影视融资合作合同"中，数量条款通常表现为当事人一方投资的数额；又如在"影视作品的复制发行合同"中，其数量条款通常表现为影视作品复制发行的数量。

（四）合同的质量

合同中的质量条款直接决定着当事人签订合同的目的和权利义务关系。例如在货物买卖合同中，当事人通常需要约定货物应达到特定的质量要求，因此如果质量条款规定的不明确，则极易发生争议。当然质量条款在一般情况下，并不是合同的主要条款内容，如果当事人在合同中没有约定质量条款或约定的质量条款不明确，则可以根据《民法典》第510条和第511条的规定，填补漏洞。但对于影视合同而言，质量条款却非常重要，有可能关系合同目的的实现，如在"委托剧本创作合同"中，涉及剧本的质量条款可体现为编剧应按照委托方对剧本约定的一些具体要求，完成其创作的剧本。

（五）合同的价款或报酬

合同的价款一般是针对标的物而言的，如买卖合同中对标的物所约定的价格，而合同的报酬是针对服务行为而言，如在运输合同中，一方提供一定的运输服务行为，另一方则针对运输服务行为支付一定的报酬。所以合同中的价款或者报酬条款充分体现了市场经济的等价交换原则。

在影视合同中涉及的价款或者报酬是重要的条款内容，获取一定的价款或者报酬是影视合同一方当事人订立合同所要达到的目的，如在"电影放映合同"中，约定的放映方向对方支付的价款，再如在"聘用演员合同"中，聘用方支付给演员的片酬等。

（六）合同的履行期限、地点和方式

合同条款中的履行期限，是有关合同当事人实际履行合同的时间约定；合同的履行地点是指当事人依据合同的约定履行其义务的场所；合同的履行方式是指合同当事人履行合同义务的方法。如在买卖合同中，双方约定的交付货物的时间、交付货物的场所、交付货物的方式等条款内容。在影视合同中，合同的履行期限、地点和方式通常表现为：在"委托剧本创作合同"中，约定的编剧提交所创作完成剧本的时间；在"聘用演员合同"中，约定的演员拍戏的地点；在"影视融资合作合同"中，约定的投资方提供资金的方式是一次到位还是分期提供，等等。如果影视合同中关于履行期限、地点和方式没有约定或者约定不明，就极容易因合同的履行问题而产生争议。

（七）合同的违约金

违约金是指当事人违反合同的约定，依法律规定或者约定向对方支付一定数额金钱的责任形式。违约金是合同中违约责任的一种重要的形式。《民法典》第585条规定，当事人可以约定一方违约时应当根据违约情况向对方支付一定数额的违约金，也可以约定因违约产生的损失赔偿额的计算方法。约定的违约金低于造成的损失的，人民法院或者仲裁机构可以根据当事人的请求予以增加；约定的违约金过分高于造成的损失的，人民法院或者仲裁机构可以根据当事人的请求予以适当减少。当事人就迟延履行约定违约金的，违约方支付违约金后，还应当履行债务。通常在影视合同的违约责任条款中，都会根据合同的具体情况约定相应的违约责任条款。如果在影视合同中，合同当事人没有约定具体的违约责任条款，在发生一方不履行合同或不实际履行合同等违约行为后，另一方也还是可以依照法律的规定，要求违约方承担赔偿损失等违约责任。

（八）合同的解决争议方法

解决争议方法的条款，是指合同当事人事先约定将来一旦发生合同争议，应当通过何种方式来解决纠纷的条款。具体来说，合同当事人可以在合同中约定一旦发生争议以后，是采取诉讼还是仲裁的方式解决争议，或者选择适用的法律，抑或选择管辖的法院等。在影视合同的履行过程中，合同双方当事人往往会因为发生争议纠纷，需要通过法律途径来解决。但由于影视合同的特殊性，在影视作品的拍摄过程中往往会涉及许多不同的工作场所或拍摄地点，一旦出现纠纷，很难确定法院或仲裁管辖地。因此，在影视合同中，必须明确约定解决争议的方法、管辖的仲裁机构或法院。

由于影视合同具有很强的专业性，且不属于《民法典》规定的典型合同，国家也未针对影视合同出台相应的合同范本。因此，在实践中，影视合同中除应具备以上的条款内容外，影视合同的当事人还应根据不同类型的影视合同，并结合具体的情况和影视行业的规则及惯例等，在影视合同中通过其他或特别约定的条款内容予以体现。如涉及影视作品的制作、发行等合同时，需要明确约定取得相关许可证、使用许可的方式、范围等条款内容；在涉及影视投资合作拍摄合同中，就需要明确约定影视作品著作权的归属等条款内容。

四、影视合同的种类

影视合同虽然不是《民法典》合同篇中规定的典型合同，而只是一类合同的集合；但是影视合同和其他典型的合同一样，都要受《民法典》的调整和规制。根据合同的内容不同，实践中，影视合同的主要种类有：影视融资合作类合同、影视素材许可使用类合同、影视主创及工作人员聘用类合同、影视后期制作类合同和影视作品发行类合同五大类。

（一）影视融资合作类合同

影视融资合作合同主要是在影视作品拍摄之前，需要解决制作影视作品的资金问题及合作拍摄而签署的相关合同。主要包括影视融资合同和合作拍摄合同两类。

影视融资合同通常是指由于一部影视作品的制作，需要大量的资金，而摄制单位往往因为自身资金有限而需要进行融资。一般来说，摄制单位可以通过从银行贷款、吸引第三方投资或将影视作品的著作权质押等多种方式进行融资。然而，由于影视作品的市场风险较大，往往很难从银行贷款或质押得到融资，所以实践中，通过吸引第三方投资的方式进行融资成为影视制作融资的主要方式。

合作拍摄合同也称"联合摄制合同"，通常是指多家单位为共同投资拍摄一部影视作品而签订的合同。在合作拍摄的各方中，应当至少有一方具有拍摄影视作品的相关资质。

实践中，当事人在拟订、协商和签署该类合同过程中，需要注意明确融资资金的总额、约定合作各方的出资金额、比例和出资时间及出资方式；资金使用的监督；收益的分配方式和比例、亏损的分担等内容。同时还应当明确影视作品的著作权归属、各方署名的方式和顺序等内容。

（二）影视素材许可使用类合同

影视素材许可使用合同是指影视作品在拍摄过程中，对其中使用到的相关作品内容和素材取得合法许可使用权而签订的合同。主要包括文字作品许可使用合同和艺术作品许可使用合同等。

文字作品许可使用合同主要是指影视作品的制作拍摄，通常都是根据现有的文字作品如小说进行改编，或者根据已有的剧本进行拍摄。无论是小说还是剧本，或其他形式的文字作品，只要是根据它来制作拍摄影视作品时，都需要取得该文字作品著作权人的许可。文字作品许可使用合同即是文字作品著作权人许可摄制单位使用其文字作品进行拍摄影视作品的合同。

艺术作品许可使用合同是指在影视作品中，一般都会有片头、片尾曲，并且很多时候，还会根据剧情需要播放音乐插曲，以及使用如雕塑、书画作品等艺术作品作为道具或者布置场景。在影视作品制作拍摄中涉及需要使用这些艺术作品时，摄制单位也都需要事先取得这些艺术作品著作权人的许可才能使用。

实践中，当事人在签订这类合同时，应当明确约定有关素材的文字或艺术作品的著作权人授权给影视摄制单位的著作权的权利种类、摄制单位支付报酬的金额和时间、素材作品著作权人的署名等内容；摄制单位可以要求在合同中约定素材作品著作权人在一定期限内不得再将有关权利授权他人。此外，为了避免出现纠纷，素材作品著作权人应当保证其授权给摄制单位的相关权利不含有侵犯他人合法权益的内容，否则素材作品的著作权人应当承担相应的责任。

（三）影视主创及工作人员聘用类合同

主创及工作人员聘用合同是指在影视作品制作拍摄过程中，聘请编剧、导演、演员等演职人员而签订的相关合同。主要包括聘用编剧合同、聘用导演合同、聘用演员合同和聘用其他工作人员合同等。

1. 聘用编剧合同

对于一部影视作品来说，一个好的剧本至关重要。聘用编剧合同主要是通过合同的形式，约定编剧的具体工作及其权利义务。实践中编剧的工作大致可分为三种情形：一是根据影视制作单位或制作者的要求为影视作品创作原创的影视剧本；二是根据制作单位或制作者提供的文字作品进行改编成影视剧本；三是对他人未完成的影视剧本进行修改、润色或重新创作直到最终定稿。

在聘用编剧合同中，应当明确约定编剧创作影视剧本的质量要求和完成时间、编剧酬金的数额和支付时间，以及剧本的著作权归属和编剧在影视作品中的署名方式等内容。

2. 聘用导演合同

对于一部影视作品来说，导演在其中的作用举足轻重。聘用导演合同就是通过合同的形式约定导演在影视作品制作拍摄过程中的工作内容和要求。导演的主要工作内容贯穿整个影视作品的制作拍摄过程中，一般分为以下阶段。（1）摄制筹备阶段。在这一阶段，导演的工作主要是就剧本创作成果的修改、审核、定稿；参与组建剧组及各部门人员的选择和对合适演员的遴选；根据剧本制订拍摄计划、确定拍摄外景和场地。（2）拍摄阶段。在这一阶段，导演主要是负责制定导演工作脚本，创作分镜头剧本或者导演脚本；按照拍摄计划落实本剧的拍摄。（3）后期制作阶段。在这一阶段，导演主要是负责组织进行对影片后期制作工作，包括初剪、细剪、精剪；组织确定影片的配音和音乐录制工作；组织制作对影片的宣传。

在聘用导演合同中，除了约定导演的报酬、支付的方式、时间、署名等，还应当尽可能对导演具体的工作内容作出明确的约定，如果合同中难以明确的，也可以通过合同附件的方式进行细化。除了约定导演在影视作品拍摄中的具体工作外，还需要在合同中明确约定导演参加影视作品宣传活动的时间、次数以及是否需要另付报酬等内容。

3. 聘用演员合同

聘用演员合同是影视作品的制作者或摄制组在选定演员后，与其签订的一类合同。这类合同最主要的内容就是制作者或摄制组以一定报酬换取演员在特定时间的演出服务中双方的各项权利义务，因此它本质上属于一种特殊的"劳务合同"。在聘用演员合同中，对演员在影视作品拍摄过程中的权利义务进行的约定，要明确演员在影视作品中出演的角色、演员的工作内容和工作时间等具体要求；如要求演员不仅应具有娴熟的演技，还应有一定的职业道德；在拍摄过程中，要听从剧组和导演的安排。在影视作品拍摄停机之后，根据合同的约定，演员一般也会被要求参加配音、补拍、重拍、宣传等其他工作。

在签订此类合同时，还应特别注意并明确约定以下内容：（1）明确约定演员的具体档期和演员进驻剧组、离开剧组的具体时间；（2）明确约定演员在影视作品拍摄期间的人身意外伤害责任的承担；（3）其他内容条款，如演员是否使用替身、演员的剧照如何使用、演员往返路费住宿费的承担、演员助理和司机的配备、演员化妆师和化妆间的配备，以及演员配合影视作品的宣传、在影视作品上的署名的方式等内容。

4. 聘用其他工作人员合同

除了编剧、导演和演员之外，一部影视作品的顺利制作完成还离不开诸如制片主任、副导演、场务、摄影师、灯光师、化妆师、道具师等许多工作人员的付出和努力。同样，在聘用以上这些工作人员时，也需要与他们签订属于劳务性质的聘用合同。通过劳务合同的形式，对以上工作人员在影视作品制作拍摄过程中的工作内容和权利义务进行约定。比如在合同中明确约定所聘用工作人员的职务、工作内容、工作地点、聘用期限、酬金数额和支付方式、工作人员的署名等内容，以此保证影视作品的拍摄工作顺利完成。

（四）影视后期制作类合同

影视作品的后期制作合同主要是指影视作品在创作和拍摄完毕之后，还需要将影片委托相应的专业公司对影视作品进行后期制作工作而签订的合同。通常情况下影视作品的后期制作工作主要包括剪辑、录制、特技制作、字幕和片头片尾、混录合成等。在签订这类委托工作事项的合同中，应该明确约定当事人双方的权利义务，如受托方的工作内容、质量要求、合同履行的期限、违约责任等以及委托方支付的价款或报酬的数额、方式等。通过后期制作合同的签订和履行，得以保障影视作品后期制作工作的顺利完成和影视作品的早日发行上市公映。

（五）影视作品发行类合同

发行放映合同主要是指影视作品摄制完成并取得发行许可后，与委托专业的发行公司对影视作品的市场发行时所签署的合同。一般来说，影视作品的发行途径包括电影发行、电视发行、网络发行和其他渠道发行等，其中电影作品的发行途径还包括影院发行。电影作品的影院发行，实践中主要是通过票房分账的方式进行的，即通过影视作品著作权许可使用或转让的方式和影院放映票房分账的方式实现对影视作品的发行放映。电影作品影院发行放映合同中的票房分账条款可分为保底分账和无保底分账两种，是否约定保底金额以及分账比例等具体内容由合同当事人协商约定。此外，影视作品在电视台、网络、音像制品等领域的发行，主要是通过著作权许可使用或转让的方式来发行。

实践中签署这类合同时，需要注意区分独家许可发行和非独家许可发行，并明确约定许可使用的权利种类、使用方式、地域范围及使用费金额和支付时间等。涉及影院放映票房分账的合同条款时，需要明确约定票房分账的比例、票房收入的监督和检查方式、瞒报票房收入的违约责任等。

第三节　典型案例分析

一、窦某与北京新画面影业有限公司演出经纪合同纠纷案 ❶

（一）案件基本情况

原告窦某诉称：原告与被告北京新画面影业有限公司（以下简称"新画面公司"）签订了《合约》，该合同约定由新画面公司为窦某代理演出事宜。原告认为，原告与被告新画面公司所签订的《合约》应为无效合同，理由是：（1）被告新画面公司并无办理营业性演出经营的主体资格；（2）签约时原告是外国留学生，此后原告长期居住在国外，不具备履约资格和条件；（3）双方之间的《合约》违反教育法及学校的相关规定，即使合同有效，被告新画面公司没有按照合同的约定履行义务，构成根本性违约，原告已向被告新画面公司发出了解除涉案合同的通知；（4）涉案合同符合委托合同的性质，原告有权随时解除该合同，同时涉案合同约定的债务属于非金钱债务，无法强制履行，在原告主张解除合同的情况下，应当解除。为此，原告诉至法院，请求法院判令涉案合同无效或解除。

被告北京新画面影业有限公司答辩称：（1）涉案合同是演出经纪合同，《营业性演出管理条例》的有关规定是管理性强制性规定，而非效力性强制性规定。原告以此为由主张《合约》无效不能成立。（2）原告的签证种类和居住地均不能影响合同的效力；教育法中的相关规定，不能导致涉案合同无效。（3）被告新画面公司已经积极履行了合同，为原告提供了演出机会，并未违约。（4）涉案合同不应适用委托

---

❶ 北京市高级人民法院（2013）高民终字第 1164 号民事判决书。

合同的随时解除权；涉案合同约定原告可以自主选择被告提供的演出机会，不具有强制性。故不同意原告的诉讼请求。

同时，被告新画面公司向原告窦某提出反诉，其反诉称：涉案合同合法有效。新画面公司如约履行了合同，使原告窦某获得了很高的知名度，原告却严重违约，擅自与第三方签约参加演艺活动并收取酬金。故请求法院判令：（1）确认涉案合同有效；（2）判令原告窦某向新画面公司交付其擅自与第三方签约参加演艺活动的全部合同原件，并说明履行情况；（3）判令原告赔偿因其违约行为给新画面公司造成的经济损失 494 万元；（4）判令原告继续履行涉案合同；（5）如判令解除涉案合同，则请求判令原告赔偿因其违约行为给新画面公司造成的经济损失 494 万元，以及因原告毁约给新画面公司造成的经济损失 2000 万元。

原告窦某对被告的反诉答辩意见：除与本诉意见相同外，另认为被告新画面公司关于解除涉案合同后经济损失 2000 万元的主张毫无根据，故不同意被告新画面公司的反诉请求。

（二）法院审理结果

北京市第二中级人民法院经审理后查明：2010 年 3 月 23 日，北京新画面影业有限公司（以下简称"新画面公司"）与窦某签订了《合约》，该《合约》约定：新画面公司从 2010 年 3 月 23 日至 2018 年 3 月 22 日，作为窦某的演艺工作代理方。凡窦某有意参加的所有演艺活动（影视、唱片、广告、代言、发布会、公众活动等），由新画面公司提供指导、建议和意见，并由新画面公司代表窦某出面洽谈及签约。窦某对所有演艺活动有选择的权利，新画面公司给予意见但尊重窦某的决定。对于窦某参加的所有演艺活动，新画面公司收取酬金的 30% 比例。合约期间，窦某不得与第三方签订任何演艺合约。合约期满后，新画面公司享有与窦某之间的优先续约权。若窦某欲与他人签约，必须征得新画面公司的同意。《合约》期间，新画面公司为窦某提供了电影《山楂树之恋》和电影《金陵十三钗》的演出机会。自 2010 年 10 月至 2012 年 8 月，窦某未经新画面公司许可，擅自参加了 59 场演艺活动。2012 年 9 月 21 日，新画面公司取得了《营业性演出许可证》。同日，新画面公司委托律师发布声明称：演员窦某等 12 人为新画面公司的合法签约演员，合约期为 8 年，目前均在合约有效期内。未经新画面公司事先许可，上述演员不得与第三方签署任何演艺合约，不得参加第三方安排的任何演艺活动。2012 年 9 月 26 日，窦某委托律师向新画面公司发出了律师函，该律师函称：新画面公司未根据国务院《营业性演出管理条例》的规定办理并获得营业性演出的主体资，不能开展演出经纪活动，根本没有法律条件和资质与表演者签订相关合约，更无从履约合同。

一审法院审理后认为：根据国务院颁布的《营业性演出管理条例》的规定，涉案合同内容设定双方当事人权利义务关系符合演出经纪的性质，涉案合同为演出经纪合同。虽然新画面公司在签订合同时不具备演出经纪机构的资质，其于2012年9月21日方取得演出经纪机构的资质，但根据《合同法》（已废止）第52条第5项的规定，不能认定涉案合同为无效合同。据此法院认为，演出经纪合同的履行，并非只能限于演出经纪机构为演员提供其他单位的工作，新画面公司为窦某提供《山楂树之恋》和《金陵十三钗》演出工作，可以认为是对涉案合同的履行行为。窦某关于新画面公司未履行涉案合同为其提供工作的主张不能成立。故窦某依据《合同法》第410条的规定，即委托人或者受委托人可以随时解除涉案合同的主张不能成立。虽然窦某可以《合同法》第110条的规定主张解除合同，但应依法承担相应的违约责任。一审法院还认为，新画面公司未就窦某违约擅自与第三方签约参加59场演艺活动并获取报酬的主张提供证据证明，缺乏依据，其主张窦某因其违约行为给新画面公司造成494万元的反诉请求，不予支持。同时法院还认为，新画面公司主张的为培养窦某宣传所支付的费用以及因窦某违约给新画面公司造成的经济损失2000万元等，缺乏依据，不予支持。

据此，一审法院判决：（1）确认窦某与新画面公司签订的《合约》是有效合同；（2）双方签订的《合约》于本判决生效之日起解除；（3）驳回窦某的其他诉讼请求；（4）驳回新画面公司的其他反诉请求。一审判决之后，原告窦某对一审判决没有异议，服从一审判决。但被告新画面公司不服一审判决，上诉于北京市高级人民法院。

新画面公司的上诉请求为：（1）请求撤销一审判决的第2项和第4项；（2）判令窦某因擅自参加演出的违约行为给新画面公司造成的经济损失人民币494万元；（3）判令窦某继续履行与新画面公司签订的《合约》；（4）判令窦某因恶意毁约赔偿给新画面公司造成的损失2000万元。其主要上诉理由是：（1）窦某在一审中已认可新画面公司为其安排的某某项演艺活动的事实，一审判决对此认定存在错误；（2）新画面公司已经举证证明窦某擅自参加了59项演艺活动，且窦某对此也予以认可，但主张参加相关演艺活动未获得报酬，应承担相应的举证责任，一审法院对此未予处理，存在错误;(3)一审判决依据《合同法》第 110 条的规定,认定解除涉案《合约》,显属适用法律错误,只有在窦某赔偿给新画面公司造成损失的情况下,才能终止《合约》的履行。

北京市高级人民法院经二审审理后认为,新画面公司的上诉请求部分具有事实及法律依据,应予以支持。一审判决存在认定事实不清,适用法律错误,对此应予以纠正。二审法院经审理后认为:根据涉案《合约》第 4 条及第 5 条的规定,窦某参加的所有演艺活动,新画面公司有权按约定比例收取酬金,在案证据能够证明窦某参加了涉案的 59 场演艺活动,虽然窦某认为相关活动的酬金已经进行了支付,但并未提交证据证明。因此,窦某应当向新画面公司按照合约的约定支付报酬。同时二审法院还认为:涉案合约的解除,系因窦某根本违约所致,窦某应当依法承担相应的违约责任,赔偿新画面公司相应的经济损失。综合考虑新画面公司所主张的涉案 59 场活动的性质、规模、窦某作为艺人的知名度、影响力、以往商业活动的酬金情况和前期新画面公司对窦某演艺发展的培养投入、宣传力度,以及可能给经纪公司带来的收益等因素。二审法院遂依照相关法律的规定,作出如下判决:(1)维持一审法院的第一、二、三项判决;(2)撤销一审法院的第四项判决;(3)判决窦某因其擅自参加演艺活动给新画面公司造成的经济损失人民币 100 万元;(4)判决窦某赔偿因其毁约给新画面公司造成的损失人民币 200 万元;(5)驳回新画面公司的其他诉讼请求。

（三）对案件的法律分析

1. 关于新画面公司缺乏相关资质能否导致涉案合同无效的问题

本案中,窦某主张新画面公司作为其经纪人,但并无办理营业性演出的经营资格,双方所签的《合约》应是无效的合同。事实的确也是如此,被告新画面公司在与窦某于 2010 年 3 月 23 日签订涉案的《合约》时,确实不具备演出经纪机构的资质,而是在 2012 年 9 月 21 日才取得演出经纪机构的资质。根据《合同法》(已废止)第 52 条第 5 项的规定,违反法律、行政法规的强制性规定的合同无效;以及《最高人民法院关于适用合同法若干问题的解释(二)》第 14 条规定:《合同法》第 52 条第 5 项规定的"强制性规定",是指效力性强制性规定。所谓效力性规定是指法律及行政法规明确规定违反该类规定将导致合同无效的规范,或者虽未明确规定违反之后将导致合同无效,但若使合同继续有效将损害国家利益和社会公共利益的规范。因此，在本案中，要确定被告新画面公司作为演出经纪公司与窦某签订《合约》时，由于不具备相关资质，是否符合以上规定而导致双方所签订的《合约》无效，还应判断其所签订的合约违反的是效力性强制规定，还是管理性强制规定。原告窦某认为，被告新画面公司与其签订《合约》时，未能根据国务院颁布的《营业性演出管理条例》的规定，获得营业性演出经营主体的资格，因此不能开展演出经纪活动。虽然新画面公司与窦某签订《合约》时，不具备演出经纪机构的资质，但法院认为，《营业性演出管理条例》中的相关规定不是效力性强制性规定，而只是管理性强制性规定。对于双方签订涉案合同的行为，根据以上原《合同法》及其司法解释的规定，不会必然损害国家利益和社会公共利益，由此不能认定《合约》为无效合同。在本案中，虽然被告新画面公司与原告窦某签订《合约》时缺乏相应的资质，并违反了《营业性演出管理条例》，但该条例不属于效力性强制规定，只是管理性强制规定，并不会影响双方所签合同的效力。据此，原告窦某认为涉案《合约》系无效合同的主张，由于缺乏法依据，最终没有得到法院的支持。

2. 关于涉案《合约》性质的认定及是否可以单方行使解除权

本案中，窦某认为涉案的《合约》在性质上属于委托合同，其有权单方解除。而法院则认为原告窦某与被告新画面公司签订的《合约》在性质上具有居间、代理、行纪的综合属性，属于演出经纪合同。此类合同既非代理性质亦非行纪性质，而是具有各类型相结合的综合性合同，因此不能依据合同法中关于代理合同或行纪合同的规定，可由合同相对方单方行使合同的解除权。为了体现合同法上自愿、公平以及诚实信用等基本原则，在该类合同权利义务关系终止的确定上，应当主要遵循双方约定、按照合同法的规定进行界定，不能在任何情况下都赋予合同当事人单方的合同解除权。从本案查明的事实来看，因为在演艺行业中，相关从业人员（艺人）的价值与其自身知名度、影响力紧密相关，而作为该行业从业人员的经纪公司，在艺人的初期培养、宣传以及知名度的积累上必然付出了一定的投资和商业代价，同时艺人是否能够达到市场的影响力，存在不确定性，由此经纪公司在艺人的培养过程中存在一定的风险。在艺人具有市场知名度后，经纪公司对其付出投入的收益将取决于旗下艺人在接受商业活动中的利润分配，若允许艺人行使合同的单方解除权，将使经纪公司在此类合同的履行中处于不对等的合同地位，而且也违背诚实信用的基本原则，同时会鼓励成名后的艺人为了追求高额收入而恶意解除合同，不利于演艺行业的整体运营秩序的建立，因此在演艺合同中特别是涉及艺人的单方解除权应当予以合理限制。具体到本案中，由于经纪合同的性质和这一行业的特属性，原告窦某主张的对双方所签《合约》的单方解除权，没有得到法院的支持。

3. 涉案的《合约》能否解除及解除的理由

所谓解除合同，是指在合同依法成立后，尚未全部履行前，当事人基于协商、法律规定或者当事人约定，而使合同关系归于消灭的一种法律行为。[1]根据《合同法》第 94 条第 2 项规定，在履行期限届满之前，当事人一方明确表示或者以自己的行为表明不履行主要债务的，可以解除合同；第 5 项规定，法律规定的其他情形。上述法律规定是为了保障合同守约方具有是否继续履行的自主选择权。

本案中，在原告窦某明确表示不再履行《合约》义务的情况下，被告新画面公司一方面要求原告继续履行合同，一方面又主张若原告解除合同，应由窦某承担解除合同给新画面公司造成的经济损失。在这种情况下，如何处理涉案《合约》的解除呢？法院在审理后，依据本案的事实和各方的实际情况，认为虽然被告新画面公司未明确表示同意解除合同，但是考虑到涉案《合约》的履行需要双方当事人在相互信任的基础上实现合同的根本目的，才有利于艺人和经纪公司的共同发展。但在原告窦某已经明确表示不再履行合同主要义务，而被告新画面公司对于合同解除亦存在意向的情况下，应当本着有利于合同当事人实现各自利益及发展，本着公平、有价、平等的基本原则，在实现合同当事人真实意思的情况下，确定合同权利、义务关系。本案中，若涉案《合约》解除后，在窦某赔偿相应损失的情况下，不仅新画面公司作为经纪公司能够实现培养艺人的经济收益，而且窦某亦能够正常发展其自身演艺事业。在全面综合考虑在案情况的前提下，由此法院认为依法解除涉案《合约》将有利于双方当事人各自的利益，为此依法判决双方签订的《合约》自判决生效之日起解除。

---

[1] 王利民、房绍坤、王轶：《合同法》（第三版），中国人民大学出版社，2009，第 211 页。

二、北京元典星焜文化传媒有限公司与天津圣坤堂文化传播有限公司委托创作合同纠纷案 ❶

（一）案件基本情况

原告北京元典星焜文化传媒有限公司（以下简称"元典公司"）诉称：2015 年 9 月 15 日，元典公司与被告天津圣坤堂文化传播有限公司（以下简称"寺坤堂公司"）签订了《电视剧承制协议书》（以下简称《承制协议》），约定原告元典公司委托被告圣坤堂公司进行电视剧制作。《承制协议》签订后，原告依约向被告支付了 450 万元的制作费用，但被告存在下列违约行为：第一，被告没有按协议约定向原告提供预算表；第二，被告未组建摄制组；第三，被告没有确定演员。因被告违约行为致使《承制协议》目的不能实现，符合合同约定的终止履行的条件，故原告已于 2018 年 3 月 30 日向被告发送了合同解除函，被告已于同年 3 月 31 日收到该解除函，故双方合同已于当日解除，被告应退还原告已经支付的制作费 450 万元。电视剧至今未开机拍摄，但原告为此支付了 60 万元导演费，并因本案支出了 18 万元律师费，按照《承制协议》约定，违约方应赔偿给守约方造成的全部损失 78 万元。故原告诉诸法院，请求法院判令：（1）被告返还原告电视剧制作费 450 万元；（2）被告赔偿原告损失 78 万元。

被告天津圣坤堂文化传播有限公司辩称：第一，《承制协议》并未约定被告制作预算表的时间，被告认为应当是在开机之前确定预算表。被告已经与多个主体签订制片合同、设计合同、编审合同、宣传合同，履行了《承制协议》约定的组建剧组义务。原告自身资金链多次断裂，已经没有能力再支付演员的费用，故被告无法与演员签订合同。第二，被告不同意解除合同，只要原告继续支付制作费，《承制协议》可以继续履行。对于原告支付的 450 万元制作费，被告已经支出了 331.411 456 万元，剩余部分系被告履行《承制协议》应得的利润，不应当返还。第三，原告主张的损失不存在，律师费也过高，即使有损失，原告作为违约方应自行承担。

---

❶ 北京知识产权法院（2019）京 73 民终 2751 号民事判决书。

（二）法院审理结果

北京市朝阳区人民法院一审经审理后查明：2015 年 9 月 15 日，原告（甲方）
与被告（乙方）签订《承制协议》，协议主要内容如下：

（1）甲方委托乙方制作电视剧《我是你家长》（暂定名，以国家广电总局最终
通过的发行许可证上的名称为准）（以下简称《我》剧），不少于 30 集（以国家广
电总局最终通过的发行许可证上集数为准），预计 2016 年 3 月开机，拍摄周期 3 个
月，在 2016 年 11 月底完成后期制作。

（2）电视剧投资预算及支付方式。总投资预算 4500 万元，每集 150 万元，共
30 集。该剧拍摄及制作的预算表由乙方组织人员负责编制。在本协议签署后三个工
作日内，甲方支付总预算 10% 即 450 万元；在签订主要演员时，按合同要求支付乙
方相应款项。

（3）剧本和拍摄许可证。①电视剧前期创意及文学剧本的创作由甲乙双方共同确
定，甲方聘用编剧完成，乙方给出甲方专业意见，最终确认由甲方完成。②乙方承担
并办理与本片有关的拍摄申请、报批送审、取得发行许可证的相关手续，甲方应予以
协助。③审查影片及取得发行放映许可证的费用由甲方承担并预先支付。

（4）摄制组人员组成。摄制组由乙方组建，甲方有权参与摄制全程。摄制组对
全体人员、设备及重要拍摄场地的安全进行保险，保险费由摄制组承担。

（5）制作时间。该剧预定于 2016 年 3 月中开机，拍摄周期 80 天，预计于 2016
年 10 月前完成全片制作并送审。

（6）协议解除或终止。发生下列情形之一，甲乙双方可以通过书面形式解除或
终止履行本协议：①甲乙双方在本协议书中作出的保证不真实或未实现的；②甲乙
双方通过书面协议一致同意解除本协议书；③因不可抗力致使本协议书的目的不能
实现的；④当事人一方迟延履行协议书主要义务，经催告后在合理期限内仍未履行；
⑤当事人有其他违约或违法行为致使本协议书目的不能实现的。

（7）违约责任。如一方有实质性违反本合同条款项所承担的各项义务以及在合
同中所做的承诺和保证，违约方应承担相应的法律责任，并赔偿给守约方造成的全
部损失（包括但不限于投资损失、人员工资、差旅费、调查费、律师费等）。

另外，在《承制协议》签订前，原告与李某签订《委托编剧合约书》，与裴某
签订《电视剧导演聘用合同》。2015 年 7 月，《我》剧取得广电总局的备案。

《承制协议》签订后，2015 年 9 月 23 日，原告向被告支付了首笔制作费 450 万元。在承制协议签订前，原告与李某签订《委托编剧合同书》，并支付定金 36 万元。2015 年 10 月，被告与其实际控制人陈奕某（证件名：陈某）签订聘用合同（以下简称"制片合同"），约定被告聘用陈维担任《我》剧制片人，负责电视剧生产、经营活动过程中的组织、管理。此后，被告为履行与原告签订的《承制协议》，分别与他人或其他公司签订了与《我》剧制作有关的协议，并支付了相关的费用。

　　2018 年 3 月 30 日，原告向被告发送解除函，称因被告未履行协议约定的义务，导致电视剧至今未开机拍摄，故通知被告解除承制协议，要求被告收到解除函之日起立即返还全部制作费，并赔偿损失，被告于次日收到该解除函。

　　一审法院经审理后认为：原告与被告签订的《承制协议》是双方当事人真实意思表示，内容不违反法律、行政法规的强制性规定，系合法成立并发生法律效力的合同。在本案中，由于原告未对被告履行约定的义务提供资金保障，因此被告主张因原告资金问题导致被告不能签订演员合同的理由成立。此外，关于原告主张支付给导演 60 万元的损失，由于该导演合同签订的时间和该笔费用支付的时间，均早于《承制协议》。因此，该笔费用不应由被告承担。由于被告已与多个主体签订制片合同、设计合同等，已经尽力履行了合同约定的组建摄制组的义务，不存在违反该项约定的情况，原告要求返还制作费 450 万元没有依据。但被告没有按照合同的约定提交电视剧拍摄和制作的预算表的行为，构成违约。据此，一审法院判决：（1）被告赔偿原告损失 12 万元；（2）驳回原告的其他诉讼请求。

　　原告元典公司不服一审判决，提起上诉。其上诉理由主要是：（1）原告元典公司与被告圣坤堂公司系委托合同关系，被告既未提供预算表，也未就合同履行情况履行报告义务，其行为构成根本违约，导致所签合同目的不能实现。（2）原告与被告系委托合同关系，根据法律规定，原告系依法行使合同解除权，双方所签订《承制协议》效力已经消灭，被告对此无异议。且双方之间合同也无继续履行可能。（3）合同解除后，被告应恢复原状，即返还原告支付的全部款项，并赔偿给原告造成的全部损失，且无权从原告获得报酬。（4）一审判决在认定事实和法律适用上还存在如下错误：①本案系委托创作合同，并不存在所谓对待给付义务。一审判决认定原告支付第二笔制作费，与被告签订主要演员构成对待给付，且在合同履行过程中互负债务，明显错误。②一审判决认定原告在其他项目中已经拖欠大额、多笔费用，其也明确表示将涉案项目转手的意愿，确实存在丧失或者可能丧失履行债务能力的程度，据此导致被告不能签订演员合同，明显错误。③一审判决认定被告为组建摄制组不构成违约和认定被告已与多个主体签订制片合同、设计合同等，已经尽力履行了合同约定的组建摄制组的义务，不存在违反该项约定的情况，系明显错误。④一审判决认定原告和导演的合同签订时间及支付该笔费用的时间均早于《承制协议》，故该笔费用，不应由被告负担，明显错误。

被告圣坤堂公司在二审答辩称：不同意原告的全部上诉请求，一审判决事实认定清楚，适用法律正确，判决正确。

北京知识产权法院二审经审理后查明：本案中，截至原告发送解约函，被告尚未完成编制预算表、选择演员和组建摄制组，不具备开机拍摄的客观条件，被告亦未举证证明进行了涉案电视剧的延期备案，涉案电视剧客观已不能进行拍摄制作，故原告主张被告的行为致使合同目的不能实现，双方签订的《承制协议》自被告收到解约函之日起已经解除，具有事实和法律依据，本院予以支持。一审法院对此认定有误，本院予以纠正。另外，被告主张其之所以未履行合同约定义务，是因为原告在履约过程中出现资金链断裂，有丧失或可能丧失履行债务能力的情形，其行使的是《合同法》规定的不安抗辩权。但被告在明知原告资金链存在断裂风险的情况下，仍与其签订《承制协议》，并与数名案外人签订聘用合同，不符合常理。在2016年4月左右，原告再次出现资金链断裂的风险，被告此时行使了合同法的不安抗辩权，不履行合同义务，但是没有通知原告。

二审法院经审理后认为：根据原《合同法》第69条的规定，当事人依照合同法第68条的规定中止履行的，应当及时通知对方，对方提供担保的，应当恢复履行。不安抗辩权人中止履行的内容，不仅可以包括终止债务的履行，还包括可以中止履行准备的行为。不安抗辩权的行使无须经过对方同意，但是应及时通知对方，该通知义务是法律基于诚信原则，为保护后履行当事人利益赋予不安抗辩权人的附随义务。违反此义务而使对方当事人利益受损失，应由违反义务人承担损失赔偿责任。被告公司关于其认为原告存在有丧失或可能丧失履行债务能力的情形，故其行使的是合同法规定的不安抗辩权的主张，没有事实和法律依据，本院不予支持。一审法院对此认定事实错误，本院予以纠正。综上所述，原告的上诉请求部分成立，予以支持。据此作出终审判决：（1）撤销一审判决；（2）被告返还原告电视剧制作费2 389 000元；（3）被告赔偿原告经济损失780 000元；（4）驳回原告的其他上诉请求和其他诉讼请求。

（三）对案件的法律分析

1. 本案中原告与被告签订的合同是否应该解除

本案中，原告与被告在 2015 年 9 月 15 日签订的《承制协议》是双方当事人真实意思表示，合法有效。实践中，一个有效合同是否应该解除，应依据法律的规定和双方在合同中的约定。《合同法》第 93 条和第 94 条规定了合同解除的情形，《民法典》中第 562 条和 567 也予以相应的规定。在本案中，双方在《承制协议》中也约定了协议书终止履行的具体情形：（1）双方通过书面协议一致同意解除本协议书；（2）因不可抗力致使本协议书的目的不能实现的；（3）当事人一方迟延履行协议书主要义务，经催告后在合理期限内仍未履行；（4）当事人有其他违约或违法行为致使本协议书目的不能实现的。根据原被告双方签订的《承制协议》中的上述约定，应当视为原被告双方当事人对《承制协议》解除条件的约定，即合同履行过程中，出现上述情形之一，双方可以协商一致解除协议或者符合法定解除条件，协议解除。

本案中，在原被告双方履行《承制协议》的过程中，原告认为被告违约，于 2018 年 3 月 30 日向被告发送解除函，称因被告未履行协议约定的义务，导致电视剧至今未开机拍摄，故通知被告解除《承制协议》，并要求被告收到解除函之日立即返还全部制作费并赔偿损失，被告于次日收到该解除函。此外，根据国家广播电视总局《电视剧拍摄制作备案公示管理办法》的相关规定，已公示的电视剧，须在公示之日起两年内制作完成。涉案电视剧取得备案时间为 2015 年 7 月，根据上述文件规定，应在 2017 年 7 月完成拍摄制作。原告与被告也在《承制协议》中约定，涉案电视剧预定开机时间为 2016 年 3 月中旬，2016 年 10 月前完成全片制作并送审。但截至原告给被告发送解约函，被告事实上尚未完成《我》剧的编制预算表、选择演员和组建摄制组，不具备开机拍摄的客观条件。由此法院认定，是因为被告的违约行为，导致客观上已不能进行《我》剧的拍摄制作，致使合同目的不能实现，因此《承制协议》的解除符合双方约定和法律规定的解除条件，且自被告收到原告的解约函之日，《承制协议》已经解除，具有事实和法律依据。

2. 本案中被告是否应承担违约责任

本案中，根据原告与被告签订的《承制协议》，被告的主要合同义务为：承制涉案电视剧的拍摄、编制项目预算表、聘用演员、组建摄制组并拍摄电视剧等。

《承制协议》签订后，原告支付了 450 万元，但被告在收到原告上述款项的合理时间内，未履行编制预算表、聘用演员、组建摄制组等义务。被告主张其之所以未履行合同约定义务，是因为原告在履约过程中出现资金链断裂，有丧失或可能丧失履行债务能力的情形，其行使的是合同法规定的不安抗辩权。但二审法院根据原《合同法》第 68 条规定和本案所查明的事实，认为被告不具有行使不安抗辩权的理由。第一，原被告在签订《承制协议》之前，已存在多个合作项目，被告在明知原告资金链存在可能断裂风险的情况下，仍与原告签订《我》剧制作的《承制协议》，并与数名案外人签订聘用合同，不符合常理。第二，2016 年 4 月原告出现资金断裂的风险，被告此时虽然行使了合同法的不安抗辩权，不履行合同义务，但没有通知原告中止合同的履行。因此被告主张的行使合同法规定的不安抗辩权，没有事实和法律依据。由此法院认为，被告没有按照《承制协议》的约定履行合同义务，根据《合同法》第 107 条的规定，认定被告依法应承担相应的违约责任。

3. 涉案合同解除后，被告应承担何种违约责任

根据《合同法》第 97 条的规定，合同解除后，尚未履行的，终止履行；已经履行的，根据履行情况和合同性质，当事人可以要求恢复原状、采取其他补救措施，并有权要求赔偿损失。本案中，原告基于被告的违约，提出解除合同，在诉讼请求中，要求被告返回已支付的制作费和赔偿所造成的损失。

依据《合同法》的规定，在本案中，原告在签订协议后，向被告支付了 450 万元合同款。双方《承制协议》解除后，应当根据双方履行合同的实际情形，对于被告已经为履行合同所做的支出，被告不予返还；但尚未支出或者并非为合同履行所做的支出，应当由被告司承担返还义务。原告另有实际损失的，被告应当赔偿损失。

在本案的审理中，被告提交的部分转账记录和支出凭证得到法院的认可，而无转账记录佐证的支出，没有得到法院认可。因此，法院认为：被告为履行《承制协议》共支出了 211.1 万元，该笔费用不应当予以返还，剩余 238.9 万元尚未支出的费用，应当返还给原告。

此外，原告还主张因被告违约，造成其损失的费用包括支出的导演费用和律师费用。法院认为对于原告已支付的导演费用 60 万元，是因被告未按照合同约定聘用演员、组建摄制组，导致电视剧无法按时拍摄，原告因此支出的导演的劳务费用属于经济损失，应由被告承担。此外，对于原告已支付的 18 万元律师费用，双方当事人在《承制协议》第 7 条中有约定，如一方有实质性违反本合同条款项所承担

的各项义务以及在合同中所做的承诺和保证，违约方应承担相应的法律责任，并赔偿给守约方造成的全部损失（包括但不限于投资损失、人员工资、差旅费、调查费、律师费等）。由于是被告的违约引起的诉讼，原告在本案中就此项损失提交了律师代理协议及发票等相关证据，因此原告主张的律师费用的损失，也应由被告承担。

第十五章　影视作品的非著作权侵权

第一节　影视作品非著作权侵权的主要类型

影视作品在制作、发行等过程中，不但会产生各类著作权侵权纠纷，而且也可能会发生某些非著作权侵权的纠纷。影视作品的非著作权侵权，在本书中主要是指影视作品在制作、发行、放映、传播过程中，或由于影视作品内容的不当等原因，所引起的除著作权侵权以外的对他人的民事权利的侵犯。从实践来看，影视作品的非著作权侵权主要涉及对他人名誉权、肖像权、隐私权、商标权以及不正当竞争侵权等。

一、影视作品涉及的名誉权侵权

（一）名誉权侵权的概念

名誉权，是指民事主体就自己获得的社会评价享有利益并排除他人侵害的权利。[1]《民法典》第 1024 条规定："民事主体享有名誉权，任何组织或个人不得以侮辱、诽谤等方式侵害他人的名誉权。名誉是对民事主体的品德、声望、才能、信用等的社会评价。"在法律上，名誉权主要表现为民事主体对其名誉利益的支配权和名誉的维护权，即民事主体有权利用自己良好的声誉获得更多的利益，有权维护自己的名誉免遭不正

---

[1] 王利明主编《民法》（第三版），中国人民大学出版社，2007，第 737 页。

当的贬低，同时有权在名誉权受到侵害时，依法追究侵权人的法律责任。

在现实生活中，影视作品对他人的名誉权构成的侵权，主要是指因影视作品的内容或不当的传播方式，给他人的名誉造成不利的影响，从而构成对他人名誉权的侵权。

（二）名誉权侵权的构成

实践中，由于名誉权侵权属于侵权行为的一种，侵权人的行为是否构成侵害他人的名誉权，应当从侵权责任的构成要件来认定，即受害人确有名誉被损害的事实、行为人行为的违法、违法行为与损害后果之间有因果关系、行为人主观上有过错。具体到影视作品涉及名誉权侵权，应该符合以下构成要件：影视作品的内容具有涉及特定人名誉的描述；影视作品中的描述造成了特定人的名誉被损害；制作者对影视作品中涉及的特定人名誉的描述主观上存在过错；特定人的名誉遭受的损害与影视作品的内容或传播存在因果关系。

基于影视作品本身有纪实作品和非纪实作品的区别，因此应注意到两者在影视作品的内容或传播造成特定人的名誉被损害的标准以及主观过错等方面存在一定的区别。由于现有的法律对于影视作品涉及的侵害名誉权没有明确的规定，在司法实践中，一般参照文字作品的分类，将影视作品分为纪实作品和非纪实作品两种。对于纪实类的影视作品，通常可以参考新闻报道类的文学作品侵害名誉权的认定标准；而对于非纪实类的影视作品，可以参照一般文学作品侵害名誉权的认定标准。

1.纪实类影视作品的名誉侵权

鉴于纪实类影视作品的性质，一般来说对其作品内容与特定人名誉的关系、作品描述中的主观过错以及因果关系等的认定都较为清晰和容易，因此对判定纪实类影视作品是否侵犯名誉权，关键是要看在影视作品中是否有"侮辱他人人格的内容"。参照1993年最高人民法院《关于审理名誉权案件若干问题的解答》（法发〔1993〕15号）的规定，纪实类影视作品因内容如果严重失实，致他人名誉受到损害的，应按照名誉侵权认定。依照该司法解释所规定的认定名誉侵权的条件，对纪实类影视作品侵犯名誉权的认定，可参照以下条件：（1）影视作品反映的问题基本真实，没有侮辱他人人格内容的，不应认定为名誉侵权；（2）但有侮辱他人人格内容的，应认定为名誉侵权；（3）影视作品的基本内容失实，使他人名誉受损的，应认定为名誉侵权。

需要注意避免的是，某些根据真人真事改编的纪实类影视作品，在影视作品的片尾中曝光了真实生活中的个人信息，并出现了画面，尽管也打出了"本片根据真人真事改编，部分情节并未真实发生"的字样。但片中没有说明哪些内容是虚构，哪些内容是真实的，如果对影视作品中"真实或虚构"的内容不加以明确说明，这就很容易引起观众将虚构的影视内容与现实中的真人的生活联系起来，进而可能造成对真实生活中个人名誉的侵害。

2. 非纪实类影视作品的名誉侵权

鉴于非纪实类影视作品本身的特点，其侵犯他人名誉权的认定标准，主要集中在影视作品的内容与特定人名誉的关系、影视作品描述中存在的主观过错和造成损害后果与影视作品本身的因果关系三个方面。

首先，非纪实类影视作品，不是以生活中特定的人物为描写对象。因此判断影视作品中特定的人物形象与现实生活中特定人是否有关联，需要个案具体分析和认定，如果影视作品中特定人物形象或某些情节与生活中特定人的情况相似，并不一定能认定影视作品内容与现实生活中特定人名誉存在关系。但是，如果影视作品中的"特定人物形象"为特定人群所知晓，并将影视作品中的特定人物形象放置于现实生活中，与现实生活中的特定人进行比较，具备高度的一致性，则可能认定影视作品内容与现实生活中特定人名誉存在关系。

其次，应当考虑非纪实类影视作品中的描述本身，是否存在对特定人物进行侮辱、诽谤或披露隐私等损害名誉的事实。同时，还要考虑对特定人物的负面描写，是否存在主观上的恶意。只有在主观上存在恶意，有过错的情况下，才有可能认定构成名誉侵权。

最后，非纪实影视作品中对特定人物的负面描述与现实生活中的特定人的名誉受损是否有关，也需要个案认定。如果影视作品中的特定人物描述，虽未写明现实生活中特定人的真实姓名和住址，但影视作品中所描述的事实却是以现实生活中的特定人为描写对象，且给现实生活中的特定人造成了负面影响，社会对其评价降低，一般就可以认定特定人所遭受的名誉损害与影视作品中的负面描述存在因果关系。

二、影视作品涉及的隐私权侵权

（一）隐私权侵权的概念

隐私是指自然人的私人生活安宁和不愿为他人知晓的私密空间、私密活动、私密信息。隐私权是指自然人享有的私人生活与私人信息依法受到保护，不被他人非法侵扰、知悉、收集、利用和公开的一种人格权。❶《民法典》第1032条规定，自然人享有隐私权。任何组织或个人不得以刺探、侵扰、泄露、公开等方式侵害他人的隐私权。

影视作品涉及的隐私侵权是指因影视作品的内容或不当的传播方式，侵扰了他人的私人生活安宁、私密空间、私密活动、私密信息等，从而构成对他人隐私权的侵权。例如在影视作品中，暴露了现实生活中特定人的手机号码、具体的家庭住址等个人信息，由此造成特定人的私人生活的安宁被侵扰。

（二）隐私权侵权的构成

影视作品涉及侵犯隐私权的行为是一种侵权行为，应符合侵权责任的构成要件。即影视作品的内容涉及泄露他人的隐私，受害人因隐私的泄露，生活受到侵扰；侵权人泄露他人隐私的行为违反法律规定；侵权人泄露他人隐私主观上有过错；违法行为与损害后果之间有因果关系。实践中，只要影视作品的内容或不当的传播方式具备了以上隐私权侵权的构成条件，就有可能使影视作品涉及侵犯他人的隐私权。

三、影视作品涉及的肖像权侵权

（一）肖像权侵权的概念

肖像是指通过影像、雕塑、绘画等方式在一定载体上所反映的特定自然人可以被识别的外部形象。肖像权，是指自然人对自己的肖像享有再现、使用并排斥他人侵害的权利。❷《民法典》第1018条规定，自然人享有肖像权，有权依法制作、使用、公开或者许可他人使用自己的肖像。《民法典》第1019条规定，任何组织或者个人不得以丑化、污损或者利用信息技术手段伪造等方式侵害他人的肖像权。未经肖像权人同意，不得制作、使用、公开肖像权人的肖像，但是法律另有规定的除外。

影视作品涉及的肖像权侵权是指未经肖像权人的同意，在影视作品的内容或传播过程中，使用他人的肖像，或者存在丑化、污损他人肖像的情形，导致对他人肖像权利的侵犯。

---

❶❷ 王利明主编《民法》（第三版），中国人民大学出版社，2007，第730页。

（二）肖像权侵权的构成

肖像权作为自然人的人格权之一，依法受到保护。影视作品涉及侵犯肖像权的行为也是一种侵权行为，行为人承担侵权责任应符合以下要件：未经肖像权人的同意，影视作品的内容涉及他人的肖像，或者有丑化、污损他人肖像的情形；侵权人使用他人肖像违反法律规定；侵权人擅自使用他人的肖像存在主观过错；侵权人的违法行为与肖像权人遭受损害的后果之间有因果关系。

但是，法律对肖像权的保护并不表示影视作品中使用他人的肖像都需要当事人的同意。《民法典》第 1020 条规定，合理实施下列行为的，可以不经肖像权人同意：

（1）为了个人学习、艺术欣赏、课堂教学或者科学研究，在必要范围内使用肖像权人已经公开的肖像；

（2）为实施新闻报道，不可避免地制作、使用、公开肖像权人的肖像；

（3）为依法履行职责，国家机关在必要范围内制作、使用、公开肖像权人的肖像；

（4）为展示特定公共环境，不可避免地制作、使用、公开肖像权人的肖像；

（5）为维护公共利益或者肖像权人合法权益，制作、使用、公开肖像权人的肖像的其他行为。

四、影视作品涉及的不正当竞争侵权

（一）不正当竞争的概念

《反不正当竞争法》第 2 条第 2 款规定，本法所称的不正当竞争行为，是指经营者在生产经营活动中，违反本法规定，扰乱市场竞争秩序，损害其他经营者或者消费者的合法权益的行为。例如，经营者通过虚假广告诋毁或诽谤竞争对手的商业信誉；经营者窃取他人的商业秘密，使竞争对手蒙受一定的损失；经营者制造或销售假冒在消费者心目中信誉较高的名牌商品等行为，都属于不正当竞争行为。

影视作品涉及的不正当竞争行为是指影视作品在制作、发行和传播过程中，其使用的名称与他人有一定影响的商品或作品名称相同或近似，或者发行的方式等损害了其他经营者或者消费者合法权益，扰乱市场公平竞争秩序的行为。

（二）不正当竞争侵权的构成

《反不正当竞争法》第6条规定，经营者不得实施下列混淆行为，引人误认为是他人商品或者与他人存在特定联系：（1）擅自使用与他人有一定影响的商品名称、包装、装潢等相同或者近似的标识；（2）擅自使用他人有一定影响的企业名称（包括简称、字号等）、社会组织名称（包括简称等）、姓名（包括笔名、艺名、译名等）；（3）擅自使用他人有一定影响的域名主体部分、网站名称、网页等；（4）其他足以引人误认为是他人商品或者与他人存在特定联系的混淆行为。

实践中，影视作品权利人或经营者在经营活动中，虽然其某些经营活动表面上难以确认为属于不正当竞争行为，但是只要其经营活动违反了《反不正当竞争法》第2条所要求的"自愿、平等、公平、诚实信用原则或公认的商业道德"，并损害了其他影视作品权利人或消费者的合法权益，扰乱了社会经济秩序，也应认定属于不正当竞争行为。例如，"北京万合天宜影视文化有限公司诉四川广播电视台不正当竞争纠纷案"❶ 中，四川广播电视台制作并推出的《万万没想到》电视节目的名称，使用了北京万合天宜影视文化有限公司在先制作的电视剧《万万没想到》的名称，法院认定四川广播电视台的行为构成不正当竞争。

第二节　影视作品非著作权侵权的风险防范

一、不同类型影视作品的风险防范

（一）纪实类影视作品的风险防范

实践中，纪实类影视作品内容涉及对他人非著作权的侵犯，主要集中在侵犯他人名誉权和隐私权。纪实类影视作品侵权的主要原因是纪实类影视作品内容的失实和对他人隐私的公开。《民法典》第110条 和第111条规定，自然人享有名誉权、肖像权、隐私权等权利。自然人的个人信息受法律保护。因此，纪实类影视作品内容

---

❶ 北京市知识产权法院（2015）京知民终字第2004号民事判决书。

如果涉及对他人隐私公开，应依法取得，不得非法收集、使用、传播和公开。

针对纪实类影视作品内容可能涉及的名誉权、隐私权等非著作权侵权问题，影视作品的制作者在制作、发行、放映或传播影视作品过程中，注意以下几点。

第一，对于纪实类影视作品内容，应当坚持客观、有据。如记者实际采访或拍摄时应力争以深入实际了解、不偏听偏信为原则。有条件的最好能让提供相关影视素材的人签名或授权同意公开相关影视素材，做到内容来源真实有据。对所涉及的敏感内容，尽量查清、查实，否则最好不要通过影视作品公开相关敏感内容。

第二，对于纪实类影视作品内容中涉及的必要评述，应当坚持客观、公正的原则，坚决避免使用任何可能侮辱人格或贬低名誉的内容。如果影视作品的内容涉及对企业产品质量或服务质量的评论时，不应随意妄加评论，原则上应以产品或服务质量监管部门的结论为评论依据。

第三，对于纪实类影视作品内容涉及自然人名誉或隐私时，除应依法取得外，还应当得到相关当事人的同意，并告知当事人相关影视作品的内容范围，让当事人能够了解影视作品的相应影响。此外，在纪实类影视作品公开时，对相关自然人不宜采用真名实姓，应采用化名的方式。

（二）非纪实类影视作品的风险防范

非纪实类影视作品一般被分为两类：一类是拍摄的人物和事件都为虚构的非纪实类影视作品；另一类是以人物为真、事件为虚构，或者人物为虚构、事件为真实的非纪实类影视作品。对于完全虚构的非纪实类影视作品而言，一般不会涉及侵犯他人的名誉、隐私和肖像；但对于半虚半真的非纪实类影视作品而言，如处理不当很可能会侵犯他人的名誉权、隐私权或肖像权。这里所要强调的是，对于半虚半真的非纪实类影视作品内容，并不会仅仅因为没有写明当事人的真实姓名，或者仅仅在非纪实类影视作品中已明确表述了"本故事纯属虚构"，就不会侵犯他人的名誉权、隐私权或肖像权。实践中，在非纪实类影视作品公开放映传播后，只要社会大众能对其作品内化名人物的事迹与现实生活中的特定人物对号入座，或因非纪实类影视作品中虚构事件对真实存在的特定人物的名誉、隐私等人格权造成一定的影响和损害，就有可能构成对他人的非著作权侵权。

针对非纪实类影视作品内容可能涉及的非著作权侵权问题，影视作品在制作、发行、放映或传播过程中，应注意以下两点。

首先，对非纪实类影视作品内容应进行认真审查，特别是对半真半假或涉及"真人或真事"的情节描写时，应该严格审查，确定有关"真人或真事"的内容是否可能涉及侵权、是否真实、是否需要获得本人的同意等，以避免因未获得同意或不真实而侵害当事人的名誉权、隐私权或肖像权。

其次，在对非纪实类影视作品的选材过程中，也要进行认真审查和筛选，对于可能侵害他人合法权益的内容、情节、画面、声音、评述等，应做好筛选与防范工作，避免因内容中关系不大的细节问题，可能涉及侵犯他人的权利而影响影视作品的发行、传播。

二、影视作品片名和宣传的风险防范

影视作品制作完成后，在最后确定影视作品的片名和推广宣传中，应该特别注意避免影视作品的片名与知名商品的名称或已有作品的片名相同或近似，否则也有可能涉及侵害到他人的合法权益。

（一）影视作品片名的风险防范

我国《反不正当竞争法》第 6 条规定，擅自使用与他人有一定影响的商品名称、包装、装潢等相同或者近似的标识，并引人误认为是他人商品或者与他人存在特定联系的，属于不正当竞争行为。关于作品名称的保护问题，我国著作权法没有明确的规定，只是在 1996 年国家版权局办公室在《关于作品标题是否受著作权保护的答复》（权办〔1996〕59 号）中明确提出，"我国著作权法没有明确规定，标题可否作为单独的作品受到著作权法的保护。鉴于国外的实践经验，如果只对具有独创性的标题给予著作权保护，在司法审判中就必须划定是否具有独创性的界限，这无疑会给司法审判工作带来很大困难。因此，我们认为，作品的标题宜由反不正当竞争法保护，而不宜由著作权法保护。这样，不管标题是否具有独创性，只要被他人用于商业目的的，都有可能寻求法律援助"。因此，在分析影视作品片名的性质和风险时，应该认识到影视作品作为一种特殊的商品，其片名具有著作权法意义上作品标题名称和影视作品商品名称的双重属性。影视作品的片名作为一种特殊商品的名称，受《反不正当竞争法》保护。如果影视作品的片名，与他人有一定影响的影视作品片名相同或者近似，就有可能构成不正当竞争行为。例如，"武汉华旗影视制作有限公司诉北京光线传媒股份有限公司、北京影艺通影视文化传媒有限公司、北京真乐道文化传播有限公司等不正当竞争纠纷案"❶中，法院认为，被告的电影《人再囧途之泰囧》的片名因使用了与原告电影《人在囧途》相似的片名，构成不正当竞争行为。由此可见，在确定影视作品的片名和在其宣传中，也要注意风险的防范，尽可能避免涉及与他人知名商品的名称和作品的名称相同或近似，以避免构成不正当竞争行为。

（二）影视作品宣传的风险防范

实践中，影视作品在制作完成前或完成后，往往会通过不同的方式或途径进行宣传，以引起社会的关注和扩大影视作品的市场影响；特别是制作者在通过传媒公司或网络公司等进行宣传时，如果未经过演员本人的同意，擅自使用影视作品中演员的剧照，可能会涉及侵犯演员的肖像权。

根据《著作权法》的规定，影视作品的著作权由制作者享有，演员也没有独立的表演者权。虽然作为影视艺术形象的演员剧照，经过艺术加工后不能等同于演员本人的肖像，但是影视作品的剧照，不仅体现了影视作品某个镜头中的演员的个人形象，同时也体现了演员的人物形象和个性特征，剧照承载了演员的人格利益，应受到法律的保护。体现演员个人形象的影视作品的宣传剧照，既是一个独立于影视作品之外的静止影像，同时也是演员作为自然人的个性特征体现。可见，影视剧照涉及双重利益，即影视作品制作者的著作权和作为演员的肖像权。

因此，在实践中，影视作品的对外宣传发行中涉及的演员剧照，如果影视作品制作者的使用、宣传超出了与影视作品有关的范围，或者出于商业目的，则应取得演员本人的同意，否则就有可能涉及侵犯演员的肖像权。

---

❶ 北京市高级人民法院（2013）高民初字第 1236 号民事判决书，最高人民法院（2015）民三终字第 4 号民事判决书。

第三节　典型案例分析

一、霍寿某与中国电影集团公司、北京电影制片厂、李连杰等名誉权纠纷案 ❶

（一）案件基本情况

原告霍寿某诉称：原告是霍元甲在国内唯一健在的孙子。由三被告联合摄制、出品、发行的电影《霍元甲》，于 2006 年 1 月 25 日陆续在中国及全球范围内公开放映，影片光盘也于 2006 年 3 月上旬公开发行销售。影片公映以后产生了巨大的影响，亦备受各大媒体的关注。原告观后非常愤慨，认为该片侵犯了原告祖父霍元甲的名誉。影片中将原告祖父描写成从小生性好斗，成人以后为争"津门第一"而好勇斗狠，乱收酒肉徒弟，甚至滥杀无辜的一介江湖武夫。也就是因为其滥杀无辜、致人非命的行为，招致老母、独女被仇人残忍杀害。原告认为，在电影《霍元甲》中，祖父的形象已经被塑造成了一名无父、无母、无妻、无子、无女的落魄流浪汉，与以往人们印象中的民族英雄形象相差甚远。原告认为，对于电影、电视剧、小说等作品的文学创作需要虚构是可以理解的，也是一直抱着宽容的态度。但影片《霍元甲》已经大大超出了这个限度，影片与历史事实大相径庭，令不了解霍元甲生平的民众产生错误认识，使霍元甲这一民族英雄的社会评价普遍降低。原告对于作为电影的出品方、摄制方、影片及光盘发行方等被告无节制、无顾忌地歪曲史实，臆造情节，只考虑商业反响，不考虑民族英雄的形象及其近亲属的感受。原告作为霍元甲的近亲属，认为被告的行为侵犯了霍元甲的名誉，故向北京市第一中级人民法院起诉，请求判令被告停止影片《霍元甲》的各种发行放映行为，消除影响、恢复名誉，公开赔礼道歉。

被告中国电影集团公司、星河投资有限公司辩称：影片《霍元甲》已获得国家广电总局立项和拍摄电影片许可证，并通过电影审查，被授予了电影公映许可证。

---

❶ 北京市高级人民法院（2007）高民终字第 309 号民事判决书。

《霍元甲》作为一部在中国摄制的电影作品，依中国电影管理条例规定，对中外合作摄制电影实行许可证和电影审批制度，审查内容包括不得诽谤、侮辱他人。《霍元甲》一片通过了广电总局的行政审查，获得了国家行政主管部门批准的立项、摄制、发行和公映等合法手续，故不存在侵害霍元甲生前名誉的内容与情节。霍元甲为历史公众人物，《霍元甲》一片作为描写、歌颂一位民间爱国武术家的文艺作品，夸张、虚构是该作品创作、表现的必要手段，属于受到法律保护的艺术创作。影片《霍元甲》在总体上坚持了褒扬霍元甲爱国武术家的形象。霍元某的近亲属在领受艺术形象给霍元甲带来的更大、更广泛的声誉的同时，应该给予电影制作者及表演艺术家更大的宽容。

被告李连某辩称：在该片中，自己虽被冠以"出品人"身份，但是依据中国电影集团公司第一制片分公司与星河投资有限公司签订的"关于《霍元甲》影片合作拍摄合同书"中的约定，本案与其本人无关。李连某只是享有制片人的荣誉，并不是实质上的制片人。原告起诉李连某没有事实和法律上的根据。

被告安乐（北京）电影发行有限公司辩称：自己仅为电影发行公司，与本案无关。

被告中国电影集团公司发行放映分公司辩称：自己是根据国家广播电影电视总局核发给中国电影集团公司的《电影发行经营许可证》，从事电影发行工作。经电影《霍元甲》版权是星河投资有限公司授权在中国内地发行电影《霍元甲》，被告的发行行为合法有据，且自己亦不是独立法人，不能独立承担民事责任。

被告辽宁文化艺术音像出版社、广东泰盛文化传播有限公司辩称：依据《电影管理条例》，电影《霍元甲》已通过国家广播电影电视总局电影事业管理局的审查，该音像制品进口时，依据《音像制品管理条例》及《音像制品进口管理办法》，也通过了文化部的审查。原告仅以被告从事音像制品出版行为为由起诉被告，是没有事实和法律依据的。

各被告在答辩中均对原告的身份表示了异议，认为原告提供的自身身份材料尚不足以证明其与霍元甲之间的亲属关系。各被告均认为，原告诉称电影《霍元甲》侵害霍元甲生前名誉及其名誉权没有事实和法律依据，均要求法院驳回原告的诉讼请求。

（二）法院审理结果

北京市第一中级人民法院一审经审理后查明：2004年12月，中国电影集团公司下属的第一制片分公司（甲方）与星河投资有限公司（乙方）签订电影《霍元甲》合作拍摄合同书及补充合同。根据上述合同,星河投资有限公司将其独立拥有版权的电影剧本提供给甲方,双方共同拥有该剧本之拍摄权;影片由星河投资有限公司全额投资,第一制片分公司同意将该影片的版权交由乙方享有。双方约定了影片中国内地发行片头署名为中国电影集团公司、星河投资有限公司;片尾署名为中国电影集团公司第一制片分公司、星河投资有限公司联合摄制,中国电影集团公司发行的字样。2005 年 1 月,国家广电总局电影事业管理局对中国电影合作制片公司、中国电影集团公司第一制片分公司发出电立合字〔2005〕第 02 号影片立项通知书,同意中国电影集团公司第一制片分公司与星河投资有限公司共同投资拍摄的故事片《霍元甲》立项,并提出了修改意见。2005 年,影片《霍元甲》获得中外合作摄制电影许可证。2005 年 12 月 16 日,国家广电总局电影审查委员会影审故字〔2006〕第 001 号,通知中国电影集团公司,《霍元甲》经电影审查委员会审查通过。2006 年 1 月 6 日,《霍元甲》获得国家广电总局电影电视管理局的公映许可证,并于 2006 年 1 月 25 日陆续在中国内地及全球范围内公开放映影片光盘,于 2006 年 3 月上旬公开发行销售。针对原告霍金某的身份问题,霍金某提供了霍元甲原籍天津市西青区小南河村村委会的证明、霍元甲后人编制的家谱、霍元甲祖坟的视频资料、天津市西青区小南河村及霍金某的乡邻的证言,以证明霍金某为霍元甲长子霍东某的第四个儿子,为霍元甲之孙。

一审法院经审理后认为:公民的名誉权受法律的保护。自然人死亡后,名誉受到侵害的,其近亲属有权向人民法院起诉。影片《霍元甲》为历史人物霍元甲的艺术加工与再现。艺术的创作遵循源于生活而高于生活的规律,故对历史人物的艺术塑造应允许在一定程度上和范围内进行虚构与夸张,要求艺术化了的历史人物等同历史真实人物并不客观。与此同时,霍元甲作为历史公众人物,对其名誉的保护范围并不同于普通人,而应受到一定的限制。历史人物的后代对此应持有一定的容忍度,不应以自己对已被艺术化了的历史人物的内心感受作为衡量真实历史人物的名誉是否受到了侵害的标准。影片《霍元甲》中某些细节描写虽与历史不尽相符,但基调情节仍为褒扬霍元甲的爱国精神,即表现中华武术的深刻内涵,对霍元甲的刻画基本符合其历史经历,对其历史定位亦未歪曲。至于影片为表现上述主题而进行的铺衬描写和艺术表现手法是否准确到位,则属艺术探讨与艺术批判的范畴,而非法律问题,且上述描写,亦未对霍元甲的后世人构成现实的不利影响。综上所述,影片《霍元甲》虽有夸张与虚构之处,但片中并未对这一特定历史人物有侮辱、诽谤之描写，其夸张与虚构内容仍在可容忍的范围之内，故该片并未对霍元甲的名誉构成侵犯。据此，依据《民法通则》（已废止）第 101 条规定，判决驳回原告的诉讼请求。原告不服一审判决，向北京市高级人民法院提起上诉，请求依法改判并支持原告的诉讼请求。其上诉理由是：（1）一审法院认定事实不清，原告提供了大量霍元甲社会评价普遍降低的证据，可以充分证实普通大众由于观看了该片后对霍元甲产生了错误认识，使其社会评价降低；（2）一审法院适用法律错误，对于侵权行为的认定，应当以事实为依据，而不能从艺术角度出发。

二审法院经审理后认为：原告霍金某的上诉请求在法律上难以获得支持，原审判决认定事实基本清楚，适用法律并无不当，应予维持。故驳回原告的上诉请求，维持原判。

（三）对案件的法律分析

1. 电影《霍元甲》所涉及的情节是"歪曲历史事实"，还是属于文艺创作中的表现手法和技巧

在本案中，原告认为影片《霍元甲》中塑造的霍元甲形象与历史中"真实的"霍元甲不同，歪曲了历史的主张。法院则认为：电影《霍元甲》系取材于真实历史人物的故事片。所谓故事片，是"综合了文学、舞蹈、音乐、戏剧等各种艺术形式，以表现和虚构为基础的，通过演员表演来完成的一种影视片类型"，它的主要特点是虚构性、表演性。故事片区别于纪录片，后者是"直接从现实生活中选取图像和音响素材，通过非虚构的艺术表现手法，真实地表现客观事物以及作者对这一事物认识的纪实性影视节目"。故事片可以取材于真实的历史人物，但在故事情节、事件安排等方面则以虚构为基础，追求"艺术的真实"而不是"历史的真实"。因此，单纯地以历史中"真实的霍元甲"为标准去评价艺术化了的人物形象，显然不符合故事片的创作规律。

法院还认为：霍元甲作为民间历史人物，其事迹历史典籍记载较少。由于史料记载总体上脉络较为粗疏，仅凭有限的史料难以塑造出丰满、完整的艺术人物形象，同时也为艺术家构思、想象、创造提供了更大的空间。不可否认，文艺作品对于发掘、阐释、传播霍元甲作为一代武术家的事迹与精神，传承民族文化起到了积极的作用，客观上也使霍元甲及其后人领受更多的声誉，霍元甲的后人应具有足够的尊重和宽容，应允许艺术家有较大的艺术创作自由和空间。因此，法院最终认

为，影片《霍元甲》所涉及的虚构情节不是"歪曲历史事实"，而是属于影视作品创作中的表现手法和技巧。

2. 电影《霍元甲》是否构成对死者名誉权的侵害

《民法典》第 13 条规定，自然人从出生时起到死亡时止，具有民事权利能力，依法享有民事权利，承担民事义务。自然人民事权利包括名誉权，自然人死亡后，其延续的人格利益也受保护。在《最高人民法院关于审理名誉权案件若干问题的解答》第 5 条规定，死者名誉受到损害的，其近亲属有权向人民法院起诉。此外，《最高人民法院关于确定民事侵权精神损害赔偿责任若干问题的解释》第 3 条规定，自然人死亡后，其近亲属因他人对死者的姓名、肖像、名誉、荣誉等侵害遭受精神痛苦，可以向人民法院起诉请求赔偿精神损害。

在本案中，影片《霍元甲》是否构成对死者霍元甲名誉权的侵害，关键要看被告的行为是否违反了相关法律的规定，构成侵权行为。我国《民法典》第 1024 条规定，民事主体享有名誉权。任何组织或者个人不得以侮辱、诽谤等方式侵害他人的名誉权。名誉是对民事主体的品德、声望、才能、信用等的社会评价。第 1165 条规定，行为人因过错侵害他人民事权益造成损害的，应当承担侵权责任。

从上述法律规定可以看出，行为人的过错，是认定构成侵权责任的要件之一；没有过错，仅在法律有规定的条件下才承担民事责任。根据《最高人民法院关于确定民事侵权精神损害赔偿责任若干问题的解释》，"以侮辱、诽谤、贬损、丑化或者违反社会公共利益、社会公德的其他方式，侵害死者名誉"是侵害死者名誉的典型表现，都以故意为其主观要素。

因此，在本案中判断影片《霍元甲》是否侵害死者的名誉，应符合以下几个要件：过错、违法行为、损害后果、违法行为和损害后果之间的因果关系。在本案中，虽然原告认为被告存在歪曲历史，臆造情节，只考虑商业反响，不考虑民族英雄形象及其近亲属感受，侵犯了霍元甲的名誉。但法院根据在案的证据，审理后认为，影片《霍元甲》旨在弘扬霍元甲的爱国精神与武术精神，从艺术上再现一代武术家成长和思想变化的过程，其主观上并无捏造事实毁损他人名誉的故意和过失。影片《霍元甲》通过了广电总局和文化部的审查，制片方根据行政主管部门的意见进行了适当的修改，从总体上排除了侮辱、诽谤等情节的存在；另外，现行法律并没有要求制片方必须征得历史人物后人的同意才能进行电影创作，也没有要求制片方必须调查史实、走访所描写对象的后人以及依据事实编写剧本。因此，影片《霍

《霍元甲》的拍摄行为不构成违法行为。原告提交的相关证据仅表明了特定群体对于电影《霍元甲》的感受，即主观上该群体由于特定的地位和角色所产生的"名誉感"的降低，并不必然代表客观上霍元甲一般社会评价的降低。因此，法院认为涉案电影《霍元甲》不构成对死者霍元甲名誉权的侵害，没有支持原告的诉求。

二、贾桂某与北京电影学院青年电影制片厂侵害肖像权纠纷案 ❶

（一）案件基本情况

原告贾桂某诉称：被告北京电影学院青年电影制片厂和香港银都机构有限公司合作拍摄故事影片《秋菊打官司》时，未经原告同意私自偷拍了原告的肖像并在该商业性影片中使用。影片公开放映后，原告的平静生活不断被打扰，一些亲友、同事和其他人讽刺挖苦，使原告精神感到压抑，给其工作、生活带来许多麻烦。被告的行为侵害了原告的肖像权。为此，诉请法院判令：（1）被告行为构成侵权，剪除影片《秋菊打官司》中涉及原告的肖像镜头；（2）被告在一家全国发行的报刊上公开致歉；（3）被告赔偿原告精神损失 8000 元，赔偿经济损失 4720.78 元，并负担诉讼费用。

被告北京电影学院青年电影制品厂辩称：被告和香港银都机构有限公司合作拍摄故事影片《秋菊打官司》的事实如原告所述，没有异议；在影片《秋菊打官司》中确实摄入了原告的形象，但该片是一部探索以纪实性拍摄手法摄制的故事片，目的在于使作品更具真实性，影片制作的意义不在于赚钱营利；原告诉称此片公映后对其造成了许多麻烦和精神痛苦，实非影片制作者本意；原告在银幕上展示的形象仅为 4 秒钟的过场镜头，不存在利用原告的肖像营利问题。故原告以侵害其肖像权为由，对被告提起诉讼，缺乏法律依据，请求法院驳回其诉讼请求。

（二）法院审理结果

北京市海淀区人民法院一审审理后查明：影片《秋菊打官司》系被告和香港银都机构有限公司合作摄制。1992 年 2 月，该片摄制组在陕西省宝鸡市以偷拍的方法拍摄体现当地风土人情的场景时，将正在街头贩卖棉花糖的原告摄入镜头，并在制

---

❶ 北京市第一中级人民法院（1995）中民终字第 797 号民事裁定书。

成的影片中使用。此画面共占胶片 104 格，放映时间为 4 秒。影片《秋菊打官司》1992 年 8 月通过广电部电影事业管理局审批，在国内外公开发行放映，发行影片未征得原告本人同意。法院在审理后认为，根据《民法通则》（已废止）的有关规定，被告的行为并不构成对原告肖像权的侵害，不应为此而承担民事责任。遂作出判决：驳回了原告的全部诉讼请求。

一审法院判决后，原告不服一审法院的判决，上诉至北京市第一中级人民法院。但在北京市第一中级人民法院审理期间，原告提出撤回上诉申请。二审法院作出裁定，准予原告撤诉。

（三）对案件的法律分析

1. 如何处理公民肖像权与电影摄制者艺术创作权之间的冲突

本案是中华人民共和国成立后第一起因拍摄电影而引发的肖像权纠纷案件，案件中最核心的焦点问题是公民肖像权与电影摄制者艺术创作权之间的法律冲突。在处理这一冲突时，不仅要依据相关的法律规定，更要充分考虑二者本身的特殊性。

首先，就肖像权而言。《民法通则》第 100 条规定："公民享有肖像权，未经本人同意，不得以营利为目的使用公民的肖像。"《民法典》第 1018 条规定，自然人享有肖像权，有权依法制作、使用、公开或者许可他人使用自己的肖像。第 1019 条还规定，任何组织或者个人不得以丑化、污损或者利用信息技术手段伪造等方式侵害他人的肖像权。未经肖像权人同意，不得制作、使用、公开肖像权人的肖像，但是法律另有规定的除外。未经肖像权人同意，肖像作品权利人不得以发表、复制、发行、出租、展览等方式使用或者公开肖像权人的肖像。

由此可见，在实践中，即使不以营利为目的，一般情况下使用他人肖像亦应征得肖像权人的意见。但是，应该强调的是，根据法律的规定，在一定条件下，即在合理范围内使用他人肖像，可以不经肖像权人的同意，对此，《民法典》第 1020 条规定了合理使用的情形。

其次，就电影摄制者艺术创作权而言。故事影片创作的纪实手法具有其他艺术表现方式所不同的特点，采取偷拍暗摄以实现客观纪实效果的需要，也是常用的手法。但只要内容健康，符合社会公共准则，不侵害他人合法权益，就不应为法律所禁止。

因此，根据法律的规定和影视创作的特殊性，在本案中，由于被使用的肖像不具有独立的经济和艺术价值，该肖像人物就不应享有禁止他人合理使用其肖像和索要使用其肖像报酬的权利。否则，电影的纪实创作活动将根本无法进行，甚至可能影响影视娱乐业的发展，据此法院作出的判决是正确的。

2. 如何处理电影的营利性与侵害肖像权之间的关系

一般而言，电影的制作、发行必然有一定的商业利益，即具有营利性，而且涉案电影本身也是商业片。在本案中，一审法院就电影的营利性与侵害肖像权之间的关系，认为使用他人肖像的行为是否构成侵权，还要看被使用的肖像与营利目的之间是否存在直接的因果关系而应进行区别对待。

首先，考虑到电影在制作中，故事影片创作的纪实手法具有其他艺术表现方式所不同的特点，采取偷拍暗摄以实现客观纪实效果的需要也是常用的手法。本案中，原告所提出的被告"偷拍"行为，正是影片所运用的主要艺术手法之一，客观地将其真实情况反映在影片中。尽管被告有偷拍的行为，但原告的肖像仅出现在影片中的过场镜头中，与整个影片的故事情节无甚关联，不存在被告利用原告的肖像营利的目的。

其次，在本案中，原告在公众场所从事个体经营，身处社会公共环境之中，身份明确，形象公开。被告出于影片创作需要，拍摄街头实景时摄入其肖像，并无过错，虽有 4 秒钟形象定格，但摄制者主观上没有恶意，客观上也没有刻意渲染原告的任何不完善之处，且原告在影片中的形象非广告性质，也不存在营利的情况，因此涉案影片中对原告人物镜头的拍摄与使用应属于法律规定的合理使用的范围内。

最后，摄制的影片只要手续健全，内容健康，符合社会公共准则，不侵害他人合法权益，就不应为法律所禁止。本案中，被告未经原告同意，拍摄并使用了其肖像镜头，但具有社会实践的合理性，且不违背现行法律关于保护公民该项权利的禁止性规定，故被告的行为不构成对原告肖像权的侵害。

三、大宇资讯股份有限公司与海南大舜影视文化传播有限公司、北京幻思文化传播有限公司商标侵权及不正当竞争纠纷案 ❶

（一）案件基本情况

原告大宇资讯股份有限公司（以下简称"大宇公司"）诉称：原告于 2013 年注

---

❶ 北京市知识产权法院（2016）京 73 民终 785 号民事判决书。

册了 10593609 号"轩辕剑"商标，对此享有商标专用权。被告海南大舜影视文化传播有限公司（以下简称"大舜公司"）为电影《轩辕剑传奇》的第一出品人，其在出品的电影中使用与原告大宇公司注册商标相近似的"轩辕剑"文字，误导公众，引起误解。被告北京幻思文化传播有限公司（以下简称"幻思公司"）为该电影进行市场宣传、推广。二被告的行为已侵犯原告的注册商标专用权。同时，《轩辕剑》还是原告大宇公司推出的电脑游戏，具有较高知名度。二被告使用"轩辕剑传奇"的电影名称进行电影制作、宣传、炒作，造成混淆，使观众误认为二者之间存在关联，不正当地扩大侵权电影的影响力，构成不正当竞争。

为此，原告诉至法院，请求法院判令：（1）二被告立即停止对原告注册商标专用权的侵害；（2）二被告立即停止使用"轩辕剑"的不正当竞争行为；（3）二被告在其各自网站刊登声明以消除影响；（4）二被告连带赔偿原告经济损失及合理支出共计 100 万元。

二被告海南大舜影视文化传播有限公司和北京幻思文化传播有限公司共同辩称：（1）"轩辕""轩辕剑"系我国知名古代传说人物及事物，已经成为特定主题，并作为作品名称及内容被大量使用，不是原告的"特有名称"；（2）被告拥有电影《轩辕剑传奇》名称权益，有权将该名称使用在电影上，并用其进行宣传，系正当合理使用；（3）被告使用"轩辕剑传奇"电影名称的行为，不构成商标侵权，因为使用"轩辕剑传奇"电影名称不是商标性使用；（4）被告的行为不构成不正当竞争，因为"轩辕剑"是公有领域的作品内容或主题名称，不具有特殊性，不应受反不正当竞争法保护；（5）原告索赔没有事实依据，系恶意诉讼，不应给予支持，请求依法驳回原告的诉讼请求。

（二）法院审理结果

北京市朝阳区人民法院经审理后查明：2013 年原告注册第 10593609 号"轩辕剑"商标，该商标核定服务项目为第 41 类，包括除广告片外的影片制作、在计算机网络上提供在线游戏、提供在线手机游戏等项目。此外，原告还以"轩辕剑"为名发行多款电脑游戏，该系列游戏先后获得电脑玩家电脑游戏金像奖"最佳国产游戏""GAME STAR"玩家票选"最佳单机游戏金奖"等游戏评选奖项。2010 年 10 月，原告与案外人上海唐人电影制作有限公司（以下简称"唐人公司"）签订《授权合约》，授权其根据游戏《轩辕剑之天之痕》改编并拍摄电视剧，授权时间为三年。2014 年 10 月到 2015 年 6 月间，原告与案外人华亿传媒集团（以下简称“华亿集团”）签订《授权合约》，先后将《轩辕剑外传云之遥》《轩辕剑外传汉之云》《轩辕剑》游戏的商标、著作权等权利授权华亿集团，把上述游戏改编为电视剧和拍摄为电影。

2013 年 10 月，被告大舜公司首次向广电总局电影局备案时，电影名称为《远古大帝·大舜传奇》。此后两次更名，第一次将电影名称变更为《远古魔咒》，第二次又将电影名称变更为了《轩辕剑传奇》，直至该电影上映，未再改变电影名称。电影《轩辕剑传奇》的剧情大致为：公元前 2300 年，远古陶唐国暴雨不停，洪水泛滥，族人流离失所，尧帝派遣舜寻找传说中的宝地历山，称只要舜找到历山，便禅让王位。舜等人历经磨难，找到圣石与轩辕剑，并利用手中的轩辕剑，最终找到历山宝地，拯救族人，随后获得尧帝禅让，成为舜帝。2015 年 8 月，涉案电影上映后，被告幻思公司通过其微博账号“电影轩辕剑传奇”对该电影进行宣传。

一审法院还查明，轩辕是中国古代黄帝的名，古史传说姓公孙，因居于轩辕之丘，故名轩辕，又以之为号。后人以黄帝为中华民族的共同祖先。《中国武术大辞典》记载有《名剑记》一书，称该书作者为明代李承勋，记有轩辕剑、尽形剑、夏禹剑等各种名剑。此外，经公开渠道查询，包含“轩辕”“轩辕剑”字样的注册商标有二百余条，包含各个商品与服务类别。原告大宇公司为本案诉讼支出律师费100 000 元、公证费 4000 元、交通差旅费 2305 元。

一审法院经审理后认为：根据《商标法》第 57 条的规定，未经商标注册人的许可，在同一种商品上使用与其注册商标近似的商标，或者在类似商品上使用与其注册商标相同或者近似的商标，容易导致混淆的，是侵犯注册商标专用权的行为，应当承担相应的法律责任。商标的基本功能在于区分商品或者服务的来源，根据前述规定，构成商标侵权的前提为将相关标识作为商标来使用，即行为人对相关标识的使用必须是商标意义上的使用。具体到本案中，判断被告大舜公司是否侵权，首先要判定其将“轩辕剑传奇”作为电影名称使用，是否是商标意义上的使用。

电影是一种特殊商品，电影名称系对电影主题、内容的高度概括。本案中，被告大舜公司将“轩辕剑传奇”作为电影名称使用，结合电影内容的确包括“轩辕剑”相关情节的事实，本院认定上述适用仅具有描述性，并不体现电影来源，不构成商标性使用，该种使用方式不具备构成商标侵权行为的前提。电影的制作来源可以通过在制作、发行的电影中以标注出品人、制片人的方式来体现。故而原告大宇公司起诉被告大舜公司将“轩辕剑传奇”作为电影名称使用侵犯其注册商标专用权，无事实及法律依据，本院依法不予支持。

由于原告大宇公司在电视剧、电影制作方面已经与唐人公司、华亿传媒集团有授权合作，通过此种授权合作的形式，原告大宇公司已经进入影视制作行业，从而原被告双方已经形成事实上的竞争关系。

此外，"轩辕"一词虽然有其固定的历史含义，但"轩辕剑"一词在原告大宇公司将之作为游戏名称之前，并没有其他类似游戏名为"轩辕剑"。在电脑游戏领域，"轩辕剑"已经成为一种特有的名称，一般意义上所指的即是原告大宇公司所制作出品的游戏《轩辕剑》系列。虽然轩辕剑也可以指黄帝轩辕所用的剑，但经过原告大宇公司二十余年的使用，"轩辕剑"一词已经具有了很强的显著性，已经能为该领域内的消费者理解为《轩辕剑》系列游戏的特有名称，从反不正当竞争法的意义上讲，"轩辕剑"构成知名商品的特有名称，应当受到反不正当竞争法相应的保护。

在原告大宇公司与他人授权合作拍摄《轩辕剑》电影的背景下，被告大舜公司使用"轩辕剑"字样作为其电影名称的主体部分，容易导致相关公众产生电影《轩辕剑传奇》系经原告大宇公司授权拍摄，或该电影与原告大宇公司的游戏《轩辕剑》有关联关系的误解，引起混淆。因此，在本案的特殊事实背景下，被告大舜公司使用包含"轩辕剑"字样的电影名称，构成擅自使用知名商品特有名称的不正当竞争行为。被告幻思公司非涉案影片的出品方，仅是接受电影出品方的委托通过微博对电影进行正常宣传，原告大宇公司主张其应与被告大舜公司承担连带责任，无事实和法律依据。

根据以上查明的事实，一审法院根据《反不正当竞争法》和《民法通则》的相关规定，判决：（1）被告大舜公司立即停止使用"轩辕剑传奇"作为电影名称的不正当竞争行为；（2）被告大舜公司在其官方网站上刊登声明以消除其不正当竞争行为的影响；（3）被告大舜公司赔偿原告大宇公司经济损失5万元整及合理费用15000元整；（4）驳回原告大宇公司其他诉讼请求。

原告不服一审判决，向北京知识产权法院提出上诉。上诉请求为：（1）撤销一审判决第三、四项；（2）改判二被告停止侵害原告注册商标专用权，并在其官网首页刊登声明，以消除侵犯商标专用权的影响；（3）改判二被告共同赔偿原告经济损失人民币100万元。二审法院经审理后认为，一审判决认定事实基本清楚，适用法律正确，原告大宇公司的上诉请求不能成立，遂驳回其上诉，维持原判。

（三）对案件的法律分析

1.涉案电影名称是否侵犯大宇公司的商标专用权

本案中，法院没有完全支持原告的诉讼请求，特别是没有认定被告使用《轩辕剑传奇》电影名称的行为构成侵犯原告"轩辕剑"商标专用权的请求，仅认定了被告大舜公司的行为构成不正当竞争。法院的主要理由是：构成商标侵权的前提为将相关标识作为商标来使用，即行为人对相关标识的使用必须是在商标意义上的使用。商标权的本质是一种标识权，商标的作用在于区分商品或服务的来源。具体到本案中，判断被告大舜公司是否侵权，首先要判定被告将"轩辕剑传奇"是作为电影名称使用，还是在商标意义上的使用。根据《商标法》第48条的规定，商标的使用，是指将商标用于商品、商品包装或者容器以及商品交易文书上，或者将商标用于广告宣传、展览以及其他商业活动中，用于识别商品来源的行为。

在本案中，电影是一类特殊商品。一方面，电影是一种表演、视觉和听觉艺术的结合，是利用胶卷、录像带或数字媒体设备将影像和声音捕捉而形成的视听作品；另一方面，以电影制作为核心，通过电影的生产、发行、放映等相关产业形成电影产业市场，消费者通过购票观影对电影产品所带来的享受进行购买。因此，电影同时具备作品和商品两种属性。而电影名称系对电影主题、内容的高度概括，其亦同时具备作品标题和商品名称的属性。在一般情况下，根据相关公众的习惯，更倾向于将电影名称作为作品的标题进行识别，而不是将其识别为区分商品来源的标识。在本案中，根据原告大宇公司提交的在案证据，尚不足以证明经过原告的宣传和使用，"轩辕剑"在电影商品上已经具有较高的知名度，从而容易使相关公众在电影名称中看到"轩辕剑"字样时，会联想到该电影系由原告大宇公司制作或出品。因此，对于相关公众来说，被告大舜公司将"轩辕剑传奇"作为涉案电影的名称使用，并未起到区分电影商品来源的作用，被告大舜公司在涉案电影名称中使用包含"轩辕剑"字样的行为不构成商标意义上的使用，不构成商标侵权。由此一审、二审法院没有支持原告主张的被告涉案电影名称侵犯了原告商标权的诉求。

2.被告幻思公司的宣传行为是否构成共同侵权

所谓共同侵权，是指侵权人为二人或二人以上共同侵害他人合法民事权益造成损害，侵权人应当承担连带责任的侵权行为。共同侵权行为须有两个或两个以上的侵权主体，包括两个或者两个以上的自然人和法人或者非法人单位构成的情形。

《民法典》第 1168 条规定，二人以上共同实施侵权行为，造成他人损害的，当承担连带责任。本案中，原告在起诉时认为：被告幻思公司与被告大舜公司的行为构成共同侵权，要求二被告承担连带责任。但法院经审理后认为：被告幻思公司的行为不构成不正当竞争，不应与被告大舜公司承担连带责任。这主要是因为：在本案中，虽然被告大舜公司使用包含"轩辕剑"字样的电影名称，构成擅自使用知名商品特有名称的不正当竞争行为。但被告幻思公司并非涉案影片的出品方，仅仅只是接受电影出品方被告大舜公司的委托，通过其微博对涉案电影进行正常的宣传，且事先也不知道被告大舜公司在涉案影片擅自使用了原告大宇公司已注册的商标。此外，在本案的审理中，原告大宇公司未举证证明被告幻思公司知道或应当知道涉案电影的名称系擅自使用原告大宇公司知名商品的特有名称，也未举证证明被告幻思公司在接到原告大宇公司侵权通知后，仍继续对涉案电影进行宣传。

因此，法院根据本案查明的事实，认为被告幻思公司对被告大舜公司的不正当竞争行为并无主观上的过错，其就擅自使用原告的"轩辕剑"知名商品特有名称的宣传行为，不构成不正当竞争行为的共同侵权，不应与被告大舜公司承担连带民事责任。